**基础教育
国际比较研究丛书**

Series of
International and
Comparative Studies on
Basic Education

顾明远　主编

国际基础教育质量评价标准与政策

Standards and Policies of
Basic Education Quality
Assessment：

A Comparative Perspective

刘宝存 ——————— 主编

上海教育出版社
SHANGHAI EDUCATIONAL
PUBLISHING HOUSE

总　序

　　2020年注定是人类历史上不平凡的一年，新冠疫情的爆发改变了世界发展的基本格局。一些国家保守主义、单边主义抬头，逆全球化思维盛行；但更多国家和国际组织呼吁全球应加强合作，共同抗击疫情并抵制疫情给世界各国社会、经济、教育等不同领域带来的不良影响。受疫情的影响，不少国家因通信基础设施薄弱已出现了学习危机，加之疫情影响导致的经济危机势必影响很多国家的教育投入，进而加剧教育不平等的现象。此外，疫情期间不少国家不断爆出的种族歧视、隔阂言论和行为，给世界和平和发展带来了潜在的风险。为此，2020年联合国教科文组织"教育的未来"倡议国际委员会发布了《新冠肺炎疫情后世界的教育：公共行动的九个思路》（Education in A Post-COVID World：Nine Ideas for Public Action），特别强调要加大教育投入，保障公共教育经费，同时呼吁"全球团结一心，化解不平等。新冠肺炎疫情解释了权力不均和全球发展不平等问题。各方应重新倡导国际合作，维护多边主义，以同理心和对人性的共同理解为核心，促进国际合作和全球团结"。[1]

　　事实上，全球教育发展面临的挑战远非如此。回

---

[1] International Commission on the Futures of Education, UNESCO. Education in A Post-COVID World：Nine Ideas for Public Action［R/OL］.［2020-06-24］ https://unesdoc.unesco.org/ark:/48223/pf0000373717/PDF/373717eng.pdf.multi.

顾人类社会进入21世纪以来，经济的快速发展和科技的日益进步的确给教育的发展带来了很大的变化，"经济增长和创造财富降低了全球贫穷率，但世界各地的社会内部以及不同社会之间，脆弱性、不平等、排斥和暴力却有增无减。不可持续的经济生产和消费模式导致全球气候变暖、环境恶化和自然灾害频发……技术发展增进了人们之间的相互关联，为彼此交流、合作与团结开辟出了新的渠道，但我们也发现，文化和宗教不宽容、基于身份的政治鼓动和冲突日益增多"。[1]这些全球可持续发展的危机已然给世界各国的教育提出了巨大的挑战。为此，联合国教科文组织特别重申了人文主义的方法，强调："再没有比教育更加强大的变革力量，教育促进人权和尊严，消除贫穷，强化可持续性，为所有人建设更美好的未来，教育以权利平等和社会正义、尊重文化多样性、国际团结和分担责任为基础，所有这些都是人性的基本共同点。"[2]

对此，中国政府一直高度赞同并积极行动，响应国际社会的号召。我们以习近平总书记提出的"人类命运共同体"和"文化交流互鉴"的思想为指导，坚持教育对外开放，积极地开展各项国际教育交流与合作活动。日前，《教育部等八部门关于加快和扩大新时代教育对外开放的意见》也明确指出，要"坚持教育对外开放不动摇，主动加强同世界各国的互鉴、互容、互通，形成更全方位、更宽领域、更多层次、更加主动的教育对外开放局面"。[3]为此，我们需要更加深入地研究各国教育改革的最新动向，把握世界教育发展的基本趋势。

北京师范大学国际与比较教育研究院作为教育部普通高等学校人文社会科学重点研究基地，始终围绕着世界和我国教育改革与发展的

---

[1] 联合国教育、科学及文化组织.反思教育：向"全球共同利益"的理念转变 [M].巴黎：联合国教科文组织，2015：9.

[2] 同上：4.

[3] 教育部.教育部等八部门全面部署加快和扩大新时代教育对外开放 [R/OL].（2020-06-18）[2020-06-24]. https://www.xuexi.cn/lgpage/detail/index.html?id=12928850217812069436&amp；item_id=12928850217812069436.

重大理论、政策和实践前沿问题开展深入研究。此次组织出版的"基础教育国际比较研究丛书"共10本，既有国别的研究，涉及英国、美国、法国、加拿大等不同的国家，也有专题的研究，如基础教育质量问题、英才教育等。这些研究均是我院教师和博士生近年来的研究成果，希望能帮助从事基础教育工作的教育决策者和实践者开拓视野，较为深入准确地把握世界教育发展的前沿问题，以更好地促进我国基础教育新一轮的深化改革。在出版过程中，我们得到了上海教育出版社的大力支持，特别是此套丛书的负责人袁彬同志和董洪同志的大力支持，具体负责每本书的编辑不仅工作高效，而且认真负责，在此一并感谢！

2020年6月24日

于北京求是书屋

前　言

在当今时代，随着世界政治经济格局的不断变化和科学技术发展的日新月异，综合国力的竞争日趋激烈，这种竞争最终会归结为人力资源和人才培养水平的竞争。因此，如何提高人才培养质量并进而提升人力资源的国际竞争力，已成为世界各国在推进教育改革过程中面临的重大课题。作为不断崛起的发展中国家，我国必然会面临激烈的国际竞争，因此确立人才强国战略，通过强化人才培养来提升国际竞争力是我国的必然选择。2010年6月，我国颁布的《国家中长期人才发展规划纲要（2010—2020年）》指出，"世界多极化、经济全球化深入发展，科技进步日新月异，知识经济方兴未艾，加快人才发展是在激烈的国际竞争中赢得主动的重大战略选择"，并在界定人才内涵的基础上进一步提出了我国人才战略发展的目标，即："培养和造就规模宏大、结构优化、布局合理、素质优良的人才队伍，确立国家人才竞争比较优势，进入世界人才强国行列，为在本世纪中叶基本实现社会主义现代化奠定人才基础"。

为了实现人才战略发展的这一目标，提升教育发展水平是必然的选择。然而，我国人口基数大，经济发展水平并不均衡，教育发展水平总体上跟发达国家相比仍然存在一定的差距。为了努力提升教育水平，我国坚持不断推进教育改革，摒弃"应试教育"的弊端，通过倡导素质教育培养具有创新精神、实践能力和社会责任感的创新型人才。经过多年的努力之后，我国在基础教育领域基本实现了普及九年义务教育的目标，高中阶段教育和高等教育的普及率也在稳步提高。在这一背景下，提高教育质量特别是基础教育质量就成为教育改革与发展的核心任务。2010年7月，我国颁布《国家中长期教育改革和发展规划纲要（2010—2020年)》，分析了我国在教育领域面临的挑战和需要解决的紧迫问题，提出了"优先发展，育人为本，改革创新，促进公平，提高质量"的工作方针，确立了"到2020年，基本实现教育现代化，基本形成学习型社会，进入人力资源强国行列"这一重大战略目标，在教育质量评价方面，特别提出要"制定教育质量国家标准，建立健全教育质量保障体系"。在这一面向未来的教育改革纲要中，"提高教育质量"和"培养创新人才"是两个最核心的着力点，它指明了教育改革的基本方向，意味着努力提升教育质量将是我国教育发展的基本任务。

从国际社会来看，从20世纪末开始，一些重要的国际组织都开始重视教育质量问题，因而特别强调基础教育质量及其评价的重要性，并进行了有益的探索。例如，2002年第57届联合国大会发布"可持续发展教育十年（2005—2014年）行动计划"，该计划认为，"有质量的教育是可持续发展的必要条件，其中首要的就是提高基础教育的发展水平"。国际教育成就评价协会（International Association for the Evaluation of Educational Achievement，简称IEA）1994年发起了第三次国际数学与科学研究（Third International Mathematics and Science Study），并自2003年开始将其正式更名为国际数学与科学趋势研究项目（Trends in International Mathematics and Science Study，简称TIMSS），主要测试四年级和八年级学生的数学与科学学业成绩以及达到课程目标的情况。TIMSS每四年为一个周期，成为国际数学与科学教育评价方面最有影响的一个项目。此外，该组织还推进了国际阅读素养进步研究项目（Progress in International Reading Literacy

Study，简称PIRLS），这也是一项国际性的对学生的阅读素养进行评价的大规模比较研究，以五年为一个周期，对世界各国的阅读评价产生了重要的影响。经济合作与发展组织（Organization for Economic Co-operation and Development，简称OECD）开发了一项国际学生评估项目（Programme for International Student Assessment，简称PISA），主要对接近完成基础教育的15岁学生进行评估，测试学生能否掌握参与社会所需要的知识与技能，主要包括数学、阅读和科学三个领域，后来领域有所扩展，对世界各国基础教育实践产生了很大的冲击。

　　与此同时，在20世纪末兴起的世界性教育改革运动中，提高教育质量、促进教育公平成为教育改革的主旋律，世界各国特别是发达国家纷纷采取措施提升包括基础教育在内的教育质量，特别是在教育问责运动和国际组织基础教育质量评价领域的各种项目的影响下，各种形式的基础教育质量评价和监测在全球范围内蓬勃兴起。如美国的国家教育进展评价（National Assessment of Educational Progress，简称NAEP）、加拿大的学业成就评价、英国的国家课程测验、日本的全国学力调查、法国的学业成就测验等。传统上，我国的基础教育质量评价主要是通过升学考试、区域性统考等外在的评价手段进行的，并没有全国性的质量监测。进入新世纪以后，建立国家教育质量监测体系逐渐进入我国教育改革议程。在国务院批转的教育部《2003—2007年教育振兴行动计划》中，明确提出要深化基础教育课程改革，建立国家和省两级新课程的跟踪、监测、评估、反馈机制，加强对基础教育质量的监测。2007年11月30日，教育部基础教育质量监测中心在北京师范大学揭牌成立，主要任务是对基础教育阶段学生的学习质量和身心健康状况以及影响学生发展的相关因素进行全面、系统、深入的监测，准确地向国家报告基础教育质量的现状，为教育决策提供信息、依据和建议；通过监测数据和监测结果的发布，引导家长、教师、学校和社会树立正确的教育质量观，促进亿万中国儿童青少年的身心健康发展。但是如何开展对基础教育质量的监测是一个新的课题，需要进行深入系统的研究，特别是需要对国际组织和主要国家已有的基础教育质量评价进行研究，为我国基础教育质量评价提供一些借鉴。

2013 年，教育部基础教育质量监测中心委托我组织开展"基础教育质量评价标准与政策的国际比较"课题研究。基础教育质量评价标准与政策的比较研究是一个涉及面甚广的综合性研究课题，但是一个课题不可能解决所有问题，而必须在既有研究的基础上聚焦有限目标，解决有限问题。因此，我们拟重点回应以下核心问题：基础教育质量评价标准的内涵与特征；国际组织和各国基础教育质量评价标准制定的背景、政策与机制；基础教育质量评价标准的一般发展模式和个性化发展模式；基础教育质量评价标准制定的一般规律与经验教训；对我国建立基础教育质量评价标准的启示和借鉴。为了研究的深入进行，课题研究的总体框架包括基础教育质量评价标准与政策的国际篇、国别篇和比较借鉴篇三个部分，每部分围绕标准和政策制定的发生与发展、具体内容、特点和启示进行研究。具体研究内容如下：(1) 国际篇主要以国际教育成就评价协会国际数学与科学趋势研究项目 (TIMSS)、国际教育成就评价协会国际阅读素养进步研究项目 (PIRLS) 以及经济合作与发展组织的国际学生评估项目 (PISA) 为研究对象，研究内容主要包括：国际组织运行的评价标准与政策的产生与发展；评价目标、评价标准、评价内容、测评编制、测评组织与实施、测评报告及使用；评价标准的特点、存在的问题及争议、评价标准及政策的发展趋势，以及对我国的借鉴与启示。(2) 国别篇主要包括美国、英国、日本、德国、法国、加拿大、澳大利亚等国家有关基础教育阶段质量评价标准与政策的案例研究，研究内容主要包括这些国家基础教育质量评价标准与政策产生的背景与过程、政策目标、政策内容、政策实施过程、政策效果评估等，从而总结各个国家基础教育质量评价标准与政策的特点以及共同点，找出影响政策成功实施的关键因素。(3) 比较借鉴篇主要是比较借鉴，这是开展比较教育研究的目的之一。比较借鉴篇主要对国际组织和发达国家基础教育质量评价标准与政策的发展历程和背景进行比较分析，总结国际组织和发达国家基础教育质量评价标准与政策的基本经验，并结合我国义务教育质量监测的实施情况特别是存在的问题，提出进一步改进我国义务教育质量监测的政策建议。为了完成这个任务，我们组织了北京师范大学、华东师范大学、华中师范大学、西南大学相关领域的专家一起开展研究，顺利完成了任务。

现在呈现给大家的这部著作就是在课题研究报告的基础上修改而成的，是集体攻关的结晶。著作的整体框架由我设计提出，经课题组讨论确定。各章具体分工如下：第一章"国际教育成就评价协会国际数学与科学趋势研究项目（TIMSS）的评价标准与政策"由华中师范大学戴伟芬教授撰写；第二章"国际教育成就评价协会国际阅读素养进步研究项目（PIRLS）的评价标准与政策"由北京师范大学滕珺教授和全球化智库曲梅博士撰写；第三章"经济合作与发展组织国际学生评估项目（PISA）的评价标准与政策"由西南大学陈时见教授和怀俄明大学谭菲助理教授撰写；第四章"美国国家教育进展评价的评价标准与政策"由宁波诺丁汉大学孙珂副研究员和北京师范大学马健生教授撰写；第五章"英国国家课程测验的评价标准与政策"由北京师范大学彭婵娟博士撰写；第六章"日本全国学力调查的评价标准与政策"由北京师范大学高益民教授撰写；第七章"德国基于能力标准的国家基础教育质量评价"由华东师范大学顾娟博士、彭正梅教授、彭韬博士、刘华聪副教授撰写；第八章"法国学业成就测验的评价标准与政策"由北京师范大学王晓辉教授撰写；第九章"加拿大学业成就评价标准与政策"由北京师范大学刘敏副教授撰写；第十章"澳大利亚学业成就评价标准与政策"由北京师范大学刘强副教授撰写；第十一章"基础教育质量评价标准与政策的国际比较和启示"由北京师范大学杨明全教授和刘宝存教授撰写。最后，由我负责书稿的统稿工作。由于当时课题的要求时间很紧，课题组成员放弃休息时间加班加点，保质保量按时完成了课题，在此再次对他们的奉献精神和辛勤劳动表示衷心感谢；同时，也感谢教育部基础教育质量监测中心在课题研究上给予的支持。

诚实地讲，包括我在内的课题组成员都是长期从事比较教育领域研究的，而不是专门从事基础教育质量评价的研究。对课题组来说，基础教育质量评价也是一个新的课题，因此本著作只是课题组成员寻求探讨这一新课题的一份努力，希望以此抛砖引玉，期待有更多高水平的成果问世。在写作过程中，我们参考了国内外专家、同行的研究成果，未能一一列出，在此一并致以谢意！由于作者水平有限，时间短促，粗浅和遗漏之处在所难免，敬请同行专家和广大读者批评指正。

刘宝存

北京师范大学国际与比较教育研究院

2020 年 3 月

目 录

上篇　国际篇

第二次世界大战后，特别是20世纪80年代以来，国际组织在全球教育治理、国际合作与交流方面的作用日益加强，并在全球化和问责文化的推动下开展各种形式的国际性的教育评价和教育测验。在基础教育领域，国际教育成就评价协会（International Association for the Evaluation of Educational Achievement，简称IEA）和经济合作与发展组织（Organization for Economic Co-operation and Development，简称OECD）发挥了重要的作用。国际教育成就评价协会开展的国际数学与科学趋势研究项目（Trends in International Mathematics and Science Study，简称TIMSS）、国际阅读素养进步研究项目（Progress in International Reading Literacy Study，简称PIRLS），经济合作与发展组织开展的国际学生评估项目（Programme for International Student Assessment，简称PISA），不仅具有广泛的参与性，而且对世界各国基础教育实践产生了很大的冲击。因此，本篇以TIMSS、PIRLS和PISA为个案，探讨国际组织开展的跨国性基础教育评价标准与政策。

第一章

国际教育成就评价协会国际
数学与科学趋势研究项目
（TIMSS）的评价标准与政策

国际数学与科学趋势研究项目（Trends in International Mathematics and Science Study，简称 TIMSS）是由国际教育成就评价协会（International Association for the Evaluation of Educational Achievement，简称 IEA）发起和组织的国际教育评价研究和评测活动。该项目源于 1960 年的"十二国试点研究"项目，经过 60 年的发展，已经成为在国际上具有重大影响的基础教育质量评价项目。本章主要系统分析 TIMSS 的产生与发展，TIMSS 的评价目标、评价标准、评价内容、测评编制、测评组织与实施、测评报告及使用，TIMSS 的评价标准的特点、存在的问题及争议、评价标准及政策的发展趋势，以及对我国的借鉴与启示。

第一节

TIMSS 评价标准与政策的产生和发展

国际教育成就评价协会成立于 1958 年，其职责主要是组织全球性的跨国家、跨地区的教育研究合作，对教育成就及教育其他方面进行大规模的比较教育研究，以求深入理解教育政策和教育实践所产生的影响。[1]迄今为止，国际教育成就评价协会已组织进行了超过 30 项

---

[1] International Association for the Evaluation of Educational Achievement. About IEA [EB/OL]. [2013-09-13]. http://www.iea.nl/about_us.html.

的跨国教育成就研究，研究范围包括数学、科学、阅读、公民教育以及教师教育等，其中TIMSS是覆盖范围最广、发展历程最长的测评项目，最早可以追溯到20世纪60年代的第一次国际数学研究，以下概述TIMSS评价标准与政策的产生和发展过程。

一、第一次国际数学和国际科学研究

1960年，国际教育成就评价协会组织进行了第一次教育成就研究，名为"十二国试点研究"（Pilot Twelve-Country Study），对12个国家中13岁学生的数学、阅读理解、地理、科学和非言语能力进行了测评，该项研究证明了进行大规模跨国研究的可行性。在此研究的基础上，1964年国际教育成就评价协会对12个国家进行了第一次国际数学研究（First International Mathematics Study，简称FIMS）。国际教育成就评价协会前主席同时也是创始人之一的胡森（Thorston Husen）认为，此次研究之所以将数学作为实施学生成就国际评估的科目，主要有两个原因。[1]首先，数学作为学校教学科目，具有极为重要的地位。其次，进行数学测评是最为可行的，因为各国的数学课程都比较相似，而且相较其他核心课程如阅读和科学，数学测试题目翻译之后所产生的理解问题更少。在第一次国际数学研究中，测评的对象为12个国家中的13岁学生和中学最后一年的学生。评估的内容分为三个部分：学生测试、背景调查问卷（Background Questionnaires）和学生意见手册（Student Opinion Booklets）。[2]背景

[1] Thorston Husen. International Study of Achievement in Mathematics: A Comparison of Twelve Countries (Vols. 1–2). Stockholm: Almqvist & Wiksell, 1967, p.20.
[2] International Association for the Evaluation of Educational Achievement. First International Mathematics Study [EB/OL]. [2013–09–13]. http://www.iea.nl/fims.html.

调查问卷的调查对象为参与测评国家的学生、教师、校长和教育专家，通过背景调查问卷可以了解参与测评国家的教育体制、课程以及教学方法，还能检验社会、科学和技术的变化如何影响数学的教学与学习。学生意见手册用来收集学生关于数学教学和学习的意见以及对数学的态度。第一次国际数学研究的测评结果在1967年以两卷报告的形式出版[1]，报告的内容主要是关于学生的数学成就、学生对数学学习的态度以及数学教学和学习背景信息。第一次国际数学研究对后来的教育成就评价研究产生了持久的影响，它表明了国际教育研究的可行性，可以作为全球范围内教育改革政策研究的基础。[2]

随后在1970年至1971年间，国际教育成就评价协会在19个国家进行了第一次国际科学研究（First International Science Study，简称FISS），此次科学研究是作为六大学科调查（Six Subject Survey）的一部分，其余五个学科研究是公民教育、作为外语的英语、作为外语的法语、文学教育和阅读理解。[3]相较第一次国际数学研究，第一次国际科学研究将测评对象的年龄提高到14岁，因为在当时参与测评国家中，义务教育几乎都到14岁终止，同时还增加了10岁学生作为测评对象。在对学生进行科学成绩测试时，主要测量生物、化学和物理三个科学领域，背景调查问卷仍然通过对学生、教师和学校进行调查来收集背景信息，关注各国科学教学和学习的特点以及学生和教师对科学教育的态度。在进行测评时，各国的科学教育正处于改革

[1] 该报告为Thorston Husen. International study of achievement in mathematics: A comparison of twelve countries (Vols. 1-2). Stockholm: Almqvist & Wiksell, 1967.

[2] Ina V.S. Mullis, Michael O. Martin. TIMSS in Perspective: Lessons Learned from IEA's Four Decades of International Assessments. In T. Loveless (Ed.), *Lessons Learned-What International Studies Tell Us about Math Achievement. Washington*, DC: Brookings Institution Press, 2007, p.43.

[3] International Association for the Evaluation of Educational Achievement. About IEA [EB/OL]. [2013-09-13]. http://www.iea.nl/about_us.html.

的关键阶段，新的课程和项目逐渐代替了传统的学科内容和教学方法。[1]所以，此项调查并不仅仅是对学生科学成绩的测评，同时也包括教学方法、学生的态度、学生实践技能的发展以及对科学本质的理解。

虽然参与国际教育成就评价协会第一次国际数学和科学评价项目的国家并不多，但是这两次测评为后来的评价研究提供了最初的测评方式，如通过背景调查问卷来收集背景数据的方式至今仍在使用，为TIMSS项目奠定了发展的基础。

二、第二次国际数学和国际科学研究

在20世纪70年代后期，国际教育成就评价协会逐渐认识到，定期对主要学科进行测评可以了解学生学业成绩的变化。于是在1980年至1982年期间，国际教育成就评价协会进行了第二次国际数学研究（Second International Mathematics Study，简称SIMS）。仿照第一次国际数学研究，第二次国际数学研究的测评对象仍然是13岁的学生和中学最后一年的学生，主要从课程、课堂实践和学生成就来对各国数学教育进行检测。对13岁学生的测试内容包括算术、代数、几何、测量和描述性统计，对中学最后一年的学生的测试内容是集、关系与函数，数制，代数，几何，初等函数和微积分，概率与统计，有限数学，计算机科学和逻辑。[2]此次测评的最终结果以三个简要报告的形式公布，分别关注数学课程的分析（1990年）、数学教育的背景与结

---

[1] International Association for the Evaluation of Educational Achievement. First International Science Study (FISS) [EB/OL]. [2013-09-13]. http://www.iea.nl/fiss.html.

[2] International Association for the Evaluation of Educational Achievement. Second International Mathematics Study (SIMS) [EB/OL]. [2013-09-13]. http://www.iea.nl/sims.html.

果（1989年）以及学生的发展与课程教学过程（1993年）。[1]

紧随其后，1983年至1984年，第二次国际科学研究（Second International Science Study，简称SISS）在24个国家进行，测评对象为10岁、14岁学生和中学最后一年学生。此次对三个年级学生的科学测评以科学课题的形式进行，每个课题有三种类型的测试：知识、对原理的理解以及应用知识和原理来解决实际问题。与第一次国际科学研究相似，此次国际科学研究同样设计了背景调查问卷，调查对象包括学生、教师和校长，并且参与测评的国家还需填写《国家科学教育案例报告》（National Science Education Case Study Reports），该报告要求各国详细地定性描述本国的科学课程和教学组织方式。第二次国际科学研究检测了参与测评国家的科学成就及其相关因素，研究了自第一次国际科学研究以来的科学成就变化趋势。在1991年到1992年期间，第二次国际科学测评的结果同样以三个简要报告的形式公布，分别关注科学课程与教育（1991年）、各国科学成绩之间的区别（1992年）以及自1970年研究以来科学教育和成绩的变化（1992年）。[2]

虽然第二次国际数学和国际科学研究同之前的研究相似度极高，但是此次研究重视数学和科学课程的组织框架，所以为了收集相关背

---

[1] 这三项报告分别为Westbury, I., & Travers, K. Second International Mathematics Study: Studies. Urbana, IL: University of Illinois. 1990; Robitaille, D.F., & Garden, R.A. (Eds.), *The IEA Study of Mathematics II: Contexts and outcomes of school mathematics.* Oxford: Pergamon Press. 1989; Burstein, L. (Ed.), *The IEA Study of Mathematics III: Student growth and classroom processes.* Oxford: Pergamon Press. 1993.

[2] 这三项报告分别为Rosier, M.J., & Keeves, J.P. (Eds.), *The IEA Study of Science I: Science education and curricula in twenty-three countries.* Oxford: Pergamon Press. 1991.; Postlethwaite, T.N., & Wiley, D.E. (Eds.), *The IEA Study of Science II: Science achievement in twenty-three countries.* Oxford: Pergamon Press. 1992; Keeves, J.P. (Ed.), *The IEA Study of Science III: Changes in science education and achievement, 1970 to 1984.* Oxford: Pergamon Press. 1992.

景数据，开发了详细的概念模型（conceptual models）。[1]该模型展示了社会和教育系统是如何影响学校设置，进而影响课堂教学内容的，而社区、学校和教师的特点对学校和课堂的环境有很大的作用，是对课堂教学内容的补充。此外，学生的背景和行为与课堂教学的内容相互影响。概念模型的设定使得社会、学校、教师和学生与学科教学和学习之间的关系变得更为清晰，为后来的研究提供了测评的框架。

三、第三次国际数学与科学研究

国际教育成就评价协会在规划第三次国际数学与科学研究时，决定对数学和科学同时进行测评，以便利用数学与科学之间的联系和相似之处，使研究报告更为有效。1994年，国际教育成就评价协会组织了第三次国际数学与科学研究（Third International Mathematics and Science Study，简称TIMSS 1995）。TIMSS 1995的调查对象有五个年级，即三年级、四年级、七年级、八年级以及中学最后一年的学生，因为三、四年级包含了绝大多数9岁学生，而七、八年级包含了绝大多数13岁学生。[2]对三、四年级和七、八年级的学生分别进行数学和科学测评，对中学最后一年的学生进行数学和科学素养、高级数学和物理测评。TIMSS 1995测量了超过40个国家的逾50万名学生，是当时国际教育成就评价协会覆盖范围最广的测评项目。

在进行TIMSS 1995之前，国际教育成就评价协会首先开发了《数学和科学课程框架》（Curriculum Frameworks for Mathematics and

---

[1] Anna Corinna Preuschoff. Using TIMSS and PIRLS to Construct Global Indicators of Effective Environments for Learning. Ph. D. diss., Boston College, 2010, p.19.

[2] International Association for the Evaluation of Educational Achievement. TIMSS 1995 [EB/OL]. [2013-09-13]. http://www.iea.nl/timss_1995.html.

Science），包含概念模型和指引背景调查问卷设计的重要研究问题，十分关注不同的因素如何影响不同背景学生的学业成就，重视学习的背景环境。在进行测评时，TIMSS 1995以课程与课堂为中心来收集背景数据，包括既定的数学和科学课程、数学和科学的教学实践以及学生和教师对数学和科学的态度，对学生、数学教师和科学教师以及学校发放调查问卷。此外，在广泛的定性研究中，TIMSS 1995收集分析了各国的课程指南、课本和其他课程材料。TIMSS 1995的测评结果最终形成了5个简要报告，即小学阶段数学成就（Mathematics Achievement in the Primary School Years）和小学阶段科学成就（Science Achievement in the Primary School Years）报告、中学阶段数学成就（Mathematics Achievement in the Middle School Years）和中学阶段科学成就（Science Achievement in the Middle School Years）报告以及中学最后一年数学和科学成就（Mathematics and Science Achievement in the Final Year of Secondary School）报告。这些报告为参与测评的国家提供了关于数学和科学教育以及学生成绩的重要信息，是这些国家教育政策制定和教育实践的重要参照。

TIMSS 1995第一次将科学和数学测评结合起来，同时扩大了测评的范围。更为重要的是，TIMSS 1995规范了测评流程，测评之前必须先开发《数学和科学课程框架》，为具体的教育评价活动提供指引。

四、第三次国际数学与科学教育再研究

1999年，国际教育成就评价协会组织了第三次国际数学与科学教育再研究（Third International Mathematics and Science Study Repeat），由于该研究在1999年实施，一般简称为TIMSS 1999或TIMSS-Repeat。TIMSS 1999之所以被称为"第三次国际数学与科学教育再研究"，是因为这

次研究仅仅是对TIMSS 1995中四年级学生的再次测评。TIMSS 1999的调查对象有38个国家，其中有26个国家参与了TIMSS 1995，时隔四年，当时四年级的学生升入八年级，对这些学生进行测评，正好可以调查他们数学和科学成绩的变化趋势。由于TIMSS 1999是对TIMSS 1995的再次测评，所以与TIMSS 1995采用相同的《数学和科学课程框架》，TIMSS 1999的学生、教师和学校调查问卷也与TIMSS 1995版本相似。此外，每个国家还需要填写一个关于如何组织数学和科学课程的调查问卷，包括八年级的数学和科学教育。除了国家研究外，TIMSS 1999第一次进行了地方基准研究，包含美国的13个州和14个学区，以此作为八年级学生的样本，其测评方式和标准与国家研究相同。

TIMSS 1999同样使用了背景调查问卷来调查参与测评国家的数学和科学的教学与学习情境，收集了教育体制、课程、教学实践以及学生、教师和学校特点的相关信息。为了提高背景测量的信度，TIMSS 1999在数学和科学报告中提出了背景指数（background indices），以便为教育政策的制定提供更加有效的信息。[1]TIMSS 1999背景指数与学习的积极情境相关，分别有高、低、中三种类型，其中"高"代表最支持学习的环境，"低"代表最不支持学习的环境。此外，TIMSS 1999还进行了录像研究（video study）作为补充。[2]录像研究在7个国家展开，每个国家的调查样本为100所学校，每个学校需对八年级数学课和八年级科学课分别进行一堂课的录像，来呈现各国八年级数学和科学教学的全貌。与此同时，还使用了工作表、课本

---

[1] Anna Corinna Preuschoff. Using TIMSS and PIRLS to Construct Global Indicators of Effective Environments for Learning. Ph. D. diss., Boston College, 2010, p.25.

[2] International Association for the Evaluation of Educational Achievement. TIMSS 1999 Video Study [EB/OL]. [2013-09-13]. http://www.iea.nl/timss_1999_video_study.html.

和学生作业的案例，以及其他材料来补充录像调查。

TIMSS 1999虽然是对TIMSS 1995的再研究，但是显现出了测评的连贯性，可作为数学和科学成就的趋势研究。同时，TIMSS 1999不再只注重对国家的测评，首次实行了地方基准研究，使得各州和各学区有机会进行科学和数学测评，进而发现问题来进行教育改革。TIMSS 1999还进行了录像研究，用以补充调查问卷无法捕捉的信息，来完善数学和科学教育评价研究。

五、国际数学与科学趋势研究

自2003年开始，国际教育成就评价协会将TIMSS作为一项以四年为周期的趋势研究，研究目标为四年级和八年级学生的数学和科学成就。自此，国际教育成就评价协会将其正式更名为"国际数学与科学趋势研究项目"（Trends in International Mathematics and Science Study），依然简称TIMSS。国际数学与科学趋势研究的目标在于通过提供不同国家课程、教学实践和学校环境中学生成绩的数据，来改善数学和科学的教学与学习。

相较之前的研究，TIMSS 2003更加注重学生的分析解决问题以及研究能力的发展。在进行2003年的测评之前，TIMSS投入了相当大的精力来更新数学和科学评价以及背景调查问卷的框架。在设计TIMSS 2003的评价框架时，专门以一个单独的章节来叙述收集背景信息的框架，该章记录了TIMSS 2003收集背景数据的概念模型，为设计背景调查问卷提供了详尽的计划。TIMSS 2003的背景调查问卷主要包括五个领域，即课程、学校、教师与教师教育、课堂活动及其特点、学生，针对每个领域都有详细的描述，包括各项因素如何促进课程目标的实施以及提高学生成绩。

TIMSS 2007则在TIMSS 2003的基础上进一步扩大了影响力，有67个参与者，其中有59个国家和8个地方基准实体。TIMSS 2007在设计背景框架、背景调查问卷和呈现背景调查问卷的数据等方面相较之前的TIMSS有很大的革新。例如，在设计背景调查框架时，TIMSS 2007仍将背景调查问卷分为课程、学校、教师、课堂和学生五个领域。在课程方面，TIMSS 2007更加注重课程制定的过程和课程的范围，而不仅仅是描述教学的方法和材料。在学校方面，除了学校的规模、地理位置和气候，重要的学校特征还包括学生人数、教学组织、可用资源、学校校长的角色、教师评价实践和家长参与等社会经济学方面的特征。在教师方面，TIMSS 2007重视教师的特点、教育教学培训和专业发展。在课堂调查中，重要的是所教课程的重点、数学和科学教学策略以及数学和科学教学中的可用资源。学生特征则包括家庭背景、学习经验以及对数学和科学的态度。[1]

由于TIMSS的测评对象是四年级和八年级的学生，所以国际教育成就评价协会在2008年开展了TIMSS-Advanced研究，调查中学最后一年学生的学习状况，这些学生已经或者正在学习高等数学或物理。高等数学的测评范围是代数、微积分和几何，物理的测评范围是力学、电与磁、热和温度、原子物理和核物理，具体的测评形式分别从认知、应用和推理三个维度来考察。[2]此次研究将测评结果与TIMSS 1995测评结果进行对比，从而可以看出TIMSS 1995参与国家的学生成就变化趋势。

---

[1] Anna Corinna Preuschoff. Using TIMSS and PIRLS to Construct Global Indicators of Effective Environments for Learning. Ph. D. diss., Boston College, 2010, p.28.

[2] International Association for the Evaluation of Educational Achievement. TIMSS Advanced 2008 [EB/OL]. [2013-09-13]. http://www.iea.nl/timss_advanced_2008.html.

纵观TIMSS评价标准与政策的产生与发展历程，TIMSS逐渐由最初的数学和科学分开测评到同时测评，逐渐从不定期测评发展到从四年为周期的研究，从简单的背景调查发展到形成详细的背景调查框架，成功地将教育成就和教育背景与各国教育政策和教育实践结合起来，为教育改革提供指引和方向。2011年，国际教育成就评价协会完成了第五次TIMSS测评。

第二节

TIMSS 现行评价标准与政策

一、TIMSS 的评价目标

TIMSS的评价目的是考查学生的基础知识、概念以及与学校课程紧密相连的数学思维能力。TIMSS每四年评价一次，评价对象是四年级（1999年除外）和八年级的学生，评价内容以各参与国的数学课程内容为依据。随着TIMSS的不断完善和进步，参与的国家和地区越来越多，TIMSS 2007共有67个国家和地区参加，TIMSS 2011年共有63个国家和地区及14个基准参与者。

二、TIMSS 的评价标准和评价内容

TIMSS的评价标准和内容体现在TIMSS评价框架中，以下介绍

TIMSS 2011的数学和科学评价框架。[1]

（一）数学评价框架

学生在接受教育的过程中，应该认识到数学是人类取得的伟大成就，并且要学会鉴赏数学的本质。数学作为基础教育的一门学科，主要是为了提高公民的素养；认识数学、使用数学，使我们的素养在工作和生活中得到提高。在很多职业中，人们需要熟练地使用数学，或者进行数学的思考，例如高级技术和现代管理方法在使用数学的过程中得到繁荣发展。TIMSS 2011基于这样的数学观念，设计了四年级和八年级的数学评价框架，主要包括内容维度和认知维度，这两者是TIMSS 2011对四年级和八年级评价的基础。[2]

1. 内容维度

内容维度包含几个不同的内容领域，如数、几何等。数学评价的内容领域明确了所要评价的内容和范围，在每个领域中都有几个不同主题，每个主题都包含一些目标，这些目标覆盖了大多数参与测评的国家和地区的数学课程。具体目标的设定基于学生的理解和能力。

每个内容领域包含多个主题。在四年级组，三个内容领域共设置了9个主题。在八年级组，四个内容领域共设置了16个主题（详见表1-1）。

---

[1] Ina V.S. Mullis, Michael O. Martin, Graham J. Ruddock, Christine Y. O'Sullivan, et al. *TIMSS 2011 Assessment Frameworks*. Chestnut Hill, MA: TIMSS & PIRLS International Study Center, Boston College, 2009, pp.117-134.

[2] 本小节资料来源：Ina V.S. Mullis, Michael O. Martin, Graham J. Ruddock, Christine Y. O'Sullivan, et al. *TIMSS 2011 Assessment Frameworks*. Chestnut Hill, MA: TIMSS & PIRLS International Study Center, Boston College, 2009, pp.117-134. 参考：江雪萍，苏洪雨.TIMSS 2007数学评价中的认知领域述评及启示［J］.外国中小学教育，2008（2）：55-58.

表1-1　TIMSS 2011数学内容领域考查时间比例

四　　年　　级	比例	八　　年　　级	比例
1. 数：非负整数，分数和小数，非负整数的句子量，模式和关系	50%	1. 数：非负整数，分数和小数，整数，比，比例，比率和百分比	30%
2. 几何图形和测量：角和线，二维和三维图形，位置和变换	35%	2. 代数：模式，代数，表达式，方程\公式和函数	30%
3. 数据列举：数据的组织和表征，阅读和解释数据	15%	3. 几何：几何形状，几何测量，位置和变换	20%
		4. 数据和概率：数据的组织和表征，数据解释，概率	20%

此表系笔者根据以下资料制作：Ina V.S. Mullis, Michael O. Martin, Graham J. Ruddock, Christine Y. O'Sullivan, et al. *TIMSS 2011 Assessment Frameworks*. Chestnut Hill, MA: TIMSS & PIRLS International Study Center, Boston College, 2009, pp.117-134；江雪萍，苏洪雨.TIMSS 2007数学评价中的认知领域述评及启示［J］.外国中小学教育，2008（2）：55-58.

　　每个主题均提出了一组评估目标。TIMSS在"数"的领域包括了一些对代数预备课程的概念和技能的评价，这些概念和技能是将来发展正式的代数思想的基础。同时，TIMSS将几何和测量整合，把评价重点放在几何图形上。四年级和八年级评价的内容领域有所不同（见表1-1），因为每个年级的教学所反映的数学本质和难点不同，四年级比八年级更强调"数"；八年级有四个内容领域，其中两个是几何和代数，但是因为几何和代数在小学一般不作为正式的学科教学，所以四年级评价的重点是几何图形和测量，并且在"数"的部分只是介绍一下代数概念。四年级只要求学生能够认识和列出数据，八年级则重点强调对数据和概率基本原理的理解。

2. 认知维度

　　参加TIMSS测试的学生不仅要非常熟悉数学内容，而且要具备相应的认知技能。这些认知技能蕴含在数学内容领域中，测试数学内容，要体现出学生的认知能力。

（1）认知领域

认知维度有三个认知领域。一是理解，指学生需要理解的科学事实、方法和概念；二是应用，关注学生运用理解的知识和概念解决或回答问题的能力；三是推理，从常规问题的解决迁移到不熟悉的情境、复杂内容和多步骤问题的解决。

表1-2　TIMSS 2011数学认知领域考查时间比例

	年　　级	认 知 领 域	所 占 比 例
认知维度	四年级	理解	40%
		应用	40%
		推理	20%
	八年级	理解	35%
		应用	40%
		推理	25%

资料来源：江雪萍，苏洪雨.TIMSS 2007数学评价中的认知领域述评及启示［J］.外国中小学教育，2008（02）：55-58.

如表1-2所示，这三个认知领域适用于四年级和八年级，每一个内容领域包含针对所有认知领域的题目，例如，"数"领域和其他内容领域一样，包括理解、运用和推理的题目。但测试的时间不同，反映出两个年级学生年龄和经验的差异。

（2）认知层次

每个认知领域划分为若干认知层次，描述不同领域内学生的技能和能力。

"理解"层次包括记忆、识别、计算、检索、测量以及分类或排序；"应用"层次包括选择、表征、建模、执行以及常规问题解决；

"推理"层次包括分析、归纳、综合/整合、论证以及解决非常规问题。

（3）行为表现

每个认知层次列出相应的具体行为表现。

① 理解的认知领域覆盖以下行为：

• 记忆：回忆定义、术语、数字性质、几何性质和符号。

• 识别：辨认数学的物体、形状、数字和表达式；辨认与数学同意义的数学实体（例如，熟悉的分数、小数和百分比，简单几何体）。

• 计算：运用算法程序对整数、分数、小数进行加减乘除或者混合运算。用近似值进行估值计算，进行常规的代数计算程序。

• 检索：从图像、表格或其他资料中找出数据，阅读简单比例。

• 测量：使用测量工具、恰当的测量单位，估计测量值。

• 分类或排序：根据共同属性分类物体、形状、数和表达式；对分类性质做出正确结论；根据性质对数和物体进行排序。

学生能否熟练地使用数学或者在数学情境中推理论证，有赖于学生掌握数学知识的程度，以及对数学概念的理解水平。学生能够回忆起越多的知识，对概念的理解就越深刻，在问题解决方面就更有潜力，从而发展数学理解。

如果学生没有机会接触易于回忆的语言、基本事实和数的规则、符号表征、空间关系的基础知识，就不可能进行有目的的数学思维。事实包括以下实际的知识：提供基本的数学语言的知识，形成数学思维本质的数学事实和性质。

在更多的基础知识和运用数学解决常规问题之间，数学方法搭建了桥梁，特别是在人们日常生活中经常遇到的问题中。从本质上来说，流畅地运用方法需要激活行为活动的集合，以及予以实施。学生必须有效而准确地使用各种各样的计算方法和工具。他们必须明白，特定的方法能用于解决各种类型的问题，而不仅仅是单个问题。

概念知识使得学生能够在知识元素之间建立联系，学生最好能在知识与其他看上去孤立的事实之间建立联系，这有利于他们对现有知识进行扩展，判断数学命题和方法的有效性，并产生数学表征。[1]

② 应用的认知领域包含以下行为：

• 选择：为已知运算法则或方法的问题解决选择有效适当的运算、方法或解决策略。

• 表征：用图表、表格或图形展示数学信息和数据，并对给定的数学事实或关系生成等价表征。

• 建模：建立一个适当的模型，例如解决常规问题的方程式或图表。

• 执行：遵循和执行一系列的数学指令。例如给定规格，画出轮廓和形状。

• 常规问题解决：解决常规问题（即与学生在课堂上遇到的问题类似的问题），例如，用几何性质解决问题，比较和搭配数据的不同表征（八年级），运用图表、表格、图形和信息文本解决常规问题。

学校数学教学的主要目的常常是问题解决，因此在知识应用和概念理解的领域，问题解决和技能（例如选择、表征、建模）的作用显著。对这个领域中的题目，学生需要应用事实性的数学知识、技能和方法或数学概念的理解来创造表征和解决问题。思想的表征构成数学思维和交流的核心，在应用中创造等价的表征是成功的基础。

---

[1] 江雪萍，苏洪雨.TIMSS 2007数学评价中的认知领域述评及启示 [J].外国中小学教育，2008（2）：55-58.

和推理领域相比，数学应用领域较为常规的方法是设置问题背景。可在课堂练习中设计有代表性的常规问题，为学生提供使用特定方法或技巧的练习。在这些问题中，有些是在接近真实的背景中设置问题情境。虽然很难在教材中加入，但是学生需要充分熟悉课本问题的背景，从而选择和应用学到的方法。

问题可能设置在真实生活情境中，或者是纯粹数学问题。例如数字或代数表达式、函数、方程、几何图形或统计数据表。因此，问题解决的重点不仅包括熟悉和常规的任务应用领域，而且包括推理领域。

③ 推理的认知领域包含以下行为：

• 分析：在数学情境中的变量或对象之间确定、描述、使用关系；使用比例推理（四年级）；分解几何图形，简单解决问题；画出不熟悉的立体网状图；形象化变换的三维图形；相同数据的不同表征的比较和匹配（四年级）；从给定信息中作出有效推论。

• 归纳：扩展范围，使得数学思维和问题解决的结果能够重新应用于更一般和更广泛的使用条件。

• 综合/整合：结合不同的数学方法来确定结果，综合结果产生更进一步的结论。联系不同知识元素和相关表征，在相关数学思想之间作出连接。

• 论证：根据数学结果和性质给出正确与错误的判断。

• 解决非常规问题：解决数学或真实生活内容的问题，并在不熟悉的复杂内容中应用数学方法，这些问题可能是学生不熟悉的。

数学推理要求逻辑、系统思维的能力。它包括直觉和归纳推理，两者以解决非常规问题的模式和规律为基础。非常规问题是那些学生不熟悉的问题，要求解决常规问题之上的认知需求，这些需求甚至只有在解决这些问题时才会出现。非常规问题可能是纯数学的或者真实生活情境，两种类型都包含把知识和技能转移到新的情境。推理能力的交互作用是其常见的特征。需要推理的问题可能有不同的方法，或者因为背景的新颖性或情境的复杂性，或者因为问题的任何解决方法都必须包含几个步骤，可能要利用不同领域的数学知识和对它们的理解。

推理领域的许多行为需要深入思考和解决新颖的或复杂的问题，这些行为本身代表了数学教育颇有价值的结果，更为普遍地影响学习者思维的潜力。例如，推理包括观察和作出猜测的能力，也包括基于特定假设和规则作出逻辑演绎推论，并论证结果。

（二）科学评价框架

TIMSS 2011科学测评框架包含内容维度、认知维度和科学探究维度三个部分。[1]其中，内容维度是对测评内容的界定，详细说明科学测评中涉及的内容领域和主题，即科学测评考查什么；认知维度描述学生在科学测评中的思维过程应达到的水平，以及期望学生在学习科学内容时表现出来的一系列行为，即考查的难度；科学探究维度主要是对学生进行科学探究所需要具备的理论知识和实践能力两方面技能要求的界定。后两者呈现了TIMSS评价的标准。

1. 内容维度

内容维度是对测评内容范围的界定，主要包括内容领域及每一领

---

[1] 本小节资料源于：Ina V.S. Mullis, Michael O. Martin,Graham J. Ruddock, Christine Y. O'Sullivan, et al. *TIMSS 2011 Assessment Frameworks*. Chestnut Hill, MA: TIMSS & PIRLS International Study Center, Boston College, 2009, pp.117-134.参考了岳宗慧，张军朋.TIMSS 2011科学评测框架概况、变化及启示［J］.教育测量与评价：理论版，2012（12）：51-56+66.

域的主题和目标。包括如下内容。

（1）分年级描述科学测评涉及的学科

四年级的内容领域主要是生命科学、物质科学和地球科学，八年级的内容领域主要是生物、化学、物理和地球科学。

（2）每个内容领域包含多个主题

以八年级为例，4个内容领域共设置了14个主题，比如，物理领域包括5个主题，即物质的物理状态及变化、能量的转化、热和温度、光和声、电与磁、力与运动。

（3）每个主题均有一组评估目标

这些目标显示了TIMSS 2011对学生完成每个主题内容的学习所应具备的行为要求和能力表现的期望。例如，八年级物理内容领域中的"力与运动"主题，其评估目标包括：根据位置、方向和速度的大小，描述物体的运动（匀速或非匀速）；理解常见的力的类型（重力、弹力、浮力、摩擦力）；根据受力状况，预测物体运动的变化；根据密度的不同，解释观察到的物理现象；用常见的例子说明简单机械（如杠杆、斜面等）的功能和工作过程；根据受力和面积解释压强，描述与压强有关的效果。

TIMSS 2011科学测评框架的内容维度所包含的主题和测评目标，是国际教育成就评价协会通过对参与此项目的60多个国家和地区的科学课程的深入研究形成的，主要基于参与测评的国家和地区的科学教育核心内容进行精心选择，测评内容至少包含了70%参与测评的国家和地区的科学课程内容。值得注意的是，TIMSS科学测评内容领域的划分并不完全符合所有国家和地区科学教育的内容结构。在大多数国家和地区，科学课程是作为一门综合学科开设的，而有的国家或地区，科学课程是作为独立的学科（例如生物、物理、化学）

开设的。[1]

2. 认知维度

认知维度描述了学生在科学测评中思维过程所应达到的认知水平。主要包括三个认知领域及每个领域的认知层次和具体的行为表现。

（1）认知领域

认知维度有三个认知领域。一是"理解"，指学生需要理解的科学事实、过程和概念；二是"应用"，指学生在问题情境中应具备的知识应用和概念理解能力；三是"推理"，指学生针对新情境、复杂关系或多步骤的问题提出非常规解决方案的能力。TIMSS 2011科学测评框架的认知维度在不同年级考查时间上的比例详见表1-3。

表1-3 TIMSS 2011科学认知层次考查时间所占比例

	年 级	认 知 层 次	所 占 比 例
认知维度	四年级	理解	40%
		应用	40%
		推理	20%
	八年级	理解	35%
		应用	40%
		推理	25%

资料来源：岳宗慧，张军朋.TIMSS 2011科学评测框架概况、变化及启示［J］.教育测量与评价：理论版，2012（12）：51-56+66.

从表1-3可以看出，"理解"层次的测试时间所占比例在四年级相对较高，而"推理"层次测试时间所占的比例在八年级要高一些，

---

[1] 岳宗慧，张军朋.TIMSS 2011科学评测框架概况、变化及启示［J］.教育测量与评价：理论版，2012（12）：51-56+66.

这是因为在成熟度、教学、经验、理解力的深度和广度等方面，八年级学生的认知能力较四年级学生均有所增长。三个认知层次同时适用于四年级和八年级的学生，说明TIMSS在设置考查难度时充分考虑了学生的认知发展现状。

（2）认知层次

每个认知领域划分为若干认知层次，描述学生在不同领域的技能和能力。例如，"理解"层次包括识记、界定、描述、举例说明以及工具的使用；"应用"层次包括比较、对比和分类、运用模型、联系、说明信息、找出解决办法以及解释；"推理"认知层次包括分析、整合和综合、假设和预测、设计、得出结论、概括、评估及证明。

（3）行为表现

每个认知层次有相应的具体行为表现。例如，"理解"层次中的"识记"所对应的行为表现为：给出或识别有关科学事实、关系、过程和概念的准确表述，识别具体物质和过程的特征或属性。在"应用"层次，"比较、对比和分类"对应的行为表现为：确定或描述不同生物、材料、过程之间的相似和差异；根据给定的特征和性质，对物体、材料、生物和过程进行区分、分类或排序。在"推理"认知层次，"分析"对应的行为表现为：分析问题，确定相关的关系、概念、解决问题的步骤，发展和解释解决问题的策略。这样的设计使测评框架更具有量化性，不是笼统地提出学生要达到的要求，而是将认知要求量化在可以测量的行为表现上，对试题的设计也大有益处。

3. 科学探究维度

在TIMSS 2011科学评价框架中，科学探究被认为是所有科学领域中科学知识固有的基本特征，存在于科学测评各个内容领域的目标和认知领域的各种技能及具体行为中。TIMSS 2011对科学探究能力的评价，要求学生具有从事科学探究所必需的工具和方法的知识，拥有应用这些知识进行科学调查的能力，并具备提出基于证据进行解释的科学理解力。同时，TIMSS 2011还要求学生掌握科学本质和科学探究的基本知识。比如，随着新证据的提出会发生变化的科学知识，利用不同类型的科学调查验证科学知识的重要性，运用基本的科学方法，探究成果的交流以及科学、数学和技术的相互影响等。除此之外，TIMSS 2011科学测评还期望学生在以下五个主要方面展示科学探究过程的技能和能力，即明确地表述问题和假设、设计调查、呈现数据、分析和解释数据、得出结论并形成解释。虽然科学探究能力评价的上述目标同样适用于四年级和八年级的学生，但是学生对科学探究的理解和能力要求的复杂性是跨年级增长的，这反映了学生认知发展的阶段性和复杂性。四年级学生在学习科学时往往集中于观察和描述，因此，在TIMSS 2011的科学探究测评任务中，期望这个年级的学生能够形成基于对自然界的观察或从其他渠道获得的信息来回答问题的能力。在八年级学生科学探究的学习要求上，TIMSS 2011期望他们能用更为正式规范的方法来说明包含了更多评估和决策的科学调查。[1]

三、TIMSS测试的编制

TIMSS测试的编制工作包括评价框架的编制和具体评价工具的

---

[1] 岳宗慧，张军朋.TIMSS 2011科学评测框架概况、变化及启示 [J].教育测量与评价：理论版，2012（12）：51-56+66.

编制。[1]来自不同组织机构的TIMSS工作人员都在评价框架的编制工作中发挥了重要作用，这些机构主要包括国际教育协会数据处理与研究中心和秘书处（IEA Data Processing and Research Center and Secretariat）、加拿大统计局（Statistics Canada）和美国教育考试服务中心（Educational Testing Service，简称ETS）、波士顿学院等，TIMSS的数学和科学顾问团主席和成员也投入其中。[2]具体评价工具的编制包括评价对象的选取、学生成就测验工具的编制和背景调查工具的编制。本节主要讨论评价工具的编制。

（一）测试对象的选取

TIMSS测量在正规教育（formal schooling）中四年级和八年级学生数学和科学的学习成就。根据各国政策和可用资源的不同，参与测评的国家和地区可以选择一到两个群体（population）进行测评。在TIMSS中，接受正规教育的年限（4年或8年）是进行国际比较的基础，TIMSS以年级水平为标准选择样本。其标准如下：

四年级：从国际教育标准分类（International Standard Classification of Education，简称ISCED）水平1[3]的第一年开始算起，接受了4年的学校教育。

---

[1] 除非特别注明，本节资料均来源于：Ina V.S. Mullis, Michael O. Martin, Graham J. Ruddock, Christine Y. O'Sullivan, et al. *TIMSS 2011 Assessment Frameworks*. Chestnut Hill, MA: TIMSS & PIRLS International Study Center, Boston College, 2009, pp.117-134.

[2] Ina V.S. Mullis, Michael O. Martin, Graham J. Ruddock, Christine Y. O'Sullivan, et al. *TIMSS 2011 Assessment Frameworks*. Chestnut Hill, MA: TIMSS & PIRLS International Study Center, Boston College, 2009, pp.2, 3.

[3] 国际教育标准分类（ISCED）由联合国教科文组织统计研究所（UNESCO Institute for Statistics）研制，是描述不同国别受教育水平的国际标准。该分类系统涵盖了从学前教育（水平0）到第二等级高等教育（水平6）的整个学校教育体系。其中，水平1指初等教育或基础教育的第一个阶段。水平1的第一年标志着"系统学习阅读、写作和数学"的开始（UNESCO, 1999），自此开始的4年后将是TIMSS取样标准中的四年级，也是大多数国家的四年级。八年级的情况据此类推。

八年级：从国际教育标准分类水平1的第一年开始算起，接受了8年的学校教育。

考虑到评测对学生认知水平的要求，TIMSS试图避免评测年龄过小的学生。因此，如果接受评测的某个国家和地区的四年级学生平均年龄低于9.5岁，或者八年级学生平均年龄低于13.5岁，TIMSS会要求该国或地区评测更高一个年级的学生，即本来应评测四年级的，改为评测五年级，而本应评测八年级的，改为评测九年级。每个参与测评的国家和地区至少需要抽取4 500名学生参加测验。

（二）学生成就测验工具的编制

TIMSS对学生成就的测量主要通过学生成就测验手册（student booklet）进行，学生成就测验工具的编制主要是指学生成就测验手册的编制。学生成就测验手册由一系列量表组成，其编制主要包含题目设计、题目编排、题型等三个要素。在TIMSS评价中，所测的问题通常称为"题目"（item）[1]。

1. 学生成就测验题目的设计

（1）学生成就测验题目内容的设计

前面已经讨论过，TIMSS不仅对学生的数学和科学的整体情况进行评价，还考察他们在内容和认知领域的具体表现。因此学生成就测验题目内容包含两个方面：数学和科学的整体学习情况，以及学生在两个科目的内容和认知领域的情况。

---

[1] TIMSS评价的理论基础是项目反应理论（item-response theory），该理论认为，被试对测验项目的反应和成绩与他们的潜在特质有特殊的关系，因此经常用测验总分作为学生潜力的估算。

（2）学生成就测验题目数量的设计

除了在题目内容维度上的划分，学生成就测验题目还在年级水平上做区分。学生年级不同，所参加的测验中包含的题目数量也不同。TIMSS 2011每个四年级的测验包括40—56个题目，每个八年级的测验则包括48—72个题目。

不过，为了让TIMSS的评测内容尽可能全面涵盖学生所学的内容，以实现评价的有效性，TIMSS测验工具编制团队编制的题目数量远远超过测试题中出现的题目数。TIMSS有一个题目库（pool），题目库由数学和科学两个科目的大量题目组成，既有往年的题目，也有新设计的题目，相当于TIMSS测验的问题库。四年级和八年级的题目库中分别约有170个和200个题目。

（3）学生成就测验题目的审定

TIMSS设有科学和数学题目审查委员会（Science and Mathematics Item Review Committee，简称SMIRC）负责指导题目制定和审查测验题目。委员会一般由20个成员组成：10个科学和科学教育方面的专家，以及10个数学和数学教育方面的专家，他们都由TIMSS参与国委派。必要时，委员会会增加科学专家数量，以确保在生物、化学和物理等方面都有专家指导。[1]

2. 学生成就测验题目的编排

在数学和科学领域，TIMSS可测量的问题很多，但学生可接受的受测时间有限，因此，TIMSS用其独有的一套方法对成就测验题目进行编排。学生成就测验题目编排流程见图1-1：

---

[1] TIMSS & PIRLS International Study Center. Assessment Framework and Instrument Development [EB/OL]. [2013-09-13]. http://timss.bc.edu/methods/t-instrument.html.

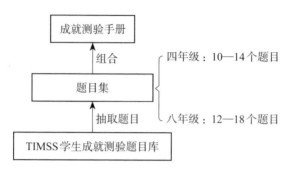

图1-1　TIMSS学生成就测验题目编排流程

资料来源：Ina V.S. Mullis, Michael O. Martin, Graham J. Ruddock, Christine Y. O'Sullivan, et al. *TIMSS 2011 Assessment Frameworks*. Chestnut Hill, MA: TIMSS & PIRLS International Study Center, Boston College, 2009, pp.117, 134.

（1）学生成就测验题目集的编排：矩阵取样

矩阵取样是用来估计矩阵参数的一般统计方法，它通过将测验题目随机平行等份分配给随机选取的学生来估计测验总分。在实际测评的过程中，与传统经典测验用同一张试卷测验所有学生的做法不同，矩阵取样通过限制每个学生所接受的测验题目数量来减少必需的测验时间，但同时仍然在学生之间保持了对测试内容的广泛覆盖范围。矩阵取样可以较好地解决广泛的测试内容和有限的测试时间之间的矛盾，在大尺度教育测评中应用广泛。[1]

TIMSS 2011采用矩阵取样的方法，在四年级和八年级的题目库中各抽取出28个题目集，其中数学题目集14个，科学题目集14个。四年级评测的每个题目集包含10—14个题目，八年级的有12—18个题目。在取样过程中，尽量使每个题目集的内容和认知领域的题目分配与题目库总体分布情况相符。学生成就测验手册就来自这些题目集的各种组合。

---

[1] 李凌艳，辛涛，董奇.矩阵取样技术在大尺度教育测评中的运用 [J].北京师范大学学报（社会科学版），2007（6）：19-25.

（2）学生成就测验手册的形成：题目集组合

TIMSS 2011每个年级共设计了14种学生成就测验手册。每本手册由两部分构成：数学部分和科学部分。每部分又各自包含两个题目集。在半数的手册中，两个数学题目集在先，随后是两个科学题目集，另外半数手册则相反。为了在不同手册之间建立联系，便于比较和对照学生答题的情况，TIMSS 2011学生成就测验手册的编制中，每个题目集均出现在两种手册上（具体见表1-4）。

表1-4　TIMSS 2011学生成就测验手册设计（四年级和八年级）

学生成就测验手册	第 一 部 分		第 二 部 分	
手册1	M01	M02	S01	S02
手册2	S02	S03	M02	M03
手册3	M03	M04	S03	S04
手册4	S04	S05	M04	M05
手册5	M05	M06	S05	S06
手册6	S06	S07	M06	M07
手册7	M07	M08	S07	S08
手册8	S08	S09	M08	M09
手册9	M09	M10	S09	S10
手册10	S10	S11	M10	M11
手册11	M11	M12	S11	S12
手册12	S12	S13	M12	M13
手册13	M13	M14	S13	S14
手册14	S14	S01	M14	M01

注：M代表数学，S代表科学。

资料来源：Ina V.S. Mullis, Michael O. Martin, Graham J. Ruddock, Christine Y. O'Sullivan, et al. *TIMSS 2011 Assessment Frameworks*. Chestnut Hill, MA: TIMSS & PIRLS International Study Center, Boston College, 2009, p.126.

（3）趋势评价的目的对学生成就测验题目编排的影响

前面谈到的只是学生成就测验手册编制的一般程序，还有一个非常重要的问题，即TIMSS是趋势评价。这意味着，TIMSS每个周期的评价工具不能有大的变更。实际上，TIMSS评价工具设计的一个著名前提就是："如果你想测量改变，那么你就不能改变测量。"[1]也就是说，TIMSS每个周期学生成就测验手册中的题目集并不都是全新设计的。TIMSS题目库的设计以及题目集的组合都为满足这一要求创造了条件。

根据兼顾测验的稳定性和时效性的宗旨，TIMSS每个周期的测验都有一些相对固定的题目（集），下个周期时只对新近发展的题目（集）进行替换。TIMSS 2011采用了TIMSS 2007评测中14个数学题目集中的8个和14个科学题目集中的8个，以衡量变化的趋势。剩下的12个题目集公之于众，用于出版、研究和教学，以便在TIMSS 2011中用新开发的题目取代。因此，TIMSS 2011的28个题目集中包含16个趋势题目集（8个数学的和8个科学的）和12个新题目集（具体见表1-5）。

表1-5　TIMSS 2011题目集来源（四年级和八年级）

数学题目集	题 目 来 源	科学题目集	题 目 来 源
M01	TIMSS 2007的M13题目集	S01	TIMSS 2007的S13题目集
M02	TIMSS 2011的新题目集	S02	TIMSS 2011的新题目集
M03	TIMSS 2007的M06题目集	S03	TIMSS 2007的S06题目集
M04	TIMSS 2011的新题目集	S04	TIMSS 2011的新题目集
M05	TIMSS 2007的M09题目集	S05	TIMSS 2007的S09题目集
M06	TIMSS 2007的M10题目集	S06	TIMSS 2007的S10题目集
M07	TIMSS 2007的M11题目集	S07	TIMSS 2007的S11题目集

---

[1] TIMSS & PIRLS International Study Center. Assessment Framework and Instrument Development [EB/OL]. [2013-09-13]. http://timss.bc.edu/methods/t-instrument.html.

（续表）

数学题目集	题 目 来 源	科学题目集	题 目 来 源
M08	TIMSS 2011 的新题目集	S08	TIMSS 2011 的新题目集
M09	TIMSS 2007 的 M08 题目集	S09	TIMSS 2007 的 S08 题目集
M10	TIMSS 2011 的新题目集	S10	TIMSS 2011 的新题目集
M11	TIMSS 2007 的 M12 题目集	S11	TIMSS 2007 的 S12 题目集
M12	TIMSS 2011 的新题目集	S12	TIMSS 2011 的新题目集
M13	TIMSS 2007 的 M14 题目集	S13	TIMSS 2007 的 S14 题目集
M14	TIMSS 2011 的新题目集	S14	TIMSS 2011 的新题目集

注：其中标灰部分是来自 TIMSS 2007 的内容。

数据来源：Ina V.S. Mullis, Michael O. Martin, Graham J. Ruddock, Christine Y. O'Sullivan, et al. *TIMSS 2011 Assessment Frameworks*. Chestnut Hill, MA: TIMSS & PIRLS International Study Center, Boston College, 2009, p.124.

具体到每本学生成就测验手册，在大多数手册中，4个题目集中的2个来自2007年（其中包含的题目被称为趋势题目），另外2个题目集则是2011年新开发的。例如在表1-4中可见，学生手册1包括2个数学题目集M01和M02，以及两个科学题目集S01和S02。其中，M01和S01来自TIMSS 2007的趋势题目集，M02和S02则来自新题目集。

（4）学生成就测验时间的设计

一般来说，在测评中，四年级学生每个题目集花费约18分钟，八年级学生每个题目集用时22.5分钟。因此，四年级的28个题目集大约要用8.5小时完成测验，八年级则要用10.5小时。根据以往经验，各参与国研究协调员（National Research Coordinators，简称NRCs）认为，每次评测中，每个学生的测试时间应稳定一致。因而像过去一样，每份学生成就测验手册的完成时间应分别是：四年级72分钟，八年级90分钟。每个年级另有30分钟时间用来完成学生问卷。

如表1-6所示，每个学生完成包含两部分4个题目集的一本测验手册，随后是一份学生问卷。2011年每位学生评测所花费的时间与2007年持平，即四年级学生用72分钟做成就测验，用30分钟做问卷，八年级学生则分别花费90分钟和30分钟。

表1-6　TIMSS 2011学生测验时间-四年级和八年级

活　　动	四　年　级	八　年　级
学生成就测验手册（第一部分）	36分钟	45分钟
休息		
学生成就测验手册（第二部分）	36分钟	45分钟
休息		
学生问卷	30分钟	30分钟

资料来源：Ina V.S. Mullis, Michael O. Martin, Graham J. Ruddock, Christine Y. O'Sullivan, et al. *TIMSS 2011 Assessment Frameworks*. Chestnut Hill, MA: TIMSS & PIRLS International Study Center, Boston College, 2009, p.127.

3. 学生成就测验题型和评分

（1）测验题型

学生对数学和科学知识的理解是通过回答每个科目的一系列问题进行评测的。在TIMSS 2011题目编制指南（Mullis & Martin，2009）中，TIMSS评测使用了两种问题形式——选择题和开放式问答题。至少一半的分数来自选择题，每个选择题1分。依据任务的性质以及完成该题所需要的能力，问答题一般每题1分或2分。题型的选择取决于题目是数学还是科学，问题的形式应使学生能够最好地展示出能力。

选择题。在TIMSS中，每个选择题有4个选项，其中只有一个选项是正确的。选择题可以用来测量认知领域的任何行为，它允许在相对短的时间内对广泛的内容进行有效、可靠和经济的测量。然而，因为选择题不接受学生解释或支持性的陈述，因此不太适合评估学生更复杂的解释或评价能力。

在评测四年级和八年级学生时，恰当处理问题的表述非常重要，问题和选项一般都简洁明了，这样可以使阅读负担最小化。干扰选项被设计成貌似正确的但不是欺骗性的。对于可能不熟悉多选题这种题型的学生，TIMSS测验会在一开始的指导语里设计一个多选题的例子，同时展示怎样选择和标记一个答案。

开放式问答题。这种题型要求学生写出自己的答案。因为这种题型允许学生作出解释，为某一答案提供理由或数据支持，以及画图表等，它尤其适用于评测学生根据自己的知识背景和经验解释现象或数据的知识和技能。

每个问答题设有评分指南，说明正确答案的基本要点。此外，评分者也会在各个理解水平的学生答卷中抽取一些样卷作为评分的重要参考。在问答题的评分中，学生的书写不影响评分，但是字迹应该清晰可辨认。评分指南还说明了对每个题目上成功、部分成功和不成功的区分。根据测试中发现的误解和错误来诊断学习数学和科学中存在的普遍性的学习困难，是TIMSS研究的重要目的。

问答题在趋势评测中占有举足轻重的地位，因此在每个数据收集年，所有国家和地区对评分指南的持续采用非常重要。为确保2011年评测中趋势题目评分指南的持续使用，国际教育成就评价协会对每个参与国家TIMSS 2007测评中学生的回答都做了存档，用来培训评分者，同时监测在两次评测中都出现的题目的持续使用。

（2）评分

评测中，四年级的每个题目集平均15分，八年级的每个题目集平均18分。各题目集都包含不同题型，即选择题（1分）和开放式问答题（1分、2分或更多），每题都允许给部分分或满分。每个题目集的确切分数和题型的分布不尽相同。

（三）背景调查工具的编制

因为TIMSS的核心目标是为提高参与国的教育产出提供信息，因此，该测评还收集了大量关于教与学的背景环境的描述性数据。具体来说，主要通过学生问卷、教师问卷、校长问卷和课程问卷四种问卷来调查学生数学和科学学业成就的多项背景因素。对于同时参加四年级TIMSS和PIRLS测试的国家，"学会阅读调查"还收集学生家长和监护人的信息。TIMSS背景调查问卷的内容和编制信息具体如下。

1. 学生问卷

学生问卷收集学生家庭和学校生活的各方面信息，内容既包括相对客观的人口学信息、家庭环境、学校学习氛围等，也有主观方面的自我认知以及对数学和科学的态度。在四年级和八年级问卷中，很多问题是相同的，但四年级问卷中语言相对简化，某些特定的内容还被转化为适合该年级学生水平的问题。学生完成问卷需要15—30分钟。

2. 教师问卷

教师问卷面向受测班级的数学和科学教师，收集三个方面的信息：（1）前景层面：教师的个体特征、教学氛围、教学内容；（2）中景层面：受测班级的特征信息，以及教学时间、教材、教学活动、提高学生学习兴趣的活动、电脑使用、评价活动和作业情况等；（3）背景层面：教师对教师合作的看法、工作满意度、教育培训和专业发展情况等。四年级和八年级的教师问卷基本相同，教师完成问卷需要大约30分钟。

3. 学校问卷

学校问卷主要面向受测学校校长，调查学校办学特色、教学实践、资源与技术、家长参与、学校学习氛围、教职员工情况、校长的角色以及学生的入学准备程度。完成该问卷需要约30分钟。

4. 课程问卷

课程问卷面向各参与国家和地区的研究协调员，协调员在完成问卷时参照课程专家和教育家的意见。课程问卷除了收集每个参与国家和地区数学和科学课程组织的基本信息、四年级和八年级数学和科学科目所涵盖的内容范围以外，也测查各国家和地区的考试系统，以及数学和科学教学的目标和标准。

四、TIMSS测试的组织与实施

（一）TIMSS测试的组织与管理

美国波士顿学院设有TIMSS和PIRLS国际研究中心，该中心负责TIMSS项目的总体指导和管理。正是因为该中心为项目确定了行动的方向并提供了有效的管理，如此庞大和复杂的项目才得以实施。2011年TIMSS的评价中，共有63个国家和地区参与（见表1-7）[1]。

表1-7　TIMSS 2011 参与国家和地区列表 [2]

序　号	国家和地区	序　号	国家和地区
1	亚美尼亚	6	罗马尼亚
2	克罗地亚	7	瑞　典
3	中国香港	8	澳大利亚
4	哈萨克斯坦	9	捷　克
5	荷　兰	10	匈牙利

---

[1] TIMSS & PIRLS International Study Center. Countries Participating in TIMSS 2011 [EB/OL]. [2013-09-13]. http://timss.bc.edu/timss2011/countries.html.

[2] TIMSS 2011 为参与国设置了14个测验基准地区，分别是：阿拉伯联合酋长国的阿布扎比、迪拜，美国的阿拉巴马、加利福尼亚、科罗拉多、康涅狄格、佛罗里达、印第安纳、马萨诸塞、明尼苏达、北卡罗来纳，加拿大的阿尔伯塔、安大略和魁北克。

（续表）

序　号	国家和地区	序　号	国家和地区
11	韩　国	38	以色列
12	新西兰	39	马其顿
13	俄罗斯	40	巴勒斯坦
14	叙利亚	41	斯洛伐克
15	奥地利	42	乌克兰
16	丹　麦	43	博茨瓦纳
17	印度尼西亚	44	德　国
18	科威特	45	意大利
19	英国北爱尔兰	46	马来西亚
20	沙特阿拉伯	47	波　兰
21	泰　国	48	斯洛文尼亚
22	阿塞拜疆	49	阿联酋
23	英格兰	50	智　利
24	伊　朗	51	加　纳
25	黎巴嫩	52	日　本
26	挪　威	53	马耳他
27	塞尔维亚	54	葡萄牙
28	突尼斯	55	南　非
29	巴林岛	56	美　国
30	芬　兰	57	中国台湾
31	爱尔兰	58	洪都拉斯
32	立陶宛	59	约　旦
33	阿　曼	60	摩洛哥
34	新加坡	61	卡塔尔
35	土耳其	62	西班牙
36	比利时（佛兰德）	63	也　门
37	格鲁吉亚		

根据TIMSS & PIRLS International Study Center.TIMSS 2011 Schedule [EB/OL]. [2013-09-13]. https://timss.bc.edu/timss2011/countries.html.整理。

　　具体到对各参与国家和地区进行调查时，研究协调员起着把握该国家或地区全局和具体实施评价的作用。在调查前，研究协调员多次参加TIMSS国际研究中心组织的会议和培训。与此同时，TIMSS实施相应的质量保证措施，以支持和监管研究协调员的工作。

（二）TIMSS测试的实施

1. TIMSS项目总体工作实施

　　TIMSS的实施是一项为期数年的工作，其工作流程如图1-2所示。[1]

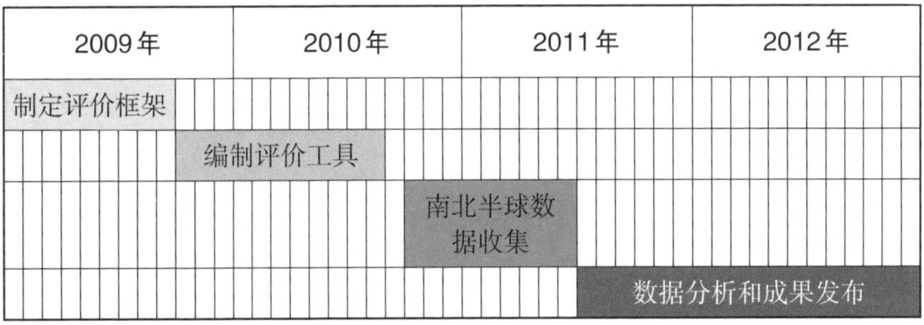

2009年	2010年	2011年	2012年
制定评价框架			
	编制评价工具		
		南北半球数据收集	
			数据分析和成果发布

图1-2　TIMSS 2011工作流程

根据TIMSS & PIRLS International Study Center.TIMSS 2011 Schedule [EB/OL]. [2013-09-13]. http://timss.bc.edu/timss2011/schedule.html. 整理。

　　在"制定评价框架——编制评价工具——收集数据——数据分析和成果发布"的过程中，TIMSS国际研究中心多次召开会议推进并支持流程的顺利开展，大量专家、顾问参与其中。详细流程如下：

- 2009年2—8月，TIMSS 2011召开筹备会议，讨论商定评价框架、题目制定、取样方式、现场测试等内容。
- 2009年9月，TIMSS 2011评价框架公开出版，网络同步发行。

---

[1]　TIMSS & PIRLS International Study Center. TIMSS 2011 Schedule [EB/OL]. [2013-09-13].http://timss. bc.edu/timss2011/schedule.html.

- 2009年9—12月，实地测验问卷定稿、发放，实地测验材料回收。
- 2010年3—4月，实地测验。
- 2010年3—8月，实地测验结果分析和评价工具定稿。
- 2010年10—12月，南半球数据收集。
- 2010年11月，南半球问答题评分培训。
- 2011年3月，北半球问答题评分培训。
- 2011年3—6月，北半球数据收集。
- 2012年9月，TIMSS 2011百科全书出版，网络发行。
- 2012年11月，国际报告发布。
- 2013年1月，TIMSS 2011国际数据库和使用指南出版，网络发行。
- 2013年2月，第九次国家和地区研究协调员会议，培训TIMSS 2011国际数据库使用。

2. 国家和地区研究协调员工作实施

国家和地区研究协调员在各国家和地区的数据收集工作包含五个步骤[1]：（1）联系学校，进行班级抽样；（2）监管评价工具的翻译和准备；（3）管理TIMSS的整个评价过程；（4）为开放性问答题评分；（5）创建TIMSS 2011数据文件。

五、TIMSS测试结果的报告与使用

TIMSS 2011对学生在测验中的数学成绩和科学成绩分别进行了统计和比较分析，总结了1995年以来五次测验结果的趋势，从而为教育制定者、研究者提供了分析课程、教学方法及相关资源对教学和学习过程影响的依据。

---

[1] TIMSS & PIRLS International Study Center. Operations and Quality Assurance [EB/OL]. [2013-09-13]. http://timss.bc.edu/methods/t-operations.html.

（一）TIMSS 2011测试结果的报告与分析

通过对测验结果的分析发现，东亚学生在测验中的排名最好，早期教育、家庭背景、学校环境等都对学生的成绩产生了重要影响。

1. 东亚国家和地区学生在测试中表现突出

国家经济发展水平、社会文化、教育制度等都对学生测验成绩产生重要的影响，东亚国家和地区的学生在TIMSS 2011测验中排名较好，国际基准的达标率也非常高（见表1-8和表1-9）。

（1）东亚国家和地区学生在TIMSS 2011测验中排名靠前

表1-8　TIMSS 2011测验中数学成绩排名前五的国家和地区

四　年　级	八　年　级
新加坡	韩　国
韩　国	新加坡
中国香港	中国台湾
中国台湾	中国香港
日　本	日　本

资料来源：Ina V.S. Mullis, Michael O. Martin, Pierre Foy and Alka Arora. TIMSS 2011 International Results in Mathematics. Chestnut Hill, MA: TIMSS & PIRLS International Study Center, Boston College. 2012. p.7.

表1-9　TIMSS 2011测验中科学成绩排名靠前的国家和地区

四　年　级	八　年　级
韩　国	新加坡
新加坡	中国台湾
芬　兰	韩　国
日　本	日　本
俄罗斯	芬　兰
中国台湾	

资料来源：Michael O. Martin, Ina V.S. Mullis, Pierre Foy, and Gabrielle M. Stanco. TIMSS 2011 International Results in Science. Chestnut Hill, MA: TIMSS & PIRLS International Study Center, Boston College. 2012. p.7.

和以往几次TIMSS结果一样，东亚学生的成绩一直处于领先地位，如在四年级数学测验中，新加坡、韩国、中国香港、中国台湾、日本名列前茅，紧随其后的是北爱尔兰、比利时（荷语区）、芬兰、英国和俄罗斯，美国的佛罗里达州和北卡罗来纳州排名也比较靠前。同样地，在八年级测验中，韩国、新加坡、中国台湾、中国香港、日本、俄罗斯、以色列、芬兰、美国和英国排名前十，美国的马萨诸塞州、明尼苏达州、北卡罗来纳州和加拿大的魁北克学生成绩都比较好，但是仍排在东亚国家和地区之后。科学测验中，仍然是东亚国家和地区占据了前几名。

（2）东亚国家和地区学生的TIMSS国际基准分数和达标率高

在TIMSS国际基准达标率上，东亚国家和地区仍然是佼佼者。TIMSS报告中，数学学习成绩的国际基准有四个等级：非常优秀基准分625分，较高基准分550分，一般基准分475分，较低基准分400分。具体衡量标准见表1-10。

表1-10 TIMSS 2011数学国际基准

四年级学生TIMSS 2011测验基准	八年级学生TIMSS 2011测验基准
非常优秀 将知识应用于分析并解决相对复杂情况	非常优秀 推理、归纳、概括，解决系列问题
高分 将知识运用于解决问题	高分 将知识运用于解决各种相对复杂的问题
一般 运用基础知识解决简单问题	一般 将知识运用于解决各种问题
低分 掌握数学基础知识	低分 关于整数、小数、运算和基本图表的知识

注：此表中四年级和八年级TIMSS数学基准测验的内容维度又包含许多具体主题

资料来源：Ina V.S. Mullis, Michael O. Martin, Pierre Foy, and Alka Arora. TIMSS 2011 International Results in Mathematics. Chestnut Hill, MA: TIMSS & PIRLS International Study Center, Boston College. 2012. p.8.

从上表可以看出，国际基准规定了学生在认知维度上应该达到的标准，从掌握基础知识到运用知识分析问题、解决问题这几个层面分别赋予了不同的分值。

与数学一样，科学基准测验也分为四个等级：非常优秀基准分625分，较高基准分550分，一般基准分475分，较低基准分400分。具体标准见表1-11。

表1-11　TIMSS 2011科学国际基准

四年级学生TIMSS 2011测验基准	八年级学生TIMSS 2011测验基准
非常优秀 理解科学运算过程和科学问题相关知识	非常优秀 将生物、化学、物理和地理中的复杂问题和抽象概念贯通
高分 将知识运用于解释日常现象和特殊情境中的问题	高分 论证科学概念与科学周期、系统、原则的关系
一般 了解现实情境中的科学问题，有相关知识积累	一般 在各种情境中应用科学知识
低分 具备生物、物理和地理的基础知识	低分 掌握生命科学和物理的基础知识

注：此表中四年级和八年级TIMSS科学基准测验的内容维度又包含了许多具体主题

资料来源：Michael O. Martin, Ina V.S. Mullis, Pierre Foy, and Gabrielle M. Stanco. TIMSS 2011 International Results in Science. Chestnut Hill, MA: TIMSS & PIRLS International Study Center, Boston College. 2012. p.8.

TIMSS 2011要求学生掌握科学本质和科学探究的基本知识。在TIMSS 2011科学评价框架中，科学探究被认为是所有科学领域中科学知识固有的基本特征，存在于科学测评各个内容领域的目标中和认知领域的各种技能及具体行为中。[1]TIMSS 2011对科学探究能力的评

---

[1] 张军朋，许桂清.中学物理科学探究与学习评价与案例［M］.北京：北京大学出版社，2010：28-29.

价是要求学生掌握从事科学探究所必需的工具和方法，拥有应用这些知识进行科学调查的能力，并具备科学的论证能力。

在四年级数学基准测验中，新加坡43%的学生达到了非常优秀，基本上所有学生都能够达标。从表1-12可以看出，在八年级数学基准测验中，中国台湾、新加坡、韩国比其他国家的分数高出很多，学生在测验中达到"非常优秀"的比率最高，尤其是中国台湾、新加坡和韩国，将近一半的学生达到了"非常优秀"。

表1-12　东亚国家和地区八年级学生在TIMSS 2011数学基准测验中的达标率

非常优秀 27%及以上	高分 61%及以上	一般 87%及以上	低分 95%—99%
中国台湾49%	新加坡78%	韩国93%	新加坡99%
新加坡48%	韩国77%	新加坡92%	韩国99%
韩国47%	中国台湾73%	中国香港89%	中国香港97%
中国香港34%	中国香港71%	中国台湾88%	日本97%
日本27%	日本61%	日本87%	中国台湾96%
			芬兰96%
			俄罗斯95%
下一个最高比例			
俄罗斯14%	俄罗斯47%	俄罗斯78%	南斯拉夫93%

资料来源：Ina V.S. Mullis, Michael O. Martin, Pierre Foy, and Alka Arora. TIMSS 2011 International Results in Mathematics. Chestnut Hill, MA: TIMSS & PIRLS International Study Center, Boston College. 2012. p.9.

在科学基准测验中，东亚国家和地区的学生是佼佼者，如新加坡"非常优秀"的学生占总人数的40%，中国台湾为24%，韩国为20%，日本为18%。美国有几个州的得分也比较高，"非常优秀"的有马萨诸塞州（24%）、明尼苏达州（16%）、科罗拉多14%。四年级学生在测验中的整体水平明显高于八年级学生，例如四年级学生中92%的学生过了"低分"等级，而八年级只有79%，这意味着有一批学生的成绩是比较差的。

纵观五次测验，四年级学生的基准分呈上升趋势，而八年级学生的基准分没有太大进步。另外，美国八年级学生在1995年到2011年的四次基准分测验中，成绩均呈上升趋势。

2. 多数学生对知识的掌握强于应用和推理

总体来讲，TIMSS 2011测验的参与国家和地区中，总分较高的学生在内容和认知需求方面得分也较高。

学生在知识的掌握方面远远优于对知识的应用和推理。对学生来讲，单纯地学习知识比应用和推理更容易，对教师的教学来讲，讲授固定的知识内容也更容易些，因此，学生在测验中对知识的掌握表现出明显的倾向性。

在许多国家和地区的学生总分中，这种内容和认知领域的得分也出现了不均衡现象，有一到两个领域得分相对较高，或者个别领域得分较低。如八年级很多学生的代数部分得分较高，而几何部分得分较低。

3. 早期教育对学生成绩影响较大

早期教育对培养学生的计算能力和科学素养至关重要。家长是否经常与幼儿一起参与活动，尤其学生在学前教育阶段是否参与过计算活动，对其日后掌握数学和科学技能产生积极的影响。

接受过学前教育的学生比一般学生得分更高，因为他们在学前教育机构中不仅较早地学会了如何学习和生活，而且掌握了知识的运用方法。目前，世界上许多国家将学前教育纳入了义务教育体系，其余国家的学前教育入学率也基本达到了100%。尽管每个国家的学前教育入学情况不一，但是研究表明，接受过一年以上学前教育的学生在测验中的平均分数明显高，没有接受过学前教育的学生得分较低（见图1-3）。

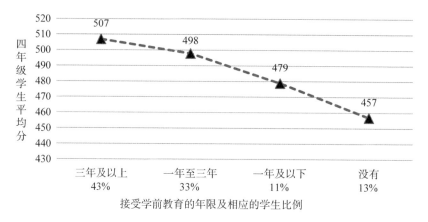

图1-3　TIMSS 2011四年级学生接受学前教育时间与数学基准平均分的关系

资料来源：Ina V.S. Mullis, Michael O. Martin, Pierre Foy, and Alka Arora. TIMSS 2011 International Results in Mathematics. Chestnut Hill, MA: TIMSS & PIRLS International Study Center, Boston College. 2012, p.11.

与此同时，学生是否接触过早期数学教育对其日后的测验成绩产生较大影响。家庭在早期教育中是否融入数学活动，如玩数字玩具、数数、玩数字或者卡片游戏等，对学生早期数学能力的发展起到积极的促进作用。

4. 家庭资源影响学生成绩

TIMSS 2011报告了家庭教育资源对四年级和八年级学生成绩的影响，如家长的受教育水平、职业、家中藏书以及对学习的支持等因素。TIMSS 2011通过学校管理者调查了学生的家庭经济状况和家庭母语，发现测验中分数较高的学生一般家庭的社会经济状况较好，母语为TIMSS测验语言。从参与测验学生的整体情况来看，17%的学生占有较多家庭资源，9%的学生占有很少的家庭教育资源，在测验中，前者比后者平均高出119分。家庭的社会经济状况，如家长的受教育水平与学生成绩之间存在较大的关系。另外，家长是否能够经常和儿童一起开展数学活动，对学生在测验中的数学成绩产生较大影响。

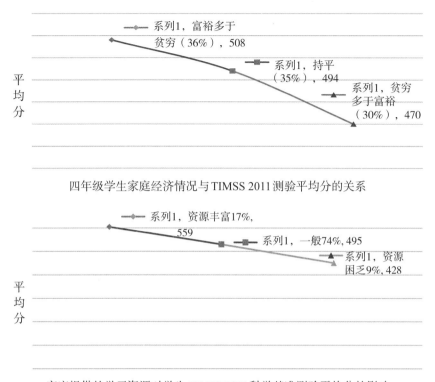

四年级学生家庭经济情况与 TIMSS 2011 测验平均分的关系

家庭提供的学习资源对学生 TIMSS 2011 科学基准测验平均分的影响

图1-4　家庭教育资源对学生成绩的影响

资料来源：Ina V.S. Mullis, Michael O. Martin, Pierre Foy,and Alka Arora. TIMSS 2011 International Results in Mathematics. Chestnut Hill, MA: TIMSS & PIRLS International Study Center, Boston College. 2012. p.13. Michael O. Martin, Ina V.S. Mullis, Pierre Foy, and Gabrielle M. Stanco. TIMSS 2011 International Results in Science. Chestnut Hill, MA: TIMSS & PIRLS International Study Center, Boston College. 2012. p.13.

　　从图1-4可以看出，家庭教育资源对学生的分数产生直接影响。家庭经济情况较好的学生，测验分数较高，而家庭贫困的学生，测验分数较低。因为家长是学生的第一任教师，他们更了解学生，更容易专注于学生的计算能力培养，早期的家庭教育将对一个人的数学技能和科学素养产生非常大的影响。在一些国家，很多学生已经接受了几年的学前教育，入小学时已经具备了一定的数学技能。另外，家长对学生计算能力的评估是学生数学教育的基础，家长对学生学业成绩的期望也影响了学生在测验中的分数。

5. 学校环境对学生成绩产生重要影响

除了学校全体学生的家庭经济情况之外，学校能否为学生提供良好的教学设施和学习设备，如数学方面的书籍、电脑以及其他资源，也影响了学生的成绩。

在科学学习过程中，设备设施对学生的学习效果影响尤为显著，为学生提供了较好的科学材料和设备设施的学校得分较高，但这也不是绝对的，有的学校虽然资源困乏，但是学生也在测验中取得了高分。

学校的导向对学生影响较大，如果学校的制度非常强调学习成绩，比如，制定了严格的课程目标，聘请了有能力的教师，能激发学生的学习愿望，家长给予大力支持，那么学生的得分也会比较高。图1-5反映了在TIMSS 2011四年级科学基准测验中，学校领导对学生成绩的重视程度与学生平均分之间的关系。

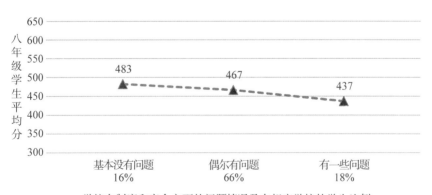

图1-5 学校领导对学习的重视程度与学生数学平均分的关系

资料来源：Ina V.S. Mullis, Michael O. Martin, Pierre Foy, and Alka Arora. TIMSS 2011 International Results in Mathematics. Chestnut Hill, MA: TIMSS & PIRLS International Study Center, Boston College. 2012. p.16.

　　相反，如果学校为贫困和安全这些基本问题所困，没有精力再强调学习成绩，那么学生的成绩相对而言就比较差。如果学校管理无序，学生攻击性行为频发，那么不管是四年级还是八年级，学生的成绩都会受到影响，一般在测验中得分较低。研究也表明，四年级和八年级之间也存在差异，四年级学生在破坏纪律、攻击性行为方面都少于八年级。图1-6分别反映了在TIMSS 2011四年级和八年级科学基准测验中，学校

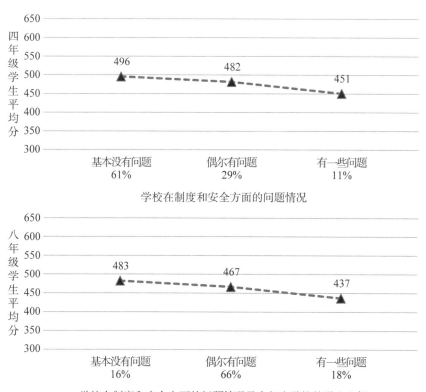

图1-6　学校环境对学生基准分的影响

资料来源：Ina V.S. Mullis, Michael O. Martin, Pierre Foy and Alka Arora. TIMSS 2011 International Results in Mathematics. Chestnut Hill, MA: TIMSS & PIRLS International Study Center, Boston College. 2012. p.18. Michael O. Martin, Ina V.S. Mullis, Pierre Foy, and Gabrielle M. Stanco. TIMSS 2011 International Results in Science. Chestnut Hill, MA: TIMSS & PIRLS International Study Center, Boston College. 2012. p.18.

在制度和安全问题上存在问题的程度对学生得分的影响。

6. 学生成绩与教师学历、经验和职业满意度有关

教师的学历、经验和工作满意度对学生的测验得分有着重要影响。分析得分较高学生的教师，他们一般具有以下特点：（1）本科或者研究生毕业（四年级79%，八年级87%）;（2）有至少十年的工作经验（四年级71%，八年级64%）;（3）能够较好地完成TIMSS测验主题的教学（四年级83%，八年级84%）;（4）教师对数学教学非常自信（四年级75%，八年级76%）。

TIMSS 2011对教师工作满意度做了调查，如教师认为"我觉得老师的工作很重要""我愿意一直从事教师职业"等，结果显示，教师的工作满意度对学生成绩产生积极的影响，如在四年级数学测验中，工作满意度高的教师，其学生成绩往往比工作满意度低的教师的学生成绩要高一些。[1]

7. 学生对测试的态度影响成绩

兴趣是最好的老师，如果学生很喜欢学习，并且充满自信，他们在测验中的得分就较高。

学生对测验的态度直接影响他们是否能够拿到高分，而分数的高低又影响学生的学习兴趣。TIMSS 2011将学生的学习兴趣分成六个等级，如"我喜欢学习数学""我喜欢学习某些有趣的数学知识"等。四年级学生喜欢学习数学的较多，将近一半的学生表现出积极的学习态度，而极少数不喜欢数学的学生在测验中的得分较低。八年级的情况和四年级大相径庭，只有四分之一的学生表现出喜欢学习数学的倾向，三分之一的学生表示不喜欢学习数学。

---

[1] Ina V.S. Mullis, Michael O. Martin, Pierre Foy, and Alka Arora. *TIMSS 2011 International Results in Mathematics*. Chestnut Hill, MA: TIMSS & PIRLS International Study Center, Boston College. 2012. p.19.

学生的自信也影响学习成绩，如测验中对学生的自信程度也做了层次划分，"我比我的同学感觉学习数学更难""老师说我比较擅长学习数学"，自信程度高的学生，成绩明显优于不太自信的学生。四年级学生的自信程度优于八年级学生，但是八年级学生知道学习数学的重要性，学生对学习的重视程度直接影响了测验得分。

学生的情况对课堂教学效果产生重要影响，然而，世界上许多国家的学生还在遭受饥饿，这影响了学生的正常发育，特别是在发展中国家，学生营养不良大大影响了学习成绩。同时，许多研究也表明，学生的睡眠时间和质量也会对其学习成绩产生重要影响。

（二）TIMSS 2011 报告的使用

TIMSS的数据、框架和结果在很大程度上影响参与测评的国家和地区的教育政策、课程改革、师资培养等。[1]许多国家对TIMSS的数据及其影响因素进行了研究，其中尤以美国的研究最为深入。

1. 报告使用背景

20世纪60年代，美国教育部门基于对学生学习质量缺乏足够了解的状况，组织开展了一个全国范围内的周期性研究项目——全美教育进展评价（NAEP）。该项目运用多维度的评价框架，较为详尽地对学生的学习情况进行了描述，有效地反映了学生当前知识掌握的情况以及学习上的进步。测验结果得到了很大范围的肯定。NAEP研究在本国引起重视的同时，也引起了国际数学教育界的广泛关注。1988年，国际教育进展评价研究（International Assessment of Educational Progress，

---

[1] Michael O. Martin, Ina V.S. Mullis, Chad A. Minnich, Gabrielle M. Stanco, et al.*TIMSS 2011 Encyclopedia: Education Policy and Curriculum in Mathematics and Science*. Chestnut Hill. MA: TIMSS & PIRLS International Study Center, Boston College. 2012. p.39.

简称IAEP）采用NAEP的评价框架、评价技术和试题库，对6个参与评价国家的八年级学生的数学教育质量进行了评价。1991年，IAEP进行第二次测查时，参加的国家多达19个。可见，NAEP的评价框架和结果得到了国际上越来越多国家的认同。[1]NAEP反映出每个州学生的学习情况，为了更清楚地了解美国学生的数学和科学学习在国际上的情况，自20世纪90年代以来，美国参与了TIMSS测验，其中几个州成为TIMSS基准测验参与者。TIMSS对美国教育政策产生了重要的影响，为各个州的课程改革提供了资料参考，是各个州的国际基准的重要指标。[2]

20世纪90年代末的那次TIMSS测验结果表明，美国学生的数学和科学成绩在国际上并非处于一流地位。从1999年到2002年，美国联邦和地方的教育改革都参考了TIMSS的测验结果。这些年以来，数十个国会声明、讨论、议案中都分析了TIMSS的结果，以通过议案或者呼吁进行教育改革，确保美国的国际竞争力。参照TIMSS测验结果，美国在2002年还颁布了两个重要的教育法案——《不让一个孩子掉队法案》和《教育科学改革法案》，以确保州、市能够继续参与TIMSS测验并取得好成绩。2002年以来，各个州都用TIMSS的结果来力证其提出的国际基准，非营利性教育改革机构也都用TIMSS结果来支持其议程——协助提升州毕业率、学习成绩和能力，可见TIMSS报告在美国引起的反响之大，联邦政府和教育部对测验结果的重视程度之高。TIMSS 2011报告中的相关数据也为美国教育部进行新一轮教育和课程改革提供了有力参考。

---

[1] 张华.国外中小学数学教育评价研究述评及其启示［J］.课程·教材·教法，2007（10）：83-87.

[2] Michael O. Martin, Ina V.S. Mullis, Chad A. Minnich, Gabrielle M. Stanco, et al. *TIMSS 2011 Encyclopedia: Education Policy and Curriculum in Mathematics and Science* . Chestnut Hill, MA: TIMSS & PIRLS International Study Center, Boston College. 2012. p.39.

2. 报告被作为美国教育改革的参考

TIMSS 2011测验报告出来之后，美国分析了其在测验中的总体情况，评估了美国学生的科学和数学成绩在国际上的排名，对参与基准测验的几个州的情况也进行了细致分析，并结合NAEP测验结果，对美国的科学和数学教育进行了横向和纵向比较研究。TIMSS 2011提供了学生在本次测验中的数学和科学成绩，美国分析了自1995年以来五次测验结果所反映的趋势，对不同民族/种族、不同收入群体学生的情况进行了研究，并对学生在测验中的性别差异、学生家庭经济情况对测验成绩的影响进行了分析。

（1）指引教育目标和计划

近年来，政策制定者通过对TIMSS数据的分析，较为清楚地认识到美国学生的成绩在世界上的情况，为修改教育目标和计划提供了重要参考。美国教育部发现，美国学生的数学和科学成绩在国际上并不占优势，因此制定了提升计划，成功地促进了科学、技术、工程和数学教育（STEM）的进步。2011年，密歇根州立大学的纪录片重点关注了TIMSS在监督美国STEM项目未来进展中的重要作用。奥巴马推出了旨在确保经济增长与繁荣的新版《美国创新战略》，指出美国未来的经济增长和国际竞争力取决于创新能力。"创新教育运动"指引着公共和私营部门联合，以加强科学、技术、工程和数学教育。

（2）为制定教育政策提供依据

TIMSS 2011的报告结果不仅用于理解政策、实践和国家教育成就之间的关系，更有利于深入分析、探究国际实践模式。全球化背景下，TIMSS参与者可以在国内及国际层面比较数学和科学成绩，比较不同的学习环境以及学习成绩的进步过程。许多国家和地区使用TIMSS数据作为制定教育政策的依据，以提升学生的成绩。例如，南斯拉夫把TIMSS

结果作为改革及提升数学和科学教育的重要依据；TIMSS揭示了美国数学和科学课程中存在的一系列问题，让美国人意识到课程改革的紧迫性和必要性。TIMSS 2011报告了各个国家和地区学生在测验中的排名，美国认为尽管排名对比过去靠前了，但是仍然落后于新加坡、韩国、日本等东亚国家，教育部长邓肯（Arne Duncan）认为，原因在于美国在STEM教育方面的准备不足，因此将在以后的教育中注意改进。

第三节

TIMSS评价标准与政策的趋势和启示

上述TIMSS的评价标准与政策反映了TIMSS的最新特点：一是测评设计者的专业化水平高；二是测评框架严格依据数学和科学课程标准进行设计；三是测评框架量化了学生的期望行为；四是对数学和科学探究高度重视。但由于参与TIMSS项目的各个国家和地区在教育体制、课程设置、文化等方面存在不小的差异，所以TIMSS在快速发展的同时，也引起了诸多争议。

一、TIMSS评价标准与政策的问题和争议

（一）TIMSS评价效度受到质疑

由于各个国家和地区的课程设置存在差异，而TIMSS评价的具体标

准对学生能力有一定的倾向性，所以与TIMSS评价标准要求相同的国家和地区往往会在测评中取得更好的成绩。同时，由于美国参与测评的各州教育水平不尽相同，单以平均水平来论美国学生的学业成就是存在偏差的。因此，对于TIMSS能否真正测出学生的真实水平，存在不少质疑。

（二）评价结果的使用方式不明

虽然实施TIMSS评价项目可以让各个国家和地区清楚其学生在数学和科学上的发展状况，但是关于评价结果的具体使用还存在问题。比如，测评中取得较好成绩的国家和地区对于成绩较差的国家和地区有何帮助？测评成绩较差的国家和地区会不会盲目地向成绩较好的国家和地区学习而不思考测评结果背后的深层次原因，忽视教育改革的实际情况？这些都值得深思。

（三）测试排名引起过分关注

TIMSS作为一项跨国测评项目，其引起社会各界关注的是各国和地区的测试结果排名用以彰显学生的素质发展情况。然而，由于TIMSS项目本身存在一定的局限性，单以测评排名来评价各国和地区的教育，是以偏概全的。这种舍本逐末的做法忽视了TIMSS的最终目的是认识到本国和地区教育存在的问题，进而促进教育改革，这不利于今后TIMSS项目的顺利进行。

二、TIMSS评价标准与政策的发展趋势

尽管存在一定的质疑，但在改进TIMSS的基础上，国际教育成就评价协会又进行了TIMSS 2015和TIMSS 2019测评，并形成了关于学生的

科学和数学学习成就的20多年变化趋势线。结合TIMSS之前5次研究的变化，可以看出今后TIMSS评价标准与政策的发展趋势，主要有以下几个方面。

（一）重视对中学最后一年学生的成就评价

自2003年以来，TIMSS项目确定以四年为周期对四年级和八年级学生进行测评，此后进行了多次成就评价研究，形成了各国和地区四年级和八年级学生的数学和科学学习成就发展趋势曲线，提供了政策制定的方向。从第一次国际数学研究到TIMSS 1995，中学最后一年的学生一直被作为测评对象，然而2003年之后却只包含四年级和八年级学生，TIMSS在2008年重拾对中学最后一年学生的测评，在2015年也对其进行测评，意味着中学最后一年学生的数学和科学学习成就会被重新纳入TIMSS项目，并将常规化。对中学最后一年学生进行测评具有重要意义，它表明了各国和地区的基础教育质量，可以为各国和地区教育提供更多值得借鉴的信息。

（二）评价实施流程更规范

从第一次国际数学与国际科学研究以来，国际教育成就评价协会一直致力于更新其评价标准与政策，逐渐形成了规范化的操作流程。首先更新上次TIMSS评价框架，据以设计测量的具体内容，随后实施测量收集数据，最后分析数据并公布结果。在此流程的基础上，国际教育成就评价协会不断更新具体的操作内容，如逐渐完善背景调查问卷。同时，这充分表明TIMSS的测评目标并不仅仅是测量学生的学业成绩，更重要的是分析背后的成因。

（三）覆盖范围更广泛

1964年进行第一次国际数学研究时，只有12个国家和地区参与测评。随着TIMSS的影响力逐渐增大，形成了规范的测评流程，至2011年，有63个国家和14个地区参与到该项目中，各国和地区都意识到参与国际测评不仅能测量本国的学生的数学和科学教育成绩，了解数学和科学教育质量的状况，还能与其他国家和地区相比较，进行比较研究，对本国和本国地区的教育发展是有裨益的。所以，毋庸置疑，今后会有更多的国家和地区参与到TIMSS研究中来。

三、借鉴与启示

基础教育数学和科学教育评价应该以有效促进数学和科学教育质量，提高全体学生作为社会公民的数学和科学素质为目标。目前国内的数学和科学教育评价主要倾向于高难度和高区分度，主要目的是甄别和选拔，在很大程度上抹杀了评价的诊断、反馈以及促进学生发展的作用。这显然不符合以评价促发展的理念。科学的数学和科学教育评价体系应立足于学生未来的发展，客观地反映学生数学和科学学习的情况，并能为数学和科学教学提供有效的反馈和指导，多渠道地激励学生学习数学和科学的信心，促进全体学生数学和科学素养的发展。从数学和科学测评框架内容维度可以清晰地看到，TIMSS 2011测评框架很注重对学生情感、态度与价值观的考查，注重考查内容的基础性，同时也降低了考查的难度。反观我国基础教育数学和科学课程评价的现状，国际数学与科学趋势研究项目无论在评价理念、评价框架的构建还是在评价方法上，对我国数学和科学教育评价体系的建立都有一定的启发。

（一）关注学生的发展，培养探究的能力与思维

TIMSS不仅关注基础知识和基本技能，而且注重学生的数学和科学的学习过程以及数学和科学探究能力的发展。它不是囿于与数学、科学课程相关的内容，而更加关注在不同的生活情境中创造性地解决数学、科学问题的能力及其思维过程、策略和方法。TIMSS的评价内容中涉及如何表征不同的数学和科学问题与情境，如何解决生活情境中的数学和科学问题并评价结果在情境中的合理性，体现了探究的精神。探究既是一种学习方式，也是一种学习过程，学生的探究能力和探究思维极为重要。我国的数学教学目标紧随考试大纲，缺乏对学生全面发展的关注。在我国科学课程标准中，科学探究也占有重要地位，然而对科学探究的评价仅局限于笔试，过于形式化，即使被贴上科学探究标签的试题，往往也都是与学生认知内容相关的练习题目。知识和技能是探究能力的基础，但并不是探究能力本身。借鉴TIMSS对科学探究的考查方式，我们可以将笔试与操作相结合，在新的情境中进行命题，加强针对性训练和对实践探究的考查。探究能力是一种具有复杂结构的高层次能力，只有在解决某些有意义的问题过程中才能表现出来，这也就意味着每一道优秀的科学探究试题都必须展现出一个有意义的问题解决过程，命制探究试题的关键是还原问题的探究过程。因此，探究试题的素材应尽可能回避学生即将学习或将来要学到的科学知识。要让学生经历探究，题目的素材就应该新颖，而且要以日常生活常识或科学的知识、技能为思维基础。

（二）构建基于课程标准的科学的学业评价标准

学业水平考试说明指导书是我国学业水平考试执行和试题编制

的依据，与前述介绍的TIMSS测试框架作用相同。然而，我国基础教育阶段教育考试说明指导书的编制与课程标准的关系不大，为了应试，教师的教学和学生的学习均依据考试说明指导书来展开，这是违背教育评价理论的错误做法。构建基于课程标准的学业评价标准能规范学业成就评价的设计理念，为评价提供稳定的维度框架，限定评价的内容范围和认知要求。TIMSS测试是在系统研究各参与国家和地区数学和科学课程及其课程标准的基础上，针对评价的内容范畴、认知目标等制定的统一的评价框架，针对命题的难度设置和能力要求等制定了标准化的基准等级，这使得TIMSS的评价结果具有很高的信度。我国构建基于课程标准的学业评价标准，将使学业评价具有可操作的依据，使教学面对的是课程标准的达成，而不是纠缠于考试内容的变更，减少怪题、偏题的出现。评价标准的维度设置可以基于新课程标准的三维目标，从学生的数学和科学知识掌握、方法习得、情感态度与价值观养成等多方面对学生进行全面评价。评价标准的科学知识内容设置可以先根据新课程标准梳理出核心的概念体系，再明确某一核心概念在某年级可以评价什么，即评价学生"应该知道什么和能做什么"。评价标准的能力要求设置则需要深入研究学生数学和科学学习的认知发展规律，可以从数学和科学理解能力、数学和科学运用能力以及探究能力等方面进行设置。

（三）建立专业化的评价机制

建立专业化的评价机制是我国基础教育学业成就评价改革的必由之路。[1]专业化的评价机制是指由具备良好专业素养和科研实力的专

---

[1] 本段内容参考：段戴平，林长春，李新发.TIMSS 2007科学评价框架：框架、工具与启示［J］.上海教育科研，2012（2）：56-57.

门机构负责评价工具开发、预测、题库建设、评价的组织实施、评分标准制定、数据统计与分析等各个环节。就这一意义而言，我国尚未建立专业化的学业成就评价机制。TIMSS的评价机制为我们提供了很好的借鉴。TIMSS设立多个专业研究机构，专门负责评价框架制定、样本选取、试题编制、测试实施、结果分析和处理等各个环节。我国要构建专业化的学业成就评价机制，一方面需要建立专业的评价机构。学业成就监测是一项具有高度专业性的工作，评价工具的开发、抽样、数据分析等专业事务应该由相对独立的专业机构来完成。政府主要通过设立严格的准入和竞标机制等对其进行宏观监控，这样可以避免对内部评价公信度的拷问。另一方面，需要建立完善的评价结果反馈机制。对评价结果的利用，不能局限于简单地提供课程评价的各项成绩排名，而应该在对影响学生学业成就的各项因素的信息收集和深入分析的基础上，对学生的学业成就水平进行全面、客观的解释，为后续的课程改革提供依据和参考；同时，通过与历年评价结果的纵向比较分析，研究课程教学的实施效果及课程改革的发展趋势；最后通过系统、翔实的评价研究报告向社会进行及时、公开的反馈，使评价结果得到后续更广泛、深入的研究和利用。[1]

---

[1] 本段内容参考：段戴平，林长春，李新发.TIMSS 2007科学评价框架：框架、工具与启示 [J].上海教育科研，2012（2）：56-57.

第二章

国际教育成就评价协会国际
阅读素养进步研究项目（PIRLS）
的评价标准与政策

国际阅读素养进步研究项目（Progress in International Reading Literacy Study，简称 PIRLS）是由国际教育成就评价协会主持的学生阅读素养国际比较研究。PIRLS 每五年开展一次，以四年级学生（9—10 岁）为主要调查对象。[1] 本章将全面系统地介绍 PIRLS 的产生与发展、评价目标、评价标准、评价内容、测验的编制、组织与实施以及测验结果的报告与使用，并在此基础上，分析 PIRLS 的特点及其对我国阅读教育质量提升的若干启示。

第一节

PIRLS 的产生和发展

一、PIRLS 的产生

国际教育成就评价协会在成立后的 40 年里，间断性地从事与阅读相关的评价。例如，1973 年对 15 个国家在数学、科学、阅读等六个学科上的教学进展进行比较研究；1991 年在 32 个教育系统中评估学生的阅读素养。直到 20 世纪末，国际教育成就评价协会才开始启动 PIRLS 大型评估项目，来监测学生阅读素养的现状和发展趋势。

---

[1]　IEA. PIRLS 2011 [EB/OL]. [2013-09-08]. http://www.iea.nl/pirls_2011.html.

1998年，国际教育成就评价协会在全体会员大会讨论后决定，将以评价阅读素养为核心的PIRLS项目设为协会的常规跨国比较研究项目之一。同时，大会对PIRLS项目的发展达成了以下共识：（1）PIRLS自2001年启动，评估对象为四年级（9—10岁）学生；（2）PIRLS的评估重点是学生的阅读素养，同时也关注学生所在学校和家庭的阅读环境;（3）阅读素养的评估必须以真实的阅读材料为基础;（4）试卷的设计必须具有连贯性，可以测试学生阅读素养的发展趋势;（5）向学生、语文教师和小学校长发放调查问卷，以收集影响学生阅读素养的相关因素。

为了更好地评估学生的阅读成绩，1999年，国际教育成就评价协会秘书处、位于波士顿学院的国际研究中心（International Study Center）、加拿大统计局（Statistics Canada）、英格兰和威尔士国家教育研究基金会（National Foundation for Educational Research in England and Wales）共同举行会议，决定在上述PIRLS项目共识的基础上再增加两类数据：一是向学生家长收集学生在家阅读活动的数据；二是向学校教师收集阅读教学方法的数据。

自1999年开始组织编制PIRLS试卷，到最后一份调查问卷由各参与国协调员审核完毕，国际教育成就评价协会共花费两年时间筹备测试。PIRLS首次正式测试始于2001年，共有35个国家和地区参与。[1]阅读素养测评包含三大维度：（1）理解过程;（2）阅读目的;（3）阅读行为和态度。其中，理解过程和阅读目的通过阅读测试进行评价，阅读行为和态度通过调查问卷中的学生问卷进行

[1] 李曙光.国际阅读素养进步研究［EB/OL］.（2010-11-04）［2020-01-14］. http://blog.sina.com.cn/s/blog_716f6720010194cb.html.

评价。

由于家庭、学校和国家背景对学生的阅读学习有重要影响，PIRLS 2001广泛搜集了这些影响因素的信息。参加PIRLS 2001测试的学生要完成与阅读学习有关的、关于其家庭和学校情况的问卷；学生的父母和监护人要完成有关培养孩子早期阅读活动的问卷；教师、学校管理人员要完成有关教学实践方面的问卷；业已出版的PIRLS 2001百科全书则提供了每个参与国家或地区教育体系方面的信息。

在PIRLS 2001测试中，瑞典学生在参评国家和地区中拔得头筹，荷兰、英国、保加利亚、拉脱维亚、加拿大、立陶宛、匈牙利、美国、德国和意大利的学生也有卓越表现。测试发现，在所有参与测评的国家中，四年级女生的阅读成就远远高于男生；学生的阅读成就与家庭背景密切相关，阅读成就高的学生，其家长往往也有阅读习惯；四年级学生的阅读成就与其在上学前的早期阅读习惯呈正相关。[1]

二、PIRLS的发展

第二次PIRLS测试（PIRLS 2006）在2005—2006年间举行，共有45个国家和地区的21.5万名学生参加。PIRLS 2006对"阅读素养"的定义进行了修订，突出了学生在学校和日常生活中进行广泛阅读的重要性，强调了阅读活动发生的不同情境。[2]在PIRLS 2006测试中，俄罗斯、中国香港和新加坡的学生成绩最好，卢森堡、意大利、匈牙

---

[1] IEA. PIRLS 2001 International Report [EB/OL]. [2020-03-08]. https://timss.bc.edu/pirls2001i/
PIRLS2001_Pubs_IR.html.
[2] 张颖."国际阅读素养进展研究（PIRLS）"项目评介 [J].中学语文教学，2006（12）：3.

利、瑞典、德国、荷兰、比利时（荷语区）、保加利亚和丹麦的成绩也较好，加拿大的三个省（艾尔伯塔、英属哥伦比亚和安大略）的成绩同样较优异。与PIRLS 2001测试类似，除了卢森堡和西班牙（这两个国家男生和女生的阅读成就大致相同），其他国家和地区女生的阅读成就远远高于男生；热爱阅读的学生倾向于取得高阅读成就；学生的阅读成就与父母在孩子上学前培养的早期阅读习惯呈正相关。[1]

　　第三次PIRLS测试（PIRLS 2011）于2011年举行，共计53个国家和地区的32.5万名学生参与正式测试。[2]随着越来越多的国家和地区参加测试，各个国家或地区之间学生的阅读素养体现出越来越参差不齐的趋势。本次测试还有两个新的变化。一是首度接纳基准参与者（基准参与者通常是一个主权国家的部分地区，在教育体制上具有相对独立性或独特性，有意通过参加PIRLS来获取对自身教育体系富有价值的数据），国际教育成就评价协会以PIRLS基准来评估基准参与者，但其结果并不纳入全球排名。[3]二是加入了"预测试"（prePIRLS），并允许各国或地区组织五、六年级的学生参与预测试或正式测试。[4]在这次测试中，中国香港、俄罗斯、芬兰和新加坡成绩最好，然后是英国北爱尔兰、美国、丹麦、克罗地亚、中国台湾、爱尔兰和英国英格兰。结果还显示：在大多数国家和地区，过去十年间学生的阅读成就都有所提高，只有少数呈下降趋势；虽然女生的阅读成就依旧高于男生，但是阅读成就的性别差距在不断缩小；支持性的家庭环境和早期阅读习惯对于学生取得

[1]　IEA. PIRLS 2006 International Report [EB/OL]. [2020-03-08]. https://timss.bc.edu/pirls2006/intl_rpt.html.
[2]　IEA. PIRLS 2016 [EB/OL]. [2020-01-08]. http://www.iea.nl/pirls_2016.html.
[3]　余倩, 俞可. PIRL2011中国香港领跑, 欧洲表现不佳 [J]. 上海教育, 2013（1）：29.
[4]　IEA. PIRLS 2011 [EB/OL]. [2013-09-08]. http://www.iea.nl/pirls_2011.html.

高阅读成就至关重要；成功的学校通常都具有阅读资源丰富、重视学业成绩、安全且秩序井然的特点；对阅读持积极态度的学生有着较高的阅读成就；教师教育和生涯满意度与学生的阅读成就呈正相关。[1]

第四次PIRLS测试于2016年举行，共有50个国家和地区以及11个基准参与者参加。PIRLS2016除了保留"预测试"之外，还加入了"网络测试"（ePIRLS），以调查学生的网络阅读能力。测试结果显示，俄罗斯、中国香港、爱尔兰、芬兰、波兰和英国北爱尔兰表现十分出色。自2001年PIRLS启动以来，阅读素养提升的国家和地区数量多于下降的数量；女生的阅读成就普遍高于男生；阅读素养高的学生往往拥有支持阅读学习的家庭环境；阅读成就优秀者往往较早就开始阅读；阅读成就优秀者常就读于资源好、学术氛围强、处境安全的学校；阅读教学是小学教育的重中之重；阅读成就优秀者往往都能正常上学，并且不会受到疲倦或饥渴的困扰；阅读成就优秀者往往有积极的阅读态度，在进行网络阅读时遇到的困难也很小。[2]

根据国际教育成就评价协会的计划安排，第五次PIRLS测试将于2021年举行，相应的培训等工作已经启动。经过十几年的发展，PIRLS在国际上已具备较大的影响力，成为不同教育体系测试阅读教育成果的重要标杆。

---

[1] IEA. The PIRLS 2011 International Results in Reading [EB/OL]. [2020-03-08]. https://timssandpirls. bc.edu/pirls2011/international-results-pirls.html.

[2] IEA. PIRLS 2016 International Results in Reading [EB/OL]. [2020-03-08]. http://timssandpirls.bc.edu/ pirls2016/international-results.

第二节

PIRLS 现行评价标准与政策

一、PIRLS的评价目标

阅读素养（reading literacy）是PIRLS的评价目标。PIRLS对阅读素养的界定统领和指导整个评价项目，是选择评价工具、确定评分标准和分析评价结果的根本依据。

阅读素养的概念最早出现在1991年的研究中，之后不断得到发展和修正，最终在1999年由阅读发展小组拟定，经各国协调员会议多次修改之后最终确定。在PIRLS2001中，"阅读素养"的定义为：理解和运用社会需要的或个人认为有价值的书面语言形式的能力，儿童阅读者能够从多种文本中建构意义，他们通过阅读来进行学习，加入阅读者群体，并享受阅读的乐趣。[1]第二次PIRLS测试即PIRLS2006将"阅读素养"的定义修改为：理解和运用社会需要的或个人认为有价值的书面语言形式的能力，年轻的阅读者能够从各种文本中建构意义，他们通过阅读来进行学习，加入学校和日常生活中的阅读者群体，并享受阅读的乐趣。PIRLS2006的定义突出了学生在学校和日常生活中进行阅读的重要性，强调阅读活动发生的不同情境。PIRLS 2011沿用了PIRLS2006对阅读素养的界定，PIRLS2016

---

[1] IEA. Framework and Specifications for PIRLS Assessment 2001, Second Edition [EB/OL]. [2010-08-20]. http://pirls.bc.edu/pirls2001i/pdf/PIRLS_frame2.pdf.

也基本上沿用了PIRLS 2006对阅读素养的界定，只是将"年轻的阅读者"改为"阅读者"。[1]可见，PIRLS对阅读素养的界定已趋于稳定。

透过PIRLS对阅读素养的定义我们可以看到，阅读素养已经不再局限于学科范围，单纯地作为一种特定的学科能力，而是将阅读与学校生活和日常生活相联系。[2]

二、PIRLS的评价标准和评价内容

抽象的定义难以直接用于评价。PIRLS依据阅读素养的定义，提出了三个具有操作性的评价维度，用于指导测试工具的编制和评分标准的划定。这三个评价维度是：理解的过程；阅读的目的；阅读行为和态度。此外，PIRLS还对阅读学习的环境进行了调查。

（一）理解的过程

阅读素养是在阅读理解的过程中产生和形成的，正确认识阅读理解的过程是评价阅读素养的关键。PIRLS2011把阅读者建构文本意义的经历称为理解的过程（processes of comprehension）。阅读者是以不同的方式来建构文本意义的，PIRLS2011把阅读理解的过程分为四个层次：

第一，关注并提取明确的信息（focus on and retrieve explicitly stated information）。阅读者很少甚至不需要推断或解释，但必须识别相关信息与观点，此过程通常关注的是文本句子或词语的层面。阅读

---

[1] IEA. PIRLS 2016 Assessment Framework, 2nd Edition [EB/OL]. [2020-03-08]. https://timss.bc.edu/pirls2016/framework.html.

[2] 张颖. "国际阅读素养进展研究（PIRLS）"项目评介 [J].中学语文教学，2006（12）：3.

任务诸如：搜寻特定的观点；探究词或短语的定义；识别故事的背景（如时间、地点）；探寻主题句或主旨（当具体陈述时）等。

第二，作出直接推论（make straight forward inferences）。这类推论大都以文本为基础，阅读者通常关注的是文本某部分的局部意义，或是体现在整个文本中较为全面的意义。阅读任务诸如：由一件事推论出另一件事；依据一系列论据推断出主要观点；确定一个代词的所指；描述两个角色间的关系等。

第三，解释和整合观点与信息（interpret and integrate ideas and information）。阅读者常常需要利用自身理解世界的经验，以及与文本信息和观点有关的背景知识，参与文本局部或整体意义的建构，关注文本主题或观点的总体关联。阅读任务诸如：描述一个文本的全面信息或主题；细察并选择角色行为；推测故事的氛围或语气；阐释文本信息在现实世界中的应用等。

第四，检视并评价内容、语言和文本要素（examine and evaluate content，language，and textual elements）。阅读者的关注点从意义建构转向对文本自身的考量，除了把握文本，还要检视、评价。此过程需要依赖阅读者对世界的认识和以往的阅读经验。阅读任务诸如：评价所描述事件实际发生的可能性；描述作者是如何设计一个令人惊奇的结尾的；判断文本信息的完整性与清晰性等。[1]

（二）阅读的目的

对阅读素养的界定和对阅读目的的定位是进行阅读教学和阅读

---

[1] IEA. PIRLS 2011 Assessment Framework [EB/OL]. [2010-08-20]. http://pirls.bc.edu/pirls2011/downloads/PIRLS2011_Framework.pdf.

评价的基础。PIRLS2011认为阅读素养与阅读目的息息相关，并将阅读的目的分为两个层次：为了获得文学体验（reading for literary experience），为了获取和使用信息（reading to acquire and use information）。[1]为获得文学体验而进行的阅读，即学生在阅读过程中置身于文本当中，专注于文本中的事件、环境、行为、因果关系、人物、氛围、情感和观点，并且在这个过程中享受语言的乐趣。以此为目的的阅读测评主要以文学性文本（叙述性小说、故事和传说等）作为测评材料，关注学生对作品内容的整体感知，以及对作品中的形象、情感、语言的领会和理解。为获取和使用信息而进行的阅读主要以说明性文本（如广告、说明书、网页等）作为测评材料，关注学生对主要事实和观点的把握程度，以及对概念、原理和事物特征等的理解和解释能力。[2]

（三）阅读行为和态度

阅读素养不仅包括从各种文本中建构意义的能力，还包括支持终身阅读的行为和态度。阅读的行为和态度对个体在阅读型社会中最大化地实现自己的潜力有着巨大的作用。[3]对这种行为与态度的调查，能够真正判断个体在信息社会中的阅读潜能。

对于终身阅读者而言，积极的阅读态度是最重要的特质。阅读成绩较好儿童通常比阅读成绩略差儿童的态度更加积极。那些阅读态度积极且在阅读过程中拥有自我认知能力的儿童更有可能把阅读看作一

---

[1] MullisI. V. S. et al. *PIRLS 2011 Assessment Framework*. Boston: International Study Center, Lynch School of Education, Boston College, 2009, pp.11-19.

[2] 慕君，宋一丹.PIRLS视域下的小学语文教材阅读练习系统分析 [J].贵州师范大学学报，2013（2）：147.

[3] 张颖."国际阅读素养进展研究（PIRLS）"项目评介 [J].中学语文教学，2006（12）：4.

个"再创作"的过程。儿童自己阅读不仅能体现良好的阅读态度，也能在阅读不同体裁文本的过程中获得有价值的经历，从而帮助他们进一步成长为高效阅读者。为了提升阅读素养，阅读者不仅需要为兴趣而读，还要为获取信息和知识而读。儿童在寻求知识的阅读过程中可以帮助自己获得能够达成目标的自信，扩展并加深对文本本身的理解。此外，通过和其他阅读者分享观点，阅读者可以进一步加深自己的理解。这种分享造就了阅读社群，这类社群为社会塑造了有深度、有广度的读写人才。[1]

理解的过程和阅读的目的可以通过阅读测试的试卷来测评，阅读行为和态度则通过调查问卷中的学生问卷来获取。在对阅读能力进行的纸笔测试中，对理解过程和阅读目的的考查是紧密结合在一起的（如图2-1所示）。

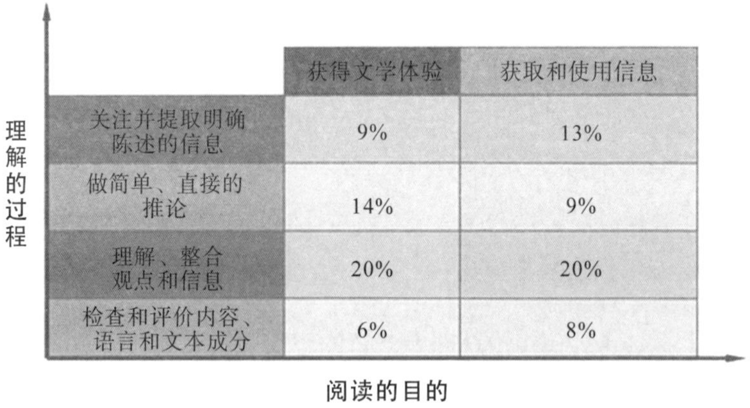

理解的过程		获得文学体验	获取和使用信息
	关注并提取明确陈述的信息	9%	13%
	做简单、直接的推论	14%	9%
	理解、整合观点和信息	20%	20%
	检查和评价内容、语言和文本成分	6%	8%

阅读的目的

图2-1　PIRLS不同的理解过程在体现不同阅读目的的文本中的比例分布

资料来源：张颖."国际阅读素养进展研究（PIRLS）"项目评介［J］.中学语文教学，2006（12）：4.

---

[1]　职雪雯.从PIRLS项目看阅读素养的测评与培养［D］.上海：上海师范大学，2012.

（四）阅读学习的环境

对理解过程、阅读目的、阅读行为和态度的评价，构成了对学生阅读素养实际情况的评价。此外，PIRLS还对影响学生阅读素养的因素进行了调查，以综合分析以上研究结果，对学生阅读素养的进展情况进行监控和分析。[1]

儿童阅读素养的发展很大程度上依赖于学校的阅读教学活动，此外，社会文化等环境的支持、学校与家庭的联系等也是重要的影响因素。PIRLS不仅考查学生现有的阅读水平，还分析了影响学生现有阅读成绩的因素，这样就可以发现问题，并了解影响阅读水平提高的相关因素（见图2-2）。

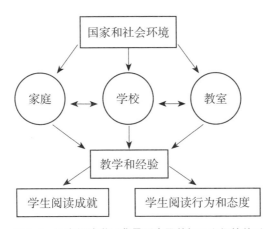

图2-2　儿童阅读学习背景因素及其相互之间的关系

资料来源：IEA. PIRLS 2011 Assessment Framework [EB/OL]. [2010-08-20]. http://pirls.bc.edu/pirls2011/downloads/PIRLS2011_Framework.pdf.

---

[1] 张颖. "国际阅读素养进展研究（PIRLS）"项目评介 [J]. 中学语文教学，2006（12）：4.

三、PIRLS测试的编制

（一）试卷

试卷是体现PIRLS评价内容的载体。由于PIRLS评价试图涵盖阅读素养的各个方面，同时避免给四年级学生太多的考试负担，因此，PIRLS评价的试卷设计相对复杂。

1. 阅读文段

阅读文段构成阅读能力测试的基础。为了使测评能够追踪儿童阅读表现随时间发展的趋向，该测试在设计框架之初便强调需要投入学生真实的阅读材料来测量阅读素养成就。因此，PIRLS所用的文段是从学生的故事书和其他信息来源中抽取的。

阅读者以不同的方式和文本互动来构建意义，其构建意义的方法因阅读的目的和文本类型而异，一种阅读目的对应一种类型文本。所以说，PIRLS是从阅读目的出发来选择阅读测试中所使用的阅读材料类型。PIRLS预期9岁左右的学生应该已经具有为各种目的而进行阅读的能力，所以，PIRLS认为通过阅读目的来描述测试文本的类型有利于保证测试的广泛覆盖性。对9—10岁的学生来说，两个最普遍的阅读目的是"为娱乐而阅读"和"为学习而阅读"。在这个年龄阶段，这两种阅读类型都是十分重要的。与此对应，PIRLS评价框架中主要包含两类文章：为文学体验或娱乐而阅读的文学型文本；为获取和使用信息而阅读的资讯型文本。

PIRLS在为测试选择文本时，其目标是在每一种阅读目的中都呈现出多种不同的文本类型。下面具体介绍两种不同的阅读目的及所对应的文本类型。

（1）为文学体验而阅读（文学型文本）

在文学性阅读中，阅读者参与到文本中，专心于文本中想象的事件、环境、行为、因果关系、人物、氛围、情感和观点，并且享受语言本身。要理解和欣赏文学性作品，阅读者必须将个人的经验、情感以及语言鉴赏力和关于文学文本的知识带入到阅读中。对儿童读者来说，文学型文本为他们提供了探索从未经历过的情景和情感的机会，以及经历一种从未得到过的在想象中自在体验的机会。PIRLS 测试中使用的主要的文学型文本是叙述性小说。

（2）为获取和使用信息而阅读（资讯型文本）

在为获取和使用信息而进行的阅读中，阅读者不是参与到想象的世界中，而是关注真实世界的某些方面。通过资讯型文本，阅读者能够知道世事为什么是过去和现在的样子，为什么事物是那样形成的，等等。阅读者能够超越对信息的获取，并将其运用于推理或行动中。资讯型文本不必从头到尾进行阅读，阅读者可以从中选择自己需要的部分。这类文本有很多种形式，最主要的区别在于是否按时间顺序进行组织。尽管按时间排序和非时间排序这两种方式没有不可逾越的界限，在一篇文章中可能同时使用这两种方式，但是这两种组织方式对阅读者的要求是不同的。资讯类文本可能有标题，也可能没有标题或其他类型文本的组织结构成分。

① 按时间排序的文本：这类文本需要按时间顺序呈现观点，此类文本会叙述事件，例如历史事件、日记、人名单或信件等。详细描述真实生活中事件的传记和自传是这类文本的主要形式。其他按年代顺序组织的文本是程序化的，如处方和说明书。

② 非时间排序的文本：在这种文本中，信息和观点更多的是按逻辑而非按时间顺序进行组织的。例如，研究报告可以描述因果，介绍类文章可以比较、对比社会事件；社论会呈现观点、进行辩驳或提

出证据，其中许多论点和论据相伴出现，使用边解释边描述的方式。说服性文本的目的是影响阅读者的观点。在争论和说服中，阅读者必须跟随着观点的逐步展开而将批判的思想带入文本中，以形成自己的观点。有些信息类文本是说明性的，描述或解释人、事、物。在按主题组织的文本中，主题的多个方面往往在文中一起呈现。最后要注意，对信息的呈现并非必须用连续文本的形式，这些形式包括小册子、列表、图表、表格、曲线图，以及那些需要阅读者执行的文档，如广告和通告。

在划定选文类型的基础之上，PIRLS还为文段选择确定了一些标准。PIRLS认为阅读材料必须是学生感兴趣并可接受的。具体标准有：内容和阅读水平必须适合9—10岁学生；文段应有较好的写作水平，以便使阅读者能够真实地参与到文章中，并且便于PIRLS从理解过程和阅读策略方面设计问题；文段应该是文学型或是资讯型的文章，并且尽可能包括这两类文章中的各种类型；文段长度不能超过1 200字；材料内容应该避免与特定文化或宗教相冲突。[1]

2. 题目类型

选择题和简答题是阅读理解的两类题型。选择题有四个选项，其中只有一个正确选项，每题1分；简答题不仅要求学生找出答案，而且要合理地组织语言，按照对文章理解的程度，一个简答题分值为1分、2分或者3分。每个题组包含由11—14个题目组成的一篇阅读理解，总计15分。[2]在一个典型的文段中，一般包括7道选择题、2—3道1—2分的简答题，以及1—3分的扩展反应题。[3]

选择题能够评价四个阅读理解过程中的任何一个，但由于选择题

---

[1][3] 张颖.“国际阅读素养进展研究（PIRLS）”项目评介 [J].中学语文教学，2006（12）：6.

[2] 余情，俞可.PIRL2011中国香港领跑，欧洲表现不佳 [J].上海教育，2013（1）：29.

不能让学生解释或支持他们的观点，所以选择题不太适合评价学生进行复杂解释和评价的能力。扩展反应题反映了关于阅读的互动和建构的观点，即通过与文本、作者和任务完成情境性的互动而获得意义。扩展反应题最适宜用来评价需要学生解释或支持其观点的理解过程，或需要学生联系知识经验进行解释的理解过程。究竟是采用选择题还是扩展反应题，要依据所评价的理解过程，并考虑何种形式能够最好地体现参测者的阅读理解水平，同时也要兼顾评分的效率原则。

题目编制要系统地体现PIRLS的四个理解过程，然而，文本的不同类型（文学型和资讯型）决定了对这四种理解过程的解释也不相同。举例来说，在一篇人物形象鲜明的文学文本中，在解释和整合观点、信息时就需要设计一些表述人物性格和动机的题目。相应地，在资讯型文本中，考查这一理解过程的题目更可能是要求对文章不同部分的信息进行综合。因此，题目编制一方面要由文章性质决定，另一方面还要受PIRLS的理解过程和策略的影响。

不仅题目的具体内容要由文本性质和PIRLS的理解过程维度来综合决定，在设计测试题时，题目的难度水平也要考虑到文本的长度和复杂性与所需理解过程的复杂程度之间的相互关系。例如，相比于在整篇文章中进行解释及与外在的经验观点相整合，关注和提取明确的信息往往看似更加容易，然而不同的文章在长度、句型的复杂程度、观点的抽象性以及组织结构等特征上都有很大不同，因此，在难度悬殊的两篇文章中，一道考查关注或提取明确信息的题目可能要比考查解释并整合观点和信息的题目更难。因此，在设计测试题时，需要综合考虑文本的难度和考查的理解过程这两方面因素。[1]

---

[1] 张颖."国际阅读素养进展研究（PIRLS）"项目评介 [J].中学语文教学，2006（12）：5-6.

PIRLS预测试的阅读文本与PIRLS正式测试类似，但篇幅较短，每篇约40个字，仅8篇文本，文学型、资讯型各半。当然，这8篇文本均为首次开发。PIRLS预测试包含135个问题，是非常简短的构建反应表格题，表格穿插在需要学生回答的问题中，以便让学生能够阅读文本中的简短观点，然后简要答题并填入相应的表格之中。[1]

3. 评分指导

与所有采用开放型问题的阅读测试一样，制定评分指导是PIRLS一项主要的工作。在扩展反应题中，学生的回答可能多种多样，评分指导要为评分者提供清晰的标准，以保证开放型问题评分的信度。评分指导需要足够明确，以便能够给所有答案以合适的分数，并排除所有不恰当的答案。

评分指导的最初制定是与相应的拓展反应题目的编制过程一起进行的，评分标准产生于对某题所评价的理解过程的考虑，同时，评价标准确定每道拓展反应题所期望的答案。然而，在题目编写阶段不可能预见所有学生的理解方式。PIRLS强调评分指导的制定必须参照在预测试中所获得的学生的真实回答。因此，在预测试中仔细审查和分析学生的答案，对于最终确定评价标准和选择样例显得尤为重要。

每个评分指导中都包含下列成分：（1）可接受回答的每个水平的得分；（2）可接受回答的每个水平的评分标准；（3）回答符合标准的具体说明，在很多情况下，这种说明可能是几种不同回答方式中的一种，所有可能的回答方式都要明确地覆盖到；（4）每个评分等级的一系列回答样例，包括零分水平的样例。

评分指导不是一次成型的，要在编制试题的同时编制评分指导，

---

[1] 余倩，俞可.PIRL2011中国香港领跑，欧洲表现不佳[J].上海教育，2013（1）：29.

通过预测试来修改评分指导，补充范例，并在与题目一起进行的审查中逐步完善。

附：阅读测试范例

裁　缝

作者：Henning Mankell

当 Sofia 来到 Totio 的小屋时，Totio 已经从床上起来了，他正坐在屋外缝纫机旁的木椅上。Sofia 心里很不踏实，他会不会改主意呢？

Sofia 朝 Totio 走过来，Totio 向她点了点头，在木椅子上腾出了点地方，让她能够坐下来。他们都没说话。Sofia 看着 Totio，他好像陷入了沉思。缝纫机上盖着那棕色的木盖子。Fernanda 的鼾声从屋子里传出来。

"生活总要变的，"Totio 突然说，"你知道，它总会发生的，但无论如何，它还是会让你很惊讶。"他走到桌子边，掀起了缝纫机上的木盖子，用手抚摸着缝纫机光亮的表面。

"在过去的三十五年里，我一直使用这部机器，"他说，"我不知道已经从这针上穿过了多少线，也不知道有多少线被缝在了裤子、衣服和帽子上。"

Sofia 能听出 Totio 很悲伤。她想，人变老之后又不能再工作一定是一件很难受的事情。

Totio 弯身捡起了椅子下的一样东西，把它给了 Sofia，那是一块由白色硬纸板做的招牌，上面写着"Sofia Alface 裁缝店"。

Sofia 感觉到她的心跳得很厉害。她开心地笑了，那是真的了，明天，她将接管缝纫机和这间小屋。

"记住，顾客满意了便会再来，"Totio 说，"不满意的顾客只会来一次，不会再来光顾。明天你来的时候，这个招牌将会挂在那里，早上，我的招牌将会消失，而且 Fernanda 和我也会离开。小屋是你的了，还有这缝纫机，以及所有的顾客。"

"我还有很多事情要学。"Sofia 说。

"对我来说也是如此。"Totio 回答，"你不可能知道所有的事，总要不断去了解。"

屋里传来的打鼾声停止了，Fernanda 走了出来。

"我想你应该知道这是 Fernanda 的主意，"Totio 说，"当我觉得眼睛看不见东西的时候，我说我应该卖掉缝纫机了。但是 Fernanda 认为，让你来做裁缝，偶尔给我们些钱会更好些。"

Fernanda 坐在了长椅上。Sofia 被夹在了 Fernanda 和 Totio 之间。

"缝纫机是用来做衣服的，"Fernanda 说，"你不应该卖掉它。"

"我不知道应该如何感谢你。"Sofia 温和地说。

"你要做的事情就是做衣服。"Fernanda 说。

Sofia 在 Totio 和 Fernanda 的屋子里待了一整天，帮助他们收拾东西。

第二天一早，他们就要离开这里了。他们要旅行很多天，回到他们曾经居住过的地方——遥远的 Mueda。

这一天，村庄里的很多人都来和他们道别。Totio 一直在说 Sofia 是一个如何出色的裁缝。他告诉他们，有东西需要缝缝补补时，就来找 Sofia。

将近傍晚时，他们彼此祝福，相互话别。Fernanda 轻轻拍了拍 Sofia 的脸颊。Totio 用他满是皱纹但很有力的手和 Sofia 的手握了很久。

Sofia刚一往回走便觉得自己会非常想念Totio和Fernanda。她也知道，当她每一次打开褐色的木盖子使用那静静守候的缝纫机时，都会想起他们。

问题

1. 这个故事发生在哪里？

（A）在Sofia家的房子里

（B）在一个叫Mueda的城镇里

（C）在裁缝的小屋外面

（D）在一家裁缝商店里

2. 在故事开始时，为什么Totio会陷入沉思？

（A）他正在想他生活中的改变

（B）他很高兴离开村庄

（C）他厌倦了为别人做衣服

（D）他正在想卖掉缝纫机

3. 为什么Sofia担心Totio会改变他的想法？

（A）要成为一个新裁缝，她还有些紧张

（B）她不想住在小屋里

（C）她想让Totio留下

（D）她盼着能接管Totio的工作

4. Totio搬走后，他的生活将会有什么不同？

（A）他将住在附近的一个小屋里

（B）他在Mueda将会有一个新的工作

（C）他将会住在他以前从没住过的地方

（D）他不会再做裁缝

5. Totio 为了让人们知道 Sofia 是新裁缝，他是怎么做的？

（A）给她缝纫机

（B）在小屋外面设一个招牌

（C）告诉人们好好对待她

（D）告诉在 Mueda 的每个人

6. 为什么 Totio 想卖掉缝纫机？

（A）他不再喜欢缝纫

（B）Fernanda 认为那是一个好主意

（C）他看不清楚了

（D）他的顾客会更喜欢 Sofia

7. Fernanda 是如何帮助 Sofia 的？

（A）她和 Totio、Sofia 一起坐在长椅子上

（B）她告诉 Totio，Sofia 应该成为新的裁缝

（C）她帮助 Sofia 收拾了东西

（D）她在小屋里睡觉，Sofia 和 Totio 便可以说话了

8. 为什么 Totio 告诉 Sofia 要好好为顾客服务？

9. 当 Totio 和 Sofia 道别时，他将她的手握了很久，这表现了 Totio 怎样的情感？

10. Totio 为 Sofia 做的最有帮助的事情是什么？解释它为什么是最有帮助的。

11. Sofia 在这个故事中有了不同的情感，写出 Sofia 的三种不同情感，并解释为什么她会有这样的情感。

12. Totio 的生活是如何因为 Sofia 当了新裁缝而变得更好的？

（A）他不必再工作

（B）他会有更多的客户

（C）他能够做更多的衣服

（D）他不必住在裁缝小屋里

13. 为什么"生活的改变与继续"是本文的另一个好名字？

评分标准

8. 为什么Totio告诉Sofia要好好为顾客服务？

可接受的回答（1分）——对Totio给Sofia忠告的原因作出一个恰当的推论，像下面所列举的：

* 回答中理解了Totio希望Sofia成功或希望生意成功。

* 回答可能集中在接受较好服务的顾客将会怎样反应上。

* 回答可能集中在Sofia生意成功的结果上。

* 回答可能集中在Totio对生意和顾客的感情上，希望他所创立的生意能够延续。

9. 当Totio和Sofia道别时，他将她的手握了很久，这表现了Totio怎样的情感？

可接受的回答（1分）——对Totio离开时的情感作出了恰当的解释，像下面所列举的：

* 回答体现了Totio喜欢Sofia或向她表达良好祝愿。

* 回答体现了Totio信任Sofia接管生意。

* 回应可能集中在Totio对离开Sofia和裁缝生意的情感——对他来说离开是很困难的。

10. Totio为Sofia做的最有帮助的事情是什么？解释它为什么是最有帮助的。

完整的理解（2分）——能够将全文中解释Totio行为的意义的观点进行整合。回答中体现出Totio帮助Sofia成为裁缝的一种做法，并解释为什么它是最重要的，其解释能够在 Totio 的帮忙和 Sofia 作为裁缝将来能成功之间建立联系。

部分的理解（1分）——部分理解 Totio 行为的意义，以下面的方式体现其部分的理解：

* 回答体现出 Totio 帮助 Sofia 成为裁缝的一种做法。然而没有解释为什么它是有帮助的。

* 回答可能试图提供一种它为什么是有帮助的解释。然而，其解释并没有在 Totio 的帮忙和 Sofia 作为裁缝将来能成功之间建立联系。

11. Sofia 在这个故事中有不同的情感，写出 Sofia 的三种不同情感，并解释为什么她会有这样的情感。

扩展的理解（3分）——能够将全文中说明 Sofia 在故事里的情感的观点进行整合。回答描述出三种恰当的情感，而且为每一种提供了恰当的解释。

满意的理解（2分）——能够将全文中解释 Sofia 在至少一个故事情节中的情感的观点进行整合。回答描述了至少两种恰当的情感，而且为两种情感提供了恰当的解释。

最少的理解（1分）——能够将解释 Sofia 在故事某一部分中的情感的观点进行整合。回答至少描述了一种恰当的情感，并为其提供恰当的解释。

13. 为什么"生活的改变与继续"是本文的另一个好名字？

完整的理解（2分）——通过评价这个可供选择的题目来展示对故事主题的完全理解。回答体现出理解了故事既是关于改变的又是关于继续的，并且联系这一主题的两个方面来描述故事的成分。

部分的理解（1分）——通过评价这个可供选择的题目来展示对故事主题的部分理解。回答体现出仅理解了故事主题的一个方面——改变或继续。[1]

4. 题册设计

因为PIRLS阅读发展小组认为，至少应该对每位学生进行两篇阅读理解测试（每篇4个题目），才可以反映出其阅读能力，因此每个参与PIRLS测试的学生需要回答一个80分钟长的试题册，由两个40分钟长的题组组成。

题组根据两种阅读目的分为两类：文学体验的测试题组、信息获取和使用的测试题组。两类题组共组成若干个题册，每个题册包含一个文学体验测试题组和一个语文知识测试题组。不同年份的题组组合成题册的方式略有不同。以2001年为例，文学体验的测试题组命名为L1-L4，信息获取和使用的测试题组命名为I1-I4，两类题组共组成10个题册。大部分题组会出现在3个题册中，共9个题册；第10个题册是评分题册，用来作为分数划定的标准，和另外9个不同。它也由一个文学体验测试题组和一个信息获取和使用的测试题组组成，但是彩色印刷，答题纸和试题不放在同一张纸上。所有在评分题册中出现的阅读理解不会出现在其他9个题册中。

（二）问卷

PIRLS评价以问卷调查的方式收集有关阅读素养发展的背景信息。问卷调查面向参加测试的学生及其父母、教师、校长和参与国或

[1] 张颖.“国际阅读素养进展研究（PIRLS）”项目评介［J］.中学语文教学，2006（12）：7-9.

地区的政府官员。PIRLS2011根据调查对象的不同设置了五类问卷：学生问卷、家庭问卷、教师问卷、学校问卷、课程问卷。

1. 学生问卷

每一个参加PIRLS阅读测试的学生都要参与学生背景问卷调查。调查问卷涉及学生的家庭和学校生活，包括以下几个方面：基本的人口学信息、家庭环境、学校氛围、对学习阅读的自我理解和态度。

2. 家庭问卷

由被测试学生的家长或主要监护人完成，主要涉及为孩子上小学所做的准备工作，包括：接受学前教育的情况、孩子入学前在家中进行识字和算数（numeracy）活动的情况（例如读书、唱歌、玩数学玩具）。家长还要回答有关家庭资源的问题以及他们的教育背景和工作情况。

3. 教师问卷

由被试的语文教师填写。教师需要回答个人教育背景、专业发展和教学经验的问题，以及语言/阅读课程数量和课堂上的教学活动和使用的材料。

4. 学校问卷

由被试所在的学校校长填写。校长要提供学生人口学特点、资源配备情况、项目类型和学校学习环境等方面的信息。

5. 课程问卷

每一个参与PIRLS的国家和地区的研究协调员要负责完成课程问卷，回答有关语言/阅读课程的组织和内容等方面的问题。[1]

---

[1] IEA. PIRLS 2011-Contextual Questionaires [EB/OL]. [2013-09-09]. http://timssandpirls.bc.edu/pirls2011/international-contextual-q.html.

四、PIRLS测试的组织与实施

（一）PIRLS测试的组织模式

作为一个大型国际比较评估项目，PIRLS的顺利运行是各职能机构共同推动的结果。各职能机构不定期地举行碰头会，确保评估顺利进行（见图2-3）。

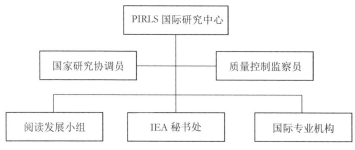

图2-3　PIRLS测试的组织模式

资料来源：部分参考李曙光.国际阅读素养进步研究［EB/OL］.（2010-11-04）［2020-04-05］.http://blog.sina.com.cn/s/blog_716f6720010194cb.html.

PIRLS 国际研究中心（PIRLS International Study Center）是PIRLS项目的核心机构，负责项目的设计、发展和实施，包括设计与改进测评工具和调查程序，保证数据收集的质量，分析和报告研究结果。PIRLS咨询委员会（PIRLS Advisory Committees）以及参与测试的国家和地区的代表也会协助国际研究中心开展上述工作。

各参与国或地区指定一名国家或地区研究协调员（National Research Coordinator），负责PIRLS国际评价在该国所有的工作。PIRLS国际研究中心每年组织若干次协调员碰头会，确保PIRLS在各国和地区的组织工作正常进行，同时就简答题的评分方法和数据管理软件的使用方法对协调员进行培训。

PIRLS 国际研究中心为各国或地区指定一名质量控制监察员（Quality Control Monitor，简称QCMs），监察员可以招聘助手，形成监察员小组。监察员小组负责监督各国或地区教育协调员的工作，保证PIRLS国际评价的顺利进行。

阅读发展小组（Reading Development Group）由各国或地区教育专家组成，负责提供与专业知识相关的咨询，是PIRLS咨询委员会的重要组成部分。

IEA秘书处是PIRLS系列研究的总协调机构，负责PIRLS预测试和正式测试中所有的翻译校对工作。

国际专业机构负责PIRLS国际评价中各种技术问题的各类组织机构。例如，加拿大统计局负责设计抽样的所有技术问题，包括和各国协调员的沟通，确保抽样既符合本国教育的实际情况，同时按照国际标准进行；英格兰和威尔士国家教育研究基金会（National Foundation for Educational Research in England and Wales）负责编制测试题目——收集题目的素材、确定题目和评分标准、组织评分员培训；IEA数据处理中心负责处理和校对从各参与国家和地区收集上来的数据，建立数据库；美国教育考试服务中心提供评分软件和技术支持。

（二）框架制定和试题编制

PIRLS评价框架的制定由PIRLS国际研究中心负责，在此过程中有多次各国或地区协调人的碰头会，并要多次征求阅读评价小组的意见。评价工具由阅读评价小组起草，由各国或地区协调人和质量控制监察员修改，最后由PIRLS国际研究中心定稿。

对阅读理解文段进行准确无误的翻译是PIRLS测试面临的一个较

大的挑战。试卷和问卷最初用英语编写，由各参与国或地区组织专家按照国际标准翻译为本地区或本国语言。为了保证翻译的准确性，各参与国或地区在翻译之后，IEA会组织专业翻译公司进行校对。校对共有两次：第一次是在预测试之前，第二次是在大规模收集数据之前。翻译公司第一次校对之后，PIRLS国际研究中心会将修改部分和原文进行比较，并最终决定是否进行修改。最终，在学生测试之后，数据录入之前，如果某国或地区学生在某个题目或者某几个题目上的得分普遍偏低，会再次核对翻译的准确性。

（三）测试时间

PIRLS在北半球的具体测试时间在5月、6月，南半球的具体测试时间在10月、11月。

（四）数据收集

PIRLS测试的数据收集过程严格按照IEA的统一规定。各国或地区协调员按照《协调员手册》的要求统一管理本国或地区的数据收集工作。PIRLS国际研究中心为数据的收集质量把关，并设置质量控制监察员监督各国或地区实施评价的过程。

（五）数据处理

PIRLS测试的数据处理由位于德国汉堡的IEA数据处理中心负责。为了保证数据的高质量和可比性，PIRLS国际研究中心制定了非常严格的质量控制措施。为保证数据的标准化，在数据录入之前，PIRLS国际研究中心会向各国或地区派发软件、使用手册并培训数据录入专员；在数据处理中心，所有数据经过反复检查，并不断修正误差。数据处理的过程也保证一国或地区之内信息的一致性，尤其是学生试卷、学生问卷、教师问卷、家庭问卷之间的一致性。

（六）校对

扩展反应题的评分有较多的主观性。为了防止参与国和地区的评分员受自身经验的影响，PIRLS国际研究中心要求各国或地区从试卷中抽取200份，由特定的评分员来评分。事实证明，参与国和地区内的评分一致性比率非常高，达到90%以上。PIRLS国际研究中心还进行了另一个研究：请非英语母语并且可以熟练使用英语的记分员测评部分英语为母语国家的学生成绩，结果表明国与国之间的评分一致性达到85%。

PIRLS评价结束后，各国或地区的研究协调员和IEA数据处理中心、IEA国际研究中心会反复校对数据。IEA数据处理中心和IEA国际研究中心会阅览各国和地区的统计报告，重点关注学生回答较差的题目。但是，学生回答较差的题目通常具有较好的心理测试特性。[1]

五、PIRLS测试结果的报告与使用

PIRLS发布的报告共有七种类型，分别为框架、百科、国际阅读结果、方法与过程、背景性问卷、国际数据库、文章与题目。下面以PIRLS2011为例简要介绍这七种报告。

"框架"是PIRLS正式测试和预测试时的蓝本，描述了PIRLS所

---

[1] 李曙光.国际阅读素养进步研究［EB/OL］.（2010-11-04）［2020-04-05］.http://blog.sina.com.cn/s/blog_716f6720010194cb.html.

评估的阅读目的和理解过程，阐述试题册的设计和详细内容。"框架"还规定将国家和地区背景、家庭和学校因素注入"百科"和学生、家长、教师、校长的问卷中。[1]

"百科"概述PIRLS参与国和地区阅读学习与教学的国家与地区背景。几乎每个国家或地区都准备了一份总结本国或地区教育体系、小学阅读课程与教学、教师教育要求和评价措施的报告。"百科"还提供了参与测试的国家和地区的相关数据（如人口概况）。因此，"百科"是理解世界阅读教育概况多样化背景的重要资源。[2]

"国际阅读结果"总结参与者（国家或地区）的四年级学生阅读成就。该报告包括参与者阅读成就的发展趋势、学生在PIRLS国际基准上的表现，以及关于阅读结果和理解过程的变化情况。除此之外，报告还提供了有关阅读背景的一系列信息，例如家庭环境支持、学生阅读背景和对阅读的态度、阅读课程、教师教育和培训、课堂特点和活动、阅读学习和教学的学校环境。[3]

"方法与过程"实际上是TIMSS和PIRLS的技术报告合集，其中详细介绍两种测试各个阶段的技术手段，包括评价框架和工具的开发、抽样设计与实施、翻译与翻译认证、国际数据库的建立、阅读成就量表的设计与实施、背景问卷量表的设计与实施六个方面。[4]

"背景性问卷"也会公布，包括学生问卷、家庭问卷、教师问卷、

[1][2] IEA. PIRLS2011-Framework [EB/OL]. [2013-09-09]. http://timssandpirls.bc.edu/pirls2011/framework.html.

[3] IEA. PIRLS2011-International Resultes [EB/OL]. [2013-09-09]. http://timssandpirls.bc.edu/pirls2011/international-results-pirls.html.

[4] IEA. Online Access to TIMSS and PIRLS 2011 Technical Documentation [EB/OL]. [2013-09-09]. http://timssandpirls.bc.edu/methods/index.html.

学校问卷、课程问卷五种。[1]

"国际数据库"向所有对PIRLS数据感兴趣的人开放，目的是支持和促进研究者、分析者和其他有志于改善教育者使用这些数据。数据以SAS和SPSS格式呈现。《使用者指导》还详细介绍了数据库的使用方法。IEA还提供了一个数据分析软件——IEA IDB Analyzer——供免费使用。[2]

"文章与题目"是学生试卷中的文章、题目以及评分标准，这些资料在结果发布之后会陆续公布，供免费获取。[3]

排行榜固然可以吸引利益攸关方的眼球，各类评估之利弊亦昭然若揭，国际大规模教育评估更无法"包治百病"。但至少，国际大规模教育评估可以诊断教育教学中的有关问题，由此为教育政策制定者和学校发展研究者提供反思、干预和完善的线索与视角以及切入点。[4]PIRLS以其较为科学、严谨的调查方式为我们提供了大量参考数据，但在解读PIRLS数据时应提高警惕，因为PIRLS有以下局限性：（1）PIRLS是一项横截面研究（现状研究）;（2）研究结果代表的是平均情况，而且可能会受到一些国家和地区人为因素的影响;（3）研究无法识别因果关系;（4）研究不能确切地识别解决方式，但能识别重要因素并提出有意义的问题;（5）在形成决策时，只有将国家和地区背景、文化和人口因素等背景变量融入分析，才会有价值。[5]

---

[1] IEA. PIRLS2011-Contextual Questionaires [EB/OL]. [2013-09-09]. http://timssandpirls.bc.edu/pirls2011/international-contextual-q.html.

[2] IEA. PIRLS2011-International Database [EB/OL]. [2013-09-09]. http://timssandpirls.bc.edu/pirls2011/international-database.html.

[3] IEA. PIRLS2011-Released Items [EB/OL]. [2013-09-09]. http://timssandpirls.bc.edu/pirls2011/international-released-items.html.

[4] 俞可，余倩，陈丹.大规模评估为全球教育扬长揭短 [N].中国教育报，2013-02-03（3）.

[5] Topping, Keith. PISA/PIRLS Data on Reading Achievement: Transfer into International Policy and Practice. *The Reading Teacher*, 2006 (3), p.589.

第三节

PIRLS 评价标准与政策的特点和启示

一、PIRLS 评价标准与政策的特点

（一）新颖的阅读素养理念

PIRLS 拓展了我们对于阅读的传统认知，带来了许多新鲜元素。从阅读的对象来看，阅读的客体并不局限于书本，生活中一切书面语言形式的承载物（如说明书、票据、信件、网页、博客等）都可以作为阅读的对象。从阅读的能动性来看，传统的阅读概念中人们通过阅读获取的是"内容"与"行为"，"内容"即阅读时面对的字、词或篇章，"行为"即从这些阅读材料中理解含义、吸收知识、获取经验，强调文字解码与篇章理解。而 PIRLS 对阅读理念的界定，强调阅读理解是一个主动建构的过程，阅读能力包含判断自己所需的阅读材料并进行目的性信息筛选，以及对获取的信息进行反思，逐步内化到认知体系中，以达成个人或社会性目标的综合能力。从阅读目的来看，阅读不仅是为了满足个人兴趣或获取知识经验，更是为了促进个人认知能力的发展，增进社会交往。我们可以通过阅读来与更多人群交流，参与到更多的社会群体中并获得乐趣。

（二）全面的阅读素养评价框架

PIRLS 从横向和纵向两个维度对阅读素养进行评价分析。横向包括阅读理解过程、阅读目的和阅读习惯与态度这三个维度；纵向指按

照时间发展评价群体在这三个维度上的发展变化。测评工具包括纸笔测试和问卷调查，纸笔测试建立在横向三维度的前两个维度上，两届相邻的纸笔测试会刻意采用部分相同的题目，目的是用同样难度的试题来评量阅读成绩的变化，进而获取阅读能力发展变化的信息。阅读素养不仅指能够从各种体裁的文章中建构意义，还包括拥有支撑终身阅读的行为和态度，也就是横向的第三个维度。

（三）立体多元的评分标准

传统阅读测验中，阅读能力只用一个单一分数表示，而PIRLS对阅读能力的标准分类更加多元化。从PIRLS结果中首先可以获得参与测试的国家和地区的平均分及其在全球的排名情况；同时为了对不同分数学生的阅读成就描述得更加精确，PIRLS将总分划分为四个标准：顶级标准为625分以上，高级标准为550分以上，中级标准为475分以上，初级标准为400分以上，根据不同级别的标准可以大体了解群体或个体的阅读水平如何。这种整体分层并非PIRLS的独到之处，PIRLS真正有价值的贡献在于可以反映阅读者在不同体裁（文学类体裁和资讯类体裁）和不同阅读理解水平（直接阅读和间接阅读）上的阅读能力，我们可以在PIRLS结果报告的阅读分量表中获得具体信息。根据分项成绩，可以更有针对性地开展阅读教学。若学生在直接阅读能力方面的得分高于间接阅读，阅读教学策略中就应该加强对学生诠释、整合信息、对比反思等抽象能力的训练；若学生在文学文章方面的成绩不理想，教师就应当加强文学体会与鉴赏方面的训练。[1]

---

[1] 职雪雯.从PIRLS项目看阅读素养的测评与培养［D］.上海：上海师范大学，2012.

（四）公开透明的信息渠道

IEA设置了专门网站来报道PIRLS的各项组织与实施工作，网站上不仅会发布最终调查结果，还会提供调查理念、方法和其他相关背景信息。这些信息增加了PIRLS的透明度，方便各界监督，同时也提高了PIRLS测试的权威性与可信性。IEA并没有将调查信息限于参与者之内，而是将其公开发布在网络上，并提供免费下载服务，甚至还发布便于数据使用者进行分析的专用操作软件，充分体现了IEA的服务精神。

二、借鉴与启示

（一）均衡选文类型，加强资讯型文本的阅读训练

PIRLS将阅读文本分为文学型和资讯型两类，分别对应不同的阅读目的：前者为了文学阅读体验，后者为了获取并使用信息。我国阅读教学向来重视文学体验，中小学教材选文大多是文学作品，如小说、诗歌、散文、故事等，资讯类选文占比偏低。之所以出现这种情况，除了受传统语文教育的影响，也与将阅读教学等同于文学教育的错误理念有关。阅读文学类文章与阅读资讯类文章所涉及的理解过程和阅读策略截然不同，不能认为学会阅读文学类文章就自然学会阅读资讯类文章。长期漠视资讯类文章阅读，不利于学生阅读能力的均衡发展，不利于学生适应未来生活。[1]

（二）阅读教学应有明确的内容

阅读教学内容不明确是教师一直以来的困扰。长期以来，语文阅

---

[1] 林其雨.PIRLS选文特点及对教科书编写的启示 [J].语文建设，2014（13）：56-59.

读教学目的过于宽泛，无所不包，主张教思想、教文化、教语言，倡导"积累·整合""感受·鉴赏""思考·领悟""应用·拓展""发现·创新"。[1]这虽然拓宽了语文阅读教学的范围，但未能围绕每一个阅读教学目的确定学生阅读思维能力的发展层级。PIRLS把阅读的目的分为两大类，对阅读者进行阅读理解的过程加以分类研究，为阅读教学提供了更明确的实践抓手。

（三）将阅读教学与社会力量相结合

长期以来，我国阅读教学重视学生世界观、价值观的培养，选文倾向于文学名著，教学情境也较为单一，缺少与现实生活的联系。PIRLS认为，阅读者是通过不同背景下的阅读活动和经历来提高阅读素养的。这就启发我们要把社区、家庭、学校的力量纳入到阅读教学中，设计符合学生年龄特征的阅读文段和阅读情境，让学生在具体的阅读活动中历练和积淀阅读素养。

（四）阅读评价应有严密的体系

我国阅读教学评价最大的缺憾就是没有严密的评价体系，表现为评价依据不科学，评价内容没有具体指向，题目设置比较随意，评估对象相对单一，甄别与选拔的意味太浓。PIRLS将阅读素养评价的维度细化为阅读目的、理解过程、阅读的行为和态度，并制定了具体的评价内容，对于建立科学的阅读教学评价体系，促进学生阅读素养的发展有一定帮助。[2]

---

[1] 中华人民共和国教育部.普通高中语文课程标准（实验）[S].人民教育出版社，2003：6.

[2] 朱伟，于凤娇.国际阅读评价研究对我国阅读教学的启示——以PIRLS2011和PISA2009为例 [J].上海教育科研，2012（4）：55.

（五）构建具有中国特色的阅读评价体系

PIRLS作为国际学生阅读素养研究项目，在世界范围内受到极大的关注。直接参与该研究固然能够借由国际比较来了解我国学生的阅读情况，但是，考虑到汉语言文字自身的特点和我国的传统文化对学生阅读的影响，要想真正了解学生的阅读素养发展情况，发现阅读过程中存在的实际问题，仅仅参与是不够的。因此，应在充分吸取PIRLS经验的基础上，构建一个适合我国国情，符合汉语思维习惯的规范的测评框架。[1]

---

[1] 陈伟.国际阅读素养测评项目PIRLS和PISA的比较［J］.高职高教研究，2012（69）：164.

第三章

经济合作与发展组织国际
学生评估项目（PISA）的
评价标准与政策

国际学生评估项目（Program for International Student Assessment，简称PISA）是由经济合作与发展组织（OECD）统筹并实施的一项国际性的学生能力和素养比较调查项目，主要用于评价OECD成员国、非成员国和地区中即将完成义务教育的15周岁学生，测试他们作为社会人是否掌握了现实生活和终身学习所必需的知识、技能等基本素养，揭示各国和地区学生的表现与其影响因素的关系。"教育评价和监测就像是一国或地区教育体制的'保健医生'，能不断地提醒该国和地区更新教育观念，引进教育评价和监测领域的先进理念和技术。经合组织开展国际学生评估项目（PISA）的作用正在于此。"[1]因此，PISA的评价结果往往对参与测试的国家和地区的基础教育政策产生深刻的影响，甚至成为该国和地区基础教育政策制定的指南针。

第一节

PISA评价标准与政策的产生和发展

伴随着全球化时代的到来，许多国家都以跨国家和跨区域的视野来评估本国基础教育质量，并通过引进国际性大规模的学生评价体系

---

[1] 安大列斯·施莱切尔.经合组织官员安大列斯·施莱切尔访谈：教育体制的"保健医生"[EB/OL].[2013-8-28]. http://news.xinhuanet.com/newscenter/2002-06-13/content_439470.htm.

来测试本国学生的学业质量。PISA是目前世界上最具影响力且涉及范围最广、研究周期最长的国际性学生学习成就评价项目之一。它的产生与发展离不开经济合作与发展组织长期以来对教育与经济整体指标的关注。

一、PISA的产生背景

经济合作与发展组织于1961年正式成立，是在欧洲经济合作组织（Organization for European Economic Cooperation，简称OEEC）的基础上改组而来的。作为全球范围内有重要影响力的国际组织，OECD一直密切关注和研究经济、社会、教育、环境等多个领域，尤其是其制定的各种教育指标已经引起世界各国的广泛重视，成为国际间教育部门和广大学者研究、讨论和引用的重要素材。而事实上，OECD很早就表现出对教育成就指标和教育质量进行大范围的跨国比较评估的浓厚兴趣。早在1968年7月，OECD成立教育研究与改革中心（Centre for Educational Research and Innovation，简称CERI），指导其成员国参与各种国际教育比较，了解各国教育现状，提供国家间教育统计资料，旨在推动国际教育指标的建立与发展。在20世纪70年代，OECD的绿皮书开始尝试建立一个教育数据的收集与比较模型，直到20世纪80年代中期，对教育成功指标的测量成为OECD的关注焦点。[1]1988年，OECD于巴黎召开第38届年会，正式着手建立国际教育指标体系的方案，相关资讯由CERI负责收集、报道与解释。当时，OECD的24个成员国中，22个国家的教育专家共200人参与了国际教育指标方

---

[1] 教育部基础教育质量监测中心信息部.国际学生评估项目（PISA）[EB/OL].[2013-08-28].http://www.eachina.org.cn/eac/gjjc/ff8080812ba05459012bc23b3f280036.htm.

案，其经费由OECD与美国国家教育统计中心（the U.S. National Center Educational Statistics，简称NCES）共同承担。[1]1992年初，一套较为完整的国际教育指标系统正式问世。OECD出版了《教育概览：OECD指标》（Education at A Glance: OECD Indicators）一书，提供其成员国教育系统在三个方面（教育人口、经济与社会背景，教育花费、资源和学校进程，教育产出）的36项核心指标上的对比状况，具有划时代的意义，为后续的教育指标研究工作奠定了坚实的基础。[2]此后，OECD的《教育概览》逐步发展成年度刊物，并为配合教育、社会的变化和政策需求，及时完善和修订教育指标体系，同时为方便成员国使用，增加了不同语言版本。此外，教育指标系统的参与国逐渐增多，促进了成员国之间的合作以及与国际其他组织的广泛交流。

随着知识经济时代的到来，制定长远发展规划是各个国家教育发展战略的重中之重。然而，每年一期的《教育概览》大多关注的是教育的人力与财政资源、教育系统之间的合作、个人和经济及社会对教育投入的回报等，对教育产出情况的关注相对较少，且缺乏国际间共同可信的指标，特别是对教育体系进行有效和可靠的测量工具十分缺乏，这使得教育决策者、学者、家长和学生不禁怀疑，"学生做好了准备去迎接未来的挑战吗？他们能有效地进行分析、推理和交流吗？他们有进行终身学习的能力吗？"[3]而各国的教育体系都在试图监测学生学习，以便回应和解决这些疑问。各国期望获得关于学生知识、技能及表现的

---

[1] Nuttall, D. The Functions and Limitations of International Education Indicators. Paris: OECD/CERI, 1992, p.19.

[2] 教育部基础教育质量监测中心信息部.国际学生评估项目（PISA）[EB/OL].[2013-08-28].http://www.eachina.org.cn/eac/index.htm.

[3] Schleicher, A. Measuring Student Knowledge and Skills: A New Framework for Assessment. Paris: OECD, 1999, p.7.

可靠的、有国际比较性的教育成果数据来完善和丰富本国的教育政策和教育制度，以便使学生能够学得更好，教师能教得更好，学校体制更加高效。

为了回应成员国的这一要求，OECD于20世纪90年代中期着手开发PISA项目，于1997年正式启动PISA项目。从提出设想到研究开发，再到试点工作，OECD最终在PISA评估框架上达成一致，即以15周岁的学生为测评对象，定期并及时提供以改进教育政策为导向且具有国际比较性的有关学生学习成果作为教育指标。2000年，PISA开始了第一轮测评并发布了第一个评估报告。此后，每三年选择一个主题举行一轮测评，每九年完成一个循环。

二、PISA的发展历程

截止到2018年，PISA测试已经成功举行了7次，并以评价年份命名。每次测评都在阅读素养、数学素养和科学素养这三个核心领域选择一个作为重点领域，其他两个作为辅助评价。

1. PISA2000

阅读素养（reading literacy）是PISA2000的重点测试项目，其不局限于学生对书面材料的字面理解或者拼写认字水平，而更趋向于应用型任务，关注学生如何在学习中应用阅读的一般概念和技能，包括获取和解读信息能力以及思考与判断能力。参与测试的国家和地区有32个，包括28个成员国和4个非成员国和地区在内的大约26.5万名学生。[1]同时，为了满足其他国家和地区希望参与PISA测试的愿望，

[1] Turner, R., Adams, R. J. The Program for International Student Assessment: An Overview. *Journal of Applied Measurement*, 2007, 8(3), p.237.

2002年，又有11个国家和地区加入测试，称为"PISA+"计划。[1]测试结果显示，获得前三名的国家和地区分别是：阅读素养方面为芬兰、加拿大和新西兰；数学素养方面为日本、韩国和新西兰；科学素养方面为韩国、日本和芬兰。

2. PISA2003

数学素养（mathematical literacy）是PISA2003的重点测试项目，而学生解决问题能力（problem-solving competency）则是新增的跨学科测试领域。其中，数学素养测试围绕学生对数学知识的掌握能力、学生的数学思维方法、数学综合应用能力的发展状况，以及数学如何在实际生活中广泛应用并适合个人需求来构建。问题解决能力主要考查学生对解决校外生活中遇到的问题做了哪些准备，这些问题不同于学生所学的课本知识或与其学科知识联系甚少，需学生在不熟悉的情境中运用思维和创造力解决。本次参与测试的国家和地区有41个，包括30个成员国和11个非成员国和地区。[2]测试结果显示，获得前三名的国家和地区分别是：数学素养方面为中国香港、芬兰和韩国；问题解决方面为韩国、中国香港和芬兰。

3. PISA2006

科学素养（scientific literacy）是PISA2006的重点测试项目。对科学和技术的认识与理解已经成为青年人在现代社会中生活的必需，更在个人进入社会、充分参与社会活动的过程中具有重要作用。PISA2006的科学素养评价的核心是：在个人、社会、国家乃至全球化背景中，在科学和技术领域，学生应知道什么、能做些什么以及持

---

[1][2] Turner, R., Adams, R. J. The Program for International Student Assessment: An Overview. *Journal of Applied Measurement*, 2007, 8(3), p.237.

有的价值观是什么。评价内容主要是隐含在日常生活情境中或与情境相关的科学与技术的知识、能力和态度。参与本次测评的国家和地区共57个，包括30个成员国和27个非成员国和地区在内的40多万名学生。[1]测试结果显示，获得科学素养前三名的国家和地区是芬兰、中国香港和加拿大。

4. PISA2009

到2009年，PISA的测试重点又回到阅读素养领域。与PISA 2000相比，PISA2009在其框架基础上进行了完善与修订，保留了大部分的测评原则和操作内容，增加了学生应适应新时代要求的内容，深化了对阅读本质与阅读素养内涵的理解，反映出对世界不断变化的认识。其中最显著的调整是：拓展了阅读素养的内涵，增加了阅读者对阅读文本的参与（engaging with）；更新了阅读文本的分类，开发了电子文本评价；扩展了测评工具，新增了对元认知的测评。[2]参与本次测试的国家和地区有65个，上海是中国内地首次正式参加该项目的地区。最终评价结果显示，中国上海学生的阅读水平世界领先，其次分别为韩国和芬兰。

5. PISA2012

数学素养是PISA 2012的测试重点。其评估框架解释了PISA数学评估的理论基础，包括更新了数学素养的定义，阐释了学生在应用数学素养时的数学思维过程以及学生应掌握的基本数学能力。2012年的PISA测试旨在使15岁的学生更明确与数学有关的知识、能力和态度

[1] Turner, R., Adams, R. J. The Program for International Student Assessment: An Overview. *Journal of Applied Measurement*, 2007, 8(3), p.237.

[2] OECD. PISA 2009: Assessment Framework-Key Competencies in Reading, Mathematics and Science. Paris: OECD, 2009, p.20.

等，同时确保开发的项目保持在有意义且真实的情境中。同时，在本次评估中，对问题解决能力的测试以计算机测评为基础。[1]此外，财经素养（financial literacy）是2012年新增的测试领域。与PISA测试的阅读素养、数学素养和科学素养三大核心领域相比，财经素养在许多国家的基础教育课程设置中还没有明确的对应学科。然而，在经济全球化的时代，财经问题已经越来越多地渗透到人们的日常生活中，成为人们参与社会生活必不可少的一项素养。PISA的财经素养重在测试学生对财经相关知识和技能的运用能力。参加此次测评的国家和地区有64个，上海是中国内地再次参加该项目的地区。最终评价结果显示，中国上海学生的数学水平世界领先，其次分别为新加坡和中国香港。

6. PISA2015

PISA2015主要测试学生在科学、数学、阅读、协作式问题解决等领域基础素养的表现。PISA2015的测试重点是科学素养，同时把协作式问题解决作为测评内容。PISA2015背景因素问卷包括学校问卷、学生问卷、教育生涯问卷、信息与通信技术精熟度问卷、家长问卷、科学教师问卷、一般教师（非科学课程教师）问卷，主要目的是从与学业相关的学校生活、与社交相关的学校生活、校外生活、学校管理、学生分层、各种教育资源等方面分析学生基础素养培育的影响因素。PISA2015首次采用了教师问卷收集信息，包括科学教师问卷和一般教师问卷。PISA2015自2013年启动到2016年发布测评结果，持续4年。参加此次测评的国家和地区有72个，北京、上海、江苏、广东组成的中国部分地区联合体参加此次测评。最终评价结果显示，

---

[1] OECD. PISA 2012 Assessment and Analytical Framework. Paris: OECD, 2012, pp.23-24.

中国部分地区联合体的科学水平排在第十位，前三名分别为新加坡、日本和爱沙尼亚。

7. PISA2018

PISA2018主要测试学生在阅读、数学、科学、全球胜任力等领域基础素养的表现，重点是学生在数字环境下的阅读能力。PISA2018将阅读素养定义为对文本的理解、使用、评估、反思和参与，以实现目标，扩大知识面，发掘潜力并参与社会实践。与PISA2015在阅读、数学、科学三项基础素养之外增加协作式问题解决不同，这次则在阅读素养、数学素养、科学素养之外增加了全球胜任力测试，同时新增了多维度了解学生身心健康、主观幸福感状况的学生问卷等。参加此次测评的国家和地区有79个，北京、上海、江苏、浙江组成的中国部分地区联合体参加此次测评。最终评价结果显示，中国部分地区联合体的阅读水平排在第一位，其次为新加坡、中国澳门。

第二节

PISA现行评价标准与政策

PISA是目前世界上最具影响力的学业评价之一，旨在评价学生现实生活和终身学习所需要的知识和技能，是对学生终身学习能力的评价与比较。PISA在经过2000年、2003年、2006年、2009年、2012

年、2015年和2018年七次测试之后，其理念新颖、目标明确、操作规范、设计科学、标准严格、结果可靠的特点已引起全球范围的广泛关注和强烈反响。

一、PISA的组织机构

作为一个具有国际影响力的评价比较项目，PISA的组织和实施离不开各参与国和地区教育主管部门的大力支持与指导，因此，PISA组织机构的设置具有复杂、严密的特点。PISA的组织机构及其职责如下。[1]

首先是PISA管理委员会（PISA Governing Board）。PISA管理委员会的职责是根据OECD教育目标，确定每次PISA测试的政策重点，制定评价指导原则，以确保每次调查评价的顺利实施。管理委员会主席由委员会自行商议决定。委员会成员则由各OECD成员国教育部任命的一位该国代表和PISA的各参与国或地区的教育部门任命的一位海外观察员组成。

其次是OECD秘书处（OECD Secretariat）。秘书处负责管理PISA的日常事务。具体职责包括监督调查实施的情况，为PISA管理委员会管理行政事务，通过合作与交流在各国和地区之间建立共识。它是PISA管理委员会和PISA国际联合处沟通与协作的桥梁。

其三是PISA国际联合处（PISA Consortium，亦称国际联络处）。PISA的具体设计和测评实施由多国大型评估机构组成的PISA国际联合处负责。联合处由PISA委员会通过国际招标选择，以澳大利亚教育研究委员会（Australian Council for Educational Research，简称

---

[1] OECD. Who's Who in PISA [EB/OL]. [2013-08-29]. http://www.oecd.org/pisa/.

ACER）为首，其他联合机构还包括日本的国立教育政策研究所以及美国的Westat公司等。

其四是PISA国家和地区项目负责人（The PISA National Project Managers）。参与国和地区政府任命的国家和地区项目负责人负责监督每一参与国或地区的PISA实施情况，确保实施的高品质，并对调查结果、分析数据、结果报告和出版材料进行检验和评估。项目负责人需与PISA管理委员会、OECD秘书处以及PISA国际联合处共同工作。参与国和地区在实施PISA过程中，通过国家和地区项目负责人的协调，在国家和地区一级学科方面达成管理程序的一致性。

其五是PISA专家组，包括PISA主题专家组和PISA问卷专家组。其中，主题专家组由世界各地区的著名专家组成，对每次PISA调查的领域理论框架进行设计；问卷专家组主要指导PISA问卷的设计，其成员由PISA管理委员会选拔。

二、PISA的评价内容

"PISA的价值在于促进政府努力帮助学生更好地学习，教师更好地教学，学校体制变得更加高效。"[1]这是PISA追求教育真谛，不同于一般甄别性和选拔性考试的独特价值所在。

1. 评价目标

PISA是针对15周岁的学生，测量他们在生活知能方面的学习成效，并借以进行国际比较，从宏观角度为参与测试的国家和地区的基

---

[1] 计琳，徐晶晶.对OECD秘书处主席Andreas Schleicher的专访：PISA是国际合作的典范［J].上海教育，2010（12B）：34.

础教育政策制定和调整提供参考与指导，目的是改善教育政策而不是甄选学生。因此，PISA的主要目的并不是测量学生掌握了多少知识，而是考查学生在将来生活中如何创造性地应用知识技能，确定他们在将来的成年生活中所需的有关阅读、数学和科学领域的知识和能力的掌握程度，并通过学生运用他们在校内和校外环境中学习到的知识来反映他们终身学习的能力，进一步检验他们的决策能力和选择能力。[1]OECD的专家还指出，"学生除了要具备现实生活中必须用到的有关阅读、数学、科学的基本知识和技能外，更重要的是能够对自身的学习过程、学习策略进行反思，能够在独立的和集体的情境中进行学习。"[2]为此，PISA不仅测量学生的各项基本素养，还通过问卷形式评价学生的学习动机与态度，从而形成对学生终身学习能力的总体评估，以便为各国和地区调整教育政策和改善质量提供更全面的参考信息。

2. 评价模型

PISA是基于终身学习的动态模型设计的，分析认为，要成功适应迅速变化的世界，掌握新的知识和技能是必不可少的，而这些需要通过终身学习来满足。[3]由于社会在不断地发展变化中，不可能期望15岁的学生在学校里获得作为成人生存所必需的所有知识。他们需要在阅读、数学及科学素养方面有一个稳固的基础。然而为了继续学习这些领域的知识和技能，更为了使学生能将学到的东西应用于现实世界，他们需要理解学习的基本过程和原则，并可以在不同情况下灵活地使用。因此，教育不但要使学生在学校里掌握一定的知识和技能，

[1] OECD. PISA 2012 Assessment and Analytical Framework. Paris: OECD, 2012, pp.13-14.
[2] 杨希洁.PISA特点分析及其对我国基础教育评价制度改革的启示 [J].教育科学研究，2008（02）：23.
[3] OECD. Knowledge and Skills for Life: First Results from 2000. Paris: OECD, 2001, p.14.

更重要的是理解自己的思维过程和学习方法，形成能够终身学习的能力。

PISA测试的理论模型是以"输入—过程—输出"模型（input-process-output）为基础的。[1]丹麦技术研究院（Danish Technological Institute）利用此模型，对PISA测试进行了分析。教育被看成是一个"输入—输出"系统，输入包括教育资源以及政策、规则等方面的投入；输出的是学生的学业成果；资源、政策的输入需要由教育体系内的一系列过程特点来决定，即教育组织、师资力量、学习环境（见图3-1）。[2]这些过程的相互作用既受到输入条件的影响，同时又影响最终结果的输出。

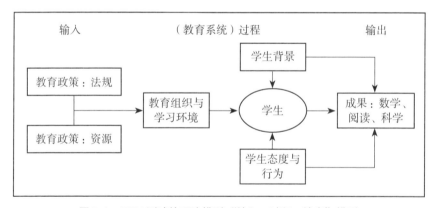

图3-1　PISA测试的理论模型："输入—过程—输出"模型

资料来源：Jens Henrik Haahr.学生成绩分析——基于国际PISA、TIMSS、PIRLS调查的证据［R］.丹麦技术研究院，2005：39.

为此，PISA在评价过程中将教育系统分为四个层面：教育

---

[1]　鲁毓婷.全球化背景下的学生学业成就比较研究——TIMSS和PISA［J］.考试研究，2007（7）：81.

[2]　Jens Henrik Haahr. Explaining Student Performance Evidence from the International PISA, TIMSS, and PIRLS surveys. Danish Technological Institute, 2005, p.39.

与学习中的个人参与者、教育背景、教育服务的提供者以及教育整体系统。PISA的测试模型围绕教育系统这四个层面展开（见图3-2）。[1]

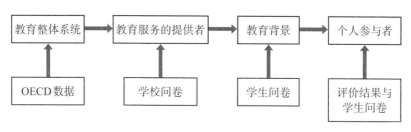

图3-2　PISA的测试模型

资料来源：教育部基础教育质量监测中心信息部.国际学生评估项目（PISA）［EB/OL］.［2013-08-31］.http://www.eachina.org.cn/eac/index.htm.

从图3-1和图3-2可以看出，PISA在测量过程中不但考查学生的学业成绩，还考虑影响其成绩的社会和个人因素，从宏观的教育政策到中观的学习环境，再到微观的学生本身出发，分别测量其对教育成果的影响，从而为各参与测试的国家和地区的教育决策者、学者、教师和家长提供参考信息。

3. 评价领域

PISA一直以来的核心测试领域有三个：阅读素养、数学素养和科学素养。这三个领域并不是相互孤立的，而是与知识的反思以及在现实情境中的应用能力相联系。PISA通过评价这三个核心领域的知识和能力，以逐步研究跨学科（cross-curricular）的知识和能力为发展方向。为此，PISA在2003年、2012年和2018年测试中分别增加

---

[1]　教育部基础教育质量监测中心信息部.国际学生评估项目（PISA）［EB/OL］.［2013-08-31］.http://www.eachina.org.cn/eac/index.htm.

了问题解决能力、财经素养和全球胜任力三个项目。值得注意的是，PISA 的每个领域和框架都是基于"素养"（literacy）这一概念。PISA 将"素养"界定为：学生在核心学科领域运用所学知识和技能的能力，以及在各种情境中有效进行分析、推理、交流，解决和解释问题的能力。[1]这不同于一般传统意义上的读、写能力，而是指能适应成人生活的知识和能力。此外，PISA 对这几大领域的素养内涵进行了界定：

（1）阅读素养：个体对书面文本的理解、使用和反思能力，以及为了实现个人目标，发展一个人的知识和潜能，并能有效参与社会。[2]

（2）数学素养：个体在各种情景中形成、使用、解释数学的能力，包括数学推理，数学概念的应用，数学程序、事实和工具的描述，以及现象的解释与预测。数学素养帮助个体认识数学在世界中所起的作用，并能作出建设型、参与型、反思型公民所需的合理判断和决策。[3]

（3）科学素养：具有参与科学研究的能力，具备科学思想，是反思型公民。有科学素养的人需要具备三种能力：解释科学现象的能力，即识别、尝试、评估和解释自然与科技现象的能力；评价与设计科学探究的能力，即描述和评价科学调查，并提出科学解决问题的方法的能力；解读科学数据与证据的能力，即在多种表现形式中分析和评估数据、主张和论据，以及得出适当的科学结论的能力。[4]

---

[1] OECD. Learning for Tomorrow's World First Results from PISA 2003. Paris: OECD, 2004, p.20.

[2] OECD. PISA2015 Draft Reading Framework. Paris: OECD, 2013, p.9.

[3] OECD. PISA2015 Draft Mathematics Framework. Paris: OECD, 2013, p.5.

[4] OECD. PISA2015 Draft Science Framework. Paris: OECD, 2013, p.7.

（4）问题解决能力：个体运用认知过程来理解和解决问题的能力，在这一情境中，问题解决的方法并不是显而易见的。它还包括作为建设型和反思型公民为了实现个人潜能而参与这种情境的意愿。[1]

（5）财经素养：一种关于财经概念、风险的知识和理解，以及运用这些知识和理解力的技能、动机和信心，以便在广泛的财经情境中作出有效决策，提高个人和社会的经济效益，并能够参与经济生活。[2]

（6）全球胜任力：个体能够体察本土、全球和跨文化问题，理解并欣赏他者的观点和世界观，与来自不同文化背景下的人进行既相互尊重又有效的互动，并为集体福祉和可持续发展采取负责任的行动。[3]

PISA各领域素养的概念显示，学生不但要掌握知识和技能，还要有在现实情境中运用知识和技能来解决问题的能力，并具有发展这种能力的意愿。因此，PISA不仅考查学生的学科及跨学科的能力，而且通过教育过程评估学生的学习动机、学习策略和自我意愿。

4. 评价结构

PISA为每个评价领域制定了评估框架。每个领域的框架分为三个测评维度：知识内容或结构（content or structure）、过程（processes）和情境（contexts）。

（1）数学素养领域

数学素养是2003年和2012年PISA的重点测试领域，其测试框

---

[1] OECD. PISA 2012Assessment and Analytical Framework. Paris: OECD, 2012, p.122.

[2] OECD. PISA 2012Assessment and Analytical Framework. Paris: OECD, 2012, p.144.

[3] 滕珺，杜晓燕.经合组织《PISA全球胜任力框架》述评［J］.外国教育研究，2018（12）：102.

架包括数学过程、数学内容和数学情境。以 PISA2012 数学素养为例，具体框架如下。[1]

首先是数学过程与基本数学能力。数学过程是指个体面对现实情境中有关数学问题时，能够用数学能力解决这些问题。其过程维度包括三个方面：第一，形成数学情境。"形成"指的是个体能够辨识并找出使用数学的机会。在某种情境中对问题提出数学化的结构，借此将问题转化为数学的形式。在形成数学情境的过程中，学生需确认何处能进行基本的数学分析，建立并解决问题。他们将问题从现实世界转化到数学领域，提供数学架构、表征和特点来界定现实世界的问题，并对问题进行推理，了解问题的局限与假设。第二，运用数学概念、事实、程序和推理。"运用"是指个体能够运用数学概念、事实、程序与推理来解决所形成的数学问题，获得数学结论。在问题解决过程中，学生需执行所需的数学程序以获取数学结果，找出数学结论。其中包括数学运算、解方程式、从数学假设中进行逻辑推理、符号操作，从表格和图表中提取数学信息，演绎和操作空间图形以及数据分析。同时，学生还需依据问题情境的模式来建立规律、识别联系和创建数学论证。第三，解释、使用和评价数学成果。"解释"的重点在于个体能运用数学解法、结果或结论诠释现实生活情境的能力。这涉及如何将数学解法和推理转化到问题情境中，并决定结果在问题情境中是否具有合理性。学生在此过程中可能需要在问题情境中建构、解释和论证，以及反思其建构过程和结果。此外，PISA 还规定了数学的基本能力，包括：交流能力，数学化，推理论证，展示，制定问题解决策略，运

---

[1] OECD. PISA 2012 Assessment and Analytical Framework. Paris: OECD, 2012, pp.30-40.

用符号化、正式化和技术化语言和运算，使用数学工具等七项基本能力。

其次是数学内容知识。PISA将数学内容知识分为改变与关系、空间与形状、数量、不确定性与数据分析四项。每一项对于现代社会的公民来说都是最基本、最重要的；不仅反映了历史的发展，也覆盖了整个数学领域及推动其发展的相关现象，更反映了学校课程的主要分支。一是改变与关系。重在如何以数学模式描述自然界的各种暂时性和永久性关系。这些关系有的会随着时间推移而发生，有的则会因为其他因素变化而发生改变，如生长、四季循环、天气变化等。在数学上则意味着用适当的函数和公式构建这种改变与关系的模式，还包括对模式的解释、以符号和图形的转化来呈现关系。二是空间与形状。其在数学素养中包含一系列广泛的活动和现象，如理解绘画的角度，创建和读取地图，转换图形，从各种角度解释三维场景以及构建图形的表征。三是数量。数量是现实生活中常遇到的最基本、最普遍的数学概念。其数学理念是理解生活中各种物体的量化特征、关系，数量表现，数量的解释和推理，如测量、计数、指标、相对大小、数量的趋势与模式等。四是不确定性与数据分析，包括识别各种变化的成因，具有量化和解释变化的能力，确认测量的不准确性和误差以及概率统计问题，如天气预测的不确定性等。以上四项数学内容知识形成的广泛领域，既可保证PISA数学评价处于学校的课程范围内，同时又有一定的灵活性，考查学生解决现实情境问题的能力。

再次是数学情境。合适的数学方法的运用通常与个人的数学思维方式有关，而思维方式则与解决问题的情境有关。PISA把数学情境分为个人、职业、社会和科学四类，包括各种各样个体感兴趣的情境，使个体能有效地运用数学知识与技能。其中，个人情境以个体本身、家庭或同伴团体相关的活动为中心，如食物准备、购物、游戏、个人健康、旅游等。职业情境以工作为中心，如建筑物的测量、成本和材料订购，工资/会计，质量控制、调度/库存等。社会情境以与社群相关的议题为中心，如选举制度、公共交通、政府、公共政策、人口统计等。科学情境以数学在自然界中的应用以及与科学技术相关的话题为中心，如天气或气候、生态、太空科学、遗传学等。在PISA测试中，混合情境的设置以这四类情境为基础，目的是确保测试能反映一种包括日常的个人应用于全球问题的科学需求在内的、应用广泛的数学。

（2）阅读素养领域

阅读素养是PISA2000、PISA2009和PISA2018的核心测试领域，是PISA2006和PISA2012的次要测试领域。PISA2012测试沿用PISA2009阅读素养的评价框架，只是在PISA2009阅读框架的基础上对电子阅读文本的纳入和阅读元认知构建的阐述稍作修订。PISA阅读素养的评价框架包括阅读文本、阅读任务和阅读情境。以PISA2009阅读素养为例，具体评价内容如下。[1]

首先是阅读文本。PISA阅读评价的文本范围可以分为媒介、环境、文本形式和文本类型。第一，媒介包括印刷文本和电子文本。印刷文本通常指以单页、宣传册、杂志和图书等形式在纸面上呈现出来，印刷文本的这种物理状况试图鼓励阅读者以一种特定的顺序来接触文本内容。从本质上看，印刷文本是一种固定的、静态的存在。电子文本则是通过液晶显示器、等离子体、薄膜晶体管等电子设备来呈

---

[1] OECD. PISA 2009 Assessment and Analytical Framework. Paris: OECD, 2009, pp.25-42.

现。它是超文本（hypertext）的同义语，即文本中含有导航工具和特征，使非顺序的阅读成为可能。每个阅读者都可以从文本链接所得到的信息中构建一个独特的"定制"文本。这种文本在本质上是非固定的、动态的存在。第二，环境分类仅适用于电子文本。在PISA阅读框架中，仅指基于计算机的环境。有两种电子环境已经被确认应用于电子阅读文本的评估，即作者决定的环境和基于信息的环境。这两者最大的区别是前者不能被读者修改，主要功能为获取信息，如主页、政府信息网站等；而后者，读者有机会加入或更改内容，不仅可以获取信息，还可以进行交流，如电子邮件、博客、聊天室等。第三，文本形式包括连续文本、非连续文本、混合文本和多重文本。连续文本一般由句子组成段落、章节甚至是书等更大的结构，如报纸、散文、小说等；非连续文本的组织结构不同于连续文本，故阅读方式也与连续文本不同，它主要是指由表单构成的文本，如图形、列表、广告、目录等；混合文本是指连续文本和非连续文本混合在一起而呈现的文本；多重文本则由多个来源组成，各个来源独立产生意义，如网络旅游资讯等。第四，文本类型包括描述、叙述、说明、论述、指导和会议记录。

其次是阅读任务。在PISA中，阅读任务分为三个类型五个方面：第一，获取与检索（access and retrieve），信息检索是指依据文本中信息的独立部分，发现和检索需要的信息。第二，统整与解释（integrate and interpret）。包括：形成广泛、全面的理解，阅读者要对整个文本形成普遍且全面的理解；形成解释，理解上下文之间的关系，以便能具体并完整地解释文本内容。第三，反思与评价（reflect and evaluate）。包括：反思并评价文本内容，指阅读者能够把文本中的信息与自己的知识、经验建立联系，经过反思后对文本所表达的观点进行评价；反思并评价文本形式，指阅读者不受文本影响，客观地思考文本，评价它的性质和适用性。

最后是阅读情境。情境是指文本的用途或目的。PISA将阅读情境分为四类：为个人目的而阅读，为公共目的而阅读，为职业而阅读，为教育而阅读。其中，个人情境指为满足个人兴趣和需要而阅读，如阅读个人信件、小说、传记等；公共情境指为社会的活动和关注点而阅读，如阅读政府的官方公告和文件；职业情境指为了完成某项工作任务而阅读，如招工广告等；教育情境指为了教学而阅读，即为了从学习任务中获取信息，如阅读教科书、互动学习软件等。

PISA2009发展了对阅读元认知的测评。元认知是指"个体以一种目标导向的方式处理文本时所使用的各种合适阅读策略的能力和意识。"[1]PISA2009在阅读情境中选择的四类情境，重点是围绕"从阅读中学习"来设计元认知测评的题目，目的是希望学生能够运用有效的阅读策略来促进学习，也有助于决策者对阅读素养组成因素的理解。然而由于阅读素养不是PISA2012的主要测评领域，故未收集该方面的信息和数据。

（3）科学素养领域

科学素养是PISA2006的核心测试领域，也是PISA2015的核心测试领域。PISA2015测试对PISA2006科学素养的评价框架进行了完善和扩展，其基本框架包括情境、知识、能力和态度。以PISA2015科学素养评估框架（草案）为例，具体内容如下。[2]

---

[1] OECD. PISA 2009 Assessment and Analytical Framework. Paris: OECD, 2009, p.72.

[2] OECD. PISA 2015 Draft Science Framework. Paris: OECD, 2013, pp.11-36.

第一是情境。为了评价学生能否适应未来生活，PISA2015的科学情境涵盖了生活的方方面面，并依据学生的兴趣和日常生活来设置。其情境包括个人生活相关、地区或国家以及全球生活三个类别，具体应用在健康与疾病、自然资源、环境质量、灾害以及科学与技术的探索方面。在这些生活情境中，对个人与社群提高和保持生活质量以及公共政策的发展来说，科学素养具有特殊的价值。

第二是科学能力。PISA2015的科学能力维度注重学生三种能力素养的表现，分别是：① 解释科学现象，即展现识别、尝试、评估和解释自然与科技现象的能力。包括回忆和运用科学知识，识别、使用、生成解释性模型并陈述，做出并证明适当的预测，提出解释性假说，解释社会科学知识的潜在影响。② 评价和设计科学探究，即展现描述、评价科学调查以及提出科学地解决问题的方法的能力。包括在探讨既定的科学研究中提出问题，在科学调查中识别可能的问题，在特定的科学问题中提出解决方法，在特定的科学问题中评估解决方法，描述和评估科学家用来确保数据的可靠性以及解释的客观性、普适性的一系列方法。③ 解释科学数据与证据，即在多种表现形式中，展现分析和评估科学数据、论据和观点以及作出恰当结论的能力。包括从一个形式到另一个形式转换数据，分析和解释数据并得出恰当的结论，在与科学相关的文本中区分假设和真理，区分论点是以科学证据、理论为基础还是以其他为基础，从不同来源评估科学论据与证据（如报纸、网络和杂志）。

第三是科学知识。科学素养的三种能力获得需要通过三种形式的知识。① 内容知识，包括物理学系统、生物学系统以及地球与太

空科学系统的知识概念与应用。② 程序性知识，包括所有科学探究
形式中的程序和使用策略的陈述性知识。③ 认识性知识，指一种建
构性知识，并能界定知识产生的本质特征，建立在科学以及证明科
学知识作用的基础上，包括如何在科学中区分和确认知识的陈述性
知识。

第四是态度。PISA2015测试的科学态度包括：① 对科学的兴趣，
包括对科学和科学相关议题的好奇心，运用多种资源与方法学习课外
科学知识与技能的意愿，具有对科学持续的兴趣，包含对科学相关职
业的考虑。② 对科学探究方法的重视，包括以证据作为解释物质世界
的想法基础，以适当的科学方法进行探究，一种建立在任何有效理念
上的批判价值。③ 环境意识，包括关注环境与可持续发展的生活，采
取和推广可促进环境持续发展的行为。

通过对以上四个科学素养维度的阐述，PISA 2015 构建了以科学
能力为核心，以生活情境引发对能力的要求，以科学知识和科学态度
作为影响能力形成基础的科学素养评估框架（见图3-3）。

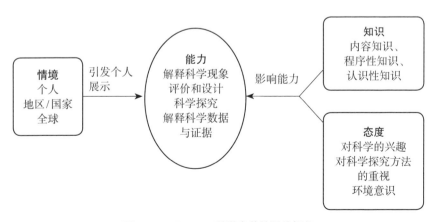

图3-3　PISA2015科学素养的评价框架

资料来源：经合组织.PISA2015科学素养框架（草案）[R].巴黎：经合组织，2013：12.

（4）问题解决能力

在数学、阅读和科学三大领域的测试基础上，为使学生满足社会要求，跨越学科界限，PISA于2003年增设了问题解决能力测试项目，作为三大主要测评领域的补充，目的是评价学生综合解决现实生活问题的水平。该测评项目不属于PISA测试的任何学科领域，每9年对其进行一次测评，因此，在PISA2012中再次出现问题解决能力的测评。

在PISA2012中，问题解决能力测试的目的是评价个人的问题解决能力，评价任务集中于日常生活情境。其测评框架包括问题情境、问题情境的性质以及问题解决过程三个维度。具体内容如下。[1]

首先是问题情境。个体对问题情境的理解和熟悉会影响个体解决问题的困难程度。PISA2012将问题情境分为技术、个人与社会两方面。技术情境指技术设备是解决问题的基础，如移动电话、设备的远程控制、自动售票机等。这些设备的知识不要求问题解决者获得，而是需他们开发和理解设备的功能，如路线规划、决策制定等。个人情境包括与个人、家庭和同行相关的情境，社会情境则包括与社群或普遍意义上的社会相关的情境。

其次是问题情境的性质。包括互动问题情境和静态问题情境。① 互动问题情境经常出现在真实世界的人工制品的首次使用中，如空调系统、移动电话，特别是当这些物品的使用说明不清楚或不能获得时，个体在必须交互的情况下通过具体操作依据产生的结果形成其功能假设。互动问题情境可以是动态的，这意味着由于受到问题解决者的影响，情境可能会发生改变。② 静态问题情境，在静态问题情境

---

[1] OECD. PISA 2012 Assessment and Analytical Framework. Paris: OECD, 2013, pp.124-126.

中，可以产生明确定义或界定不清的问题。明确定义的问题（如最快的线路问题）不是动态的，且在开始时所有相关信息都是公开的，而且只有单一目标；界定不清的问题往往涉及多个冲突目标，以至于相互削弱，问题解决者需要获取重点事项的详细说明与权衡，以达到目标间的平衡。

最后是问题解决过程。包括探究与理解、表现与形成、计划与执行以及监督与反馈四个过程。

值得一提的是，PISA2015中把问题解决能力的视角转向"合作"而非"个人"，提出了合作问题解决能力测量项目之提案。这是指个体能否有效地与其他参与者（包括电脑界面）分享理解来实现解决问题方案的过程，其中，各参与成员需要共同运用知识、技能和努力，从而成功地解决问题。[1]该测试项目是对PISA2012问题解决能力测试的扩展和延伸，大大丰富了其内涵。

（5）财经素养

财经素养是PISA 2012测试的新增领域，旨在测量学生的财经知识水平，探究财经态度及相关行为。财经素养领域以内容、过程、情境三个维度架构起一个空间立方体来表现，并对每个维度中的不同因素或类别分别加以描述。

首先是内容。财经内容由知识和理解力构成，是素养结构中最基本的部分。包括四个类别：① 货币与交易，这一内容着重与个人财务问题相关的广泛领域，如日常支付、花销、银行卡、支票等。② 规划和理财，这部分内容考查学生对个人收入、财富的短期和长期规划与管理。③ 风险和回报，这是财经素养的核心内容，包括考察对

---

[1]　OECD. PISA 2012 Financial Literacy Assessment Framework. Paris: OECD, 2012, pp.15-31.

多种管理方法的识别、平衡和抵御风险的能力，以及在一系列财经情境中获得资金收入或遭受损失的潜在理解力。这个领域有两种特别重要的风险。一是涉及个人无法承担的资金损失，例如灾难性引发的损失或反复性损失；二是金融产品的固有风险，例如信贷协定中的浮动利率、产品投资。④ 金融环境，这一内容涉及金融世界的特点与特性，包括知晓消费者在金融市场及一般的金融环境下的权利和义务，以及金融合约的主要含义。信息资源和法律规定也是这一内容的相关主题。

其次是过程。金融过程的分类涉及认知过程，用于描述学生对相关领域概念的认识与应用，以及理解、分析、推理、评价和解决建议。包括四种过程类别：① 识别财经信息，该过程在个人搜索和访问财经信息资源，以及识别和确认它的相关性时发生。② 分析财经情境中的信息，此过程涵盖了在财经情境中一系列广泛的认知活动，包括解释、比较与对比、综合分析以及从提供的信息中推测。③ 评估财经问题，该过程重点在于辨识和构建财经判断和解释，利用某一特定情境描绘出财经知识和理解力。④ 应用财经知识和理解力。其聚焦于在某一财经情境下，通过运用关于财经产品和背景知识以及对财经概念的理解来采取有效的行动。

最后是情境。在PISA2012为财经素养测试确认了四种情境，分别是：① 教育与工作，这一情境对于年轻人十分重要，因为几乎所有15岁的学生都开始考虑与教育和工作相关的财经事项，如是否消费他们现有的盈利，思考未来教育的选择或规划自身的职业生活。② 居家与家庭。该情境包括与家庭生活开支有关的财经事项。③ 个人活动。个人情境对于个人理财来讲很重要，因为个体完全是为个人利益或需要满足作出多种决策，同时个体必须承担多种责任。④ 社会活动，年轻人生活环境的明显特点是变化性、复杂性和相互依赖性。全球化创建了相互依赖的新形式，个人行为受制于本地和地区之外的经济影响和结果。

（6）全球胜任力

全球胜任力是 PISA 2019 测试中新增的领域，目的是测评学生在不同年龄阶段获得的全球能力素养和他们所在学校如何有效地应对全球胜任能力的发展。该领域从内容维度和评估方式两个方面来阐释全球胜任力素养。[1]

首先是内容维度。全球胜任力测评内容包括：对本地、全球、跨文化问题的探究；对他人的观点和世界观的了解；与不同文化背景的人进行公开、适当和有效的互动，以及为集体福祉和可持续发展而采取的行动，并从四个方面划分了测试维度，即知识、技能、态度和价值观。① 有关世界和其他文化的知识。通过四个领域了解影响当地和全球性问题以及跨文化的知识（即关于文化之间的相似性、差异和关系的知识），以来支持全球胜任能力：第一，文化和文化间关系的多种表达，如语言、艺术、知识、传统和规范；第二，社会经济发展和相互依存。该领域是指研究世界不同地区的发展模式，重点是社会与经济之间的联系和相互依存，如国际移民、跨国生产等；第三，环境可持续发展问题；第四，尊重人与人之间平等关系和基本人权的正式和非正式机构，如学习如何建立诸如联合国之类的全球机构。② 具有了解世界并能采取行动的技能。全球胜任力还建立在特定的认知、交流和社会情感技能上。该技能指执行复杂且组织良好的思维模式（在认知技能的情况下）或行为（在行为技能的情况下），以实现特定目

[1] OECD. PISA 2018 Assessment and Analytical Framework. Paris: OECD, 2019, pp.165-206.

标的能力，包括信息推理能力、跨文化背景下的沟通能力、观点理解能力、冲突解决能力和适应能力。③ 开放的态度，尊重来自不同文化背景的人，具有全球性思维。其中，开放指对来自其他文化背景的人持开放态度。尊重包括对某人或某物内在价值判断的尊重。全球性思维则指"一种世界观，在这种世界观中，人们认为自己与国际社会是相联系的，并对其成员感到一种责任感"。[1]④ 尊重个人尊严和多样性的价值观。具有这种价值观的个体会更加了解自己和周围环境，并能强烈地与歧视、无知、暴力、压迫和战争作斗争。

其次是评估模式。2018 PISA 全球胜任力的评估模式有两种。一种是认知测试。认知测试的目的在于：提高学生批判性地研究全球性问题的能力；认识到外界对个人观点和世界观的影响；了解如何在跨文化背景下与他人沟通；能确定和比较解决全球和跨文化问题的不同行动方案。其着重对"全球理解"进行构建，即解决与全球和跨文化理解相关的背景知识和认知技能的结合问题。另一种是问卷调查。收集学生对全球问题、文化、技能（认知、社会技能）和态度的自我报告数据，具体要求学生报告：对全球性问题的熟悉程度；语言和沟通能力是如何发展的，以及他们在某程度上持某种态度，如尊重不同文化背景的人；在学校发展全球胜任力的机会等。同时，收集学校和教师关于促进全球胜任力的活动信息，以了解教育系统如何在整个课程和课堂活动过程中整合全球、国际和跨文化的观点。

5. 评价标准

为了尽可能详细地评估和描述学生的能力水平，PISA 为三大主

---

[1] Byram, M. *From Foreign Language Education to Education for Intercultural Citizenship.* Multilingual Matters, 2008, p.46.

要评价领域制定了相应的评价标准。

（1）数学素养

PISA测试把数学能力根据任务的难易度分为6个等级水平。学生处在某一个等级，不仅表明其掌握了该等级所需的知识和技能，而且说明已经具备更低等级的要求。数学素养的具体评价标准如下：[1]

水平6：学生能基于复杂问题情境中的建模和观察，对数学进行构思、概括和运用。他们能将不同的信息源和表征联系起来，并在其中自由地转换。

该水平的学生能运用洞察力和理解力进行高水平的数学思维，并能构思以及准确地交流他们的做法，以及对发现、解释、论证作出反思。

水平5：学生能够对复杂情境建模并使用，识别限定条件并形成假设。该水平的学生能够有策略地处理问题，具有良好的思考和推理能力，并能反思自己的行为，形成并交流他们的解释和推理。

水平4：学生能够有效地处理较复杂的情境，提出清晰的模型。这个水平的学生具有良好的技能，能够灵活地运用推理，且具有一定的洞察力，能够形成和交流自己的解释和论证。

水平3：学生可以清晰地描述执行程序，包括那些需要作出连续决定的过程。这个水平的学生能够运用解释和使用基于不同信息来源的表征，并对其进行直接推理。当报告他们的解释、结果和推理时，能进行简短的交流。

水平2：学生能解释和识别不需要太多间接推断的情境。这个水平的学生能够运用基本的运算、公式、程序或步骤。他们能直接推

---

[1]　OECD. PISA 2012 Assessment and Analytical Framework. Paris: OECD, 2013, p.41.

理，并能对结果进行文字解释。

水平1：学生能回答熟悉的情境所包含的相关信息，且明确界定的问题，能够在情境中直接找到信息，并按常规程序进行操作。他们能执行那些显而易见的并且是进行仿效的操作。

（2）阅读素养

与数学素养评价标准类似，学生的阅读能力被分成7个等级水平，具体标准如下：[1]

水平6：这个水平的任务要求阅读者能详细作出多个推论、比较和对比；需要对一个或多个文本进行全面、具体的示范，且能从更多的文本中摄取信息；同时，还要求阅读者能应付陌生的理念，并能对信息生成抽象概念和解释。

水平5：这个水平的任务是要求阅读者在涉及信息检索时能定位和组织一系列隐藏信息，并能推断文本信息的相关性。

水平4：这个水平的任务需要阅读者能找出隐藏信息，从整体评价文本，把握段落中语言的细微差别。同时还要求阅读者能在一种陌生的情境中理解和使用分类。

水平3：这个水平的任务要求阅读者能找出信息，并在某些情况下识别之间的关系，且必须满足多项条件。

水平2：这个水平的任务要求阅读者找出一条或多条信息，可能需要进行推断或满足几个条件。

水平1b：这个水平的任务要求阅读者在明确说明的信息中找出一个或多个独立片段，并能在熟悉的文本中辨识主旨或作者的意图，或者在文本信息和日常知识中建立简单联系。

---

[1] OECD. PISA 2009 Technical Report. Paris: OECD, 2012, p.267.

水平1a：这个水平的任务要求阅读者在一个熟悉的、简短的、语法简单的文本或文本类型中找出明确说明的信息的一个独立片段。

（3）科学素养

PISA2015的科学素养评价标准的划分与PISA2006年相比，增加了一个等级水平（1b），目的是对最低能力水平的学生作一个有针对性的描述。以下是PISA2015科学素养评价标准。[1]

水平6：学生能够使用情境、程序性和认识论知识持续地提供解释，并能在复杂的生活情境中评价和设计科学探究以及解释数据，以便获得高水平的认知需求。

水平5：学生能够使用情境、程序性和认识论知识持续地提供解释，并能在某些生活情境中评价和设计科学探究以及解释数据，但并非要获得高水平认知需求。

水平4：学生能够使用情境、程序性和认识论知识持续地提供解释，并能在预设的生活情境中评价和设计科学探究以及解释数据，以便获得几乎所有中等水平的认知需求。

水平3：学生能够使用情境、程序性和认识论知识持续地提供解释，并能在某些预设的生活情境中评价和设计科学探究以及解释数据，以便获得大部分中等水平的认知需求。

水平2：学生能够使用情境、程序性和认识论知识持续地提供解释，并能在某些预设的、且熟悉的生活情境中评价和设计科学探究以及解释数据，以便获得几乎所有低水平的认知需求。

水平1b：学生能够使用一点点情境、程序性和认识论知识持续地提供解释，并能在几个熟悉的生活情境中评价和设计科学探究以及解

---

[1] OECD. PISA 2015 Draft Science Framework. Paris: OECD, 2013, pp.47-48.

释数据，以便获得大部分低水平的认知需求。

水平1a：学生仅能表现出一点点证据去使用情境、程序性和认识论知识持续地提供解释，并能在几个熟悉的生活情境中评价和设计科学探究以及解释数据，以便获得低水平的认知需求。

通过以上的叙述和分析可以看出，PISA制定了严谨的评价标准。其不仅能够将学生的能力划分等级，而且能够了解哪些知识和技能是学生可以掌握的，对个体评估结果的反馈更具描述性和针对性。

三、PISA的实施过程

作为大型国际比较评价项目，PISA从测验的试卷编制，到测验对象的选择与程序，再到题目的设置以及评分的标准与过程，均采用了严格的质量保证程序来促进测试实施的顺利进行，保证了测试结果的可靠性和科学性，为各国和地区的教育决策和教育改革提供了依据。

1. 测试工具的编制

PISA的测试工具编制体现了OECD成员国及PISA参与国或地区之间文化的差异性和语言的多样性。因此，PISA管理委员会挑选阅读、数学、科学等领域的各国著名专家组成专家团队，负责研究和设计每次PISA测试的理论框架，组织问卷测试的专家负责PISA的问卷制定。同时，所有参与PISA测试的国家和地区都被邀请提交具体的测试问题。国际联合处也会自行设计一些测试问题。然后，国际联合处和各参与国和地区认真审阅这些问题并仔细检查有无文化偏见，最后，只有经过大家一致认可的问题才能用于PISA测试。[1]此外，在正

[1] OECD. PISA FAQ [EB/OL]. [2012-9-4]. http://www.oecd.org/pisa/pisafaq/#tests_and_questionnaires.

式测试之前，还会在所有参与国和地区进行试测，如果测试问题被证明在某些参与国家和地区表现得太容易或太困难，正式测试时会被取消。[1]测试问题会由各国和地区专家翻译成本国或本地区的语言文字，学生用本国或本地区语言接受测试。

2. 测试的抽样方法

在抽样方法上，国际联合处在每个参与国和地区随机抽取学校参与PISA测试，其总体目标对象采用了基于年龄的界定，即这一界定不受制于各国（地区）的学制结构：PISA选取的样本是测试开始时年龄在15岁3个月（整）到16岁2个月（整）之间的在校学生，从这些学生中随机抽取具有不同的背景和能力水平的青少年，不管学生在哪个年级或哪种类型教育机构就读，也不考虑他们接受的是不是全日制教育。[2]同时，该样本还包括参与职业训练项目等教育项目的学生，在该国和地区境内就读国际学校的学生，以及在该国和地区境内就读的外国学生；但是，样本不包括未在教育机构就读以及未在国内或地区内就读的本国或本地区学生。[3]抽取的样本中肯定会有不符合要求的学校和学生，PISA的抽样标准允许参与国和地区剔除这一部分，如有智力障碍、功能性残疾、语言能力不够，无法用测试语言进行测试以及其他原因不能参与测试的学生；在地理上无法达到、规模太小、不具有测试条件的学校。[4]

此外，为了使测验结果更加准确和可信，PISA规定学生样本不得少于4 500个，学校样本最少选取150所，每所样本学校必须包括

[1] OECD. PISA FAQ [EB/OL]. [2012-9-4]. http://www.oecd.org/pisa/pisafaq/#tests_and_questionnairesOECD.

[2] 上海市教育科学研究院国际学生评估项目上海研究中心译.面向明日世界的学习——国际学生评估项目（PISA）2003报告 [M].上海：上海教育出版社，2008：8.

[3][4] OECD. PISA 2009 Technical Report. Paris: OECD, 2012, pp.62-63.

35名（至少20名）学生，学校应答率必须是抽样学校的85%以上，如果少于此比率，则必须安排替补学校；学生的总应答率必须是抽样学生的80%以上。[1]学校样本的抽取采用分层取样的方法，包括显性分层（如一个国家的州或地区）和隐性分层（如学校类型、构成人数等）。在抽样程序上，首先是对学校进行抽取，然后对样本学校的学生进行选择。

3. 测试题目的设计

PISA测试包括两部分，即素养测试以及个人背景与学习情况问卷。素养测试的题目由问答题和选择题构成，题目通常以单元形式组织，每个单元包含一段文字或一个图表，都是学生在现实生活中可能遇到的问题。[2]问答题包含简答题、开放式问答题、封闭式问答题三种形式；选择题则由单选题和多项选择题构成。其中，简答题要求学生提供简要、扼要的回答，但所提供的回答可能的范围允许很大；开放式问答题要求学生自己构建较长的答案，允许范围广、多样化和个性化的答案；封闭式问答题要求学生从是、非两方面构建合理答案，再提供理由解释答案。个人背景与学习情况问卷主要由学校问卷和学生问卷构成，另外还有教育职业问卷、计算机熟悉程度问卷以及家长问卷三项选择性问卷。

关于测验方法，PISA测试形式以纸笔测试为主，电脑测试为辅，测试在学生所在的学校内进行。素养领域笔试测试的总时间为6.5小时左右，每次测试的重点领域大约占全部测验时间的三分之二，如

---

[1] OECD. PISA 2009 Technical Report. Paris: OECD, 2012, p.64.

[2] 上海市教育科学研究院国际学生评估项目上海研究中心译.面向明日世界的学习——国际学生评估项目（PISA）2003报告［M］.上海：上海教育出版社，2008：6.

PISA2012中，数学领域的测验时间为270分钟。[1]每个学生的测试时间为2小时，因为不同的学生需接受不同的测试题目组合；同时，学生还需完成一份30分钟的问卷，提供与个人和家庭有关的信息；校长则需完成一份约20分钟的问卷，提供与学校有关的情况。[2]此外，由于PISA2009和PISA2012的阅读和数学素养领域增加了电脑测试方式，因此选择该种测试方式的国家或地区要在数学和阅读领域额外完成40分钟的测试。[3]

4. 测试的评分方式

为了保证测试结果的可靠性与可比性，PISA对评分方法与过程进行严格的控制，且在正式评分前会组织评分专家进行国际培训（共两次培训），再由经过国际培训的评分专家对本地参与评分的评分专家进行本地培训。[4]这对评分的准确性和各国（地区）间的一致性起了很大的作用。同时，PISA的评分是先将学生答案分成等级，赋予编码，然后将编码输入数据库管理软件并提交给经合组织后，由经合组织统一将编码转化为标准分。在PISA素养测试中，选择题由电脑自动计分，简单题和问答题则需评分专家计分。

此外，PISA通过分数来划分能力水平。在某特定领域中，每个参与国和地区的得分是这个国家和地区所有参与测试学生在这个领域的平均分，在这些参与国和地区，平均分定在500分，标准差是100分。PISA会根据参与国和地区在各特定领域的平均分进行总体排名。[5]

---

[1] OECD. PISA 2012 Assessment and Analytical Framework. Paris: OECD, 2013, p.39.

[2][3] OECD. PISA 2012 Assessment and Analytical Framework. Paris: OECD, 2013, p.15.

[4] 陆璟占，盛丽，朱小虎.PISA的命题、评分组织管理及其对上海市基础教育质量监测的启示 [J]. 教育测量与评价，2010（2）：10-11.

[5] OECD. PISA FAQ [EB/OL]. [2012-9-4]. http://www.oecd.org/pisa/pisafaq/#tests_and_questionnaires.

四、PISA的结果报告与使用

各参与国或地区都有自己的测试修正组，并受各自国家和地区项目负责人的监督。测试修正组根据国际联合处和PISA专家主题组制定的指南手册记录学生在PISA测试中的分数。修正结果由所有专家交叉检查后，将测试最终结果提交到国际联合处，再由国际联合处提交到OECD秘书处。每次PISA测试完全结束后，OECD秘书处一般会在第二年年底提供一份详细的包括PISA全部评估结果在内的国际评价报告。该评估报告由大量的图表及文字说明构成，通常包括各国平均分排名与对比、学生测试的参与情况、学校和学生的成绩表现、影响成绩的因素分析、历次测验的成绩概览以及未来发展动向等方面。

PISA的测试结果报告不仅是对参与国家和地区学生学习成果进行国际比较，更重要的是，它能使每个国家和地区监督近几年来教育成果的变化。这种变化能够表明在参与国和地区的15岁青少年的知识和能力方面教育体系的成功程度。同时，PISA的结果还能使教育政策制定者清楚地看到影响教育成功的重要因素，并借此来分析本国和地区的教育体制，进而改进教育质量，以至推动全球教育的成功。例如，由于美国在PISA2009的测试中表现平平，OECD发表报告《教育中杰出表现与成功改革：PISA测验对美国的启示》（Strong Performers and Successful Reformers in Education：Lessons from PISA for the United States），报告根据在PISA测试中表现优异的国家，审视其教育资源、教育环境、绩效责任的做法，对美国提出了发展教师教学能力、建立一致性教育目标、发展国家教育认同等促进教育质量改善的一系列建议。

第三节

PISA评价标准与政策的特点和启示

迄今为止，PISA的成功实践已引起世界各国极大的关注，并成为国际教育评价的一个重要组成部分，对各国的教育发展起到了巨大的推动作用。英国媒体称"这项前所未有的跨国性调查，被视为是检验各国教育体制和未来人才竞争力的重要指标，并将其喻为教育界的世界杯"。[1]因此，作为世界影响力深远的大型国际评价项目之一，PISA的鲜明特点与未来发展趋势值得深入探讨和研究，其借鉴意义更值得仔细思考。

一、PISA评价标准与政策的基本特点

1. 倡导学生终身学习能力的养成

PISA建立在"终身学习"的动态模型基础之上，提倡"为生活而学习"。它重点不是考查学生具体掌握了多少知识，而是评价学生运用知识和技能迎接现实生活挑战的能力。它提出的"素养"指的是学生在学科领域应用知识和技能的能力，以及在生活情境中进行分析、推理、交流，解决和解释问题的能力。换句话说，PISA测评的素养是随社会经济的发展而变化的，具有前瞻性。它强调的是在过程和情境中基本能力的运用，重视对综合的跨学科能力以及学习方法的

---

[1] 齐若兰.哪国学生最会读书？[J].编译参考，2003（3）：46.

评价。它提倡培养合格的公民，因此，学生不仅要学习学校中的基本学科知识和技能，还需要关注日常生活，更需要在特定的情境中将这些知识和技能转化为科学思维和学习策略。而终身学习的理念也不仅仅局限于学生在学校里学习，最重要的是，使这种理念成为学生未来学习与生活的习惯，并使学生了解自己的思维过程，形成良好的学习方法。为此，PISA的评价宗旨与终身学习的理念紧密契合，是对学生终身学习能力的评价与比较。

2. 体现教育评价体系的严谨性与系统性

PISA是比较科学、系统的国际教育评价之一。首先，PISA是有计划性、周期性和侧重点的，即每三年选择一个主要评价领域测评一次，这样可以使各国和地区定时监控教育状况。其次，PISA是多国教育组织和教育专家智慧的结晶。在评价主体上，不局限于学校评价，还从家长、教师、校长等多方面收集背景信息，力图对学生作出全面评价；在评价方式上，突破了纸笔测试的传统方式，开展计算机测试，以促进学生电子技术素养的养成；在评价内容上，采用能力水平测试，多维度地分析学生素养。同时，测试题目的设计具有开放性和生活性，试题关注每一个学生的个性发展，力图反映现实生活，实现测试问题情境化，且答案没有绝对的标准，包容性强；在评价过程中，OECD和各国或地区都投入大量人力、物力资源，采用严格的质量保证程序进行测评抽样，并采用问卷的方式进行背景信息收集和数据处理；在评价结果上，撰写详细的评估报告，仔细地分析影响学生学习质量的各项因素，全面地解读本国（地区）的教育情况。

3. 强调教育政策的改善和全球教育质量的提升

"PISA这个国际性的调查研究不仅能够描述不同国家和地区学

生的成就水平，而且能够洞察学校课程的合理性问题，从而为各国和地区进行学校课程与教学改革提供指导。"[1]PISA的另一个重要特点是强调教育政策的改善，以促进全球教育质量的提升。PISA对学业成果的研究是把全球学生的学习过程作为基础进行横向比较，而不是局限在单一国家或地区的文化背景中，根据这种涉及范围广、覆盖面大的国际比较，各参与国或地区的政策制定者依据测试结果描述，可以对本国和地区的教育体系进行反思和改进。同时，PISA在结果报告中不仅仅是对各国或地区进行成绩描述和排名，还需向政策制定者提供改进的方法和过程性信息，比如，为什么有的国家和地区成绩好？为什么该国或地区在本次测评中进步快？为什么有些学生成绩好？所以，PISA还对其他影响学生成绩的原因作出分析，以便政策制定者能对影响学生学业结果的因素和模式进行思考，进而制定调整措施。此外，PISA还提供了一种新的研究方式，即趋势研究，就是每轮测试后，PISA会在结果报告中比较同一个国家或地区在以往测试中的表现，并分析其发展变化趋势。这种研究可以让各个参与国或地区明确地认识到本国或地区教育质量在最近几年内的变化情况，从而巩固优势，改进不足。长此以往，各国和地区教育体系的不断完善必定会促进全球教育质量的提升。

4. 促进国际教育合作研究的开展

目前，2018年PISA的参与国家和地区已达79个，约占世界经济总量的90%以上。[2]PISA测试凝聚了许多国家和地区教育机构及

---

[1] 徐斌艳.来自国际性学生评价项目的反思——访德国教育专家本纳教授和蔡德勒教授 [J].全球教育展望，2002（2）：4.

[2] OECD. PISA Participants [EB/OL]. [2020-03-07]. http://www.oecd.org/pisa/aboutpisa/pisa-participants. htm.

各领域教育专家的智慧，由OECD秘书处、PISA管理委员会、PISA国际联合处、各参与国和地区著名专家组共同制定测试框架，开发测试工具，进行样本抽样和数据分析，达到测试材料在文化和语言上的平衡，由多国和地区教育机构将测试材料翻译成本国或本地区语言文字进行测试。可以说，PISA是各国和地区共同努力的结果，是国际合作研究的最佳代表。而这种全球合作性的评价方式更是未来教育评价的趋势所在，其能突破以往各国和地区在教育评价中相对独立作业的局限性，有利于各国和地区在合作与交流中共同探索和研究重大教育课题，进而达成共识，努力解决问题。此外，针对PISA国际合作教育评价取得的成果，也有助于各国和地区在竞争中改善教育质量，在培养现代化人才之路上互相学习和借鉴。

二、PISA评价标准与政策的发展趋势

1. 评价内容继续以三大核心领域为主，兼顾跨学科素养

PISA将继续关注学生在阅读、数学和科学素养领域的基本知识和技能，评价学生的核心能力。在未来的测评中，PISA将对阅读、数学和科学素养赋予更加清楚的内涵与定义，强调学习不仅仅需要掌握学校课程中包含的知识和技能，也必须关注核心能力的形成，即重视经验和技能的运用能力、交互式使用工具的能力、与不同类型的群体相互作用的能力、自主行动能力以及整合学科知识的能力。只有具备这些核心能力，学生才能形成终身学习的能力，才可以积极、有效地生活与参加社会活动。例如，PISA2015科学素养的测评中更重视对学生能力的评价，即侧重三种科学能力：解释科学现象的能力；评价和设计科学探究的能力；解释科学数据与证明科学证据的

能力。[1]在传统教育中，这些能力的评价一般较少出现在学校考试中，但这些能力是学生在未来生活中迎接各项挑战所必需的。同时，PISA将进一步评价学生的跨学科素养。学生离开学校后，需要面对的是各种因素交织在一起的复杂情境，必须综合运用各种学科知识来解决现实问题。因此，PISA重视跨学科能力素养的测试，在2015年的测试中提出了有关财经素养、环境素养和合作解决问题素养的相关提案。

2. 评价方式全面计算机化，强调ICT素养的形成

由于纸笔测试具有较多的局限性，如费时费力、统计难度大、评价效率低等，PISA在最近的几次测评中提供用计算机进行在线测试和数据传送的选择模块，在PISA2015中进一步推展到全面计算机线上测验。这种测试方式不仅可以更好地覆盖PISA评估框架内用静态纸笔测试难以捕捉到的细节和方面，还可以降低运营成本和学生响应时间，提高评估效率。更长远地看，可以使国家内部或国家之间的评估更有效度。[2]同时，以计算机在线为基础的评价方式也在多个层面增加了PISA的潜在价值，包括拓宽评估的潜在领域和在长远的战略层面阐述PISA的价值。基于此，PISA将继续加强信息与通信技术（Information and Communication Technology，简称ICT）素的评价，充分测量学生的计算机知识与技能，以便学生能更好地适应学习、工作和生活上的改变。

3. 评价对象逐步扩大至所有发展中国家

PISA的测试结果不仅仅是发现一些世界顶级卓越和公平的教育

---

[1] OECD. PISA 2015 Draft Science Framework. Paris: OECD, 2013, p.5.
[2] OECD. Longer Term Strategy of the Development of PISA—20th Meeting of the PISA Governing Board. Reykjavik: OECD, 2005, pp.7-10.

系统，还展示各种起点的国家和地区在提高教育质量方面的显著成
果。事实证明，参加PISA可以使发展中国家受益。因而，继一些
发展中国家（如中国、印度）参加了PISA测试后，之前没有参加
过PISA的其他发展中国家也对PISA表现出浓厚的兴趣。为了进一
步支持这些国家，OECD制定了增加发展中国家参与PISA项目的计
划。换句话说，PISA项目目前正采取措施来提高对发展中国家的政
策针对性。即通过加强对发展中国家的调查，发现更多有关这些国
家测试成绩产生的相关情境因素，进而为发展中国家教育体系改善
作出贡献。而这一计划也将会通过经合组织、关注开发的合作伙伴
（发展援助委员会成员国、世界银行、联合国教科文组织和联合国其
他机构或其他区域组织）以及来自发展中国家的伙伴国家的大力支
持，并将在3年内实现这一目标。[1]此外，参与PISA项目的发展中
国家数量的增加有助于全球教育目标基准的设置，这包括可以更全
面且严格地衡量教育质量和教育公平所取得的进展，可以对所有国
家和地区进行可比性的测量，参照国际通用教育目标以建立改进轨
迹，进而达成目标等。因此，在未来的测评周期中，作为PISA项目
发展的成果，PISA将向发展中国家提供与其特别相关的政策分析与
见解。

4. 建立包括所有15岁儿童在内的评价体系

目前，PISA测试的样本只针对在教育机构就读的15岁学生，并
不包括未在教育机构甚至未受过教育的15岁学生。然而，青少年受
教育的程度及年龄分布在不同的国家和地区千差万别。据统计，在撒

---

[1] OECD. The OECD's Contribution on Education to the Post-2015 Framework: PISA for Development [EB/OL]. [2013-09-08]. http://www.oecd.org/pisa/pisafordevelopment/.

哈拉以南的非洲国家的15—24岁青年人中，每两个人就有一个失学，即受很少教育或基本未受过教育，而这个数字在10—14岁青少年中表现得更为明显。[1]如何制定方法与途径收集包括失学儿童在内的全部数据并对其进行评价，是PISA未来发展面临的一大挑战。这就需要PISA在未来收集数据和测评过程中，确定特别现实实例并加以讨论；开展如口头调查等适合的测评方法；建立包容性政策激励措施；审查失学儿童在阅读、数学和科学素养领域知识与能力的评估证据和方式，如评估结构、框架和变量；对测评目标（包括失学儿童）制定适合的定义，尽可能地讨论参与国和地区的目标人口，以及尽可能地涉及参与国和地区的信息与背景，以便更好地了解失学儿童的成绩水平，进而使未来的评估对象扩展到包括未参加正规教育的所有15岁儿童。

除此之外，PISA项目还将在构建包括融入学生学习、教师教学和学习系统运作在内的多样化情境框架，以及在提高测评的相关性、质量和可信度上继续探索和研究。

三、PISA评价标准与政策的启示

目前为止，我国上海、北京、江苏、广东、浙江以及香港、澳门和台湾已经正式且成功地参加了PISA测试，PISA的评价功能、评价工具对我国教育政策的调整、教育评价体系的更新产生了影响，它的特点与发展趋势为我国大范围推广PISA测试提供了有益的借鉴与启示。

---

[1] Fawcett, C., A. Hartwell & R. Israel. Out-of-school Youth in Developing Countries: What the Data Do (and Do Not) Tell Us. Education Development Center, Inc., 2010, p.41.

1. 以兼顾公平与优质为基础，调整教育政策

兼顾公平与优质的教育政策价值取向，已经成为世界教育政策调整的发展趋势。而PISA的测试结果是影响参与国或地区教育政策优化的指示灯。这是因为在全球化的教育背景中，基础教育改革日益受到关注；同时，PISA是对全球多个国家和地区教育质量的评价平台，可以通过其评价和比较的结果监测本国或本地区教育的发展，进而有效调整教育政策，保证优质教育的实施。例如，在历次PISA测试中，芬兰表现优异，并成为各国学习的典范。芬兰的教育政策正是以注重公平、追求卓越为价值取向。[1]于是，许多国家和地区调整教育政策，增加学生的入学机会和渠道，加强基础教育改革，增进教师专业化发展，为学生提供机会均等且高质量的教育，已经成为教育政策调整趋势。对我国的影响也不例外。此外，PISA测试是以多角度、多层次收集评价信息与证据，并以系统分析和研究为基点的，这使PISA对教育政策改善的建议更有说服力。我们应改变政策制定习惯，将教育政策制定建立在多侧面、多维度、多因素的系统研究和分析的基础上，从而使教育政策更加公平与卓越，能够兼顾多群体和多情境。

2. 以注重学习过程和能力为核心，优化学科教育模式

在我国传统的教育模式中，过分强调学生对学科知识的掌握，对综合解决问题能力的强调明显不够，出现学生成绩与能力不符的情况。PISA测试并不仅仅考查学生掌握了多少课堂知识，更重视对学生学习能力与学习过程的检验，对学生素养能力的测评，即把知识和技能素养化，并在此基础上通过能力的运用来达成发展个体、适应社

---

[1] 李伟涛.基于PISA测试结果的教育政策调整分析［J］.教育发展研究，2012（4）：44.

会的目的。这就要求学生在学习过程中关注把情境问题向素养能力转换的训练。因此要在学习或教学中关注"过程"和"能力培养"，关注学生的长远发展。首先，教师在教学过程中不要只注重传授学科知识，还应尽量还原知识发展过程的本来面目，为学生创设问题情境，使学生在情境中积极参与主动探究，培养合作研究与认知思维的能力。其次，学习能力的养成重在利用学生对新知的渴求与热爱，把学科知识转化成学生的内在需要。因此，学校和教师应致力于改善学生的学习态度，使学生积极参与学习活动，培养对所学学科的兴趣；在强化基础知识学习的同时，对学生进行问题解决能力的训练，帮助学生获得终身学习的技能。

3. 以突出终身学习为目的，变革教育评价体系

与教育质量相伴的是教育评价体系。PISA 的评价理念先进，评价内容全面，评价标准规范，评价实施严谨，这些对我国的教育评价体系改革有许多可借鉴之处。首先，要更新评价理念。PISA 的评价理念是以终身教育学习能力的掌握与运用为宗旨，强调教育的真正目的不是让学生掌握多少知识，而是以学生的终身发展为根本。而我国教育评价的理念较少关注个人未来发展。因此，针对当今提倡终身学习的国际形势，更新评价观念十分必要。其次，要革新评价内容。PISA 具有全面、科学的测评内容，突出知识和技能在实际情境中的运用，即重视过程评价、情境评价。而我国现有的以考查学生掌握学科知识的程度为主的评价内容与此存在一定的差距。为此，建立以基本知识、技能和能力运用为核心的评价内容刻不容缓。最后，要转变评价方式。PISA 将多种评价形式有机地纳入评价体系，如严谨细致的实施程序、分层次的抽样方法、与测验密切相关的问卷调查，以及公平、科学的命题方式等。我国的教育评价也应当借鉴这一方式，将

各种形式与测验有效地整合起来，并建立可用于区域比较的教育评价机制，从而更全面地进行学生学业成就评价，使评价结果更有意义。

综上所述，作为世界影响力最大的国际性学生评价项目之一，PISA代表了一种新的评价理念，不但对各国和地区的教育政策有指导作用，还对各国和地区教育评价体系的优化和完善有很好的促进作用。研究PISA的评价标准与政策，不仅可以了解世界最先进的学生学习成就评价体系，更对未来我国将要参加PISA测试的其他地区在经验借鉴、理论探索等方面具有重要的参考意义。

中篇　国別篇

在基础教育质量评价方面，许多国家和地区进行了有益的探索，积累了比较丰富的经验，介绍这些国家和地区基础教育阶段的质量评价标准与政策，可为我国基础教育阶段质量评价标准与政策的制定提供借鉴和启示。国别篇主要对美国、英国、日本、德国、法国、加拿大、澳大利亚等国家基础教育阶段的质量评价标准与政策进行案例研究，研究内容主要包括这些国家基础教育质量评价标准与政策产生的背景与过程、政策目标、政策内容、政策实施过程、政策效果评估等，从而总结各个国家基础教育质量评价标准与政策的特点和共同点，找出影响政策成功实施的关键因素。

第四章

美国国家教育进展评价的
评价标准与政策

美国国家教育进展评价（National Assessment of Educational Progress，简称NAEP）产生于20世纪60年代末，在不同的时期被赋予不同的使命，并逐渐发展成为美国基础教育质量评价和监测的重要手段。本章主要以美国国家教育进展评价为研究对象，探讨美国基础教育质量评价标准与政策产生的背景与过程、政策目标、政策内容、政策实施过程、政策效果评估等，进而总结美国基础教育质量评价标准与政策的特点以及对我国的启示。

第一节

美国国家教育进展评价标准与政策的产生和发展

一、NAEP评价标准与政策的产生

美国是联邦制国家，中小学教育的管理权属于各州，由各州来分配教育经费和制定教育标准等。在中小学考试评估方面，美国长期以来并没有任何法定的全国统一考试，联邦政府也不要求学生必须参加某种考试，这方面的事务完全由各州自己决定。然而自2002年美国颁布《不让一个孩子掉队法案》（No Child Left Behind Act，简称NCLB）以来，联邦政府加强了对教育的问责力度，要求每一个州每年都要组织三至八年级以及高中的阅读和数学的州测试，成绩评定分为"及格""熟练"和"优秀"三个等级，州测试的结果将被用来考查学生的学业表现和学校承担的绩效责任。由于州测试是由各州自己进行的，许多国会议员担心州会设定较低的评价标准，从而让更多的学生达到"熟练"水平，因此建议利用当时在美国影响较大的美国国家教育进展评价来评价各州的测试标准。

美国国家教育进展评价是一个全国范围的评价项目，由美国国会审定，美国教育部国家教育统计中心（The National Center for Education Statistics，简称NCES）出资和管理，由1988年国会成立的国家评价管理委员会（The National Assessment Governing Board，简称NAGB）负责开发评价政策。该评价项目是针对美国中小学生的学业成绩，其评价结果以"国家教育报告卡"（The Nation's Report Card）的方式呈现，所收集的学生成绩信息以学生整体的形式对外公布，学生的个人信息受到保护。[1]

二、NAEP评价标准与政策的发展

美国国家教育进展评估在引入之初，评估只是全国范围的，且每个评估项目的评估结果都是单独显示的，这样可以使教师、学校管理者和课程开发者更好地了解全国学生对具体课程的学习情况及学习成绩的变化趋势，尤其可以使教师根据评价情况调整教学方式和教学重点。

从20世纪80年代早期开始，NAEP发生了以下几个变化：第一，开始根据种族、民族、性别和地区等，将参与NAEP的学生划分为多个群体，以群体为单位分类估计具有某类特征的学生的成绩

---

[1] U.S. Department of Education. The Nation's Report Card: Reading 2009 Trial Urban District Assessment [R/OL]. [2020-04-05]. http://nationsreportcard.gov/reading_2009/reading_2009_tudareport/.

状况；第二，NAEP不再要求学生接受所有的评价，而只采用矩阵抽样的方式，在所有题目中抽取出一些作为样本让学生做，这样可以摆脱NAEP的时间限制，即使单个学生没有做完全部题目，也照样可以保证NAEP的运行；第三，由于原来NAEP采用的逐条显示评估结果的方式使信息呈现过于具体、琐碎，往往更适合课程专家，对政策制定者和公众没有什么吸引力，为此，从1984年开始，NAEP从逐条显示结果转向强调等级分数，并为每一个等级提供解释。这种等级分数与人们熟悉的大学入学考试分数相类似，能够对学生某一学科的学习情况给出一个整体判断，有利于不同学生群体之间的比较，方便监测学生的成绩变化，更重要的是，它能够更好地满足政策制定者了解学生学习情况的需要，在全国范围内发挥更大的作用。

在20世纪90年代早期，NAEP又出现了两个重要的变化，第一，出现了州评估。在1990年，美国的37个州开始对八年级学生进行数学的试验性NAEP州评估，并由美国教育科学院（National Academy of Education）对试验性州评估的效果进行评价研究，研究结果证明州评估非常成功，并且应该继续进行，从而使各州有机会评价本州学生的学业成就，追踪成绩的变化，并将本州学生的成绩与其他州学生的成绩进行比较。第二，对评估结果进行分层显示。NAEP引入了不同等级的评价标准，并根据标准显示达到不同水平（基本、熟练和优秀）的学生人数的百分比，使NAEP从对学生成绩的单纯描述，变成了对学生基于标准的评价，同时还能促使人们更加关注来自不同地区、种族、民族、社会背景和经济背景学生的成绩差异。此外，随着时间的推移，NAEP还利用更加复杂的评价技术，如心理测量技术、边际估计程序和抽样技术等。

2002年，美国出台了《不让一个孩子掉队法案》，其核心精神就是要消除不同群体学生的成绩差异。由于城市学区学生学习成绩差的问题更加凸显，因此NAEP在试验的基础上增加了学区评估，允许几个大的城市学区单独进行NAEP评价。此外，NAEP要求每个州都要对特定年级的学生进行州统一评价，之后越来越多的州在评价时参考和借鉴了NAEP，从而使NAEP从一个单纯的学生成绩监测方法，逐渐演变为一个直接或间接服务于学校问责的有力工具。

目前，NAEP除了依然保留两个基本功能，即监测和评价学生的学习成绩，以及帮助相关部门对学校教育质量进行问责，还添加了一些新的功能。

首先，NAEP成为州制定课程内容标准的参考依据。在美国，中小学课程标准的建立主要是各州的责任，然而随着对学校问责的重视，政策制定者越来越期望用NAEP来证明学生在州测试中取得的成绩，这就使地方政府在确定本地区不同年级学生的课程内容和评价标准时，不得不考虑联邦政府的意志，从而使NAEP越来越成为州政府制定课程内容标准的参考依据。

其次，NAEP成为州设计评价项目的参考依据。随着NAEP越来越多地被用来证明学生在州测试中取得的成绩，人们便经常拿NAEP不同分数段学生人数的百分比与州测试中不同分数段学生人数的百分比相比。然而这两种测试的人数百分比经常会有很大差异，其中一个重要原因是两者的分数段设定方式不一样，如NAEP的"熟练"水平和州测试的"熟练"水平意义往往是不一样的，因此许多州在设计本州的测试时，在设定分数段时会以NAEP为参考依据。

再次，参与国际比较。当前，NAEP的结果与许多国际性的重要评价项目评价结果进行比较，如与国际数学与科学趋势研究项目和国

际学生评估项目的结果进行比较，以确定美国学生成绩的水平，找出
美国中小学教育的优势和不足。

第二节

美国国家教育进展评价标准与政策的内容和实施

一、NAEP的目标

NAEP是一个科学的评估系统，在美国教育领域具有不可估量的
价值，发挥着举足轻重的作用。其在向社会各界公布科学有效的教育
统计信息的同时，自身的评估体系也在不断改革和完善。NAEP的目
标主要包括两个层面，即功能性目标和技术性目标。

自1969年以来，NAEP一直是美国国内唯一的肩负两项特殊评
估任务的机构——报告全国的教育成绩信息，监测成绩的变化趋势。
NAEP向所有对教育感兴趣的人提供测评学生成绩、发现成绩变化趋
势的机会，通过分析数据与相关因素的内在联系，为教育政策改革提
供参考。

具体来说，NAEP的功能性目标包括两个方面，一方面运用测量
方式，收集、分析、报告全国及各州中小学生的学科成绩及相关信
息，了解学生对知识和技能的掌握情况，反映教育质量水平及教育实
践问题；另一方面，评估全国及各州中小学生（9岁、13岁、17岁学

生）主要科目（数学、阅读、写作、科学）的成绩在一段时间内的变化趋势。

NAEP的技术性目标为：根据教育实践的需要，革新评估的技术性因素，在适应教育内容和方法的基础上创新评估方式，促进NAEP自身评估体系的优化。[1]

二、NAEP 的评估内容和形式

（一）NAEP 的评估内容

NAEP全国评估中的主要评估内容是各门学科，有阅读、数学、科学、写作、美国历史、公民、地理、经济和艺术等。从2012年起，有关外语学科的评估也被引入NAEP。对每一个年级的评估并不一定包括上述所有学科，会选择几个学科进行评估。NAEP的长期趋势评估只涉及阅读和数学两个科目。NAEP州评估的科目有阅读、数学、科学和写作。NAEP的试验性城市学区评估在评估科目上与州评估相同，包括阅读、数学、科学和写作四个学科。

（二）NAEP 的评估形式

总的来说，NAEP评估主要包括两类问题，一类是与学科相关的认知类问题，主要测量学生各科的学业水平；另一类是非认知性问题，主要涉及学生的背景信息，旨在从学生、教师和学校管理者中收集信息，了解学生的背景与学生学业成绩的关系。[2]

NAEP有两种题型，一种是选择题，一种是问答题。选择题只要

---

[1] 陈玮.美国全国教育进步评估项目研究［D］.石家庄：河北大学，2008.

[2] NCES. NAEP Instrument [EB/OL]. (2008-10-28) [2010-10-03]. http://nces.ed.gov/nationsreportcard/tdw/instruments/.

求学生在几个给出的选项中选出正确答案，问答题则要求学生写出答案，包括写一段短文以及解释其如何解决一个数学问题。选择题的优势是可以高效收集学生所掌握的知识信息，但学生更有可能通过猜答案来选择。问答题的优势是可以直接提供证据证明学生能够做什么，但这种题型的编制、管理和评分比选择题难。一般来说，这两种题型在NAEP中的比重各占一半，每道题的用时依据考试科目、要评价的知识和技能、成本的不同而异。[1]

三、NAEP的成绩评定

NAEP并不是针对个别学生或个别学校的评估，而是通过抽样的方式抽出大样本的学生群体，以群体的方式报告学生的学业水平。NAEP确定了三个成绩等级，即"基本""熟练"和"优秀"。这些成绩等级反映了学生的相关知识和能力水平，并且要报告给公众和政策制定者。"基本"指的是各年级学生部分地掌握了基本的知识和技能，掌握这些知识和技能是达到熟练水平的前提条件。"熟练"指的是各年级学生在被评价的内容上有着良好的学术表现，能够驾驭有挑战性的学习内容知识，能够将知识运用于真实的情境，并具有针对学科内容的良好分析能力。"优秀"指的是各年级学生在被评价的内容上有着突出的表现。NAEP并不评价每一个学生达到了哪一个等级，而是统计达到每一等级的学生人数百分比，并且对不同群体的学生只给出一个平均分。

---

[1] National Assessment Governing Board. Redesigning the National Assessment of Educational Progress [R/OL]. (1996-08-02) [2012-03-26]. http://www.nagb.org/policies/PoliciesPDFs/Improving%20National%20Assessment%20of%20Education%20Progress/Redesigning%20the%20National%20Assessment%20of%20Educational%20Progress.pdf.

四、NAEP的试题编制

NAEP的试题编制严格遵循一系列指导原则、政策以及步骤，参与试题编制的人员包括学科教师、课程专家、学校管理者以及公众代表等。参加试题编制的人员必须在熟悉评价框架的基础上，权衡框架中规定的内容、题型、试题难度、成就水平等，开发试题，在试题编制过程中还要接受国家评价管理委员会的外部监督和审核。试题编制完成后，要在全国范围内选择有代表性的学校进行试测，在对试测结果的数据分析中对试题加以修订，最后经国家评价管理委员会的审查和筛选后方可进入NAEP题库。这一系列的程序保证了NAEP试题极高的效度和信度。

五、NAEP的组织与实施

（一）NAEP的实施过程

1. 制定评估框架

进行NAEP评估首先要制定一个评估框架，以确定认知评价项目的开发和评价内容。NAEP框架的制定主要由国家评价管理委员会负责，国家教育统计中心负责具体评价项目的开发和评分说明的制定。

2. 抽样设计

由于NAEP是对抽样的学生样本进行测试，因此第二步就是对美国公立和私立学校特定年级的学生进行抽样。除了全国评估以外，从2003年开始，NAEP每隔一年从每个州抽取更大样本量的学生为州评估做准备。无论是哪一层级的评估，NAEP都要对抽样的方法进行设计，以保证每一所学校、每一个学生都有同样的机会被抽到。

（1）州评估中的抽样

州评估只对公立学校学生进行抽样。主要采取分段抽样，即先从特定的地区抽取若干公立学校，再从被抽到学校的特定年级抽取若干学生，并随机分配到不同科目的测试中。在抽样的过程中，NAEP会用到抽样框架对学校进行抽样，抽样框架包含学校所有年级、学生的民族构成、州测试成绩、学校地址和学校所在地的平均收入水平等信息。根据这些信息的不同，公立学校被分成组进行分层抽样，从每一组中抽取若干学校，从而提高抽样的信度。一般说来，从每一个行政区抽取大约100所公立学校，每所学校抽取60名学生。根据不同地区的学生人数和评估规模，这两个数字有时会发生变动。

（2）全国评估中的抽样

全国评估中的抽样与州评估中的抽样有所不同，不是先直接从学校列表中抽取学校，而是先抽取50—100个以地理划分的"初级抽样单位"（primary sampling units，PSUs），每个初级抽样单位包括1—2个郡。在每个初级抽样单位中，公立学校和私立学校的抽样方式相似，都是先从学校列表中抽取学校，再从学校中抽取学生。初级抽样单位不是必需的，只有在样本量不是特别大的情况下才用这种方式。

（3）全国评估中的替代程序

在全国评估中，学校抽样程序还包括一种替代程序，即对被抽取的但拒绝参加NAEP评估的学校，用其他学校替代。替代学校必须具有与原来学校相似的特征，如学校规模、社会经济状况和学生人口特征等方面相似，从而提高NAEP评估的精确度，消除由于一些学校拒绝参与NAEP而造成的偏差。[1]

3. 信息收集

NAEP的信息收集需要学校、学区、州和NAEP工作人员的共同努力，为了减少管理成本，NAEP的测试和信息收集工作主要由学校一线教师合作承担。收集到的信息只以全国或地区学生群体的形式公开，单独的学区、学校或学生的信息不公开。[2]

4. 处理评估材料

除了收集数据，NAEP的协助机构还要负责处理学生试题册、问卷和工作人员名单等材料，具体工作包括：（1）印制学生试题册和问卷；（2）包装和分发测试材料；（3）当学生试题册和问卷被回收后对其进行处理；（4）对认知评价项目进行评分；（5）制定数据分析和报告材料；（6）对信息的质量进行控制；（7）在评分结束后对测试材料进行保存。[3]

5. 评分

NAEP有两种题型，一种是选择题，一种是问答题，问答题又分简答题和论述题。在评分时，选择题使用高速扫描仪来评判，问答题由经过训练的专业人员评判。在有限的时间以较高的精确性和可信性评判大量的问答题，对于保证NAEP的成功完成十分必要。为了准确有效地评分，NAEP采取了以下步骤：（1）制定与评估框架中的标准一致的有针对性的、明确的评分指南；（2）招聘合格的、有经验

[1] NCES. NAEP Assessment Sample Design [EB/OL]. (2009-08-06) [2010-10-03]. http://nces.ed.gov/nationsreportcard/tdw/sample_design/.

[2] NCES. NAEP Data Collection [EB/OL]. (2008-08-18) [2010-10-03]. http://nces.ed.gov/nationsreportcard/tdw/data_collection/.

[3] NCES. Processing Assessment Materials [EB/OL]. (2010-02-04) [2010-10-03]. http://nces.ed.gov/nationsreportcard/tdw/process_materials/.

的评分者进行训练，并通过资格测试确保他们有能力对特定题目进行评分 ;（3）采用图像处理与评分系统，将学生答案的图像直接传输给评分者，以确保评分的精确性 ;（4）通过二次评分等信度检查手段持续地监督评分者 ;（5）通过NAEP评价专家监督评分者的评分质量 ;（6）在技术报告中记录培训、评分和质量控制过程。[1]

6. 将评价结果输入数据库

学生试题的评分结果和调查问卷结果都要输入数据库进行分析。前者包括学生各科题目的答案和分数，后者主要是对学生特征的描述。所有的数据仅供统计分析之用，不能泄露或用作其他目的。[2]

7. 数据分析和分等

数据分析的目的是总结学生组的整体表现。首先，初步计算出学生的分数和百分比，初步了解学生的学业状况 ;其次，设定等级分数，估算不同组的学生处于哪一个等级分数。在既有全国评估又有州评估的年份，等级分数的设定标准是一样的 ;其三，对学生的得分进行统计处理，使不同组学生和不同年份的分数可以互相比较，[3]更清晰地了解各种类型学生的情况。

（二）NAEP的实施特点

1. 明确的时间安排

NAEP的组织实施贯穿整个学年，多数集中在1月下旬到3月中

---

[1] NCES. NAEP Scoring [EB/OL]. (2010-02-04) [2010-10-04]. http://nces.ed.gov/nationsreportcard/tdw/scoring/.

[2] NCES. The NAEP Database [EB/OL]. (2009-07-02) [2010-10-04]. http://nces.ed.gov/nationsreportcard/tdw/database/.

[3] NCES. NAEP Analysis and Scaling [EB/OL]. (2010-06-10) [2010-10-04]. http://nces.ed.gov/nationsreportcard/tdw/analysis/.

句。在整体评价安排上，NAEP有明确的日程表。

在实际测试中，每个参与NAEP评价学生的作答时间大约是1小时。在完成每本测验手册中两个需要25分钟的测验后，学生还需完成两个5分钟左右的背景调查问卷。参加NAEP的学生可以跳过不想回答的问题，当然，这会使评价结果的有效性大打折扣。在这方面，NAEP有效性专门研究小组已对影响学生不回答的因素展开调查，并为NAEP的改进提供建设性意见。[1]

2. 评价样本的确定

NAEP是一种抽测型评价，表现在试题抽样和学生抽样两个方面。

由于NAEP试题库很大，不可能让每个参与评价的学生完成所有题目，因而NAEP采用题库抽样的方式。在试题编制完成之后，采用矩阵取样技术抽取部分试题，并将这些试题分成不同的组块，编订成测验手册。每本手册中的试题内容、题型、难度和题目数量相当，且都满足NAEP测试内容和时间上的要求。一般来说，每个年级每门科目至少有20套测验手册。在测试时，每个学生只需完成一套手册中的题目。测验手册的发放是完全随机的，一所学校中只有很少一部分学生做的是同一手册中的题目[2]。因此，NAEP在组织实施时，多门学科可以在一间教室中同时进行，相邻座位的学生做的题目也不同。[3]

NAEP的学生样本覆盖各种类型和规模的学校、学区，不同性别和种族的学生，也包括学习存在障碍、英语能力有限以及严重残

---

[1] Jakwerth, P. M., & Stancavage, F. B. An Investigation of Why Students Don't Respond to Questions. NAEP Validity Studies. National Centre for Education Statistics, Washington D.C., 2003.

[2] Hombo, C. M. NAEP and No Child Left Behind: Technical Challenge and Practical Solutions. *Theory into Practice*, 2003, 42(1), p.63-64.

[3] NCES. An introduction to NAEP. U.S. Department of Education, 2008, p.6.

障的学生，从而保证了样本的科学性、代表性以及评价结果的信度和效度。在取样上，严格采用两阶段分层随机抽样，首先根据地理位置对学校进行分类，然后根据少数民族学生数量进行分类，最后在每个类别中按照事先确定的比例进行随机取样。NAEP选择参与的学校和学生的数量视评价科目和评价类型而定。一般来说，在仅有全国评价没有州评价的年份，每个科目通常需要各个年级6 000—10 000个学生样本。[1]

为了确保所有学生都能公平、无歧视地参加评价，NAEP为有学习障碍的学生、英语能力有限者以及严重残障的学生提供各种方便措施，专门为他们制定了"适应性政策"（accommodation），提供不同的试卷版本（不同语言）和考试形式（机试、笔试），并对实施这些特殊评价的人员加以培训[2]，从而使所有学生都有平等的机会表现习得的知识和技能，很大程度上体现了评价的公平性。

六、NAEP的报告与使用

实施NAEP的目的是在宏观层面对学业成就进行监测，向公众报告美国中小学生学业成就现状和变化趋势，其独创性不仅体现在评价的设计实施方面，在评价结果的处理和报告方面也已形成了较为完善的报告系统，因此，NAEP又被称为"全国教育报告卡"（The Nation's Report Card）。NAEP建立40余年来，所收集的数据被广泛用于美国教育改革的各种政策文本中，对美国教育产生了深远的影响。

---

[1] NCES. An Introduction to NAEP. U.S. Department of Education, 2008, p.13.

[2] Pamlmer, E. A., & Barley, Z. A. What States Can Learn about State Standards and Assessment Systems from No Child Left Behind Documents and Interviews with Central Region Assessment Directors. Washington D.C.U.S. Department of Education. Institute of Education Science, National Centre for Education Evaluation and Regional Assistance, Regional Education Laboratory Central, 2008, p.13.

2007年，NAEP被美国《教育周刊》评为近十年来影响美国教育政策最重要的研究项目和信息源。[1]

（一）报告的构成

1. 谁来报告——报告的主体

国家评价管理委员会是为监督NAEP工作而专门成立的机构，负责制定NAEP相关政策。在评价结果报告方面，该委员会负责撰写报告规章，如委员会发表的政策声明中详细阐释报告应遵循的指导原则，包括报告的语言、时间、途径以及报告卡的设计等。执行这些规则并发布报告的机构是全国教育统计中心（National Centre for Educational Statistics，简称NCES），全国教育统计中心负责出版NAEP评价结果的报告，同时为其提供必要的技术服务。NAEP不仅有纸质出版物，而且在全国教育统计中心的官方网站上也可以获取相关信息。另外，全国教育统计中心通过竞争投标方式决定由哪些中介机构承担相应工作，中介机构的独立性很大程度上保证了报告结果的客观公正。

2. 向谁报告——报告的对象

NAEP的明确报告对象是广大公众，包括教育政策制定者、教师、学生、家长以及政治家等更广泛的社会团体。为此，NAEP针对不同公众的理解水平和需求设计了不同类型的报告卡，大致有以下几种（见表4-1）。

---

[1] Swanson, C. B.,& Barlage, J. Influence: A Study of the Factors Shaping Education Policy. Editoral Project Projects in Education Research Centre, 2006, p.19.

表4-1　NAEP报告卡的种类

类　　型	目　标　公　众	目的/内容
标准报告卡（NAEP Report Card）	政策制定者	向所有参加测验的人及不同人口群体呈现结果
焦点报告卡（Highlights Reports）	家长、学校董事会成员、普通公众	用非专业化的语言回答常见的问题
教学报告（Instructional Reports）	教育者、学校管理者、学科专家	包括NAEP评价中的许多教育和教学资料
州报告（State Reports）	政策制定者、教育部门官员、公立学校的首席官员	向每个州所有参加测验的人及不同人口群体呈现结果
跨州数据汇编（Cross-State Data Compendia）	研究者、州测验指导者	含在州报告卡中，呈现州际结果，作为其他类型报告的参考文件
趋势报告（Trend Reports）	无特定对象	描述长期趋势，评价学生的成就变化
焦点报告（Focused Reports）	教育者、政策制定者、心理测量专家、感兴趣的公民	开发富有教育含义的深度问题
概括的数据表格（Summary Data Tables）	无特定对象，基于学生、教师、学校的问卷调查	从问卷中整理数据
技术报告（Technical Reports）	教育研究者、心理测量专家以及其他技术公众	评价的细节，包括样本设计、试题开发、数据收集及分析

资料来源：Devito, P. J., & Koenig, J. A. NAEP Reporting Practices: Investigating District-Level and Market-Basket Reporting. National Research Council. National Academy Press, Washington D.C., 2001, p.26.

　　为了有助于公众理解，报告卡的语言和设计是考量的重点。国家评价管理委员会发表的政策声明中规定，报告卡应根据不同使用者的信息需求，在确保信息全面的同时，语言应清晰、简洁，具有可读性；在报告卡的版式安排方面，需运用一些组织手段，如目录、索引、图表等，并限制每页出现的概念；在结构上，报告卡还应综合读者的视觉和逻辑特点，提供内容分类表、图表和一致的数据分析结构，以使读者能快速读懂信息。另外，报告卡还应提供获得额外信息的途径，概括性的信息要附以必要的说明或相关网站链接，以帮助读者获得更多的信息。[1]

3. 报告什么——报告的内容

从基本结构来看，除了技术报告不涉及评价结果外，其他各类报告卡大致有以下几个主要部分：

（1）执行总结（executive summary）：呈现该次评价主要的和值得关注的新发现，篇幅一般限制在两页之内，一些报告卡的缩略本只含有该部分。

（2）评价的概述（overview）：主要包括评价框架和评价设计两大部分。评价框架包括要考查的内容和技能以及各知识点的权重分配，评价设计是介绍测试的时间安排、测试题型以及评价工具（包括学科测验和背景调查问卷）。报告卡对这些内容只做简单的介绍和简单的附带说明，对详细的内容会给出获得途径（如提供相关网址），方便报告对象获取。

（3）评价结果的呈现（results）：这是报告卡的主体部分，报告卡通过一系列数据表、图形、叙事等形式公布评价结果，读者可以很容易地看到近几年成绩结果的变化。

（4）附录（appendixs/technical notes）：包括详细的图表和统计分析、数据收集的方法和工具、详尽的技术参数以及评价的标准误差等。这些内容会破坏报告流畅程度，因而放在附录中作为正文的参考。

在报告卡的内在结构方面，最大的特色便是区分学生的社会情

---

[1] NAGB. Guidelines for the Initial Release of the Nation's Report Card. Policy Statement, 2006.

境，并以此为框架来展开报告，呈现评价结果及变化。报告卡将评价结果按照民族、种族、社会经济地位、学校地理位置、英语熟练程度和残障状况等分组报告。

4. 如何报告——构建更完善的反馈机制

报告并非评价的驿站，完整的评价还需要一个完善的反馈机制，这不仅包括全面的报告制度，还包括数据的开发和使用，从而更好地为教育决策服务。全国教育统计中心的下属单位教育统计服务协会专门负责设计对NAEP使用情况的实证调查方案。典型的例子是1997年开展了一项针对NAEP委托人未来趋势的用户调查（Survey of NAEP Constituents on Future Directions for NAEP），主要目的是获得NAEP数据使用者的意见。比如，在问卷调查中，询问使用者阅读NAEP数据资料的频率、使用目的、需要数据的程度以及是否更愿意看到NAEP的数据与国际研究成果（如TIMSS测试的相关数据）接轨等[1]。在调查完成后，以用户需求为出发点改进报告，目的是更好地改善NAEP的报告制度，提高公众对报告的进一步理解。

（二）NAEP报告的特征

1. 低利害性

监测的基本性质是改变考试的高利害性（又称"高风险性"，high-stakes），NAEP的低利害性（low-stakes）特点体现在其评价结果是以整体（按人口群体及亚群体）的形式公布的，而学校和学生个体的信息依法受到严格的保密。NAEP努力消除其负面风险，不让学校、

---

[1] Baker, E. Measuring and Using Student Outcome Data: In Proceedings of the Asia Pacific Economic Cooperation (APEC) Education Forum. Washington D.C.: Pelavin Associates/American Institute for Research, 1995, pp.7–32.

教师和学生受到评价结果的暗示，以免损害监测的意图。这也是监测服务于教育决策和大众所必须具备的品性。

2. 开放性

NAEP的报告利用信息技术开发了界面友好的软件，可以让不同利益相关者从不同侧面获取数据。NAEP历年来的评价框架和试题都是公开的，但为了保证评价的信度，仅公开1/4—1/3的试题，因为NAEP还要用相同的试题判断学生的学业成就是进步、稳定还是退步。这与前面所说的学校和学生个体信息的保密性并不冲突，NAEP力求在保密性与公开性之间取得平衡。同时，NAEP注重用户需求与满意度调查，通过评估公众的需求告诉教育决策者需要特别关注的领域，从而对教育某方面的问题予以重视。如NAEP评价结果体现出的不同群体之间的成就差异为教育公平研究敲响了警钟，学业成就退步或停滞不前也被众多教育改革支持者用作推行教育改革的有力佐证。

3. 公平性

NAEP的报告在区分学生和学校之间不同社会情境（如社区规模、家庭社会经济地位、公私立学校等）的前提下，通过各州或地区之间的横向对比，即不同地区之间某一学科的学业成就差异或同一地区同一年级不同群体之间的差异，反映学生学业成就的差异；通过跨年度的纵向比较，即历年来的学业成就变化以及NAEP长期趋势评价提供的有关学生学业进步状况信息，反映教育质量的变化。可见，NAEP的报告不仅仅是公布成绩，而且在不同的社会情境下考查学生的学业成就，考虑在获得这些成就上的公平程度。通过公平性的比较证明，不仅各个群体的学生成绩得到了提高，而且处境不利学生与其他学生之间的成绩差距也在缩小，从而体现了美国教育"在平等的基础上追求卓越"这一目标。

（三）有待进一步解决的问题

目前NAEP报告面临的一个非常重要的挑战是如何向教师和公众解释项目反应理论（item-response theory，简称IRT）的量表，因为人们已经习惯了传统的每一项目得一分的经典的测试原理，因而报告关注的焦点将继续停留在用IRT的量表来分析不同成就水平学生的百分比以及"定点分数"（cut scores）的设置。在NAEP数据的使用方面，有人提出将NAEP纳入州问责系统，但业内人士指出，如将这种高利害的决定附加在NAEP结果上，会将NAEP变成一种导致"应试教学"的考试，颠覆了监测的性质。但是，NAEP报告制度的低利害性、开放性、公平性以及官方机构和中介机构相互合作的评价管理仍可为我国学业质量监测报告制度的建设提供很好的借鉴。

第三节

美国国家教育进展评价标准与政策的特点和启示

一、NAEP评价标准与政策的特点

（一）以学生群体为单位呈现评估结果

NAEP并不要求所有学生都参加评估，也不会发布单个学生或单个学校的成绩，而是对全体学生进行抽样，最终以学生群体为单位发布评估结果，这一方面减少了评估的工作量，由学生样本情况反映总体情况；另一方面也减轻单个学生和单个学校的压力，避免学校为片面追求高分而忽略学生的全面发展。

（二）按照地域分层考查学生学业状况

NAEP分为三个层次，即全国性评估、州评估和城市学区评估，这样将评估按照地域划分为三个层次，既可以了解全国学生的整体学业水平，又可以了解每个州学生的学业状况，还可以了解某个具体的城市学区学生的学业状况，不但扩大了评估结果的信息量，而且可以对不同地区学生的学业成绩进行比较，帮助具体地区找出自己的优势和差距，促进教育水平的提高。

（三）按照不同学生群体分类考查学生学业状况

学生群体具有异质性，为了了解来自弱势群体的学生情况，提高全体学生的学习成绩，NAEP按照种族、民族、性别和地区等特征将学生划分为多个群体，分别考查不同类型学生的学业状况，从而使评估更具有针对性，有利于政策制定者更好地完善有关弱势群体的教育政策。

（四）评估的功能多样

NAEP过去只是监测和评价学生学业成绩的工具，2002年《不让一个儿童掉队法案》出台后，随着政府教育问责力度的加大，NAEP增加了帮助教育问责的功能，后又增加了一些新功能，如成为州制定课程内容标准的参考依据，成为州设计评价项目的参考依据，以及参与国际比较等，对促进中小学教育的发展发挥着越来越重要的作用。

（五）具有广泛的社会性

NAEP具有广泛的社会性，无论是评估框架还是评估试题的制定，都有社会各个层级民众的参与，既包括专家学者、政府工作人员，也包括对该项目有兴趣的普通公民。同时，NAEP的监督主体广泛，有美国国会、教育部、国家教育统计中心、全国评估管理委员会、社会组织以及广大公众。总之，从NAEP试题编制到评估结果发布，教育专家、研究人员、政府官员、教育组织及机构、学生、家长、公众等各方代表对项目进行全方位监督，并通过NAEP申诉程序提出申诉意见，在法律提供保障的前提下达到公共意志的畅通表达与实现。总之，政府、社会多方力量的参与将民主意志融入项目，使NAEP表现出广泛的民主代表性；同时，各方力量的监督有力地保障了NAEP实施的规范性和有效性。

（六）评估由众多机构合作完成

NAEP并不是由某一个机构单独完成的，它是在众多机构的配合下进行的。在项目实施过程中，联邦政府主要从宏观上给予协调和指导，通过立法和资助等形式规范评估行为，支持评估发展；国家教育统计中心主要负责收集、分析、报告美国教育信息，检查教育活动的实施情况并报告检查结果；国家评价管理委员会作为NAEP的主管机构，主要负责制定NAEP的评估政策，指导和监督评估活动的开展；题目开发、抽样、数据分析这些专业事务通过与ETS、Westat、NCS等具有认证资质的中介机构签订合约来完成。这种以契约为基础形成的项目承包—检查机制，从根本上保证了NAEP的高效运转，进而为NAEP提供高质量的评估结果数据及报告奠定了重要的基础。

（七）评估呈现动态化

NAEP有一套系统完善的更新机制，主要表现为：在评估政策的制定上，国家评价管理委员会依据教育实践的变化对评估框架和测验指南作定期修订；在评估主体上，国家评价管理委员会委员定期更换，不断吸纳新生力量加入，保证了机构的生机，而全国教育统计中心在承包商契约期满后可以予以更换，吸收新的评估资源；在评估的实施过程中，NAEP不断对评估方式进行改革，引入计算机、网络等技术因素，运用心理测量方式更新NAEP的评估手段和评估工具。另外，每次评估结束后，NAEP都要部分地更新测验试题，保证其有效性。总之，定期更新机制通过对评估主体、评估策略、评估工具的适时调节，使NAEP能够不断地适应课程及教学的变化，增强了NAEP的生机与活力。

二、NAEP评价标准与政策的积极影响

（一）有利于优化中小学教育决策

自1969年美国第一次实施NAEP以来，NAEP一直致力于对全美公私立的小学、初中、高中三个阶段学生进行定期监测评估，向全美提供关于教育方面的学业成绩等信息，既包括评估年份学生教育成绩结果，也包括教育的长期趋势。以种族、性别、公私立学校、家长受教育程度、班级和学校的条件和实践因素等为基础对学生成绩进行对比，并以报告的形式向公众公开，为全美提供介绍美国学生教育情况的"全国报告卡"，为社会成员了解教育质量、参与教育改革提供了重要条件。NAEP的报告一般以文字出版物或网上电子信息的形式向外界发布，1996年美国全国教育统计中心建立了NAEP网站，及时发

布NAEP评估的数据和结果，有关教育评估的信息可以很方便地在该网站获得。

除了发布评估报告外，NAEP还对评估结果进行研究，分析影响教育的因素及影响程度，为美国中小学教育决策提供高质量的信息资源，在很大程度上反映美国当前教育的状况和发展趋势，成为中小学教育政策制定的重要参考。在NAEP的发展过程中，形成了一套系统完整的评估体系。在纵向层面，NAEP既对科目进行评估，以反映当时的学生成绩，又联系前后评估长期的学生成绩趋势，以形成不同时期内教育成绩的对比数据，提供有利于教育决策及其改进方向的有力证据。

（二）有利于提高学生学业成就

NAEP是学生学习成绩的指示器，是美国教育决策的气象预报图，为全美持续提供可靠的关于学生学习成绩的信息。通过NAEP，可以对中小学教育教学质量进行监控，促使成绩不理想的学校和学区改进教学方式，提高学生成绩，促使教师对以往的教育实践进行反思，推动教师和管理者对教育必要性的讨论。有效的教育评估也会激励管理者制定有效的计划，改进教师的教育教学方法，并使更多的人参与到教育当中。通过NAEP评估结果可以了解全美范围内不同年级学生对课程的掌握和应用情况，可以更好地完善中小学的学科教学标准。此外，通过测试成绩提供的信息可以了解学生在知识技能方面的优势和不足，督促教师用心教学，激发学生努力学习；通过各种问卷对学校和教师进行调查，可以使教学内容更加规范，有利于推进学校课程改革和教师行为的改进，从总体上提高中小学教育质量。

（三）有利于对评估结果的进一步研究

NAEP不仅在课程领域评估学生的学业表现，同时也收集学生、教师、学校的背景信息，为学生学业成绩的表现提供环境依据。同时，因为NAEP是大规模规律性地实施，也可以为进一步研究提供大量可靠的信息，NAEP的成绩数据、评估机制及其收集和分析数据的质量控制程序，为NAEP的进一步研究提供了广泛的研究领域。NAEP收集了非常丰富的成绩信息资源，鼓励研究人员和决策者使用数据进行各种分析研究，并对数据使用者提供一定的培训。为了促进NAEP数据资源的有效利用，提高美国使用大规模数据进行研究的能力，增强教育研究与政府决策的沟通和联系，美国教育部设立了NAEP数据进一步研究项目，作为NAEP的子项目，由教育科学院协调管理。在该项目的支持下，NAEP的数据分析被注入了新的观点和看法，为公众获得NAEP数据结果提供了更加方便的途径，增强了NAEP的影响力。同时，鼓励数据分析者对NAEP评估过程及结果进行研究，探讨NAEP评估方法体系的优势和不足，开发新的评估技术方法及数据分析模式，从而扩大了NAEP数据使用的范围，强化了NAEP对教育实践的促进作用。

三、NAEP评价标准与政策存在的问题与发展趋势

（一）样本的代表性不足

NAEP并不是对全国、全州或整个地区的所有中小学生进行测试，而是依照一定的程序先对学生进行抽样，然后对抽出的学生进行测试，并以他们的测试成绩为样本，评价学生整体的学习状况，这就要

求抽样的方法必须科学合理，这样才能保证抽出的学生具有代表性。然而根据最近对NAEP的评价报告，在一些州，抽样程序并不能保证被抽出的学生有足够的代表性，一些少数民族学生的情况被忽略，从而使州不能有效地考查和比较少数民族学生的学习状况。此外，利用NAEP来考查残障学生的学业成就也存在问题，这些学生在学生样本中缺乏代表性，使得州难以作出有关全纳教育或为残障学生提供特殊设施的有效决定。

在美国，四年级和八年级的学生必须参与NAEP评价，但对于十二年级的学生来说，NAEP是自愿性的，学生可以选择不参加，而且对于这一年龄段学生的评价只在国家层面进行。为此，一些学生拒绝参加评价可能会损害学生的代表性，如2005年的一项研究表明，十二年级学生对NAEP的参与率只有74%，远远低于四年级学生（94%），这种情况使相关部门难以根据十二年级学生的NAEP成绩对这个年龄段学生的整体学习状况作出恰当的评判和比较。

（二）缺乏效度测量工具

所谓效度，就是一种评价方式能够真正测出了所要测量的事物的程度。如果实际测出的就是该评价方式理论上或原则上要测的，就说明这一评价方式效度高。NAEP作为一种评价方式也不例外，它的不断发展和演变要求经常重新评价它的效度，这就需要开发测量NAEP效度的工具，而这一工具正是NAEP所缺乏的。

正如前面所说，NAEP最初是用来评价学生在单个评价项目上的表现，到了20世纪80年代早期，NAEP开始利用等级分数来考查从全国范围内抽样出来的学生在某一学科的学业成绩，从而用来评价全国学生的学业表现，并分析整个学生群体的成绩变化趋势。这就意味着该评价中蕴含着一些潜在的前提假设，即评价中的题目作为该学科领域的题目样本是有代表性的，而抽样出来的学生作为学生总体的样本也是具有代表性的，然而事实上并没有一个具有权威性的效度评价工具予以说明，而且随着NAEP评价方式的不断变革，证明其效度的需要会更加迫切。

（三）技术报告发布迟缓

NAEP的技术报告介绍评价程序和运作方式，从而帮助培训新的评价者，并让公众能够对它的细节有所了解。NAEP在完成之后并不能及时发布技术报告，而要在实施结束几年后才能发布，例如1999年的NAEP在实施五年之后，即2005年，有关的技术报告才得以发布，而2003年国际数学与科学趋势研究项目的技术报告在2004年就发布了，两者报告的速度相差悬殊。这使人们难以了解最新一期NAEP评价的操作过程和信息收集程序。

造成这一状况的原因与NAEP的管理不善有关，NAEP的运行依赖于多个组织的互动，这些组织分别负责NAEP的政策制定、发展、管理、评价结果发布和提供其他支持服务，而这些组织在相互协调的过程中会花费较大的时间成本，从而影响NAEP的运作效率。此外，NAEP的主要管理者还面临人员不足的问题。

（四）各州评价结果的比较缺乏科学性

NAEP的一个重要环节就是对各州的评价结果进行比较，然而各州的结果是否具有可比性则是一个问题。由于各州的中小学教育制度、课程标准、教育方式和评价方式都有所不同，用同一套评价工具来评价不同州的学生，存在科学性问题。

（五）评价结果的呈现不够清晰

一份调查显示，人们往往对本州设定的评分等级比较熟悉，而对 NAEP 评分等级的设定不甚了了，从而经常将本州三个等级的分数与 NAEP 三个等级的分数搞混。例如，很多人以为本州评价中的"熟练"与 NAEP 中的"熟练"是一个意思，但它们之间是有一些区别的。此外，虽然 NAEP 确定了三个分数等级，即"基本""熟练"和"优秀"，实际却有四个分数段，分别为"基本以下""基本""熟练"和"优秀"，而"基本以下"这个等级的信息很少，政府也没有规定相关政策要求 NAEP 提供"基本以下"这个等级的信息，从而使人们难以对评价结果有一个全面的了解。

此外，NAEP 的评价结果对不同群体分数差异的说明也不详细，这使不了解 NAEP 评分方式的人无法充分理解不同群体学生的分数差异。

NAEP 在最初刚开发出来时具有很高的效度和运作效率，然而随着它不断受到修正并添加新的功能，如何证明它依然具有很高的效度成为一个很重要的问题。目前，美国的教育与心理测试标准（Standards for Educational and Psychological Testing）为开发综合性的效度测量工具奠定了基础，并且制定了检验证据的程序，如何依据该标准开发出测量 NAEP 效度的有效工具，是未来努力的方向。[1]

此外，来自弱势群体学生的利益也将更加受到关注。目前 NAEP 的管理机构已经开展了 NAEP 中有关弱势群体学生问题的多项研

---

[1] U.S. Department of Education. Evaluation of the National Assessment of Educational Progress: Final Report [R/OL]. [2020-05-04]. http://www2.ed.gov/rschstat/eval/other/naep/naep.pdf.

究，发现NAEP在抽样中存在弱势群体学生代表性不足的问题。未来NAEP运作中的各个环节将会更多地考虑弱势群体学生的需要，更好地体现评估的公平性。

四、借鉴与启示

我国的学业质量监测体系建设起步较晚，长期以来，教育评价结果一般掌控在评价组织管理者手中，直接存档或只向政府汇报，不为广大公众知晓，这实际上是一种资源的浪费，势必会限制教育评价发挥作用的空间。同时，我国的教育评价报告过于看重数字和分数，对学生所处的社会情境缺乏调查研究，应借鉴NAEP开展类似的问卷调查，挖掘分数背后的含义，为教育均衡化发展提供依据。

NAEP对美国的教育发展发挥了重要的作用，有许多地方值得我国基础教育借鉴。但是，由于中美两国在政治制度、经济环境、文化传统、教育体制等方面存在巨大差异，我们不能盲目照搬照抄，必须将它和中国的教育实践相联系，借鉴其合理有效的做法，促进中国基础教育的发展。

借鉴美国NAEP的成功经验，构建我国基础教育质量评估体系，要以观念更新为出发点，设置独立的评估担责机构，引入契约机制，鼓励社会力量广泛参与，建立有效的监督机制，同时，还要加强评估的法律和制度建设，保障评估的客观性、真实性、公正性和有效性。

（一）更新观念

在构建我国基础教育质量评估体系中，政府首先要转变观念，把工作重心放在宏观指导、科学管理和有力监督上，通过立法、资助、检查、奖惩等手段加强对评估体系的引导，建立一套公正、合理、公平、透明、权威、有效的教育质量评估机制。另外，政府要加强教育评估的社会宣传，引导社会舆论对评估方式的理解和解释，鼓励社会各界为教育评估提出建议，提供支持，通过颁布法律法规、制定政策、提供资金、转变机制等方式，将市场化、民主化、社会化、标准化观念融入教育领域，为其发展注入新鲜活力。逐步改变学校以往被动地接受考查的应付心理，引导社会各界积极参与教育评估工作。对此，一方面，要提高评估的公正性、合理性和透明性，使评估结果更加令人信服，凸显评估的效果；另一方面，政府要进一步强调评估对于教育发展的意义，加强教师、学校、社会各界对评估的重视，鼓励积极主动地参与评估过程，监督评估发展，考量评估绩效。

（二）设立独立的评估规划担责机构

传统上，我国的基础教育评估由政府部门实施，评估与督导一起进行，这并不利于发挥评估的独立作用，容易忽视评估的监督职能。构建基础教育质量评估体系，需要设立专业的评估规划担责机构，独立开展工作，严格履行职责，保证评估工作顺利完成。这些机构包括评估指导机构、评估实施机构、评估协调机构和评估检查机构。评估指导机构负责制定评估的一系列政策，设定评估框架和测验指南，核准测验试题和背景问题，与政府部门一起实施评估监督，保证评估的合法性。评估实施机构针对某一评估的具体环节，组织专家、教师等严格按照评估政策文件开展工作。评估协调机构调节各评估主体的关系，协助各方工作，保证评估环节的衔接发展。评估检查机构主要组织专家组对评估的全过程进行检查，保证评估结果的准确性和科学性。在机构人员配置上，评估指导机构成员要具有广泛的社会代表性，吸收社会智力资源参与评估政策的制定，以保障评估更好地反映社会的需要，其他三个机构须由高素质水平的专业人员组成，并吸纳社会各界充分参与其中。

在机构的设立过程中，要处理好机构与政府、社会、学校之间的关系，建立一批高素质的评估专业化队伍。首先，评估机构应是"自主性的"。长期以来，政府直接制定评估方案、评估标准，并组织实施评估活动，束缚了社会力量参与评估的积极性。由于基础教育机构数量庞大复杂，单纯依靠政府力量无法完成规模较大的评估工作，而且政府部门人员大多并非专业出身，缺乏对评估专业知识的了解，从而影响了评估的效果。建立独立的专业评估担责机构，利用评估的专业智力资源，有利于提高评估的真实性和科学性。其次，评估机构必须是"非营利性的"。以营利为目的的机构，由于面临社会竞争的压力，容易引发教育腐败，影响评估的客观性、公正性和有效性。保证评估机构的"非营利性"，使其远离评估利益群体，有利于保持评估的独立性优势，维护评估的行业整体利益。再次，评估机构必须是"担责性的"。各评估机构必须在法律规范下，严格履行各自担负的责任，并对其行为负责。最后，评估机构必须是"高效性的"。评估机构能否赢得社会信誉，取决于评估质量，而评估质量在很大程度上取决于评估人员的素质，评估机构必须把好成员资格审批程序，保障机构人力资源的专业水平和工作能力，并定期开展专业培训，提高机构的整体工作水平。

（三）引入契约机制和监督机制

政府在将大部分评估职能让渡于专门的评估机构的同时，通过制定法律和拨款的方式规范和引导评估的发展方向，保障评估合理有序地开展。政府必须制定授权法律，切实保障专门机构实施评估的自主权，并设定明确的工作评价标准，制定和落实相应的监督检查机制，保证评估工作顺利进行。

政府依据严格的专业机构准入标准，选择合格的机构与其签订契约，以法律合同的形式规定双方的职责、权利和义务。评估机构调动成员的积极性，在法律契约的约束下开展评估，接受政府的资助和检查监督。另外，为了保障评估的高效，政府应设立有效的社会监督机制。首先，评估担责机构之间相互监督。评估指导机构通过政策制定、试题认可、过程监督等方式对评估实施机构的工作进行监督，评估检查机构对评估指导机构和评估实施机构的工作完成情况进行检查鉴定。其次，政府部门组织评估专家对评估过程及其结果进行审核。再次，鼓励社会各方力量参与评估活动。

（四）加强评估制度建设

教育质量评估体系需要建立制度保障，主要包括以下两方面。其一，支持和规范评估担责机构的制度。政府部门要出台相关法律，规定评估的政策制定程序、评估的实施程序、评估指标的设立依据、评估资金的使用及评估结果的公布等；设立严格的评估机构准入制度，确保评估的有效实施。其二，鼓励社会力量参与评估的全过程，包括政策制定，评估实施及评估检查，以充分保障评估体系的有效性和民主性；设立社会申诉程序，指定专门部门受理申诉并反馈意见，选择合理部分应用于评估，促进评估体系的改进与完善。

总之，我国设立基础教育质量评估体系需要以国家为主体的支撑力量，建立专门的评估担责机构实施评估，同时鼓励社会力量的参与和支持，将评估作为一项社会性事业，在充分利用社会资源的基础上，有目标、有步骤、有保障地开展教育评估。

第五章

英国国家课程测验的评价
标准与政策

自1988年英国建立国家课程体系以来，其标准、框架经历数次修订。国家课程评价与问责制度也相应地在30多年的时间里经历了不断改革、发展和完善的过程，以监控国家课程标准的实施和维持。本章重点追溯1988年以来英国国家课程测验评价标准与政策的演变历史，概述现行国家课程测验的制度与政策安排，并在此基础上分析其特点、争议以及对我国基础教育评价的启示。

第一节

英国国家课程测验评价标准与政策的产生和发展

英国于1988年建立起针对多个学科、不同年龄学生的国家课程评价体系，具体包含多元化的评价目标和评价方法，基于标准参照的内部评价模式，以及对评价进行详细记录、整理与报告的指南，涉及相当大工作量的复杂流程。因此，在这30多年间，英国国家课程测验的评价标准、评价工具、评价模式及其实施机构几经调整，以在测验的有效性、可管理性和可靠性之间寻求一个平衡。

一、1988年英国国家课程测验评价标准的建立

英国国家课程体系的建立并不是一蹴而就，而是经过长期的讨论与酝酿。英国的中小学在很长一段历史时期没有全国统一的课程和标

准，地方当局和学校拥有很大的自主权，这意味着当时的学校几乎完全没有问责制。自20世纪70年代以来，政府内部对这种以儿童为中心、以地方为中心、缺乏中央管辖和统一标准的教育十分不满。1987年玛格丽特·撒切尔执政后，立即宣布开始实行教育改革。1988年7月，英国通过了《1988年教育改革法》（Education Reform Act 1988），开始建立起统一的国家课程，即义务教育阶段学生都必须学习的课程，并要求在每个关键阶段末期对学生进行评估，以确认他们在该阶段的预期成就目标上达到了何种水平。国家课程及其评估体系的引入，打破了地方教育当局对教育的垄断局面，扩大了中央政府对课程的控制权，其主要目的在于提高全国教育水平和教育质量。具体来看，国家课程包括10门基础学科，其中数学、英语和科学为3门核心学科，历史、地理、技术、音乐、艺术、体育和现代外语为7门基础学科。此外，《1988年教育改革法》还制定了统一的课程目标和评价标准，将义务教育阶段划分为四个关键阶段，包括关键阶段1（简称KS1，5—7岁，一至二年级）、关键阶段2（简称KS2，7—11岁，三至六年级）、关键阶段3（简称KS3，11—14岁，七至九年级）、关键阶段4（简称KS4，14—16岁，十至十一年级），规定不同阶段学生应掌握的知识、技能和理解能力（即学习计划），并以此为依据分别对7岁、11岁、14岁和16岁学生学习国家课程各个科目的情况进行全国统一评定。同时，建立国家课程委员会（National Curriculum Council，简称NCC）和学校考试与评价委员会（School Examination and Assessment Council，简称SEAC）负责相关课程与考试方面的事宜。

在这一阶段，英国国家课程的评价框架主要由1987年7月成立的由保罗·布莱克（Paul Black）教授领导的评价和考试任务小组（Task Group on Assessment and Testing，简称TGAT）设计。该评价框架的主要内容：（1）在评价目标上，该评价系统的主要目的是形成性目的，即改进学生的学习；其诊断性目的是"通过察明、区分学习困难，从而能够给学生提供恰当的治疗帮助与指导"；其总结性目的是系统地记录学生的整体成就；其评估性目的是"通过评价，衡量与报告一所学校、地方教育当局或其他独立教育机构某些方面的工作情况"。（2）在评价模式上，该评价系统是标准参照式的，即对每个学科的若干"能力构成"设定了若干"成就目标"，其中每个成就目标又跨各个关键阶段设定了十级水平，[1]由教师根据成就目标中的成就叙述来判断最适合学生的成就等级。（3）在评价方法上，国家课程评价采用教师评价（Teacher Assessment）与标准评价相结合的方式。教师评价指的是在各个关键阶段，教师根据对学生的观察、学生的课堂表现以及作业情况等，对学生在各个成绩目标上的水平作出判断。标准评价则指在各个关键阶段末，由教师对学生在一系列口头、实践或书面任务上的表现作出评分。（4）在评价的记录、报告和公布上，TGAT建议使用成绩档案工具，给家长的报告要说明学生在各学科和各能力构成上的水平以及该学科的总水平，还要说明校内和该年龄组儿童达到不同水平的比例，并要求学校公布11岁、14岁和16岁评定结果，但要作为学校更大范围报告的一部分。[2]

二、20世纪90年代英国国家课程测验评价标准的发展

1988年国家课程的评价模式在实施过程中产生了诸多问题，例如：标准评价本身难以管理，操作难度大且信度难以保证；教师需

---

[1]　其中KS1面向1—3级水平，KS2面向2—6级水平，KS3面向3—7级水平，KS4面向4—10级水平。

[2]　陈霞.英国1988年以来的国家课程评价政策述评［J］.外国中小学教育，2003（5）：1-5.

要详细记录评定结果，且涉及复杂的累积法，导致工作量极大；政府对课程和评价的官僚控制使得教师的自主性被忽视。因此，以1993年KS3的中学英语教师反对考试和成绩排行榜为导火线，掀起了一场抵制全国评价制度的运动。在这种情况下，当时的教育部长约翰·帕藤（John Patten）授权迪尔英爵士（Sir Ron Dearing）负责全国课程和评价的审查工作。最终，政府根据迪尔英爵士的《全国课程及其评价：中期报告》对国家课程和评价体系进行了修订，并于1995年8月开始正式施行。这次修订对国家课程评价体系的调整如下：第一，简化关键阶段末评价的范围和方法，把KS1、KS2和KS3的全国统一考试局限在英语、数学和科学这三门核心学科上，这些考试比原先更为简化，而且进一步缩减了管理它们的时间；第二，突出教师评价的地位和作用；第三，设立增值指标（value-added），科学评价学校的表现；第四，改进KS4评价，将中等教育证书考试（General Certificate of Secondary Education，简称GCSE）与前三个阶段分离，其评分等级与10个等级水平不再挂钩。[1]至今为止，国家课程评估仍基本保留了这种形式。此外，负责国家课程测验相关工作的法定机构也进行了重组和调整。1993年，国家课程委员会（NCC）与学校考试与评价委员会（SEAC）合并成为学校课程与评估局（School Curriculum and Assessment Authority，简称SCAA）。

三、21世纪初英国国家课程测验评价标准的发展

1997年布莱尔执政之后开始了新一轮的国家课程改革，并于2000年9月起在中小学实施新的国家课程。这一版的国家课程体系及

---

[1] 陈霞.英国1988年以来的国家课程评价政策述评 [J].外国中小学教育，2003（5）：1–5.

其评价有了新的调整和变化：（1）必修科目从原来的10门增至12门，新增了信息和通信技术（ICT）和公民课程。（2）2003年相应地对国家课程评价体系进行调整，将原有的10个评定等级减少为9个，即8个等级水平加1个优秀水平。其中，KS1面向1—3级，KS2面向3—5级，KS3面向5—8级。（3）提升学校和教师在评价中的作用。KS1末期的测验由学校负责，KS2和KS3末期的测验由外部专业机构进行打分。（4）测验结果的记录和公布更具针对性和指导性，即详细说明学生的优势和劣势。另外，在管理机构上，1997年，学校课程与评估局又与国家职业资格委员会（National Council for Vocational Qualification，简称NCVQ）合并为课程与资格局（Qualifications and Curriculum Authority，简称QCA），负责全面统筹课程标准和评价水平事宜。其中，国家评价局（National Assessment Agency，简称NAA）是课程与资格局的执行机构，负责国家课程和评价的实施。

2005年3月，课程与资格局受原教育与技能部委托，对英国中学课程的灵活性和机会进行审查，并于2007年7月公布新的国家课程，该课程计划于2008年9月开始具体实施。2008年版新国家课程与前两次的国家课程相比具有更大的灵活性，新国家课程在提供共同基准的基础上鼓励学校自我分析，准确定位。首先，新国家课程要求学校在明确自身优势和弱点的基础上，根据本校学生的特定需要、能力状况及学习愿望因材施教，制定学校课程目标，创新性地开发和建立自己的课程。其次，新国家课程强调学校课程与学校的特征、本校学习者的需要和能力及当地情境相适应。[1]此外，英国教育大臣于

---

[1] 杨梅.从特色学校看英国"国家课程"改革的政策走向[J].比较教育研究，2010，32（12）：18-21.

2008年10月宣布，将完全取消关键阶段3的国家课程测验，也就是说，2009年7月开始，处于KS3末的学生仅需接受各个学科教师的评价。

四、21世纪头十年英国国家课程测验评价标准的发展

英国学生在PISA测试中的不佳表现，持续引发公众对英国基础教育质量的普遍担忧。人们认为国家课程未能给学生提供足够的准备，在目标设定上，关于成就目标的水平描述（level descriptions）过于繁冗，既给教师、家长的理解带来很大困难，又难以为学生提供明确的指导，而且潜含"允许部分学生达不到基本水准"的假设；在内容安排上，部分知识技能要求明显比其他国家更低，且未充分体现"宽广且均衡"的基本理念；在课程评价上，现有的全国性评价标准过于强调统一，抑制了教师的专业自主性，并导致教师"为考试而教"的倾向，学生的学习动机因此而受到很大影响。[1]作为回应，当时的教育大臣迈克尔·戈夫（Michael Gove）于2011年1月宣布启动新一轮的国家课程改革，并最终于2014年9月起在中小学全面实施新版国家课程框架。2014版国家课程进行了以下几方面的调整：（1）取消先前的九级评估水平的成就目标，只实行初级评估和问责制，以便给予学校和教师更大的灵活性；（2）明确国家课程仅提供每一阶段必修科目的知识、技能与方法，而具体组织由学校和教师自行决定，以扩大教师的自主权；（3）要求教师根据学生的认知基础、年龄特征、先前经验和性别等，提供有针对性的教学方案，积极

---

[1] 李国栋，夏惠贤.为学生毕业后生活做更好的准备——英国"2014国家课程"述评 [J].比较教育研究，2015，37（9）：85.

回应有特殊需要学生的需求。[1]此外，2010年4月，资格与考试管理办公室（The Office of Qualifications and Examinations Regulation，简称Ofqual）成立，承担原来由课程与资格局负责的资格、考试和评估事宜。

第二节

英国现行国家课程测验评价标准与政策

在英国，所有基础教育阶段的公立学校都必须按照国家课程框架进行教学（具体科目见表5-1）。此外，所有符合条件的政府资助学校（maintained schools）、特殊学校或学院（academies）[2]的学生都必须参加国家课程测验，这通常被称为SATs（Standard Assessment Tasks）。目前英国仅在关键阶段1（KS1）和关键阶段2（KS2）结束时进行国家课程测验[3]。测验具体涵盖了数学、英语阅读和英语语法、标点和拼写等科目和内容，这些测验每年更新一次，并在夏季学期的指定时间

[1] 李国栋，夏惠贤.为学生毕业后生活做更好的准备——英国"2014国家课程"述评［J］.比较教育研究，2015，37（9）：87.

[2] 英国根据2000年的"学院计划"设立的学校类型之一，这类学校由企业、大学、慈善机构、宗教组织等赞助者创办，与政府合作，资金由创办者和政府共同承担，享有较大的自主权。

[3] 公立学校所有符合条件的学生在每个关键阶段结束之际都需要参加国家课程测验（SATs）。自2009年以来，KS3末期的国家课程测验已被取消，而KS4末期的"中等教育证书考试"（GCSE）属于评价实体机构提供的资格证书考试，也不属于国家课程测验体系，因此也不在本章讨论范围之内。

段进行。此外，在科学科目上，每两年对KS2末期的代表性学生样本进行抽测。除了国家课程测验之外，KS1和KS2末期的学生还需要接受教师评价。

表5-1　英国国家课程科目表

阶段		KS1	KS2	KS3	KS4
年龄		5—7岁	7—11岁	11—14岁	14—16岁
年级		一至二年级	三至六年级	七至九年级	十至十一年级
核心学科	英语	√	√	√	√
	数学	√	√	√	√
	科学	√	√	√	√
基础学科	艺术和设计	√	√	√	
	公民			√	√
	计算机	√	√	√	
	设计和技术	√	√	√	
	语言		√	√	
	地理	√	√	√	
	历史	√	√	√	
	音乐	√	√	√	
	体育	√	√	√	√

注：语言的学科名称在KS2阶段称"外语"，在KS3阶段称"现代外语"。

资料来源：Department for Education, National curriculum in England: framework for key stages 1 to 4 [EB/OL]. [2014-12-2] (2020-04-15), https://www.gov.uk/government/publications/national-curriculum-in-england-framework-for-key-stages-1-to-4/the-national-curriculum-in-england-framework-for-key-stages-1-to-4.

一、评价目标

国家课程测验的主要目的是确定各个关键阶段的学生在何种程度上达到了国家课程框架（2014）中概述的成就目标，即终结性评价目标。此外，国家课程测验的预期目标还包括以下三个方面。

一是让学校对学生的成就和进步负责。国家课程测验的结果可以用于对学校进行问责，让学校对学生的成就和进步负责。法定测验所提供的针对不同学生群体的成绩和进步信息，可以帮助中央和地方政府、公众以及家长了解学校的表现。

二是告知家长和学校关于每个学生的表现。至关重要的是，国家课程测验的结果可以帮助学校和教师更清楚地了解学生在整个学习阶段遇到的困难和挑战，从而提供更为适当和及时的支持。此外，向父母提供有关孩子在不同学科以及不同关键要素上的成就和进步，有助于他们更有针对性地帮助孩子在需要关注的领域实现提升。

三是在学校之间建立基准，并在本地和全国范围内监控绩效。基准测试在支持对学校绩效的评估和自我评估中发挥着重要作用。国家课程测验使得学校有机会与当地以及全国平均水平进行比较。同时，对中央政府以及地方政府而言，使用相关数据可以监控国家课程框架的实施情况，评估教育改革或计划成功与否，有助于了解全国以及本地的现状与趋势，为未来国家课程评估标准的制定提供参考。

二、评价标准和评价内容

英国具体列出了各个关键阶段所有学科的法定学习计划以及应达

成的成就目标。其中，KS1和KS2评估旨在衡量学生对这两个关键阶段学习计划的认识和理解。

（一）KS1之前的评估

在早期教育的末期，教师将基于儿童的日常活动和表现进行早期基础阶段评价（Early Years Foundation Stage Profile，简称EYFSP），总结并描述儿童的发展和学习状况。EYFSP由英国教育部执行机构——标准和测验机构（Standards and Testing Agency，简称STA）实施。早期基础阶段评价是基于早期基础阶段框架（Framework for the Early Years Foundation Stage）开展的。框架规定了儿童从出生到5岁的发育、学习和照料的法定标准，确保儿童拥有健康、安全和快乐的童年，以及拥有广泛的知识和技能，为顺利进入基础教育阶段做好准备。

法定早期基础阶段框架设定了早期学习的七大目标，总结了所有幼儿在这一阶段结束前应获得的知识、技能和理解。具体包含三大基本能力和四大专业能力（见表5-2）。其中，三大基本能力旨在激发儿童的求知欲和学习热情，对提升他们的学习能力、建立人际关系以及健康成长至关重要。在早期基础阶段（Early Years Foundation Stage，简称EYFS）末期，通常是儿童达到5岁这年的最后一个学期，从业者和教师必须根据表5-2的早期学习目标，对每个幼儿的发展水平进行评价。评价结果具体分为三个等级：达到预期发展水平，超过预期水平，尚未达到预期水平。[1]

---

[1] Department for Education. *Statutory Framework for the Early Years Foundation Stage*. London: DfE, 2017, pp.5–12.

表5-2　早期基础阶段（EYFS）的目标及内容

基本能力	交流和语言	学会认真倾听与注意
		培养理解能力
		树立勇于表达的信心和能力
	身体发育	发展良好的协调、控制和行动能力
		培养健康的生活习惯和基本自理能力
	个人、社会和情感发展	树立自信和自我意识
		能够管理自己的情感和行为
		与他人建立积极的关系
专业能力	读写能力	阅读和理解简单的句子
		用他们对语音的理解书写单词和简单的句子
	数学	20以内的计数和简单的加减法
		描述形状、空间和大小
	了解世界	了解身边的人、家庭和社区
		了解身边不同地点、物品、材料、动植物的异同和变化
		认识并学会根据需要选择家庭和学校所运用的多种技术
	艺术表现力和设计	探索和使用各种媒体和材料
		通过原创的方式表达自己的创意、想法和情感

资料来源：根据EYFS法定框架整理。Department for Education. Statutory Framework for the Early Years Foundation Stage. London: DfE, 2017, pp.5-12.

（二）KS1评估

在KS1末期，也就是二年级的最后一个学期，英国会对学生进行一次全国统一的评估，旨在评估学生对KS1学习计划的知识和理解。

KS1的法定评估过程包含两个部分，即测验和教师评估，具体涉及阅读、写作、数学和科学学科。KS1国家课程评估和报告的法定要求由英国教育部执行机构——标准和测验机构制定。

1. 国家课程测验

KS1阶段的国家课程测验通常在5月份统一进行。其中，阅读和数学测验是学校按照国家法定程序统一进行的，语法、标点和拼写测验则是学校可以自主选择的。此外，没有针对科学科目的测验，这主要由教师根据预期的标准进行判断。

（1）英语阅读测验

主要评估学生在英语阅读方面，在何种程度上达到了国家课程框架（2014版）中概述的学习目标。英语阅读测验主要有两份卷子，均由难度逐渐提高、类型多样的精选文本组成。其中测验1由阅读提示和答题册组成，测试时间大约需要30分钟（400—700字阅读材料），但没有严格的时间限制，总分20分；测验2由阅读册和单独的答题册组成，包含比测验1更具挑战性的文本（约800—1 100字），测试大约需要40分钟，时间同样具有灵活性，总分20分。

（2）英语语法、标点和拼写测验

同样分为两个部分：测验1是拼写题，由供测试官朗读的材料和供学生拼写20个单词的答案册组成，测验大概需要15分钟，总分20分；测验2是一本综合答卷，着重评估学生对语法、标点和词汇的掌握情况，总分20分，测验大约需要20分钟，时间同样可灵活处理。

（3）数学测验

主要基于国家课程框架（2014版）中概述的成就目标，评估学生在数学学习上取得的成绩。数学测验包含两个部分，以两份测验的形式呈现给学生。其中，测验1是算数题（numeracy），旨在评估学生在整数、进位制和计数方面的学习情况，大约需要20分钟完成，总计25分；测验2为推理题，旨在评估学生解决数学问题和进行数学推理的能力，总计35分，大约需要35分钟，时间均不严格规定。

2. 教师评估

在KS1结束（二年级）时，教师必须根据教师评估框架（TA Frameworks）、关键阶段前标准（Pre-key Stage standards）或者P级法定指南（P Scale Statutory Guidance）[1]中规定的标准，基于学生的平时表现以及KS1测验成绩，对每个学生的英语阅读、英语写作以及数学和科学的学习情况作出评估。教师评估框架包含不同的等级标准。例如，在科学科目上，教师评估框架仅包含一个标准，即达到预期标准。因此，完成KS1学习计划的学生将被判定为"达到预期标准"或"未达到预期标准"。而在英语阅读、英语写作和数学科目上，教师评估框架包含三个级别，即接近预期标准、达到预期标准、达到更高标准。另外，对于在英语阅读、英语写作和数学科目上尚未达到预期标准的学生，教师将使用关键阶段前的标准进行评估，具体分为四个等级，即标准1至标准4。最后，如果学生的学习水平低于国家课程测验的标准，且尚未学习特定学科，比如有特殊教育需要的学生，则应使用P级1至P级4的标准进行评估。[2]

---

[1] 关键阶段前标准适用于低于国家课程评估总体标准但参与特定学科学习的学生；P级量表规定了5—16岁有特殊需要的学生应该达到的成绩目标和指标，这些学生的学习水平低于国家课程测验和评估的标准，且尚未开始特定学科的学习。

[2] Standards & Testing Agency. Key Stage 1 Assessment and Reporting Arrangements. Coventry: STA, 2019, pp. 34–36.

另外，所有一年级（6岁）儿童都必须接受自然拼读测试（phonics screening check），该测试旨在评估学生是否已经学习适当标准的语音解码，以确定需要额外帮助以提高解码技能的学生。测验由20个真词和20个假词组成，学生可以大声朗读给施测者听。国家层面和地方当局层面的结果会公布，但是学校层面的数据不会公布。[1]此外，英国教育部还计划在2019—2020学年进行大规模试点之后，于2020年9月起引入新的基准评估（baseline assessments），符合条件学校的学生在入学之后的六周内参加数学、识字、交流和发展等方面的评估。评估的结果将作为起点，帮助了解随着时间的推移学生在刚入学到二年级这段时间取得的进步，以达到问责学校的目的。每个儿童与学校的结果将不会公布。

（三）KS2评估

在关键阶段2结束时，也就是六年级的5月份时，需要对在政府资助学校、特殊学校或学院（包括自由学校）注册的学生进行法定评估，包括国家课程测验和教师评估，以检查学生国家课程学习计划的完成情况。

1. 国家课程测验

在KS2末期，公立学校[2]的学生需要参加三个国家课程测验：阅读，语法、标点和拼写，数学。科学这一科目，每两年对选定的学生样本进行一次抽测。这些测验结果不会报告给学校或家长。

---

[1] Standards & Testing Agency. Key Stage 1 Assessment and Reporting Arrangements. Coventry: STA, 2019, pp. 28-33.

[2] 公立学校指的是受政府资助的学校，通常指政府资助学校（maintained schools）、特殊学校或学院（包括自由学校）。独立学校（independent school）则采取自愿的原则，自主决定是否参与统一的国家课程测验。

（1）英语阅读测验

英语阅读测验侧重于对国家课程的理解，并包含多种类型的阅读文本。测验以难度逐渐增加的形式来设计。试题包含阅读册和单独的答题册两个部分，学生有一个小时的时间阅读阅读册中的3篇文章并完成相应问题，总计50分。

（2）英语语法、标点和拼写测验

英语语法、标点和拼写测验的重点是学习计划中的相关内容。具体包含两份试卷：第一份是一本问答册，学生有45分钟的时间回答问题，总计50分；第二份是拼写试卷，由供测验实施者阅读的材料（test transcript）和答题册组成，学生在答题册上拼写20个单词，测验大致需要15分钟，但没有严格的计时，总计20分。

（3）数学测验

数学测验侧重于国家数学课程中可评估的要素，包括算数和推理两部分，以3份试卷的形式呈现给学生。试卷1的主要评估内容是算术，学生有30分钟回答问题，总计40分。试卷2和试卷3侧重评估推理，每份试卷学生有40分钟回答问题，分值都是35分。

（4）科学抽测

科学抽测每两年进行一次，由外部管理人员在选定的学校中进行。测验以纸笔考试的形式进行，结束后进行外部评分。最近的一次科学抽测原计划于2020年6月进行[1]，届时STA将在4月通知被选定的学校。但并不是选定学校的所有学生都要参与测验，在选定的1 900所学校中，将从每所学校中选出5名学生代表，也就是说，大

---

[1] 由于新冠病毒（COVID-19）在全球肆虐，英国取消了2019—2020年度的国家课程评估。这意味着2020年4月至7月间的KS1和KS2评估（包括测验和教师评估）、自然拼读测试、乘法表检查和科学抽测和法定测验试验都将被取消。

约随机抽取9 500名学生作为代表性样本参与科学测验。此外，英国还将从选定的1 900所学校中进一步抽取样本参加2022年科学抽测的预测试。科学测验具体包括三份试卷，每份试卷的完成时间不超过25分钟。[1]

2. 教师评估

与KS1相同的是，在KS2结束时学校同样需要报告英语写作和科学的教师评价判断。即教师需要根据教师评估框架、KS2前标准（Pre-key Stage 2 Standards）或P级法定指南中规定的标准，基于学生平时课堂和作业上的表现，对每个符合条件的学生作出评估。其中，教师评估框架具体规定了在KS2结束时学生必须达到的标准，教师必须遵循框架中规定的关于每门科目的具体指导来作出判断。具体来看，英语写作框架包含三个级别的标准，即接近预期标准、达到预期标准和达到更高标准。KS2科学框架仅包含一个标准，即达到预期标准，也就是说，完成学习计划的学生将被判定为"达到预期标准"或"未达到预期标准"。在KS2结束时，对于未达到国家课程评估总体标准并参与具体科目学习的学生，必须使用KS2前标准对学生的英语阅读、英语写作和数学科目进行法定评估。该标准遵循与教师评估框架相同的原则，具体包含标准1至标准6不同的等级。另外，如果学生有特殊教育需求，且学习水平低于KS2前标准，则应使用P级1—4的标准对未参与具体学科学习的学生进行法定评估。[2]

另外，从2019—2020学年开始，英国对政府资助学校、学院（包括自由学校）和特殊学校的所有四年级末的学生进行法定的乘法表检

---

[1] Standards & Testing Agency. Key Stage 2 Assessment and Reporting Arrangements. Coventry: STA, 2019, p.47.
[2] Ibid., pp.35–36.

查（multiplication tables check，简称MTC），目的是确定四年级的学生是否可以流利地记忆乘法表。

三、测验的编制

为了符合2014年开始实施的国家课程的目标、宗旨和内容，英国开发了KS1和KS2末期学生所要接受的国家课程测验，适用于对7岁和11岁学生的英语、数学和科学科目的评估。

（一）测验框架

为了保证测验的效度、信度和可比性，标准和测验机构与英国教育部课程和评估团队、教师小组以及学科专家协商后，根据国家课程，为每个科目制定了测验框架。这些测验框架旨在指导测验开发人员的编制工作，具体规定了评估内容、评估学科各个要素的方式、测验的结构，以及预期学生在测验中达到的标准。在整个测验开发过程中，题目[1]编写机构同标准和测验机构都需要以此为指导。每个测验框架包含四个方面：（1）内容领域：规定可以通过测验评估国家课程的哪些部分；（2）认知领域：概述测验要求和受试者所需的认知技能；（3）测验规范，包括提供测验格式、项目类型、回答类型、评分，以及内容和认知领域分数的比例，解释如何报告测验结果；（4）每个科目的绩效指标（performance descriptors）。

（二）测验编制人员

国家课程测验的编制工作由标准和测验机构内部的测验开发

---

[1] 在英国国家课程测验中，一个"问题"被称为一个"题目"（item），即可打分的最小单位。

部门进行。该团队由评估专家、心理计量学家、测验开发研究人员、测验设计师以及项目人员组成。标准和测验机构的技术专家都是英国和国际上拥有评估理论、丰富的技术知识和课堂经验的专业人士。

（三）测验编制过程

测验的编制基于题库，每个题目的设计都要经过一系列阶段，以确定其是否有效、可靠，以及是否符合测验的目的。符合这些标准的题目具有纳入实际测验的可能性。未在实际测验中使用的合适的题目则都保存在题库中，以备将来的实际测验使用。实际的测验必须符合各个学科测验框架的测验规范。[1]测验的编制过程往往需要两到三年，具体的流程见表5-3。

表5-3 英国国家课程测验编制过程表

编 制 过 程	具 体 内 容
Ⅰ：题目开始	起草题目和评分方案； 在学校内部小规模试行。
Ⅱ：专家评审1	专家组评审题目； 根据专家的反馈作出修改； 将题目编入试验版试题册中； 制定评分方案。
Ⅲ：题目验证试验	安全实施试验； 每个题目对约300名学生进行试验； 教师填写问卷； 评分和心理测量分析； 根据结果进行题目修正； 完善评分方案。

---

[1] Standards & Testing Agency. National Curriculum Test Handbook: 2018. Coventry: STA, 2018, pp.5-12.

（续表）

编　制　过　程	具　体　内　容
Ⅳ：专家审查2	专家小组再次审查题目； 根据专家反馈进行修订； 将题目编入测验中； 对评分方案进行完善和汇编。
Ⅴ：技术预测试（TPT）[1]	进行大规模安全实施以收集可靠的统计数据； 每个题目对约1 000名学生进行试验； 评分和心理统计分析； 为了测验等值的锚测验。
Ⅵ：最终测验形成	根据已发布的测验规范制作试题册； 由专家进行最终审查； 制定最终评分方案； 在移交打印之前进行最终测试和评分方案的设计工作以及校对过程。
Ⅶ：改进版测验开发	由专家对标准测验进行修改，以产生盲文版本、修改的放大版本和放大版本； 制定针对听力障碍学生进行测验时的指导。
Ⅷ：实际测验管理	打印测验题并交付给学校； 在学校中实施测试； 按照精确的评分方案对评分者进行训练； 进行评分。
Ⅸ：最终等级划分	使用来自TPT和现场测验的数据，进行标准设定或标准维护程序； 确定最终的等级分数划分表； 将学生的原始分数转换为等级分，并将结果反馈给学校。

资料来源：Standards & Testing Agency. National Curriculum Test Handbook: 2019. Coventry: STA, 2019, pp.10-11.[1]

四、测验的组织与实施

标准和测验机构的测验管理团队负责制定测验指南，并管理有关

---

[1] TPT即技术预测试（technical pre-test），是测验开发过程中最大的试验，目的是收集详细的统计信息，以帮助支持最终的测验构建。

测验实施和使用安排等事宜。测验运营部门负责监督纸质国家课程测验的印刷、发放和收集工作。该部门还负责监督KS2测验的评分，以及通过小学评估门户提供可下载的英语语法、标点和拼写测验。具体来看，测验的组织与实施具有明确的步骤和流程。

（一）测验准备阶段

由标准和测验机构提供往年测验材料，帮助教师为当年的测验做准备，其中包括KS1和KS2国家课程测验的往年版本、评分方案以及测验管理说明。

（二）测验材料的申报和预订

政府资助学校和学院（包括自由学校）无须预订标准版测验。标准和测验机构将根据秋季人口普查数据计算所需测验的数量，并将标准的KS1英语阅读和数学测验材料发放给学校。根据人口普查和学生注册数据，标准和测验机构将一定数量的标准版KS2测验材料发放给相应学校。如果需要，学校可以在11月底之前通过小学评估门户预订测验的修改版，即修改过的放大版（modified large print，MLP）和盲文版（braille）的KS1测验，以及放大版、修改过的放大版和盲文版[1]的KS2测验。选择参加一门或多门科目的KS1或KS2测验的独立学校以及特殊学校，则必须提前预订标准版或修改版测验材料，并向家长发布隐私声明。

---

[1] 测验的修改版主要包括三个版本。其中，放大版（EP）册子以较大的版面（364 mm×257 mm）来印刷，图片和非比例图均比标准版测验大；修改过的放大版（MLP）册子同样以较大的版面（364 mm×257 mm）来印刷，但是存在更多空白处，且某些图用高对比度设计或实体模型来替代；盲文版本（braille）则提供英语盲文（297 mm×275 mm），适用于视力严重缺陷或丧失视力的学生，图表以触觉格式或实体模型来呈现。

（三）测验材料的发放

一般在4月，学校将收到标准和测验机构发放的所有KS1和KS2测验材料，包括提前预订的修订版测验。校长或其委派的高级教职人员必须对照预订单进行核查，以确保已收到正确数量和类型的测验材料。此外，英语语法、标点和拼写测验则在5月份可从小学评估门户下载。

（四）测验材料的保密

校长和教师应阅读有关确保测验材料安全的指南。所有测验材料，包括从小学评估门户下载的材料，都必须妥善保存和保密。密封的KS1试卷包装只能在学校首次进行测验之前，在测验教室当场打开，KS2试卷不能在测验时间表指定的日期，即进行测验之前打开。

（五）测验的时间

学校一般在5月份对学生实施KS1评估，但是没有固定的时间点和严格的计时，学校可以在测验时间范围内的不同日期对学生施测。如果学生由于疾病或其他原因暂时缺考，通常可以在返回学校后完成评估。每个学生只能参加其中一次测验。KS2测验有一个全国性的考试时间表，以确保所有学校都在同一天进行测验。如果学生因疾病等原因缺考，但在5个工作日内重返校园，学校可以向标准和测验机构申请在另外的时间让学生参加测验，这就是所谓的时间表变化（timetable variation）。但如果是未经授权的请假（如学校未批准的家庭假期），意味着学生可以接触到考试材料或与已经参加考试的同学接触，则不再适用于时间表变化的相关规定。

（六）测验的评分

KS1测验由学校内部使用评分方案进行打分，该评分方案一般于5月份在小学评估门户提供。测验应由熟悉学生的教师打分，且要求教师在了解正确答案的基础上有专业判断力。英语阅读和数学测验的最终结果将作为重要的依据用于帮助教师对KS1末期的最终教师评估作出可靠的判断。KS2测验则需要送到学校外进行评分，每次测验后，测验管理人员应立即将答卷返回给校长，校长负责保证立即对答卷进行核对、包装和密封。标准和测验机构将KS2测验的评分外包给专业的团队，但对评分过程负有总体责任，以确保其以标准化、专业化和可靠的方式进行。KS2测验的结果于7月初返回学校。

五、测验结果的报告与使用

不同阶段的测验结果在国家、地方、学校等不同层面进行报告，并且有不同的用途，具体见表5-4。

表5-4　英国国家课程测验的结果报告

阶　　　段	测　验　内　容	结　果　报　告
早期教育（4—5岁）	早期教育基础阶段简况	在国家和地方当局层面报告
入学前六周（从2020年9月开始）	评估数学、识字、交流和发育方面的发展	结果不发布，仅用于计算学校的KS2进步绩效指标
一年级（5—6岁）	自然拼读测试（对阅读能力的测试）	在国家和地方当局层面报告
二年级（6—7岁）（关键阶段1结束）	KS1国家课程测验（SATs）：数学；英语阅读；语法、标点和拼写	在国家和地方当局层面报告

（续表）

阶　　段	测　验　内　容	结　果　报　告
四年级（8—9岁） （2019—2020年度开始）	乘法表测试	在国家和地方当局层面报告
六年级（10—11岁）（关键阶段2结束）	KS2国家课程测验（SATs）：数学；英语阅读和写作；语法、标点和拼写；每两年进行一次科学抽样测试	在国家、地方当局和学校层面发布

资料来源：由笔者根据相关资料整理。Roberts, N. Assessment and Testing in Primary Education (England). House of Commons Library, 2020, p.4.

（一）EYFSP评估结果的报告与使用

早期基础阶段评价的结果主要用于三个方面：学校必须与家长或看护人分享评估结果，告知父母孩子在早期教育目标上的达成情况以及学习特征；在早期教育与KS1教师之间建立专业对话，帮助学生顺利向KS1学习过渡；帮助一年级教师制定有效、迅速反应和适当的课程计划，以满足所有儿童的需求。此外，早期教育机构必须根据要求将EYFSP结果报告给地方当局，地方当局有责任将此数据交给相关的政府部门。对这个角度看，EYFSP提供了关于早期教育结束后全国儿童发展水平的准确数据，教育部可以用该数据在国家和地方层面监控儿童发展水平的变化以及KS1教育的准备情况。但是，教育部不会在绩效表中公布学校层面的结果。[1]

（二）KS1评估结果的报告与使用

KS1测验的结果可以作为教师评估的重要证据。教师必须使用英

---

[1] Standards & Testing Agency. Early Years Foundation Stage Profile 2020 Handbook. Coventry: STA, 2019, pp.6—9.

语阅读和数学的KS1测验结果来支持对学生在整个关键阶段表现的评价。此外，学校不需要使用可选的英语语法、标点和拼写测验的结果来进行教师评价。英国每年在6月份前后发布测验的换算表，供教师将学生的原始分数转换为等级分数，以查看每个学生是否都达到测验的预期标准。当学生换学校时，学校无须向地方当局或下一所学校报告测验结果。但是，如果学校记录了这些数据，则可以选择是否将这些结果纳入提供给地方当局或下一所学校的数据。地方当局不向教育部提交测验结果。学校也无须向家长报告学生个人测验成绩，但如果家长要求查询孩子的国家课程测验结果，则学校必须提供。KS1的教师评价则可作为衡量KS1和KS2之间进步的基准，但教育部不会在绩效表中公布学校层面的KS1教师评价结果。此外，关于一年级儿童进行的自然拼读测试，学校必须向地方当局报告学生的测试成绩，再由地方当局将测试结果提交给教育部，但是教育部不会在绩效表中公布学校层面的结果。此外，在夏季学期结束前，校长必须向家长报告孩子的自然拼读测试成绩。[1]

（三）KS2评估结果的报告与使用

KS2测验由标准和测验机构招募和培训的外部人员根据已发布的评分方案进行打分，最终结果一般于7月份前后在小学评估门户可查询，具体包括原始分、等级分以及确认其是否符合预期标准。对于KS2测验的结果，将基于测验数据和教师评估判断，在国家、地方当局以及学校层面公布阅读、数学和写作科目达到预期标准的学生比例。KS2测验主要用于评估学校的绩效，以对学校进行问责。另外，

---

[1] Standards & Testing Agency. Key Stage 1 Assessment and Reporting Arrangements. Coventry: STA, 2019, pp.27, 32.

KS2科学科目的抽测数据仅在国家层面报告，以反映一段时间内全国科学科目的成绩，个人测验结果不会反馈给学校或学生。

此外，乘法表检查的成绩有以下用途：一是在了解学校层面以及每个学生成绩的基础上，有助于学校为有需要的学生提供额外的支持；二是与KS1的自然拼读测试一样，学校层面的结果将通过学校绩效分析数据系统提供给教育、儿童服务和技能标准办公室（Office for Standards in Education, Children's Services and Skills，简称Ofsted）等机构；三是英国教育部将通过全国范围的结果来追踪标准的维持；四是英国教育部将报告国家和地方当局的结果，以使学校能够衡量学生的表现。另外，学校层面的结果不会在绩效表中发布。[1]英国教育部也不会公布学校层面的乘法表检查结果，但是会统计数据，用于评估学校绩效。

第三节

英国国家课程测验评价标准与政策的特点和启示

英国自1988年起建立的国家课程及其法定评估制度，为学生提供了广泛而均衡的教育，而不受地域、学校、社会经济状况的影响，

---

[1] Standards & Testing Agency. Multiplication Tables Check Assessment Framework. Coventry: STA, 2018, pp. 3-4.

并使得学生的学业成就在全国范围内都是可衡量且可比较的。总之，英国的国家课程评估框架自实施以来，虽历经不断的争议和数次改革，但仍一以贯之地维持着全国统一的基础教育标准，其特色与争议之处对我国的基础教育评价有所启示。

一、英国国家课程测验评价标准与政策的特点

经过30多年的变革与发展，英国国家课程测验的评价标准与政策法规表现出某些方面的独到之处与优势，其主要特点包括以下几个方面。

（一）完善的组织机构框架

从监管与执行机构上看，英国国家课程测验具有独立的职责清晰、功能完善的组织框架，建立起从中央到地方，涵盖独立监管机构、政府执行部门、第三方机构、学校等不同主体的机构框架，全面负责测验编制、实施、评分以及结果公布等整套流程的有序进行。

资格与考试管理办公室作为独立的法定监管机构，负责英国的资格认证、早期基础阶段评价和国家课程测验等方面的监管工作。资格与考试管理办公室的法定目标是提高标准以及公众对国家课程测验的信心，其主要职责是对国家课程测验的各个方面进行审查。它负责维持国家课程测验的标准，监控、评估和报告国家课程测验的有效性，确保标准和测验机构评分的质量。

标准和测验机构作为国家课程测验的主要负责机构，负责从早期教育到KS2阶段国家课程测验的开发以及标准的制定和维持，并受资格与考试管理办公室的监管。标准和测验机构是教育部的执行机构，具体职责包括：负责KS1和KS2阶段英语、数学、科学等核心科目测验的编制、印刷、分发、评分等具体事宜，以及自然拼读测试、乘法表检

查等的相关工作；确保报告准确和可靠的测验结果，处理结果复核申请，以及处理与国家评估有关的质询和投诉；收集KS2法定教师评估数据；通过对地方当局的监督的审查，确保教师评估结果的一致性和准确性。

教育部的各个部门，包括标准和测验机构，均负责制定与国家评估有关的政策。在教育部的支持下，教育大臣负责制定课程并决定是否需要进行国家测验。此外，教育部还负责汇总教师评估的数据，以及结果和绩效表的公布。

地方当局对国家课程测验负有一定的法定责任。地方当局必须：监控国家课程测验的实施，确保测验按照预订的国家统一流程和要求进行；审核学校和早期教育机构教师评估的准确性和一致性；从学校收集教师评估的结果，并将其统一交给标准和测验机构。

标准和测验机构等主要负责机构通常与供应商或第三方实体评价机构订立合同或达成协议，以协助其制定、实施或监督国家评估，并负责应对三方评价机构，以确保其评估安排的有效性。

学校的管理机构、校长，以及早期教育机构、学院信托等相关机构和管理人员负责国家课程测验的执行、管理与监督工作。另外，负责督导中小学或早期教育机构的教育、儿童服务和技能标准办公室也发挥一定作用，它需要考虑国家评估的有效性和公信力等问题。[1]

（二）清晰明确的评价原则

为了保证国家课程测验的质量，达到国家课程测验目的，英国建立起清晰明确的五维评价原则。

---

[1] Ofqual. Regulatory Framework for National Assessments. Coventry: Ofqual, 2018, pp.3-5.

一是保证国家课程测验的效度。效度指的是在测验开发过程中收集的证据在多大程度上支持测验预期期望测量的。KS1和KS2测验的目的是衡量国家课程相关领域的表现。为了确定测验是否能够对学生所达到的水平有足够有效的评估，需要解决两个主要问题：测验是否对国家课程学习计划相关的部分有恰当的评估？所报告的测验结果相对于预期标准是否合适？二是保证国家课程测验的信度。信度是指测验分数的可靠性、一致性，或无随机测量误差。英国通过不同的统计数据来衡量测验的信度，旨在测量测验的有效性以及评分的一致性。三是保证国家课程测验的可比性。英国每年都在测验编制过程中使用相同的测验框架，以保障不同时间段评估之间的可比性。例如，在测验编制过程中使用锚测验或锚题目，将每个TPT和实际测验等同起来，从而确保了2016年之后每一年测验结果的可比性。四是减少偏见。在整个测验编制过程中，对测验中的所有问题进行审查，以最大限度地减少偏见，保证仅根据每个学生的学业水平进行评估，而不受其他无关因素的不利影响，包括来自全纳小组（inclusion panels）的反馈，以及在数据分析过程中对项目功能差异（differential item functioning，简称DIF）[1]的监控。英国还为学生提供了一整套的特殊测试安排和修改版测验，以确保学生公平地获得测验。五是具有可管理性。对相关人员而言，评估应该是可管理和可实施的，应该向学校以及参与评估的其他机构提供必要的信息，以保证评估及时有效地准备和实施。英国国家课程测验的实施遵循KS1和KS2的既定安排，按照正常时间表实施测验相关管理工作。[2]

---

[1] "项目功能差异"是一种表明同一水平的不同学生群体在某一项目上的正确率是否相同的统计数据。

[2] Standards & Testing Agency. National Curriculum Test Handbook: 2018. Coventry: STA, 2018:, pp.62-64.

（三）统一的标准和多元化目标

英国国家课程测验采用标准参考的评价体系，并可根据评估目的和儿童年龄采取多种不同的评估形式，包括笔试、在线测试、教师评估以及国家抽样测试等多种评价手段。这种标准一致的国家课程测验和教师评价有助于保证评估工具的信度、效度以及可比性，使得快速、大规模地学生进行客观有效的评价成为可能。例如，KS2测验由外部独立机构进行管理和评分，保证了数据的客观性。这种统一的国家课程测验系统还包含多重目的，包括诊断性、形成性、终结性以及评估性等多元目标，从而监测每个学生的学习进步以及相对法定学习计划的达成情况。具体来看，全国统一的标准和测验有助于帮助家长、教师、学校、地方当局以及国家等不同主体了解学生对知识、技能的掌握程度。国家课程测验的结果，特别是形成性的教师评价，有利于教师针对学生的发展水平及时调整教学策略。对于家长来说，学校绩效数据有助于择校，并根据孩子在特定科目上的表现采取相应措施，帮助他们取得持续性的进步。此外，统一标准、具有可比性的数据还可用于纵向评估多年来的教育情况，掌握全国范围内学生在具体科目学习上的总体状况及趋势。历史评估数据可以用来监控教育改革的经验与不足，加以继承和改进。

（四）关注评价的公平性

英国国家课程测验非常关注公平性原则，为使所有学生都能够无障碍地参与国家课程测验，测验设定了诸多针对有特殊需要学生的特别安排。例如，国家课程测验设置了不同的格式版本。标准和测验机构为有严重视力障碍的学生设计了放大版、修改过的放大版和盲文版的KS2测验。其中，放大版采用更大的版面制作、试题册，所有的文本、图片和非比例图表均大于标准版本；修改过的放大版也采用较大的版面，还有更多的空白处，且有些图用高对比度的设计来代替，或者使用实体模型。盲文版则为视力极差或盲人学生设计，图以触觉格式或实体模型呈现。此外，英国还采取了一个独立的评估等级体系来对这些儿童的学习情况进行评估。教师使用P级评价指南对成绩目标低于国家课程测验标准且未参与特定学科学习的学生进行评估。并且，英国开始越来越关注有特殊需要学生的复杂需求，并逐渐意识到根据国家课程测验来衡量这部分学生的表现是不合适的，即便是P级评价。因此，2018年11月，英国教育部宣布将从2020年开始采用新的基于"参与度"的方法来评估有特殊需要的学生。也就是说，针对未参与特定学科学习学生的评估，将集中在认知和学习方面，具体包括反应力、好奇心、发现、期待、坚持、启蒙以及探究等七个方面。[1]

二、英国国家课程测验评价标准与政策的问题和争议

英国以TGAT的最初设计为蓝图建立起来的国家课程评价体系，在实施过程中几经抵制、批判和反对，最终在理念和宗旨上与TGAT的初心愈行愈远。目前，该系统依然面临诸多争议与问题，各界纷纷敦促政府制定出更为完善的评估方案。

（一）统一评价造成学生的巨大压力

尽管目前英国仅对KS1和KS2末期的学生进行国家课程测验

---

[1] Roberts, N. Assessment and Testing in Primary Education (England). House of Commons Library, 2020, p.7.

（SATs），且最终结果主要用于对学校进行问责，并不公布每个学生的成绩，但是公众对国家课程评价制度的抗议之声不绝于耳。他们普遍认为这些测验给学生施加了太大的压力，尤其是对有考试焦虑的学生。特别是随着评价呈现出越来越低龄化的趋势，公众对幼儿需要接受各种不同测验所可能造成的压力越来越担忧。例如，英国将于2020年9月引入的基准评估一直面临争议。政府认为基准是学校对学生从入学到第二年取得的进步的一种认可和证据。[1]但是，一些教育者持相反观点，认为不宜在儿童刚入学的时候就进行评估。例如，"拒绝考试联盟"（More Than a Test）认为基准评估"毫无意义且具有破坏性"，结果将"不可避免地不可靠"，认为基准评估对儿童的后期成绩没有什么预测价值，而且会干扰学生适应学校。[2]此外，持反对意见者还认为，测验的结果容易被解释为对学生智力或能力的唯一和总结性判断，而不是通过该数据来诊断学习过程中的成功与不足之处，从而影响学生的信心和学习兴趣。

（二）问责制对学校和教学的负面影响

由于要在学生的关键节点进行全国测验和评估，还要求学校在排名表中公布测验结果，并以此为依据对学校进行问责，学校背负着巨大的压力。当标准化测验成绩用于对学校、地区甚至教师进行问责时，将会对教学产生重大影响。教师会倾向于"为了考试而教"，学校则有成为"考试工厂"的倾向。因此，英国的这种标准化、低龄化的全国评估体系在全国范围内引发了相关人士的深深担忧，他们认为

---

[1] 目前英国将KS1的SATs成绩作为衡量进步的起点。

[2] Roberts, N. Assessment and Testing in Primary Education (England). House of Commons Library, 2020, pp.5-7.

这种重测量的教育系统损害了教育的真正价值。并且，对所有学校进行统一排名并公布结果，对于那些拥有更高比例的有特殊教育需要学生的学校来说是不公平的。对此，由家长、教师、校长和教育专家组成的"拒绝考试联盟"表明了对高压测验系统的反对，呼吁改变政府过度测验的制度和现状。他们认为，小学是一个自我发现、建立自信和开发潜力的时期，应该让学生们享受丰富多彩的课程，并让他们对学习充满热爱，而不是花数月时间准备英语和数学考试。学生们需要的是能够帮助拓展知识、开发创造力以及提升问题解决能力的教师，而不是教他们如何考试的教师。但是英国的小学教育系统过度沉溺于分数和排行榜，给孩子、家长以及教师带来了不必要的负担。因此，该联盟认为，应根据学校提供的整体教育质量来评判学校，而不是根据一系列标准化考试的结果。[1]

（三）评估目的难以实现

英国民众普遍担心，法定国家评估所包含的目的太多，反而会因相互冲突而导致无法实现。其中最为著名的是牛顿博士（Paul E. Newton）2007年所做的工作，他指出，法定评估被广泛使用的目的至少有16个。[2]之后，儿童、学校和家庭委员会于2008年就测验和评估的调查报告得出相同的结论，认为由于英国国家课程评价系统承载着过多不同的目的，包括国家、地方、学校和个人层面，然而在实际实施过程中，这些目的的实现情况并不乐观。

---

[1] More than a test. Children are more than a score [EB/OL]. [2020-05-08]. https://www.morethanascore.org. uk.

[2] Newton, P. E. Clarifying the Purposes of Educational Assessment. *Assessment in Education*, 2007, pp.149–170.

特别是近年来，由于国家对学校和教师的问责步伐进一步加快，国家课程评估的总结性和评估性目的越来越突出，而对学生个体的实际影响非常有限。当评估的结果被作为对学校进行问责的重要工具时，往往导致一些学校以学生的全面教育为代价而过度强调测验的结果。由于课程大纲的范围有限，考试内容在很大程度上是可以预测的，这导致了各种旨在提高测验结果的"为应试而教"的课堂实践，扭曲了教育的本质和价值。此外，国家课程测验导致学校过于关注英语、数学和科学等核心科目的教学，从而缩小课程的范围，减少内容的多样性。对此，有人认为应该改革国家考试制度，消除这些多重目的，从而消除学校中盛行的不惜一切代价追求考试成绩的风气。[1]并且，人们对英国目前的评价系统的有效性提出质疑，包括：测验测量的都是相对低层次的知识和能力，很难全面反映学生的真实情况；教师评价最终将主要作为对学校进行问责的数据使用，这使得人们对评价结果的合理性和有效性提出质疑；由于大多数学科的测验是纸笔形式，这意味着不擅长书面表达的学生存在劣势，对于母语非考试语言的学生来说尤其如此。

三、国家课程测验评价标准与政策的发展趋势

根据英国近年来在国家课程测验上的变革方向，可以分析未来英国国家课程评价的发展走向。

（一）强调问责基础上的自主权

自1988年以来，英国政府加大对基础教育课程的问责与评估已

---

[1] Whetton, C. A brief history of a testing time: national curriculum assessment in England 1989–2008. *Educational Research*, 2009, 51(2), pp.137–159.

成为大势所趋。但是英国政府也正在寻求中央政府、地方当局和学校管理权之间的平衡，旨在构建中央、地方和学校共同协作的三级管理模式，在保证全国统一标准的基础上，赋予地方、学校和教师一定的自主权，以寻求教育质量与特色之间的平衡发展。也就是说，未来英国的基础教育评价将继续朝着强有力的问责基础上的自主权方向发展，强调在进一步加强外部问责制的基础上，给予学校和教师在课程、教学和形成性评估等方面足够的自主权。

（二）关注每个学生的进步

随着PISA等国际学生评估项目的兴起，英国学生学业成就表现不佳的现实，促使英国近年来为了保证基础教育的整体质量，采取一种愈来愈严苛的问责评价体系。鉴于这种问责制度对学生、教师和学校造成的巨大压力，以及与教育本质的渐行渐远，部分家长和教师的反对之声一直未曾消弭。因此，英国的基础教育评价制度开始呈现出回归教育本质以及重视教育教学质量的趋势。例如，Ofsted作为学校的监察机构，在2019年9月引入了一个新的教育督导框架（education inspection framework，简称EIF），该框架旨在更加关注课程的广度和深度，而更少关注内部生成的学校绩效数据。Ofsted强调，尽管未来全国范围内收集的绩效数据将继续在督导中发挥作用，但是其占据的分量将越来越小，教育的实质方面，如教学的内容和方法，将受到更多关注。[1]也就是说，对学校进行问责的最终目的仍然是促进每个学生的个人发展和学习进步，提升教育的质量和公平性。因此，英国国家课程测验未来的变革重点不在于取消数据结果的公布，甚至取消造

---

[1] Roberts, N. Assessment and Testing in Primary Education (England). House of Commons Library, 2020, p.8.

成压力的外部问责制，而在于如何建立更为公平有效的问责制，如何确保公布的数据更加准确、可靠、全面，以及如何科学地使用数据。例如，在数据公布上，英国未来将不再仅仅关注关键阶段末期的成绩，而是着重监测学生一段时间内的学业状况，关注每个学生所取得的进步，以便确定学校给予的支持。

（三）重视教师评价的作用

评价和考试任务小组刚开始设计的评价框架是完全由教师进行实施，包括标准评价也是由教师根据成就目标的成就叙述对每一位学生进行评分和记录，以期让教师从中获得对教学有用的反馈。但是20世纪90年代初，在评价框架落地的过程中，由于政治控制以及教师工会对超负荷工作量的抵制，标准评价发展成外部管理的纸笔考试，这使得国家课程测验逐步偏离设计初衷，评估性和总结性目的远远凌驾于形成性等其他目的之上。近年来，由于国家课程测验主要用于对学校的问责，并着重于发布国家层面和学校层面的绩效结果，这种统一的国家课程评价标准和聚焦于核心科目的课程评价体系，使得教师在课程开发、实施与评估中的主动性和作用被大大限制。因此，未来英国将着重关注如何最大程度地发挥教师评价的作用，充分发挥形成性教师评价对教学和学习的反馈作用，并在法定评估中更加重视教师的总结性评估，更好地实现国家课程测验的效度、信度和可管理性之间的平衡。

四、借鉴与启示

英国建立的法治化的国家课程评价制度已经实施三十余载，经过了数次的变革，依然可见其一以贯之的宗旨与目标。反观我国的基础教育评价制度，可以获得一些思考与启示。

（一）完善基础教育课程标准及其评价机制

目前英国已经建立起比较完善的国家课程体系和法定评估机制，虽然它始终面临一些争议与批评，评价框架也历经数次调整，但30年始终如一地监控着基础教育的质量。这种全国范围内收集的关于课程实施状况的统一数据，不仅有助于了解课程标准在不同地区、不同学校的实施效果，还能够帮助及时掌握基础教育课程改革过程中的薄弱之处和问题所在，能够为未来的改革与完善提供证据和依据。我国刚刚建立起全国性的义务教育质量监测体系，如何进一步完善义务教育质量监测制度，并有效地使用义务教育质量监测数据来改进义务教育质量，是一个亟待研究的问题。

（二）重视教师在基础教育评价中的关键作用

英国十分重视教师评价的作用，具体包括关键阶段末期的终结性评价和贯穿教学始终的形成性评价。其中前者作为法定评估主要用于国家层面数据的收集和全国教育质量的监控，后者则主要侧重于让教师能够即时监控学生在核心科目上的学习进展情况，并采取针对性策略改进学生的学习。此外，在法定教师评估上，为了确保终结性教师评价的一致性和准确性，以保证全国范围内数据的可比性，标准和测验机构等责任机构还拥有严格的校准程序，以保证教师评估的一致性。这种重视教师评价在不同领域的运用，以及系统化、标准化的实践与质量保障程序，值得我们参考。

（三）发挥第三方评价组织在评估中的作用

英国在国家课程的评估上非常注重第三方评价组织的作用，以建立公众对评价体系的信心，满足不同利益相关者的多元需求。一方面，Ofqual 作为独立的法定非政府部门，直接对议会负责，保证了法定监管部门的独立性，使得基础教育课程评估具有较强的专业性、权威性和公正性；另一方面，英国将国家课程测验的编制、评分等具体工作外包给可靠的评价实体机构，同时实行严格的资格审查制度和动态监测机制，从而保证评估的信度、效度、可比性等重要原则。这在我国注重促进教育管办评分离，深化教育评价制度改革的当下，具有现实的启发意义。

第六章

日本全国学力调查的评价
标准与政策

日本的基础教育学业成就测验开始于20世纪中叶，但对学力调查结果的不当利用引发了学校间、地区间的恶性竞争，并遭到社会的广泛批评，于是不得不于1964年停止。20世纪80年代以后，日本进行过若干次小规模的学力调查，但主要都是供研究之用，影响也较小。2007年，日本重新进行全国学力与学习状况调查，以小学六年级和初中三年级学生为对象进行学业成就和学习状况的调查。自2007年开始连续三年是全样本调查，2010年和2012年是抽样调查与自愿调查相结合，2011年受东日本大地震的影响，只对自愿接受调查的学校分发了试卷和问卷等材料。2013年还进行了"精细调查"，即一方面对小学六年级和初中三年级全体学生进行学力调查，另一方面对抽样学校进行历年变化分析调查，还加入了对家长和对教委的调查。2016年，再次加入了历年变化分析调查。2017年，再度加入了对家长的调查。2018年，加入了英语预备调查。本章简要分析日本的全国学力与学习状况调查及相关政策。

第一节

日本全国学力与学习状况调查的产生和发展

一、20世纪中叶日本全国学力调查的消极影响

"二战"后，日本教育在美国的主导下进行了重大改革，走上了新的发展道路。但直到20世纪50年代中期，从战争废墟上重新出发的日本，教育仍相当混乱，各地差异非常明显。如根据文部省在1953年至1954年进行的调查，每年授课天数131—140天的小学占0.8%，141—150天的小学占0.2%，151—160天的小学占2.3%，161—170天的小学占1.0%，171—180天的小学占2.3%，181—190天的小学占3.0%，191—200天的小学占9.6%，201—210天的小学占10.9%，211—220天的小学占11.9%，221—230天的小学占14.4%，231—240天的小学占23.3%，241—250天的学校占10.4%，251—260天的小学占1.8%，还有8.1%的小学未回答这一问题。年授课天数最多与最少的差距竟达两倍[1]。当时各校拥有教师资格的"正教员"的比例差异更为悬殊，有的学校的"正教员"高达90%以上，而有的学校的这一比例不足十分之一[2]。从各地班额情况看，岛根县规定小学一年级班额在50人以下，是班额最小的，但有18个县的班额在60人以上，其中有2个县的班额为

---

[1] 文部省.《我国教育水平》.1959年，第42—43页.
[2] 文部省.《昭和31年全国学力调查报告书》.1957年，第270—271页.

64人[1]。

针对上述义务教育发展的不均衡状况，日本制定了各种法律加以应对，如1952年制定了《义务教育费国库负担法》，恢复并完善了一度中断的义务教育费国库负担制度，提升了中央财政对义务教育的支持力度；1958年制定了具有强制力的《学习指导要领》（此前为试行），作为教育内容上的国家标准。前者是支持性的，保障地方享有更多的权利；后者是规范性的，促使地方履行国家所要求的义务。

为了掌握教育现场的教学质量，了解各校和各地区的教育差异，促进各校和各地区不断提升教学水平，1956年，日本文部省开始对中小学进行抽样学力调查。1961年，文部省又开始实施全国中学学力评价。但是，评价结果公布于众的做法引起了轩然大波。各校和各地区担心家长根据测试成绩来选择学区和学校，形成恶性竞争，造成学校间的等级序列化。有些地方采取各种手段应对这一测验，例如有的地方甚至不让成绩差的学生参加测试，还有些地方竟然泄露试题答案。为此，北海道旭川市部分公立中学的教师掀起了反对学力评价运动，并因"妨害公务"获罪，更是引起社会上的极大反响。在一片反对声中，文部省不得不于1964年停止了全国学力统一测验，从1965年起改为抽样测试，但社会舆论仍然强力反对。在这种情况下，全国学力调查于1966年被迫中止。

20世纪中叶日本学力调查失败的经历，使日本教育当局始终对全国学力评价持一种审慎的态度，也使社会对学力调查长期持警惕态度。

---

[1] 植竹丘.《义务教育标准法的通过与对地方的影响》,《东京大学大学院教育学研究科纪要》第46卷.2006年，第417页.

二、第三次教育改革对学力调查的进一步否定

20世纪60年代末，经济领域与教育领域的矛盾日益突出，教育领域内部的问题也变得日趋明显，特别是逃学、校内暴力、欺侮和高中退学等，这引起了日本政府对战后教育的反思。20世纪70年代初，日本决定开始进行全面的教育改革（史称"第三次教育改革"），这次改革后来因为石油危机等原因延至80年代才真正开始，虽然80年代的社会经济状况已经发生了许多变化，但教育改革的基本思路一脉相承，那就是反对只强调知识而忽视能力，反对只强调智育而忽视体育、心理健康和德育，反对只强调灌输教育和应试教育而忽视自主学习，提倡教育的个性化、自由化、活性化。因此，日本政府更明确地提出了不同于以往学力观的新思路。1989年的课程改革方案明确提出"新学力观"，主张重视学生的思考及问题解决能力，注重培养学生的个性；在学习内容上强调体验式和问题解决式学习；在评价上注重学生的学习兴趣、意愿、态度，教师也由原来的指导角色转变为援助、支持的角色。在此基础上，1998年的课程改革方案进一步倡导"宽松教育"，提出了减少课时、增加综合学习时间等举措，这些都是对传统学力观的否定之举。1999年出台、2002年起开始实施的课程改革方案即是在倡导"宽松教育"下形成的产物。其中最受瞩目的是减少课时，消减教学内容的三分之一，增加综合学习时间等。

在传统学力观受到广泛而强烈批评的情况下，测试传统学力的学力评价自然也不会得到重视。其实，文部省于1982年再次进行了抽样学力调查（"教育课程实施状况调查"），对小学国语、数学、社会和理科（即科学），以及中学语文、数学、社会、理科和英语的学生掌握程度进行调查，但采取了不公布调查结果的做法。此后，国立教育

政策研究所等机构也进行过一些小规模的学力调查，但主要供研究之用，并没有产生重要的社会影响。

三、"学力低下论"唤醒全国学力调查

第三次教育改革虽然在20世纪70年代就宣布开始，但真正启动是在80年代以后，加速推进则在90年代以后。实际上，在改革方案出台之时，就一直有不同意见，有人担心会引起学力下降。特别是90年代文部省着力推进"宽松教育"，对教学内容进行了大幅度删减（约30%），也降低了考试要求，加之自2002年开始实施每周五日制，社会上更形成一种舆论，担心"宽松教育"使学生知识面变窄，技能训练不足，导致学生的整体学习水平下降。而日本国立教育政策研究所2005年公布的课程实施状况调查结果表明，学生对语文记述式问题的解答正确率较低。

与此同时，日本参加的国际学业水平测试的成绩也助长了日本的"学力低下论"。国际上一直在探索应当培养什么样的人，以及用何种方式测量个体所应具备的学习品质与学业水平。在国际化趋势日益加强和知识经济日益发展的21世纪，教育应当培养具有何种能力与素质的人才，更成为世界范围内广泛关注的重要问题。经合组织、欧盟、加拿大、美国、英国等国际组织和国家都提出了自己的见解。如1972年联合国教科文组织的《富尔报告》明确提出"学会生存"（Learning to be）的理念。1996年经合组织发布题为《以知识为基础的经济》的年度报告，认为在知识经济时代，应该提升人力资本——制定政策来扩展获取技能和能力的途径，特别是学习的能力。再如，2000年3月，欧盟理事会里斯本会议提出要把欧洲建设成世界上最富竞争力的知识经济体，并实现经济可持续发展，同时创造更多更好的就业机会，确保社会更加融合。为了实现这个目标，欧盟的教育与培训体制需要适应知识社会的要

求，提高就业标准和质量，其主要措施是聚焦新能力。具体来说，欧盟理事会里斯本会议号召在欧洲范围内提供贯穿终身学习的"新基础能力"框架，这个框架应该覆盖信息与通信技术、技术文化、外语、创业能力和社会交往技能。2004年欧盟委员会和欧盟理事会对关键能力提出了指导意见，主张每个人应该获取关键能力，未来学习成功取决于关键能力。这些讨论的成果都不同程度地反映到各种学力评价之中。日本是经合组织成员国，又极在意其国际竞争力，因此虽然长期放弃了国内的全国学力测试，但仍积极参与国际性的学力评价，并且取得了名列前茅的好成绩。但是，国际学力测试的成绩表明，日本的学力水平存在下降的情况。如从PISA的情况看来，日本的"阅读理解素养"排名由2000年的第8名降至2003年的第14名，2006年更降至第15名；"数学素养"则由第1名降至第6名甚至第10名，"科学素养"由2000年的第2名降至2006年的第6名（2003年仍为第2名，与前次持平）。

这种结果在日本这样一个历来在意世界排名的国家产生了巨大的震动，甚至动摇了经过30年反复论证并强化了的教育改革理念，对传统学力观的批判开始显得不那么有力，而所谓的"宽松教育"的说服力也在大幅下降。

为回应"学力低下论"，2004年，文部科学大臣中山成彬提出了进行全国统一学力调查的建议。2005年，日本内阁也提出要尽快讨论和实施全国学力调查等政策。为此，日本中央教育审议会在2005年提出："在明确各学科的目标，加强教学指导的基础上，掌握和检验学生的学业水平是十分重要的。以客观数据为依据，有助于找到改善教学方法的路径，使之落实在学生的学习之中。因此，应当实施全国学生的学力调查。"[1]

---

[1] 中央教育审议会.《创建新时代义务教育》.2005年10月.

在这种情况下，日本于2007年恢复了全国学力调查。这次调查重新确定了调查年级。日本以往的相关调查是针对小学五年级学生进行的。为了实施此次全国学力调查，文部科学省于2006年召开专家研讨会，探讨实施方法等事宜，并于当年4月公布了关于全国学力调查具体实施方法的报告。该报告指出，为了掌握义务教育水平，首先选择小学六年级和初中三年级是较恰当的。因为调查是在4月（新学期）进行，所以调查是对小学五年级和初中二年级学习完结后的实际学习水平的考查。调查学科首选国语和数学，因为这两个学科是与读、写、算这样的基础学力最密切相关的基础学科。另外，本次调查的重要特点是试题分为"知识"（A卷）和"运用"（B卷），这是与国际学力调查相互借鉴和比较的结果。特别是"运用"部分的题目，主要考查学生在实际生活中灵活运用知识、技能的能力和遇到问题时提出解决设想、实施、评价并改进的能力等，该部分呈现了PISA调查的特点。学力调查还包括问卷调查。问卷调查包括对学生和学校相关背景的调查，除了涉及学生的学习兴趣、态度、学习方法等，还有学习环境、生活等方面的内容。因此，调查结果不仅可用于学校教育，也有利于学生家长协助学校教育，改善学生的生活习惯、家庭环境等影响学力的因素[1]。

在这一过程中，日本也对教育改革的方向进行了调整，开始提出以"生存力"为核心的教育改革理念。2008年修订的学习指导要领明确将"生存力"作为核心，提出"扎实的学力""强健的体魄""丰富的心灵"（知·体·德）的指导理念。这里的"学力"概念前面特意加上修饰语"扎实"，用以表达所提倡的改革方向已与以前的"宽松教育"有所不同。改革的重要目标之一是要重振"学力"。2007年开始的全国

[1] 项纯.日本最新全国学力调查及结果分析 [J].教育科学研究，2008（6）：56-57.

学力调查连续三年都是全样本调查，2010年和2012年是抽样调查与自愿调查相结合，2011年受东日本大地震的影响，只对自愿接受调查的学校分发了试卷和问卷等材料，而没有真正的调查。2013年又进行了所谓的"精细调查"。这样，日本的全国学力调查制度重新确立起来。除了本体调查之外，2016年再次加入了历年变化分析调查，2017年再度加入了对家长的调查，2018年加入了英语预备调查。

第二节

日本全国学力与学习状况调查的评价标准与政策

一、日本全国学力调查的目的

日本文部省明确宣布，全国学力与学习状况调查的目的有三：从促进义务教育机会均等和提升义务教育质量的观点出发，了解和分析全国中小学生的学力和学习状况，检验教育政策措施的成果，发现存在的问题，以谋求改善；确立对教育进行持续性检验与改进的循环（circle）；对学校进一步充实对学生的教育指导和改善中小学生的学习状况有所助益[1]。这一宣示在调查结果的各分类报告书中均有几乎同样的表述。

---

[1] 文部科学省.《全国学力·学习状况调查概要》http://www.mext.go.jp/a_menu/shotou/gakuryoku-chousa/zenkoku/07032809.htm(2013-08-31).

我国学者高峡认为，日本全国学力调查至少有四方面的意图："第一，考察2002年以来课程改革状况，回答社会公众提问，为下一次课程调整做准备；第二，面向国内，纵向比，以发展的眼光考查学生学力水平，积累相关数据；第三，面向国际，横向比，找出本国学生学力状况与其他国家之间的差距；第四，追求高质量教育，提高教学指导的有效性。"[1]这种分析总体而言是合理的，但也不尽然。实际上因出题的情况不同，要直接实现第三条的所谓"横向比"是比较困难的，相对准确的"横向比"恐怕还是依赖于国际性的统一测验。

二、日本全国学力调查的构成

日本全国学力调查包括本体调查、长期变化分析调查、家长调查、教育委员会调查等。本体调查是整个学力调查的核心组成部分。

（一）本体调查

1. 学科调查

学科调查是针对学生进行的学科测试。调查对象是小学六年级和初中三年级学生，但特殊教育学校或就读于普通中小学特殊教育班的学生有若干特殊规定。根据不同年份的要求，有的年份是全样本调查，有的年份则为抽样调查，没有抽到的学校也可根据本校意愿参加调查。小学的学科调查包括国语和算数[2]（2012年增设"理科"，即"科学"，2013年取消），初中的学科调查包括国语和数学（2012年增设"理科"，2013年取消）。

---

[1] 高峡.试析日本学力调查的目的和导向 [J].全球教育展望，2008, 37（5）: 44.
[2] 日本称小学数学为"算数"。

2. 生活习惯与学校环境调查

生活习惯与学校环境调查是针对学生和学校进行的问卷调查。学生问卷主要是关于学习意愿、学习方法、学习环境、生活各个方面的问题；学校问卷主要是关于教育指导方法的实施体系以及人力、物力教育条件的整备状况等。

（二）长期变化分析调查

长期变化分析调查的目的是针对此前调查结果中发现的难题和存在的问题进行再度调查和比较，分析近几年教育施政的成效，以调整今后的教育政策、教育措施。这种调查一般不会每年进行，通常会隔一段时间进行一次。这一调查是抽样调查。调查在学科方面与学科调查一致，在问卷方面则侧重于学生对试卷问题的看法[1]。

（三）家长调查

家长调查也是调查的组成部分，调查对象是接受学力调查学校学生的家长，调查内容包括：分析家庭状况与学生学力之间的关系，询问家庭状况和家长受教育情况，如家庭成员、孩子在家的表现、亲子关系、家长的教育观、教育费、对学校的意见、是否参加社区活动、家长生活习惯（是否读书等）、家庭收入状况等。一般在学力调查结束后的4月末实施。

（四）教育委员会调查

教育委员会调查是针对市町村教育委员会进行的问卷调查，主要

---

[1] 文部科学省.关于历年变化分析调查的实施.[2013-09-01].http://www.mext.go.jp/b_menu/shingi/chousa/shotou/085/shiryo/__icsFiles/afieldfile/2012/12/13/1328947_4.pdf#search='%E7%B5%8C%E5%9B%B4%E5%A4%89%E5%8C%96%E5%88%86%E6%9E%90%E8%AA%BF%E6%9F%BB'.

询问教育政策措施的实施状况。但此前的问卷内容大多仅围绕全国学力调查的实施状况展开，例如学力调查目的是否需要改善，调查科目是否需要增加，增加什么科目，实施频率怎样合适等。

三、本体调查试题与问卷的编制

学科调查除2012年以外只涉及两个学科，相当于我国的语文和数学。每一科均分A卷和B卷，根据2006年相关专家会议提出的《关于全国性学力调查的具体实施方法》报告书，A卷是"知识"调查，主要考查将对高一级学年的学习内容产生重要影响的内容，以及实际生活中不可缺少且需经常运用的知识与技能；B卷是"应用"调查，考查的主要内容涉及将知识与技能运用于实际生活中的各种场景的能力，以及为解决各种问题而进行构思、加以实践进而进行评价和改进的能力。除了学科调查以外，生活习惯和学校环境调查通过问卷进行。

下面以2013年的日本全国学力调查的部分内容为例，介绍本体调查试题与问卷的编制。

（一）学科调查

1. 小学国语

在小学国语试卷的编制过程中，核心要求是"学力"必须立足于实际生活。所谓实际生活，即必须包含家庭生活和社区生活，从国语的角度看，要包含读书生活和表达生活。国语试题就是要测量儿童在实际生活中需要掌握并能够运用的能力。出题时，尽量考虑《学习指导要领》的规定并使各部分内容保持平衡，涉及五年级学习结束以前所学的内容。在评价时，主要考虑"对国语的关注、意愿与态度""听说能力""书写能力""阅读能力"和"关于语言的知识、理解与技能。"

主要考查"知识"的小学国语 A 卷由 7 道大题构成，每道大题又分为若干小题或若干相关的部分，对应于《学习指导要领》的"听""说""写""读"和"关于传统语言文化及国语特质的事项"五大方面。7 道大题共有 10 个考查项，如正确读出和写出汉字表中的汉字，理解谚语的含义，把握句子的构成，根据资料写出自己理解的内容，把握广告的特点，把握俳句所描绘的情景，构思演讲稿的表达等。试题形式为选择、简答和叙述三种。答题时间 20 分钟。主要考查"应用"的小学国语 B 卷由 3 道大题构成，每道大题又分为若干小题或若干相关的部分，同样与《学习指导要领》的规定相对应。3 道大题的考查项为：把握对方说话的意图，提供相应的建议（度假活动）；根据不同的目的与意图编辑宣传单（焰火的传统），阅读书与文章撰写推荐书。答题时间 40 分钟。

2. 小学算数

在小学算数试卷的编制过程中，主要根据《学习指导要领》提出的目标与内容，出题时保持"数与计算""量与测量""图形""数量关系"等内容的平衡，其中特别考虑"数学思维方式""关于数量和图形的技能"和"关于数量与图形的知识与理解"。

主要考查"知识"的小学算数 A 卷由 9 道大题构成，出题的立意是考查以下内容：四则运算；四舍五入；被除数、除数、商及余数的关系；单位大小；计量工具的选择、面积的单位、梯形面积；画全等三角形的必要条件，立体图形的示意图与展开图；百分率的意义；柱状图等。试题形式为选择、简答和叙述三种。答题时间 20 分钟。

主要考查"应用"的小学算数 B 卷由 5 道大题构成，出题的立意是主要考查以下内容：基于复数条件的判断及有根据地说明（游乐场）；对实验结果进行数理的处理与解释（钟摆）；对图形的观察与判断及有根据地说明（四角形的四等分）；信息的解释与有条理地表达（足球）；对资料进行数学性的解释与判断并加以有根据地说明（图书馆）。答题时间40分钟。

3. 中学国语

中学国语在出题时希望通过具体的试题向地方教委以及学校宣示《学习指导要领》所重视的能力，促进对《学习指导要领》的正确理解，并有利于教学的改善，有利于学生学习兴趣的提升。出题时尽量反映国际学力调查的基本思路，并考虑到日本在国际学力调查中发现的问题。出题时，尽量考虑《学习指导要领》的规定并使各部分内容保持平衡，涉及初中二年级结束以前所学习的内容。

在评价时，主要考虑"对国语的关注、意愿与态度""听说能力""书写能力""阅读能力"和"关于语言的知识、理解与技能。"

主要考查"知识"的中学国语A卷由8道大题构成，每道大题的出题立意分别是考查以下方面：对话；阅读随笔；写报告；读图表；阅读说明文；演讲；基于图表作文；关于传统的语言文化与国语特质的事项。试题形式为选择、简答和叙述三种。答题时间45分钟。

主要考查"应用"的中学国语B卷由3道大题构成，出题立意是分别考查对说明文的阅读、对文学作品的阅读以及基于参考资料对"汉字"的思考。试题形式为选择、简答和叙述三种。在B卷中，不仅要求写出正确答案，而且要求写出思考过程，通常每道大题至少需要写100字。答题时间45分钟。

4. 中学数学

中学数学从"数与式""图形""函数""资料的运用"等几个方面出题。其中A卷主要以"数学技能""关于数量与图形的知识与理解"为中心；B卷还加上"数学思维"。与中学国语一样，试题不考查学生对学科的兴趣等，相关内容放在问卷中。

主要考查"知识"的初中数学A卷由15道大题构成，每道大题的出题立意分别是考查以下方面：分数的乘法计算、正负数计算；文字式的计算及其运用；方程式的解法及其运用；扩大图与角的二等分作图与位移；立体图形；平面图形的基本性质；用符号表示证据与图形性质；证明的必要性与意义；函数的意义；点的坐标、比例与反比例的表、式、图；一次函数的运用；二元一次方程的图；平均值的意义、矩形图；概率的意义与求法。答题时间45分钟。

主要考查"应用"的初中数学B卷由6道大题构成，主要考查以下内容：对现象进行数学解释与判断（步行）；会发展性地思考或提出预见（换位的数）；将日常现象数学化并建立与其他事物的关系（水温的变化与气温的变化）；证明的方针（平行四边形的对角线）；信息的恰当表达与判断（黄金比）；多角度看问题（围棋的总数）。答题时间45分钟。

（二）生活习惯与学校环境调查

1. 学生问卷

为了对学生的学习状况及其相关因素进行调查，全国学力调查还包括学生问卷调查。由于2013年要进行精细调查，因此与往年不同的是，国立教育政策研究所分别为小学生和中学生编制了三份同质性的问卷，要求各地教委分发各校，但同一所学校的问卷是同一的。

以小学生问卷Ⅰ为例，共由83道题构成，主要包括以下内容：生活起居习惯（如是否用早餐、睡眠时间、看电视与上网时间、度周末的方式等）；学习活动（课堂表现、课外学习、读书时间、去补习学校的学习情况）；家庭生活；对社区生活的态度与参与度；与同伴的关系及对学校的态度；对国语的看法；对算数的看法；对英语及国际社会的看法；对此次学力调查的看法等。

中学生问卷 I 也是83道题，除了关于学力调查的相关题目与小学生问卷有较大差异外，整体上比较相似。

2. 学校问卷

学校问卷用于调查学校教育现状，主要由校长回答。2013年的小学学校问卷共118道题，内容主要包括：学校规模、教师、学生、设施设备、提高学力的措施；指导方法和学习纪律；计算机多媒体教育；对学力调查结果的运用；个别指导；国语的指导方法；算数的指导方法；特殊教育；学前教育与小学教育的合作；小学与初中的合作；对当地人才与设施的利用；家庭学习状况；学校的开放度与学校评价；教师进修；教职员的相关实践等。2013年的中学学校问卷共108道题，除了不涉及与学前教育的合作外，其他内容大同小异。

从2007年至今，日本全国学力调查的试题和问卷的问题会根据情况变化而调整，但总的来看，2006年专家会议提出的《关于全国性学力调查的具体实施方法》报告书是一个对编制调查试题与问题具有决定意义的纲领性文件，调查工具的变化均在大的理念框架内。

四、日本全国学力调查的组织和实施

文部科学省在学校举办单位的协助下完成学力调查。公立学校的举办单位包括都道府县教委和市町村教委，国立学校的举办单位是国立大学法人，而私立学校归都道府县知事部局管辖。这些举办单位或管辖单位的职责是监督、指导调查的进行，而每个学校的校长是调查责任人。以公立学校为例，学力调查的具体实施体系见图6-1。

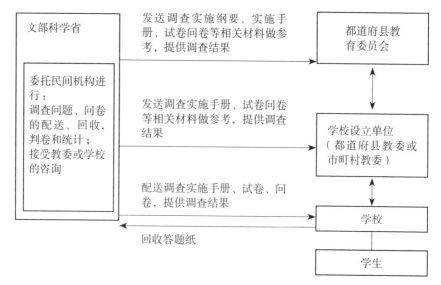

图6-1　日本公立学校学力调查实施体系图

资料来源：平成25年度全国学力·学習状況調査（きめ細かい調査）に関する 実施要領 ［EB/OL］.［2020-03-02］.https://www.mext.go.jp/b_menu/shingi/chousa/shotou/085/shiryo/__icsFiles/afieldfile/2012/12/13/1328947_6.pdf.

五、调查结果的报告与使用

调查结果得出以后，文部科学省将在网上公布国家整体学力状况和各类学校的学力状况，各都道府县公立学校的整体状况，大都市、中核市、市町村公立学校的学力状况，学习态度、家庭环境、学校教育措施问卷的结果分布图以及各个部分的全国平均分、标准差等。

另外，文部科学省还将提供给每个都道府县教委该地区的总体学力状况和每个市町村教委的学力状况；提供给每个市町村教委该地区的总体学力状况及其管辖的每个学校的学力状况；提供给每个学校该校整体学力状况分析、每个班级的学习状况分析，学生个人的调查结果和个人通知书（学校分发给学生）。调查问题将在事后随同答案一同公开。

国立教育政策研究所将提供小学、初中各个科目调查的结果和课堂改善建议册；对于在4年内调查结果有明显进步的学校和"应用"类调查分数很高的学校，则将该学校的教学案例结集成册用以推广。在保存数据的基础上，国立教育政策研究所会进行追加分析。例如2010年1月公布了2007年、2008年学力调查追加分析报告，主要进行学生生活各个方面与学力调查结果的相关性分析，能力分班教学、小班教学与学力调查结果的相关性分析，教学方法与高低学力层的增减、低学力层的学习态度之间的相关性分析等。

为避免学校等级化和过度竞争，在调查结果公布过程中不能公开各市町村的名称、各学校的名称，不能公开学生姓名，但各教委、各学校有向家长、市民交代的责任，因此具体公布方式可以会再斟酌，公布数据时还要说明解读数据的方式。

第三节

日本全国学力与学习状况调查评价标准与政策的争议和启示

一、日本全国学力调查评价标准与政策的相关争议

在日本，对于全国学力调查，赞成的观点认为可以让各地区和学校了解自己在全国范围内所处的位置，促进成绩不好的学校向成绩较

好的学校学习，有益于改善教学，提高学生的学力；反对的声音则认为，学力调查会直接引发恶性的排名竞争，认为这不是从根本上扭转日本学生学力低下的途径，只会增加学生和学校的负担。在反对学力调查的势力中，除了"日教组"（日本教职员工会）以外，还包括部分地方的教委，如爱知县犬山市教育委员会就以"学力不能用全国统一的标准来评价""实施全国学力测试会引发过度竞争"等为理由，公开表明下属所有市立中小学不参加全国学力调查。

在调查结果的运用方面，社会上也存在完全对立的看法。2009年1月至2月，文部科学省曾就全国学力调查结果是否公布的问题进行了广泛的调查，结果显示，86.7%的市町村教育委员会认为不应该公开学力测试的成绩，但有67.3%的家长认为应当公开学力测试的成绩[1]。也有人认为，尽管文部科学省采取了一些措施以预防考试带来的负面影响，如只公布全国平均成绩和各都道府县一级的平均成绩，但仍会在都道府县这一级出现争夺名次的竞争，而这种竞争自然会转移到市町村和学校，最终转移到教师和学生身上，加重教学一线的负担，影响正常的教学秩序。还有人认为，统一考试的结果与以往抽样考试的结果基本一致，说明抽样考试也能满足为国家提供信息的要求，没有必要再耗费大量资金和人力每年举行全国统一的学力测试[2]。大阪府知事桥下彻曾明确要求大阪府教委公布调查结果，以便让社会了解各个学校的成绩，但遭到教委的坚决抵制。大阪府佐野市市长则公开宣布要在全国学力调查中公布本地区学校的测试成绩，对此，文部科学省也表示了坚决反对，认为公开各学校的成绩违反全国学力调查的相关

---

[1] 裴晓兰.日本全国学力测试在争议中前行 [J].上海教育，2013（17）：38.
[2] 李协京.日本如何监控义务教育质量 [N].中国教育报，2008-11-25（4）.

规定，如果大阪府佐野市坚持公开测试成绩，将取消其参加此次学力调查的资格。

但是，继续进行全国学力与学习状况调查已成不可阻挡之势。2013年1月，日本中央教育审议会就实施高中生基础学力测试召开专题研讨会，提出为了确保高中教育质量，应该明确高中阶段学生学力应达到的最低标准，并初步确定了要在全国实施高中学习成就测试的计划。文部科学省指出，实施高中学习成就测验的目的是通过实际的调查数据，分析目前高中生学力的现状和存在的问题，据此指导与改善高中教学，激发学生的学习欲望和提升学力；测试的主要内容将涉及学生的基础知识、基本技能和思考能力等范围。与此同时，文部科学省也积极召开全国学力测验的专家会议，商讨对现有的全国学力测试的改革方案。从2013年开始，文部科学省全面修改了全国学力测试的实施规则，具体包括：将每年测试改为数年进行一次，并改变原先的抽样测试方式，要求全国所有学校的小学六年级和初中三年级学生都要参加学力测试；在原先测试内容的基础上增设针对家长的问卷调查，内容包括家庭经济状况以及家长的教育方针等，目的在于分析家庭的经济差异对学生学力的影响。

可见，在日本社会对于全国学力测试的意见分歧依旧存在的情况下，文部科学省仍决意推动全国学力与学习状况调查，但同时也在不断地摸索和改善实施规则和内容，探索如何合理和妥善地运用评价结果，避免可能由此而引发的恶性排序竞争，引导学校和各教育委员会根据评价结果建立客观有效的教育改善机制。

二、借鉴与启示

我国正在探索建立基础教育质量评价和监测制度，日本学力调查对我国推进相关工作具有以下几方面启示。

（一）在有利的社会氛围中推动学力调查

日本自2004年开始重提进行全国学力调查，更于2007年开始实施，是利用了较为有利的社会氛围。事实上，由于20世纪中叶日本对学力调查结果的误用和当时强调教育平等的社会舆论，以及20世纪80年代以后特别是90年代以来"宽松教育"的推进，在教育内外已经形成了对强调传统的学业成绩的否定，特别是反对用学业成绩来评定一个地区、一个学校的教育质量，也反对用学业成绩来评定一个学生的学习水平。这种社会意识与日本经济发展水平达到相当的高度，日本社会保障体系日益完善，经济活动日益活跃，社会选择性大大增加，学龄人口迅速下降等社会状况是密切相关的。与以前日本社会大不相同的是，学生较之以前更容易地升入高等学校，即使毕业于普通院校，也可以找到满意的工作，而找到稳定工作的名牌大学的毕业生也可能在一夜之间面临企业倒闭或公司裁员的局面，打零工青年仍可以获得一定的社会保障。这种社会状况大大弱化了教育竞争，特别是弱化了原来以升学考试为核心的教育竞争。如果在这种社会氛围中恢复学力调查，恐怕无法得到社会的支持。

然而，21世纪以后，"宽松教育"可能导致学力下降的论调深深刺激着日本政府和社会各界。日本百余年来形成的追赶型的心理习惯使其非常在意各项指标在国际上的地位，尤其是日本政府始终认为，资源贫乏的日本最大的长处之一便是以高素质劳动力和公民、高水平的科技人员为主要特点的人力资源优势，如果失去这一优势，那么日本将无法赢得国际竞争。而这一时期的国际学业水平测试成绩又恰好反映出日本名次的下降，这大大加剧了日本对学力下降的忧虑，为重新恢复全国学力调查提供了一个较好的社会环境。

其实，日本的学力水平在国际上名次下降的原因可能是多方面的，如其他国家的相对上升，国际上对核心能力界定的变化等，都可能是名次下降的影响因素。同时，名次下降也未必都是教育改革造成的结果，前面指出的日本社会发生的重要变化，也在很大程度上影响着学生的学习。尽管如此，日本朝野对学力下降的强烈的危机感使恢复全国学力调查变得顺理成章，从而大大降低了推动这一工作的难度。

与此同时，日本长期以来对教育平等的追求和对恶性竞争的警惕，也使得日本社会对学力调查相对理性，虽然许多地方都要求公开调查结果（特别是学校的结果），但这些要求都遭到了强烈的抵制和反对。一些地方行政首长（如大阪府知事桥下彻）运用行政权力和社会影响力试图逼迫地方教委公布各校排名，但遭遇了教委的坚决抵制，而这种做法也赢得了社会的理解。

可以说，对学力下降的担忧和对成绩排名的警惕都是日本全国学力调查顺利开展所需要的社会条件。利用有利的社会环境顺势而为，或营造有利的社会环境推动学力评价的健康发展，也应是我国要重点加以考量的。

（二）由专业机构和专业人员从事学力调查的研发

日本全国学力调查是文部科学省与国立教育政策研究所合作开展的。虽说是合作开展，实质上应该说在调查内容的研发上有委托关系。国立教育政策研究所设立于1949年，曾称"国立教育研究所"，2001年改现名。该研究所是专门的教育政策研究机构，拥有庞大的研究队伍，2012年，研究所共有151人，包括研究官、调查官和事务职员。该研究所当年除管理运营经费、人员费以外，拥有18亿4 756万日元的调查研究经费。研究所设有教育政策与评价研究部、终身学习政策研究部、初等中等教育研究部、高等教育研究部、国际研究合作部、教育课程研究中心、文教设施研究中心、社会教育实践研究中心、学生指导与出路指导非军事化中心等多个研发部门。全国学力调查由该研究所的教育课程研究中心负责，该中心共有80人，占整个研究所人数的一半以上。该中心设基础研究部、综合研究官司和研究开发部，研究开发部（共67人）下设学力调查课，学力调查课又有分析系、调查系、分析与开发推进系三个部门。除了学力调查课以外，研究开发部还专设学力调查官[1]。

为切实推进全国学力调查，文部科学省还根据需要设置了"全国性学力调查实施方法专家探讨会议""推进全国学力与学习状况调查的分析与利用专家探讨会议""探讨全国性学力调查专家会议"（任务不同，名称上有差异，存在的时间也不等，有的几个月，有的近两年）等。专家会议中的专家与国立政策研究所的专业人士不同，有来自各方面的代表，包括大学校长、地方教育委员会教育长、教育学领域的教授以及在数理统计方面的研究人员等，专家会议作为政府的咨询机构，为全国学力调查政策与制度的不断完善献计献策。

学力评价工作本身既有很强的技术性，又有很强的政策性和社会性，因此既需要具有较高专业素养的专家队伍进行试题和问卷的研发，又需要广泛听取各方面的意见，以体现社会利益和民众意愿。日本教育行政当局与专业机构合作开展学力调查，以及积极向专家进行咨询的做法对我国也有借鉴意义。

---

[1] 国立教育政策研究所官方网站［EB/OL］.［2013-08-29］.http://www.nier.go.jp/.

（三）结合国际趋势和本国国情进行试题开发

在学力调查试题与问卷的研发方面，日本一方面关注国际上的新趋势，另一方面也力图反映本国特点，试图对两者有所兼顾。

所谓"学力低下论"早已存在，但真正引起日本震动的还是国际上的学力评价。正是日本在这些国际学力评价中的表现有下降迹象，导致日本开始相信学力确有下降。应该说，近年来，国际上对什么是学生应该在未来社会掌握的核心能力有着丰富的研究，经合组织、联合国教科文组织等国际组织和部分国家正在致力于对传统的知识观、能力观加以修正，试图提出未来社会真正需要的核心能力框架，并使学力调查更好地反映这些研究成果。日本的全国学力调查在很多方面吸收了国际学力评价中的这些优势，甚至在出题的相关说明中，日本毫不掩饰地宣布试题会反映日本在参加国际测试中所遭遇的问题。特别是在学科调查的B卷中，日本强化了真实问题情境，题目综合而开放，其中一些创新显然是受到PISA等国际学力评价的启发。如学科调查分为知识和作用两部分，应用部分主要考查学生灵活运用基础知识、基本技能的程度，这一特点与日本以往的学力调查不同，而与PISA调查的宗旨相似，即考查学生在实际生活中运用所学知识与技能解决各种问题的能力。应用部分题目的形式有模仿PISA调查的痕迹，特别是语文中涉及阅读理解的题目，如"总结评价两篇读后感的共同优点，并阐述自己观点"等[1]。

与此同时，日本也希望在学力调查中尽量体现日本国情。如在国语测试中，试题的相当部分都体现了《学习指导要领》中所说的"传

---

[1] 项纯.日本最新全国学力调查及结果分析［J］.教育科学研究，2008（6）：60.

统语言文化和国语特质的事项"，而不是简单地移植国际语言测试的题目。在生活习惯与学校环境的问卷调查中，结合日本本国国情的倾向就更为明显。例如，在问卷中，调查学生是否吃早餐，课外是否去补习学校（学习塾），调查学生对欺侮的态度等，都在一定程度上体现了日本倡导的价值观（注重"食育"）或考虑到其教育上的某些特殊状况（上补习学校和校园中的欺侮是日本教育中的常见现象）。显然，这些部分并非出自一种国际比较意识，而是出自一种解决问题的本土意识。

就我国而言，在学力调查试题与问卷的研发过程中，也应当有意识地做到"立足中国，放眼世界"，才能在不偏离世界教育发展的大方向中，切实解决我国提升教育质量过程所面临的特殊问题。

（四）审慎应用调查结果，避免形成教育上的恶性竞争

前面谈到，日本曾在20世纪中叶为未能审慎处理学力调查的结果而付出了代价，使教育第一线和整个社会在约半个世纪中反感学力评价。然而，这一历史教训也促使21世纪的日本坚定地审慎发布调查结果。目前，日本的全国学力调查主要是为了探索新的教学方法，激发学生的学习兴趣，同时又要避免学校之间为名次而产生激烈竞争。而要做到这一点，就必须加强学力调查的监控与管理，调查数据结果也不随意公开化[1]。当然在此过程中，也有一些地方行政首长或者为了哗众取宠，或者为了政治需要，或者对随意公布调查结果缺乏认识，强烈主张调查结果由地方行政当局掌握，但始终遭到学校和地方教委

---

[1] 田中耕治.学力调查若干问题探析［J］.教育研究，2006，318（7）：38.

的坚决抵制，许多行为也为文部科学省所禁止。正如前面提到的，文部科学省明确表示，如果哪个地方的行政首长坚持不遵守相关规定而公开调查结果，将取消其参加学力调查的资格。

日本全国学力调查由国立教育政策研究所负责出题并对考试结果进行分析，调查的实施则由文部科学省出资，通过招标方式委托民间企业负责。2008年，贝乐思公司和内田洋行两家企业中标，它们分别负责小学六年级和初中三年级学力考试的实施，包括发放和回收试卷及调查问卷、卷面评分和成绩统计、反馈考试结果和向教育委员会及学校返还试卷等。为避免排名压力和考试竞争，日本文部科学省在考试结果的公布上比较慎重，规定公布的内容限于：全国总体成绩，包括各科A卷和B卷的平均正确答题数、平均正确回答率等；国立、公立和私立学校各自的总体成绩；各都道府县公立学校的总体成绩；不同规模的行政区域，如按大型城市、中等城市、其他城市、村镇、偏僻地区等划分的不同区域总体成绩。此外，还公布学生和学校的问卷调查结果。各地成绩只公布到都道府县一级，市町村一级和学校的成绩不予公布。同时，各地和学校会得到自己的考试结果，最终通过学校将学生的个人试卷返还给本人。为了保护学生的个人信息不被泄露，学生在考卷上只写号码而不写姓名[1]。

在进行学力调查的过程中，日本通过学校问卷和其他途径了解到教育一线为提高学力而采取的许多有效措施，因此通常会编写一些案例集，把好的教学和学生指导经验传播到各个学校，使学校将注意力更多地放在如何改进上而不是排名上，这就使评价真正指向了改进，使评价有了真正的积极意义。

---

[1] 李协京.日本如何监控义务教育质量［N］.中国教育报，2008-11-25（4）.

　　日本的这些做法也值得我们借鉴，特别是在当下这种教育竞争压力下，更应审慎对待各种排名排行，引导教育界和社会公众理性对待学力评价，突破单一评价的桎梏，使科学的评价工具真正发挥科学的作用。

第七章

德国基于能力标准的国家
基础教育质量评价

2000年德国参与PISA测试的结果被认为是第二次教育灾难。但相对于50年前那次教育灾难而言，[1]这次教育灾难之后，德国基础教育发生了革命性的变革：引入国家层面的以能力为取向的国家教育标准，成立国家教育质量发展研究所（Institut zur Qualitätsentwicklung im Bildungswesen，简称IQB），对国家教育标准的落实进行外在评价和监控，每两年发布评价报告《各州比较》。以此为标志，德国教育出现了种类繁多的教育评价浪潮。位于法兰克福大学的德国国际教育研究所（Deutsches Institut für Internationale Pädagogische Forschung，简称DIPF），牵头每两年发表《国家教育报告》，从国家层面对教育进行监控。此外，德国还有许多研究学业成就和学科评价等方面的机构。IQB主持实施的国家教育评价最为重要，值得重视和研究。这种评价给德国教育带来了重要的变化，也取得了积极的成效（如PISA成绩的改善），改善了德国教育质量，提高了德国各州之间教育质量的可比性及均衡性，但也引来了一些质疑和争议。

---

[1] 瞿葆奎（主编），李其龙，孙祖（复著）.联邦德国教育改革（教育学文集）[M].北京：人民教育出版社，1991：341-371.

第一节

德国国家教育评价标准与政策的发展

一、德国传统教育评价的危机

传统上，德国教育质量监控的任务主要在联邦各州，其质量保证基本上是一种投入标准，又称内容标准。这主要表现在详细规定了教学目标和内容的教学计划（Lehrpläne，类似我国的课程大纲）中。按照德国传统的教化理论，教学内容的选择被认为是决定性的。这一范式的支持者维尼格（Erich Weniger）、克拉夫基（Wolfgang Klafki）和布兰卡茨（Herwig Blankertz）等教育家要求对教育内容的教育价值进行深入的教学论分析，以确定一份教育内容的冗长清单。这典型地体现在德国20世纪60年代和70年代的教学计划中。即使是80年代和90年代目标取向和行动取向的课程设计方法，也没有实质性地改变这一传统。

这种教学计划体现了德国教育传统的一个根深蒂固的信念，即对学习的评价不应该是课程的一部分，教学过程是难以评价的。德国联邦各州认为，教学计划中的内容规定、教师教育国家标准的界定以及教师资格的认证，足以保证学校教育的质量，因此教学计划无须包括或强调产出标准或能力标准。实际上，在这种投入标准之下，德国的学校教育质量在国际上一直有着良好的声誉，为德国经济发展和社会进步提供了良好的智力和精神支持。

但是，对于教育质量控制来说，这种教学计划很少对学校实践产生直接影响，教师也很难加以落实，因为这种传统的教学计划过于复杂，语言表述过于抽象，教师难以直接使用，需要经过教师和教师群体的解释和课本的过滤。因此，传统的教学计划对教学和学习的影响是非直接的。这种投入式的质量控制不易操作，也不易监控。此时，国家对教育体制的控制一般是政治性和规范性的。

但从20世纪50年代和60年代开始，纯粹规范的教育政策已经完全不可能实施了，人们越来越从经济和人力资源开发与发展的角度来理解教育。在这种情况下，规范的教育决策带有一定的成本风险，因而需要理性的和客观的分析。

德国教育系统中关于评价的争论，即从提高质量的角度对组织结构、教学过程和绩效标准所做的系统评价，直到20世纪80年代才在德国出现，比其他欧洲国家都迟。尽管确切的评价概念还没有形成，但这并不意味着管理机制的缺位。学校和高等教育的国家监管机构、联邦战略办公室和州统计局、联邦或地方行政下属以及受联邦政府和州资助的研究机构，都进行过一些教育质量保证和评价的活动。例如，1975年德国教育审议会提出了一份有关德国教育体制发展的报告，1976年联邦教育研究部发布了一份内部的教育政策评价报告，1978年德国议会也提出了一份有关教育体制结构问题的报告。但是，这些报告都是一次性的，并没有制度化。

与其他工业国家相比，德国在20世纪90年代以前并没有系统考察过学校教育过程的结果。相反，其改革焦点是修订和开发更为详细的教学计划，从而为有效教学提供指南。20世纪90年代后半期，公众开始关注德国学校教育中学生的学业成绩，基础教育评价才逐渐开始强调产出导向。1995年，德国第一次参加了TIMSS研究，第一次以经验证据的方式显示了德国教育在部分领域的落后，这进一步促进了公众对学校教育中学生学业成绩的关注和争论，并逐渐使德国传统的投入取向的教育及其内部评价政策陷入危机。

二、德国教育评价政策的根本转变

德国各州文化教育部长联席会议对 TIMSS 的结果作出了回应，于 1997 年 10 月达成《康斯坦茨决议》（Konstanzer Beschluss，下称《协议》）。《协议》强调四点：（1）鼓励各州开发和探索评价工具；（2）参与国际和国内的学业成绩比较研究；（3）把质量保证视为德国各州文化教育部长联席会议的一个工作重点；（4）各州之间的竞争是质量发展的根本前提。[1]《协议》接纳了州一级的学校系统以不同形式引进的质量保证流程，并提出所有州要共同努力以实现这一目标。这也包括比较整个德国各校之间的表现。为此，德国各州文化教育部长联席会议强调，相关调查需要考虑以下几点：不同类型学校的课程和组织形式的具体框架条件与差异；母语、外语、数学、技术和自然科学的能力水平；个人技能、人际交往技能的发展（即所谓关键能力）。

《协议》体现了德国学校教育政策的根本转变，即从投入取向的教育及其相应的内部评价政策，转向产出取向的教育及其相应的外部评价政策。尽管从那时开始，州层面的评估工具也开始得以发展，但这只是一种取决于评价对象的狭隘意义上的发展。

真正推动《协议》落实的，是德国参与经济合作与发展组织 2000 年的国际学生评估项目（PISA）的结果。2000 年第一次 PISA

---

[1] KMK. Grundsätzliche Überlegungen zu Leistungsvergleichen innerhalb der Bundesrepublik Deutschland-Konstanzer Beschluss [EB/OL]. [2020-04-12]. http://www.kmk.org/fileadmin/veroeffentlichungen_beschluesse/1997/1997_10_24-Konstanzer-Beschluss.pdf.

测试结果显示，德国学生在阅读素养、数学素养和科学素养三个方面均低于OECD的平均水平（见表7-1）。德国教育研究部的官方评价把德国PISA结果称为"PISA震动"（PISA-Schock）。"PISA震动"对于一向以高教育质量而自豪的德国教育界、企业界和政治界来讲不啻是一枚重磅炸弹，对德国的朝野震动不亚于1957年苏联人造卫星上天所引发的危机。有学者认为，PISA结果对德国的影响甚至要比《国家处在危险之中：教育改革势在必行》研究报告[1]对美国的影响还要深远，比法国大革命对德国的影响更加激烈。一些政策制定者认为，德国学生的低成绩可能是由PISA测试的方法造成的，并探讨设计与德国教学计划更加一致的考试形式，认为这会使德国学生取得较好的成绩。但是结果并不支持这种假设。

表7-1　PISA2000成绩排名

阅 读 素 养		数 学 素 养		科 学 素 养	
国　家	平均分	国　家	平均分	国　家	平均分
芬　兰	546	日　本	557	韩　国	552
加拿大	534	韩　国	547	日　本	550
新西兰	529	新西兰	537	芬　兰	538
澳大利亚	528	芬　兰	536	英　国	532
爱尔兰	527	澳大利亚	533	加拿大	529
韩　国	525	加拿大	533	新西兰	528
英　国	523	瑞　士	529	澳大利亚	528
日　本	522	英　国	529	奥地利	519

---

[1] 1983年，全美高质量教育委员会发表《国家处在危险之中：教育改革势在必行》的研究报告，列举美国教育存在的问题，对美国基础教育改革提出建议，开启了20世纪80年代以来的教育改革。

（续表）

阅 读 素 养		数 学 素 养		科 学 素 养	
国　家	平均分	国　家	平均分	国　家	平均分
瑞　典	516	比利时	520	爱尔兰	513
奥地利	507	法　国	517	瑞　典	512
比利时	507	奥地利	515	捷　克	511
冰　岛	507	丹　麦	514	法　国	500
挪　威	505	冰　岛	514	挪　威	500
法　国	505	列支敦士登	514	OECD平均分	500
美　国	504	瑞　典	510	美　国	499
欧盟平均分	500	爱尔兰	503	匈牙利	496
丹　麦	497	欧盟平均分	500	冰　岛	496
瑞　士	494	挪　威	499	比利时	496
西班牙	493	捷　克	498	瑞　士	496
捷　克	492	美　国	493	西班牙	496
意大利	487	德　国	490	德　国	491
德　国	484	匈牙利	488	波　兰	487
列支敦士登	483	俄罗斯	478	丹　麦	483
匈牙利	480	西班牙	476	意大利	478
波　兰	479	波　兰	470	列支敦士登	476
希　腊	474	拉脱维亚	463	希　腊	461
葡萄牙	470	意大利	457	俄罗斯	460
俄罗斯	462	葡萄牙	454	拉脱维亚	460
拉脱维亚	458	希　腊	447	葡萄牙	459
卢森堡	441	卢森堡	446	卢森堡	443
墨西哥	422	墨西哥	387	墨西哥	422
巴　西	396	巴　西	334	巴　西	375

资料来源：OECD. Messages from PISA 2000. [EB/OL]. [2020−03−02]. http://www.oecd.org/education/school/programmeforinternationalstudentassessmentpisa/34107978.pdf, 2020−04−12.

"PISA震动"之后，德国社会各界在教育改革的迫切性上迅速达成一致。2001年12月，OECD的PISA2000结果公布后，各州文化教育部长联席会议迅速决定在以下七个领域采取相应的行动举措，从而奠定了未来教育改革的基本框架：（1）提高儿童学前教育时期的语言能力。（2）加强学前教育和小学的联系，确保儿童及时进入学校学习。（3）改善小学教育，持续提高学生的阅读素养及对数学和科学概念的基本理解。（4）有效支持教育处境不利的儿童，特别是那些具有移民背景的儿童和青少年。（5）在结合教育标准和结果导向的评价政策的基础上，充分提高和确保学校教育教学质量。（6）提高教师教学的专业水平，尤其是有关诊断和运用教学方法的能力，这些能力是学校系统性发展的要素。（7）增加全日制学校，提高教育和支持的机会，尤其为那些教育不足的学生和天才学生提供教育和支持的机会。

在对"PISA震动"的反思中，德国一些学者通过研究发现，北欧国家和英语国家的高学业成就产生于系统的监控，或是通过频繁的学校成就研究，或是通过国家统一考试，或是通过严密的学校评价。"从国际来看，教育标准已经成为发展和保证学校教育质量的总体性措施和战略的一个核心工具。……因此，对于教育的未来发展来说，重要的是学习其他国家的榜样，并给予……学校更多的发展空间；但另一方面，必须通过教育标准来强化控制。教育标准能够使学校教育实践和教学的内容控制变得透明、有约束力和可被检验，而且，这条道路能够对教育质量的保证和发展作出根本的贡献。"[1]PISA结果清楚地表明，仅仅是目前占主导的内容性的投入控制还不能达到所期望的

---

[1] Avenarius, H. et al.: Bildungsbericht für Deutschland. Erste Befunde, Opladen 2003, S. 108f.

教育质量，必须对所期望的成就加以确定和检验。于是，德国社会各界对教育改革迅即达成了前所未有的共识：制定国家教育标准，加强联邦层面的、能力取向的教育质量控制。

德国各州文化教育部长联席会议强调，只有建立产出性的、以能力为导向的国家教育标准来调控和评价德国教育质量，才能增强对有学习困难学生的支持，加强以课堂为基础的质量发展和质量保障，及时确定"较弱的阅读者"，修正教育系统的结构，特别是毕业证书和获得这些证书的途径，加强学习时间和学习机会的使用以及改善学校人员和组织结构，也就是说要支持每个学生的有效课堂学习，改善所有学校的质量，加强不同学校毕业证书的可比性和相互渗透性。2002年6月，德国教育研究部下决心开始推行国家教育标准的研究与开发。

2003年，不同研究领域的11位专家在来自法兰克福国际教育研究所的组长柯里默（Eckhard Klieme）的协调下，向联邦教育部提交了委托研究项目《国家教育标准：专家鉴定》（下称《鉴定》），列述了国家教育标准应该拥有的特征及实施的条件和意义。德国联邦教育部长布尔曼（Edelgard Bulmahn）在《鉴定》提交报告会上指出，"我们必须从投入控制转向产出控制"。[1]于是，德国一改传统上以知识为取向的投入控制，明确提出将通过确立国家教育标准，来对教育质量进行能力取向的产出控制。这里的投入控制是指通过规定学生在学校应该获得什么样的知识的教育方针和教学大纲来对教育质量进行控制；产出控制是指通过评价学生在学校获得的能力的教育标准和教育评价来对教育质量进行控制。

---

[1] Zur Entwicklung nationaler Bildungsstandards Expertise, Bonn, Berlin 2007. S.177.

于是，德国各州文化教育部长联席会议将工作重点放在发展和引入国家层面的教育标准上，陆续制定了若干不同年级不同学科的国家教育标准。这也是德国教育史上第一次有了共同协定的标准、共同的调节标准。这些标准从2005—2006学年开始在所有联邦州实施，并对每个州有约束力。

2004年10月，德国各州文化教育部长联席会议决定采纳小学（四年级）德语和数学以及初中德语、数学和第一外语（英语/法语）的教育标准。2004年11月，德国各州文化教育部长联席会议决定采纳高中生物、化学和物理的教育标准。2007年10月，德国各州文化教育部长联席会议决定为高中毕业会考开发统一的考试标准，首先在德语、数学和第一外语等三门学科中实行，然后在大学入学考试的自然科学（生物、化学、物理）学科中实行。根据各州文化教育部长联席会议官方网站，至目前为止，共制定了四组国家教育标准：第一组是高校入学资格的教育标准，包括德语教育标准、数学教育标准和进阶外语教育标准；第二组是中级毕业证书（即实科中学十年级的毕业标准）的教育标准，包括德语教育标准、数学教育标准、第一外语（英语/法语）教育标准、生物教育标准、化学教育标准和物理教育标准；第三组是职业预校毕业证书（即九年级）的教育标准，包括德语教育标准、数学教育标准和第一外语（英语/法语）教育标准；第四组是小学教育标准（即四年级），包括德语教育标准和数学教育标准。[1]

与发布教育标准相对应的是检测和评价这些标准在各州的落实情

---

[1] KMK. dokumentation-statistik [EB/OL]. [2020-04-12]. https://www.kmk.org/dokumentation-statistik/ beschluesse-und-veroeffentlichungen/bildung-schule/allgemeine-bildung.html#c2630.

况。各州文化教育部长联席会议还强调，德国学业成就评价的随机样本数要高于国际学生评价通常的样本数（6 000），必须在万计以上，以获取各联邦州学生成就水平的可靠信息。

三、德国外部评价的教育政策的完善

2006年6月，德国各州文化教育部长联席会议进一步制定了《教育监控的综合战略》（Gesamtstrategie zum Bildungsmonitoring，下称《综合战略》），标志着德国教育评价政策的相对完善。《综合战略》指出，如果德国传统的教育争论主要指向教育内容及其相应的结构问题，那么面对PISA结果，在国际发展的最新时代，更应该关注学习的过程和结果。为了应对这一新趋势和新需要，德国应该采取多种必要的措施来改善教育体制，这就要求从个体的学校到总体的教育体制等所有层面系统落实教育质量发展和标准保证，并把它们联系起来。特别是必须确保尽可能了解教育质量的信息。《综合战略》提出了四个相互联系的监控战略或教育评价战略：（1）进行国内、国际学业成绩比较；（2）从对各州进行比较的角度在国家层面监控教育标准的落实；（3）联系教育标准来比较州范围内或跨州范围内所有学校的成就水平；（4）发布联邦和州共同协作的综合教育报告。[1]

《综合战略》的目的不是对整个教育系统的继续发展提出一个总体性的方案，而是指向德国各州文化教育部长联席会议的核心行动领域和共同工作领域：（1）尽早促进德国有移民背景和社会处境不利学

---

[1] KMK. Gesamtstrategie der Kultusministerkonferenz zum Bildungsmonitoring [EB/OL]. [2020-04-13]. https://www.kmk.org/fileadmin/Dateien/pdf/PresseUndAktuelles/Beschluesse_Veroeffentlichungen/Bildungsmonitoring_Broschuere_Endf.pdf.

生的发展；（2）提供从继续教育的概念和材料到以能力或标准为基础的教学开发；（3）为所有学科的试题提供理论和材料；（4）提高教师对学生的异质性的诊断能力和个体性的促进能力。

《综合战略》出台以后，德国逐渐形成了一个教育评价网络，主要包括以下四个方面：

第一，国内和国际学业成绩比较。德国参与了一系列学生学业成就的国内和国际比较研究，例如 TIMSS、PIRLS 和 PISA，并向公众公布结果，如 PISA2003、PISA2006 和 PISA2009 的测试结果。这些结果显示德国教育系统在积极发展。德国在 2001 年参加了面向四年级学生的 PIRLS 测试，其结果于 2003 年 4 月公布。2007 年 11 月公布了 PIRLS/IGLU2006 的测试结果。2007 年，德国各州文化教育部长联席会议和联邦教育与研究部合作参与了 TIMSS，各州之间比较了 TIMSS2007 和 PIRLS2006 的测试结果，二者都于 2008 年 12 月公布，表明联邦各州对教学实践的发展与学生个体发展做出了努力。2011 年，德国再次参与了 TIMSS 和 PIRLS 测试。

第二，州内和跨州的测试。多年来，联邦州除了指导国内和国际测试的学业成就比较，还指导了特定联邦州和跨州之间的比较研究。例如，测量不同年龄群组的语言熟练度，检验学习水平，或对不同年级进行比较研究，或进行特定联邦州的表现比较。国际研究和联邦州之间的比较是基于具有代表性的样本，与此相反，特定州和跨州之间的比较研究是为了调查一个州所有学校和班级的表现水平，并且涉及不同的年级。自 2009 年以来，这些跨州的比较研究在三年级和八年级开展，是根据各州文化教育部长联席会议制定的教育标准或相关标准开展的比较研究。每年对学习水平的考核，为有针对性地提高学生学业水平提供重要的信息。

　　第三，联邦政府和州提供的联合教育报告。按照《综合策略》，联邦和州要联合发布《德国国家教育报告》，以提供从早期教育到普通中小学教育、职业培训和高等教育机构，再到继续教育包括非正规学习的教育状况。该教育报告每两年出版一次，是基于一些已得到证实的数据、框架条件、测试结果和人一生中接受教育所得的收益得出的。第一份国家教育报告主要关注教育和移民问题，由联邦政府和州统计局参与的一个独立的科学联盟制定，于2006年6月发表。第二份国家教育报告由相同的作者团队编辑，于2008年6月出版，主要关注由学校向职业教育和培训、高等教育和劳动力市场的过渡。第三份国家教育报告分析了在人口结构发生变化时的教育系统的远景，发表于2010年6月。[1]

　　第四，通过教育标准的开发和评价来保证教育质量。德国基础教育评价政策的最大变化，就是通过国家教育标准的开发及其评价来确保学校教育质量。德国不仅出台了一系列《国家教育标准》，同时设置特定的机构即德国国家教育质量发展研究所来评价和监控教育标准的落实。这是德国教育评价中富有特色的方面，也是本研究的核心关注。

　　德国教育评价网络的形成还体现在具体机构上，如德国国际教育研究所、IQB，以及莱布尼兹自然科学和数学的教育研究所。2010年10月，德国各州文化教育部长联席会议与联邦教育和研究联邦部委建立了国际大规模评估中心（Zentrum fur Internationale Bildungsvergleichsstudien，简称ZIB），该中心位于慕尼黑。联邦政府和州政府已经就该评估中

---

[1]　在上海外国语大学姜锋的推动下，上海外语教育出版社2017年翻译出版了2012年和2014年的《德国国家教育报告》。

心与洪堡大学IQB的合作达成一致意见，并在IQB内建立了协调办公室。

在《综合战略》的影响下，近年来，所有的州都主动行动起来改进教育评价措施，不但确保学校系统的教育质量，而且要确保每所学校的教学质量，这已经超出了学校监督系统和项目监督手段通常的范围。这些评价措施包括：遍及各州各校的核心课程的比较性测试、学校质量管理的发展以及统一化的毕业考试（初中和高中教育）等。《综合策略》的影响还体现在加强每个学校的自治、学校特色的发展和校际合作，并且包括加强学校监督系统的指导功能。

德国希望通过这些教育评价政策来推动德国教育质量重回世界顶峰水平。

第二节

作为国家教育评价基础的国家教育标准

一、国家教育标准的界定

《鉴定》指出，国家教育标准应该是对学校教学和学生学习具有约束力的要求，是保证和提高学校工作质量的核心连接点。它应该用精确的、可以理解的和聚焦性的术语把教育工作的根本目标表述为对学生的学习所要求的结果。《鉴定》提出，好的标准应该具备七个特征：（1）专业性：涉及特定学习领域，用清晰的语言提出该学科的基本原则。（2）核心性：不覆盖一个领域的所有范围及其分支，而专注于其核心部分。（3）累积性：对学生在特定阶段所应达到的能力加以描述，以促进累积性的、系统的和网络化的学习。（4）全体性：指向所有在校学生。（5）分化性：不仅设置标杆，同时还区分达到最低标准的之上和之下、之前和之后的能力水平，以使学习过程具有可行性。（6）可理解性：用清晰的、简明的和可理解的术语表述。（7）可行性：是对教师和学生的挑战，但同时通过适当的努力可以达到。[1]

按照这种要求，国家教育标准的制定强调以下几个方面：（1）体现所关注学科或学习领域的基本原则；（2）描述学生在特定时间点应该达到的能力；（3）目的是指向系统的和网络的学校教育，并遵从累积性的能力获得的原则；（4）描述相关要求领域（Anforderungsbereiche）的期望成就；（5）涉及所关注学科的核心领域，并给予学校组织自己教育工作的空间；（6）体现中等要求，而非最低要求和最高要求；（7）通过任务例题来直观地说明教育标准。

国家教育标准之所以不是最高标准和最低标准，而是一般标准（平均标准），不仅是因为最低标准和最高标准都需要花费较长时间来对所提出的任务例题涉及的能力水平阶段进行难度检测，而且还因为最低水平会导致对大多数人的低要求，而最高水平又会导致对更多人的高要求。

---

[1] Zur Entwicklung nationaler Bildungsstandards Expertise, Bonn, Berlin 2007. S.24-25.

二、国家教育标准的制定

《鉴定》指出，这种以阶段性的能力模式为基础的教育标准，必须由教育学、心理学和学科教学论的专业人士共同制定。它规定了特定学年阶段特定学科或学习领域的能力领域及其亚维度，以及每一维度能力水平的差异，规定了学生在这个阶段应该达到的认知过程和行动的特性。

各州文化教育部长联席会议把教育标准的制定委托给相应的工作小组。工作小组制定的标准草案要接受广泛的具有专业性的公共讨论（如经济的、科学的、专业教学论的、教师、家长和学生代表进行的讨论），讨论的结果和之前的书面意见会在最终公布的方案中得以体现。

三、国家教育标准的结构

国家教育标准一般包括四个部分：前言：特定学科对整个教育的贡献（Ⅰ）；该学科核心能力领域的展示和描述（Ⅱ）；针对不同的能力领域，描述能力领域的单一标准（Ⅲ），这些标准建立在学科性的能力模式基础之上，这种能力模式从学校实践的经验发展出来；以任务例题来直观表述这些标准，并将其归入不同的要求领域（Ⅳ）。学科的教育意义即教育目标，被具体化为学科能力领域，学科能力领域又进一步区分为若干亚能力，亚能力再进一步区分为若干维度或方面，最后则是任务案例来直观体现这些能力。也就是说，教育标准一般包括四个部分：（1）学科的教育意义；（2）学科的能力领域；（3）学科能力领域的标准；（4）任务例题。

四、国家教育标准的功能

国家教育标准旨在为教育质量发展提供全国有效的外在评价和内在评价的清晰标准，以满足教育机会平等、人口流动，不同学校教育具有同等价值，学校毕业证书具有可比性，以及教育体制具有渗透性的时代要求。首先，国家教育标准服务于学校发展，帮助确定学校工作成就（内在评价），帮助学校获得教学工作的标准化反馈（外在评价）。其次，国家教育标准使得个体化的学习途径、分析已达到的学习状态和规划进一步学习成为可能。最后，国家教育标准还表述了对进一步的教育和职业培训具有重要意义的学科的和跨学科的基本素质，使学校教学有所定向，为教师的职业行动提供了一个参照体系。总之，国家教育标准可以对所提出的要求加以检验，并能够确定教育系统在何种程度上履行了其职责。也就是说，国家教育标准要为学生对特定学科的成就期望提供清晰的取向，为教师提供分析、规划和检验特定学科的核心领域的教学方向，为学校督导和咨询提供工具和基础。

国家教育标准由于多与毕业有关，因此不仅可以提供教学取向，还可以提高毕业证书的可比性，增加毕业证书的公信力，有助于教育公正。

五、国家教育标准在各州的落实

联邦各州有义务落实其参与协议的国家教育标准。国家教育标准作为全国有效的教育标准，是教学的目的前景（Zielperspektive）；教学计划则是教学的结构性要素。国家教育标准与教学计划均由各州落实和检验。这其中特别涉及教学计划工作、学校发展和教师培训。因此，各州教育研究机构和学校当局等支持结构必须通力协作，以使国家教育标准在学校教育系统中发挥清晰可见的核心作用。具体而言，各州可以在三个领域落实国家教育标准：第一，教学计划工作：制定适应国家教育标准的核心学科的教学计划。这样，国家教育标准中的能力描述就会成为教学计划中内容方针的补充。第二，教师教育和教师培训：对教师和学校领导进行相关培训。第三，学校发展和教学发展：与州教育研究所等机构合作，检验标准的落实情况，如进行州统一的比较考试和毕业考试。

六、国家教育标准案例：《小学（四年级）德语教育标准》

下面以《小学（四年级）德语教育标准》（以下简称《标准》；德国小学为四年制）为例来说明国家教育标准的结构和内容。[1]

（一）德语学科对教育的贡献

《标准》指出，小学教育是继续学习和发展自主地掌握文化能力的基础。语言是小学教育任务的根本组成部分。语言是意义和传统的承载者，是理解世界和理解自我的钥匙，是人际理解的手段，因而对儿童的认知发展、情感发展和社会发展具有基础性的意义。小学德语教学的任务是传递基本的语言教养，使学生具有应对当前和未来生活的行动能力。因此，每一个体都必须尽可能广泛地掌握德语语言能力，以迈向自我学习。

[1] KMK. Bildungsstandards im Fach Deutsch für den Primarbereich. https://www.kmk.org/fileadmin/
veroeffentlichungen_beschluesse/2004/2004_10_15-Bildungsstandards-Deutsch-Primar.pdf, 2020-04-13.

（二）德语学科的能力领域

按照《标准》，小学德语学科的能力领域包括言说和倾听、写作、阅读以及探讨语言和语言使用，每个领域又包括若干方面（详见表7-2）。

表7-2　小学德语学科的能力领域

A. 言说和倾听	B. 写作	C. 阅读：课文与媒体
• 进行谈话 • 理解性倾听 • 引导谈话 • 情境会话 • 谈论学习	• 拥有写作技术 • 正确书写 • 构思文本 • 写作文本 • 加工文本	• 拥有阅读能力 • 拥有阅读经验 • 理解和阐释文本 • 展示和演示文本
掌握与每一个能力领域相关的内容，获得各领域的方法和工作技术		
D. 探讨语言和语言使用 • 认识基本的语言结构和概念 • 探讨语言的理解性 • 加工词汇、句子和文本 • 发现语言的共同性和差异性		

资料来源：KMK. Bildungsstandards im Fach Deutsch für den Primarbereich [EB/OL]. [2020–04–13]. https://www.kmk.org/fileadmin/veroeffentlichungen_beschluesse/2004/2004_10_15-Bildungsstandards-Deutsch-Primar.pdf.

（三）德语学科能力领域的标准

《标准》对四个能力领域作进一步区分。例如，把第一个能力领域言说和倾听分为五个亚能力，每个亚能力又有若干维度。

1. 进行谈话。包括：参与谈话；尊重共同发展的谈话规则，例如，让别人把话讲完，领会他人的讲话，不跑题；与他人共同探讨和澄清谈话中的倾向和冲突。

2. 对他人谈话。包括：用标准语言，表达清晰；认识和注意言说方式的效果；进行功能恰当的言说：讲述，通告，论证，呼吁。

3. 理解性倾听。包括：倾听性地理解内容；有目的地询问；表达理解和不理解。

4. 情境会话。包括：领会意思；进入一种角色，并加以建构；在不同的游戏形式中情境性地展开情境。

5. 谈论学习。包括：复述观察；描述事物；给出理由和解释；展示学习结果，并利用专业概念；谈论学习经验，对其他人的学习过程加以支持。

（四）任务例题

《标准》第四部分又进一步分为三个小部分：引言和概览；要求领域；有评点的任务例题。这部分主要是任务例题。任务例题是对德语标准的说明和具体化。它们并不覆盖所有领域，其重点在于书面语言。不同难度的例题涉及不同的要求领域（《标准》在这里用"要求领域"代替前述的"能力领域"）。

《标准》提出了三个要求领域并予以编号：第一个要求领域为"复述"（ABI），要求学生重新给出已知信息，并运用基本的方法和惯例；第二个要求领域为"建立关系"（ABII），要求学生运用已经获得的知识和方法，并把它们相互联系起来；第三个要求领域为"反思和评判"（ABIII），要求学生对新的问题提出自己的独立判断和解决思路。例如《标准》中的第三任务例题是一篇关于刺猬的小说明文，其中小刺猬长什么样这个问题涉及ABI，刺猬的窝用什么材料垒成这个问题涉及ABI和ABII。任务例题后面还给出了这些问题的评分标准。有些例题还会涉及反思和批判，即ABIII。

这里以《标准》中的第三题《刺猬》为例加以说明。其文本如下：

刺猬约22—27厘米长，14厘米高。背上长满许多几乎相同长度的刺（约3厘米）。腹部和脸部长满毛。在其带刺的盔甲中布满了跳蚤。刺猬有个尖长的鼻子，耳朵宽并且圆，眼睛黑而且小。

刺猬主要食昆虫、蠕虫、蚰蜒、小鸟，偶尔也吃老鼠。

刺猬喜欢独处。多数母刺猬会在五六月份生产3—6只小刺猬，这些小刺猬出生时眼睛闭着，有着柔软和白色的小刺。小刺猬都是在隐蔽良好的地方出生。到秋天，它们就可以独立，可以自己寻找食物。

刺猬是在黄昏和夜间行动，白天则躲在窝里睡大觉。刺猬的窝用叶子、麦秸和干草垒成。我们可以在浓密的灌木丛中，在蛀空的树干中，在花园的小篱笆中，在堆积的树叶中，找到它们。刺猬会冬眠，它们会躲进可以避寒的干燥的窝里。即使在冬天来临之前，刺猬也会靠自己身上的脂肪储备生活。刺猬从不储存过冬食物。

刺猬的敌人有狐狸、雕鸮、狗和獾。被人污染的蜗牛和昆虫等也会威胁刺猬的健康和生命。刺猬最大的危险来自行驶着的汽车！因为刺猬在危险面前并不逃走，而是缩成一个刺球，这样它们会经常在公路上被车轧死。

《刺猬》涉及这样一些国家教育标准：理解适合其年龄阶段的文本；运用阅读的方法；寻找所需要的信息；精确阅读；把握文本核心

内容，并加以复述；发展自己对文本的思想；对文本的态度。针对文本提出的问题还标示出了要求领域。例如，小刺猬长什么样这个问题涉及ABI，刺猬的窝用什么材料垒成这个问题涉及ABI和ABII。任务例题后面还给出了这些问题的评分标准。

七、十年级德语教育标准的任务例题[1]

（一）任务例题一

1. 任务例题一：根据文学类文本创作情景剧（任务类型：根据基础文本设计新文本）

马克思·弗利士：事件

没有理由恐慌的。其实什么也不会发生。电梯悬在第37和38层之间。就是这么回事。毋庸置疑，电随时都可能来。第一分钟还感觉挺有趣，之后大家就都开始抗议楼管。有人点着打火机，也许是想借着短暂的火光看看这黑洞洞的电梯箱里都站着谁。一个女的两手提着食品袋，努力地要搞清楚按警报按钮是不是没用了。有人建议她把食品袋放在地上，不会被踩到的，可是她不听。没有理由搞到歇斯底里的地步，人在电梯里又不会闷死，电梯也绝不会像想象中那样突然掉下去，这在技术上似乎就是说不通的。谁也不说话。也许整个街区都停电了——这倒是一种安慰。于是很多人就开始关心起这件事来，不光是楼下大厅里坐着的那位门房——不过也许他什么都还没觉察到。

---

[1] KMK. Bildungsstandards im Fach Deutsch für den Mittleren Schulabschluss [EB/OL]. [2020-04-13]. https://www.kmk.org/fileadmin/veroeffentlichungen_beschluesse/2003/2003_12_04-BS-Deutsch-MS.pdf.

外面正是大晴天。一刻钟后，这里面弥漫的就不只是恼怒了，而是令人沮丧的无聊。电梯往上移两米或往下降两米，大家都会挤到门前——没有电，那门是不会开的。真是要疯了。呼喊是没用的，相反，在喊完之后会显得很凄凉。一定在某个地方能做点什么以排除故障。这是门房、楼管、有关部门，还有整个科技文明的责任。不知谁说了句"有那位女士的食品袋，我们不至于饿死"。可是这个小幽默来得太晚，已经没有人笑得出来了。半个小时后，一对年轻夫妇开始聊天，声音不大，好像是讲些日常琐事。然后就又是静默；偶尔有人叹口气，带着强调的色彩，这无非是在表达谴责和不满。如前所述，电肯定随时都会来。对这起事件能说的，都说过很多遍了。有人说，停电两个小时这种事情是已经出现过的。幸亏那个牵着狗的小孩先下了电梯，要不然，那样一条哀鸣着的狗在黑洞洞的电梯里恐怕会让人很不好受的。那个一言不发的人也许是外国人，不大听得懂英语。那个提食品袋的妇女这时把食品袋放到地上。她很担心冰冻食品化了，可是没人关心这个。有的人似乎急着要上厕所。两个小时过去了，再也没有愤恨，也再没人说话了，因为电一定随时都会来，大家知道：世界不会就这么停止运转。过了三小时十一分（这是后来媒体报道的），电终于来了：整个街区灯火通明——已经是晚上了。电梯里也亮起了灯，现在终于可以按下按钮，像平时一样，让那电梯升降，让电梯门慢慢地打开。谢天谢地！这会儿甚至都没出现电梯一停下，所有人都鱼贯而出的情况；每个人都像平时一样选择自己的楼层。（文章出处：Max Frisch, Tagebuch 1966-1971, Frankfurt am Main: Suhrkamp 1972, S.366f.）

2. 任务设置

（1）总结这篇文章的内容。

（2）在此文学类文本的基础上创作一个情景剧（人物、空间和时间尤其重要），在对话和舞台指示上要写明人物的内心活动。注意文章的最后两行。

（3）论述你对人物角色的选择和塑造。

3. 与考试标准的关系

（1）了解并运用阅读理解的策略：了解并自主运用组织文本的方法。

（2）读懂并利用文学类文本：区分叙事文本、抒情文本和戏剧文本；理解和运用解析文学作品的重要专业概念；掌握构成文本的重要元素；阐述主要内容；从效果和局限性的方面认识语言上的塑造方法；对文本给出自己的解释，并附在原文上；运用分析的方法；运用创造性的方法；评价情节、人物的行为方式和行为动机。

（3）独立负责地设计写作步骤：安排并起草文章，写出文章、修改文章。

（4）正确地写作。

4. 参考答案和相对应的要求领域

（1）任务一

文章内容要详细地予以总结，人物、时间、地点和结局的具体信息要明确地写出。文中的重要内容要切实理解，然后准确、明白地用自己的话进行复述，并在解释文本时写出来。

除了外部的情节（一部电梯悬在37层和38层之间；停电使数目不详的一群人在漆黑的电梯里苦苦等待了三个多小时），人物内心活动也要好好分析。可能出现的恐惧在那些无关紧要的只言片语中被消除了。在故障排除之后，只有一句"谢天谢地"暗示了紧张局面的结束。

对情节的总结和对主题的陈述在某些重要方面需涉及要求领域一和二中的能力。

（2）任务二

与原文的关联和题目要求的写作模式规定了对该剧本内容、结构及修辞方面的要求。创作方式的选择要考虑到文本、写作目的、中心思想的内容和特点（对可能出现的交际紧张和交际能力问题进行处理，对人在极端情况下的行为抑制、自我约束、排除困难的方式及言行方面的问题进行反思）。改写文本时要注意文体功能的改变，随时利用自己对文本模式已有的知识。要利用原文中按照时间顺序对事件的记叙来安排场景次序（第一分钟、之后、一刻钟后、半个小时后、两个小时后、三小时十一分钟后），不要在场景中列出所有记叙时间。

学生要运用文中语言表达的特点，在某些部分进行对比分析，从而在创作中对这些特点有所反映（很多平行句法的使用、对人物角色的无名标识、间接引语、留白等）。

人物的内部和外部活动要在对话、内心独白和舞台提示中细致地展开，最终要发展到与文章最后两行一致的情境中。

情景剧的创意要与全文有机融合，并且还得回到原文中去。

学生的情景剧创作不能只是简单复述情节，还要带着自己的想法，设计每个人物的特点，并根据文中事件的经过和结果来表现人物内心可能出现的矛盾和冲突。

只要能够被明确地用于一项创作意图并且有利于人物塑造和剧情

发展，不完全符合标准语规范和句法规则的用语（比如省略句）或口语的表达是可以接受的。

学生应当做到的内容属于要求领域三，但是也涉及要求领域一，也就是"对相应专业概念和写作模式的了解"；它还涉及要求领域二中的"设计并创作情景剧"。

（3）任务三

在题目要求的论述中，学生会在这样的问题引导下自己对创作文本的过程不断进行反思：为什么要这样写？对文本的解释说明要附在原文上。解释中要体现出文中各部分的关系，要体现出原文和改编作品的内在联系。这种对自己创作过程的反思涉及要求领域三中的能力。

（二）任务例题二

1. 任务例题二：解析事实类文本并发表意见（任务类型：解析文本）

为一种正在消失的文化现象而担忧
书信的终曲

电报几乎绝迹了，书信不久也将这样消失。电子邮件和短信已经明显夺占了这些古老的交际方式的地位。

于尔根·菲尔德霍夫 撰稿

邮局拆除了邮箱，因为里面信实在太少了。而且，现在人们要是收到什么信件，也多半是收据之类的。真是遗憾。年纪大点儿的人谁没有珍藏过几封情书？想起当年自己迫不及待地打开恋人书信的情景，谁不会伤感？还记得人们是怎样为了早几分钟甚至几秒钟拿到爱人的手书而奔向邮递员的吗？这些时光已随信而去了，可惜。如今，传递信息多么方便啊，只要电话一响，传真机里吐出一张纸或者用电脑一登录电子邮箱，要不就是对着冷冰冰的答录机一开口，在手机里一编辑短信，信息就能传递。用手写信已经属于濒临灭绝的文化技能了。书信确实本来也是一种文化。

人们也许会想到马克思和恩格斯的书信来往。两位恰好都是热爱写作的人，在他们的全部书信中，单是1858年1月到1859年8月间的书信就有1 700多页。

还有正直的梅尔多夫地方长官海因里希·克里斯蒂安·波耶（Heinrich Christian Boie）和他的未婚妻露易丝·梅耶在1777年至1785年间的通信。500页的书信集中充满爱的信息。从日常琐细到与文学巨匠的相遇，没有什么事不值得用信件来传递。海因里希·克里斯蒂安·波耶和露易丝·梅耶不仅生活在不同的城市，他们还生活在两个世界中：现实的世界和书信的世界。

从纯洁的幸福到深深的思念，这些心声全都倾泻在纸张上——人们最后生活在了感伤的时代。那简直是书信的黄金时代。人们日日写、时时写，好像除了写信之外无事可做。那时书信发展成了一种文学艺术形式，因之出现了书信体小说。歌德的"维特"就是其中最著名的代表。（……）那个时代过去了。

那难道不是一个美好的时代吗？当然了，人们是需要花点时间把字写得工整一些，别人才能看懂，但是书信形式毕竟带来了很多好处。信不会被直接否定——因此人们敢于写羞于言说的事情。如果回信上散发着淡淡的香水气味，那你一定会心跳加速，经过漫长等待得到的会是真正的幸福——当然也可能不是。

用电子邮箱倾吐心声就像闻没有芳香的塑料花一样，没味儿。而尽管手机的使用中产生了新的语言形式，但是这点最后的浪漫也仅仅靠手机的蜂鸣来传递。从人们的语言当中也许就能看出来——技术已经占领了我们这个时代。

让我们尽量继续多写信吧，这样，这门艺术不至于被人忘却。写我们的欢乐，写我们的朋友，也写我们的忧愁，写我们的痛苦。让我们写信吧——书信值得去写。

吕贝克新闻（2003年4月20、21日，第36页）

2. 任务设置

（1）按如下步骤解析本文：阐述本文中心思想，理据充分地详细分析本文观点。

（2）写一篇短文，题目为"电子交际颂"。

（3）承上讨论，用现代媒体进行交际包含了什么机会。

3. 与考试标准的关系

（1）了解并运用阅读理解的技巧。

（2）理解和利用事实类文章与应用文：区分不同的文体和文本功能；有针对性地提取、整理、比较、考察和补充信息；理解文本用途；区分文中的信息和评论。

（3）解析并反思文本特征。

（4）理解句子和词类的功用并用于写作和文本解析。

（5）独立负责地安排写作步骤：构思文本，写作文章，阐述文章解析的结果，修改文章。

（6）斟酌文章的用语。

（7）掌握写作技能。

（8）正确地书写。

4. 参考答案及相关要求领域

要求领域一：导入部分将文章引入"书信"这个主题及书信的变迁，接下来阐述关于书信的特殊意义的主要论点。

要求领域二：在做第二小题时很重要的一点是，要考虑到文章的观点和表达：文中对书信和现代交际方式进行了评论性的对比；文中举出了历史上的例子，不仅点明了这些例子所体现的意义，还展开说到了文学史发展过程中出现的书信体小说；文中说明了书信相对于现代交际模式的优势以及对人们交际的影响。

要求领域二、三：在阐明对现代交际方式的观点时，要针对文章观点对现代交际方式的意义、价值进行辩护：比如，高效，能够直接做出回应等。还要论及现在生活条件的改变，正是生活条件的改变带来了完全不同的表达和体验。也许作者也能看出来，深厚的感情和文中一再强调的那种别样的期待在等待短信的时候一样也会存在，但另一个情况同样不得不承认，即用现代化媒体进行交际，特别是书写体验和感情时，会带来一些弊端和感情上的缺失。这里有一个特殊的功能，就是促使学生去文中发现文化批评的言论。

要求领域三：随着批判性研究的深入，电子交际方式的独特功能和表达模式在学生的短文中应当有积极的或经过斟酌的描写。短文的质量取决于思想的独创性、严密细致的观点和语言的表达。

要求领域一、二、三：语言表达要规范而有说服力、准确，语汇丰富。

德语国家教育标准结构中任务例题不仅具体展示了学科的能力模

式，而且是教育评价的样板。教育评价的前提就是开发此类基于国家教育标准的试题库。

第三节

国家教育标准评价的实施过程

一、教育评价的机构及其功能

按照各州文化教育部长联席会议，2004年6月，德国国家教育质量发展研究所（IQB）在柏林洪堡大学成立，它在财政上受联邦16州的支持。研究所的核心任务是建立任务库或试题库，以评价学生成绩，支持能力建设和结果取向的教学变革，检验国家教育标准的落实情况，并对国家教育标准提供修改建议。也就是说，它的任务是把标准精细化、继续发展，并用任务试题来确定教育质量是否达标。

IQB把评价结果写成研究报告，其中对小学阶段每五年评价一次，对中学阶段每两年评价一次，以确定德国学生是否真正达到了教育标准，或在哪些领域存在监控的需要。

IQB有六个不同的项目小组关注不同学科和年级的国家教育标准，其中五个关注中学教育的国家教育标准，一个关注小学德语和数学的国家教育标准。每一个项目团队的核心目标是开发大量基于国家教育标准的测试任务，从而检测学生与国家教育标准相匹配的能力水平。题目的编写主要由来自 16 个联邦州有经验的教师承担，他们都接受了国家测试开发专家的培训。

IQB 的成员在一个跨学科的团队中工作，其中有在课程资料和标准成就测试开发方面富有经验的教师，有作为项目方法顾问的心理学和心理测量高级水平的研究科学专家，有研究科学专家指导的正在撰写项目相关论文的博士生，还有很多兼职的学生。每一个项目团队都会和国内外来自不同领域的专家合作，包括对题目编写者的培训，对任务的修正，对研究结论进行概念化。

简言之，IQB 旨在使国家教育标准得到实以运转，其任务包含以下内容：（1）为国家教育标准的运作提供大量任务库；（2）为基于标准测试开发国家的熟练水平等级；（3）开发计算机辅助测试和报告系统；（4）为理论的能力模型提供有经验基础的修改。

二、能力水平的建立及任务开发

国家教育标准描述特定年龄阶段应该获得的能力。从形式上看，国家教育标准是监控教育系统规范性和结构性的指导原则和方针，需要转译为经验性的能力水平模式，从而提供关于各州学业成绩水平的信息和长期的成就趋势。这就要求 IQB 能够建立经验验证的能力水平模型来帮助确定预期能力所达到的程度。

当然，为了发展各个学科的能力水平模式，IQB 在测试开发、能力获得与发展、评价和实施、绩效监控以及研究数据中心等方面与国内国际研究机构进行合作。这种协作很关键，这也说明 IQB 不是自搞一套，脱离国际教育评价的基本常识。这里以"英语作为第一外语"为例来加以说明。

按照鲁普（A. A. Rupp）等人的理解，IQB "英语作为第一外语"任务开发很关键的三个文件是德国各州文化教育部长联席会议2003年十年级第一外语（英语/法语）教育标准、2004年的九年级第一外语（英语/法语）教育标准以及2001年欧洲理事会正式公布的《欧洲语言学习、教学、评价共同参考框架》（Common European Framework of Reference for Languages：Learning，Teaching，Assessment，简称CEF）。CEF把语言能力分为六个等级（见表7-3），为制定清晰的标准以实现学习的连贯性提供了可操作的方案，可以用来评价学习结果。

表7-3　欧洲语言学习、教学、评价共同参考框架

精通使用者 proficient user	C2（精通级）mastery	对所有听到、读到的信息，能轻松地理解。能用不同的口头书面信息作摘要，再于同一简报场合重做论述及说明。甚至能在更复杂的情况下，随心所欲地自我表达且精准地区别出言外之意。
	C1（流利级）effective operational proficiency	能了解多个领域且高难度的长篇文字，认识隐藏其中的深意。能流利随意地自我表达而不会太明显地露出寻找措辞的样子。针对社交、学术及专业的目的，能弹性地、有效地运用言语工具。能清楚地针对复杂的议题进行撰写，结构完整地呈现出体裁及其关联性。
独立使用者 independent user	B2（高阶级）vantage	针对具体及抽象主题的复杂文字，能了解其重点。主题涵盖个人专业领域的技术讨论。能实时地以母语作互动，有一定的流畅度且不会感到紧张。能针对相当多的主题撰写出一篇完整详细的文章，并可针对所提各议题重点作出优缺点说明。
	B1（进阶级）threshold	在工作、学校及娱乐的环境中时，说得清楚而标准，能理解主要的观点。当在该语言主要适用地区旅行时遇到状况，能使自己摆脱困境。能制造简单话题讨论，紧贴生活日常主题，或在一些大家感兴趣的地方，能够描述一个事件、一次经历或一个梦想，描述希望或者目标，能对一个任务或观点陈述简单的理由，作出解释。

（续表）

初级使用者 basic user	A2（基础级） waystage	能够明白写出来或是听到的一些独立的句子，以及经常在贴近自己的环境中使用的用法（例如，个人信息、家庭资料、购物、附近环境、工作），能够讨论一些简单而日常的任务，为此交流一些意见。能用简单的方式描述自我、环境，提及一些贴近自己需求的主题。
	A1（入门级） breakthrough	能了解并使用熟悉的日常表达方式，使用非常简单的词汇以求满足基础需求。能介绍自己及他人并能针对个人背景资料，例如住在哪里，认识何人以及拥有什么事物等问题作出问答。能在对方语速缓慢、用词清晰并提供协助的前提下作简单的交流。

资料来源：Rupp, A. A., Vock, M. Harsch, C. & Köller, O. Developing standards-based assessment tasks for English as a first foreign language. *Waxmann Verlag*, 2008, p.131.

德国第一外语的教育标准所使用的能力模式直接借鉴了CEF的模式，第一外语的国家教育标准的目标是：职业预校这一轨即九年级的英语水平达到CEF中A2的水平，中级毕业阶段这一轨即十年级达到B1/B+等级。其中英语作为第一外语的国家教育标准中所涉及的能力领域有功能性沟通交流能力、跨文化能力和方法论能力（见表7-4）。

表7-4　英语作为第一外语的国家教育标准中所涉及的能力领域

功能性沟通交流能力	
沟通技巧	语言资源的实用性
阅读理解 听力和视听 口语 （a）对话参与度 （b）说话的连贯性 写作 斡旋	词汇 语法 发音和语调 拼写

（续表）

跨文化能力
社会文化方面的知识 文化多样性的敏感性 跨文化交流的实际技巧
方法论能力
文本接纳（阅读理解和听力理解） 互动 文本再构（说话和写作） 学习策略 演讲技巧和多媒体运用的技巧 学习的意识和学习过程的组织计划

资料来源：Rupp, A. A., Vock, M. Harsch, C. & Köller, O. Developing standards-based assessment tasks for English as a first foreign language. *Waxmann Verlag*, 2008, p.26.

国家教育标准中的能力领域和每个单独的能力都基于CEF，是从其中的描述里挑选和改编过来的，并重组成了一个能力模式，以适应德国的相关情况，即以标准为基础的语言学校和评估。我们可以从表7-5中九年级和十年级的英语作为第一外语的国家教育标准的能力模式（阅读理解能力）看到。

表7-5　国家教育标准中阅读理解能力类型

国家教育标准——（2004）	学习者能够： 1. 理解短小、简单的个人信件和电子邮件； 2. 在简单的日常文本中找出具体的、可预知的信息（例如广告、传单、菜单、时刻表、节目预告）； 3. 理解公共场所中的标识和提示牌（例如方向指示、危险警告）； 4. 找出简单书面材料中的专门信息（例如信件、传单、报纸文章、小说）； 5. 理解手册中的指示以用于日常生活。	阅读理解是凭借对很普通的词汇量和对一定程度的国际通用词汇的掌握以阅读并理解简短文本的能力（A2）

（续表）

	学习者能够： 1. 理解与自己利益相关的信件中的主要信息； 2. 清晰地理解陈述的和直接的讲授、指示和规章； 3. 搜索较长文本中的信息以完成一定的任务； 4. 汇总数篇文本的信息以完成一定的任务； 5. 获取较短文学文本（例如短故事）的主要信息并用于完成一定的任务； 6. 理解简单小说文本的信息； 7. 辨认出关于熟悉的话题（例如报纸文章）的清晰的辩论性文本的主旨。	阅读理解是大量进行独立阅读和理解熟悉的主题范围内不同文本的能力（B1+）
国家教育标准——中级毕业证书（2003）		

资料来源：KMK. Bildungsstandards für die erste Fremdsprache (Englisch/Französisch) für den Hauptschulabschluss [EB/OL]. [2020-04-13]. https://www.kmk.org/fileadmin/Dateien/veroeffentlichungen_beschluesse/2004/2004_10_15-Bildungsstandards-ersteFS-Haupt.pdf, 2020-04-13; KMK. Bildungsstandards für die erste Fremdsprache (Englisch/Französisch) für den Mittleren Schulabschluss. https://www.kmk.org/fileadmin/Dateien/veroeffentlichungen_beschluesse/2003/2003_12_04-BS-erste-Fremdsprache.pdf.

因此，IQB中基于标准的测试在发展中面临的挑战是，使国家教育标准（NES）和《欧洲语言学习、教学、评价共同参考框架》（CEF）中一般的理论描述便于实际操作，成为测试说明，从而能够引导受过训练的出题者编写出有创作依据的测试题目。在此意义上，他们必须始终坚持语言能力的理论模式和有效的标准。

2005年9月到2007年7月间，一个跨学科小组进行了一次测试题目的开发。小组成员包括语言评估专家、教育家、心理测量学家以及代表了德国所有联邦州和学校类型的20多位教师。测试题的开发由一位国际专家牵头，以教师在发展领域的训练为开始。教师们对

CEF能力模式和精通水平很熟悉，在制定测试规范和测试题目上受过训练。测试开发者规定了每道题目以领域范围和水平标准为导向的特征。

每个测试题目所使用的技术领域只以一个特定的CEF水平为导向，因此该试题被称为具体层次的试题。一类试题（如包含标准化指令、读写刺激和测试项目的综合测评）可能承担了以两个相近层次水平为目标的任务。可采用的题库中包含了多种试题类型，包括选择-反应类型题目（如多选、匹配题，或者是填正确/错误/未提到的题目，答案需从一系列已给选项中选出）和开放型题目（如表格填写，用一个单词或短语简短回答）。这些题型可以用一种可靠的、精确的及有效的方式来评估学生的能力水平。

所有的试题在试验之前都进行了一次小规模的标准化测验，试题的编写者为方便起见，选取的样本是自己当时在学校里执教的班级。因此，这种前试验由教师自己操作和打分，运用标准化的指令和评分指南对结果进行分析、修正，最终进行再次测试。接着，这些在心理测量方面令人满意的题目进入"修订题库"，并由一批语言评估和语言教学专家组成的外部专家小组进行复审，通过审核的题目被收录到IQB的最终题库中。

开发任务习题是一个非常复杂的过程（如图7-1所示）。这些测试题目也可供各个联邦州进行标准测试时参考使用。其中小部分的条目会被公开发布，以说明其设计过程和目的。

当然，题目收入到最终题库时还会按照一定的标准和特点进行分类。英语作为第一外语的国家教育标准，其阅读理解方面的分类标准体现出以下文本特点：（1）可能通过学习者的水平加以理解：

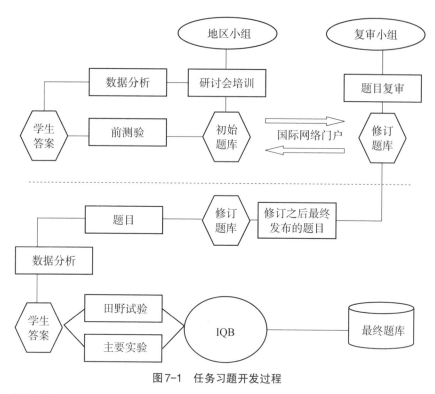

图7-1　任务习题开发过程

资料来源：Rupp, A. A., Vock, M. Harsch, C. & Köller, O. Developing standards-based assessment tasks for English as a first foreign language. *Waxmann Verlag*, 2008, p.81.

A1，A2，B1，B2，C1，C2 ;（2）文本类型：时间表，计划，项目，简介，指引，说明书，报纸文章，杂志文章，小册子，CD封面，评论，广告，电子邮件，文本信息（SMS），个人信件，专业信件，明信片，歌词，民间故事，文学摘录，短故事，访谈，备忘录，报告，其他 ;（3）文本来源：网络，CD/DVD封面，青年杂志，目录，评论，报纸，书籍，广告，杂志，说明书，标记，广告词，小册子，海报 ;（4）范围：公共的，个人的，职业的，教育的，其他 ;（5）演讲类型：叙述的，描述性的，引导的，评述的，应酬性的 ;（6）主题范围：个人身份，房屋和家，环境，日常生活，自由时间，娱乐媒体，运动，旅游，与他人的关系，健康和身体，教育，购物，饮食，服务，地方，语言，天气，工作，多元文化社会，犯罪，全球问题，其他；（7）内容性质：最具体，基本具体，相当抽象，基本抽象；（8）真实性：真实的，有删减的，简单的，粉饰过的；（9）语法：最简单，基本简单，有限范围的复杂结构，宽泛范围的复杂结构；（10）词汇：最频繁，基本频繁，相当有延展性，有延展性；（11）文本长度：字数；（12）听众文本的原始目标：指定的；（13）文本形式：散文，图片，公告，图表，字幕；（14）每一文本的项目数字。

阅读理解题目的分类标准体现出以下题目特点：（1）可能通过学习者的水平来解决的：A1，A2，B1，B2，C1，C2；（2）阅读的目的：理解要点，理解主要思想，通过对细节的讨论来理解，快读较长的文本以获得信息，区别特殊的信息，从不同的文本或者文本的不同部分来修正资讯，从背景来确定未知词语的意义，做简单的推断，做复杂的推断；（3）项目类型：多元选择，真伪假设，多元匹配，先后顺序，填隙，表格，句子，引用。

实际上，IQB还开发了另一种基于标准的课程任务，是教师能在课堂中实际运用的。这对于国家教育标准中的内容和表现标准的获得很关键，因为许多复杂的能力例如学习第一语言所需的跨文化和方法论能力，应该建立在一个长期的基础之上，而这些能力的获得只能通过课堂上广泛的形成性评价来进行估计和养成。提供基于标准的课堂任务，目的是开发一种新的教学和评价文化，扩展当前已存在的关于能力开发和评价的成功方法。重要的是，课堂任务并不是为了期末测试或者离校证书而设立的测试，它们是补充现有的课程资料，允许更多复杂能力的发展，以一种形成性的方式来促进和评价学习过程。

三、国家教育评价的实施

这里以2011年IQB进行的国家教育评价为例来说明其实施及报告。这次评价的委托者是各州的文化和教育部长。此次测试使用的测试工具和问卷都是IQB研发、试用和改进的。测试的组织和举办委托汉堡国际教育成就评价协会数据处理和研究中心进行。测试由该中心为此任务专门培训的外部测试人员进行。

2011年州际测试有来自超过1 300所小学及特殊学校的2.7万多名四年级学生参加。在每所用随机方法挑选出来的学校中,再随机抽取一个班级参加测试。全德收集数据的时段是2011年5月至7月。

本次评价在德语科目上测试"阅读-运用文和媒体"和"听力",一部分学生还额外做了"正字法"方面的题目。数学科目的测试覆盖了教育标准所描述的全部五个能力范畴,即"数字与运算""空间与形式""模型与结构""尺寸与测量"及"数据、频率和概率"。

按照以前的惯例,每次测试前,IQB会公布进行各州比较的评价中使用的题型。下面是数学方面的试题。

1. 能力范畴数据、频率、概率题目

苏西读到一个关于鸟窝的报告,她在一份杂志上找到了这个表格

	灰雁	疣鼻天鹅	帝企鹅	蜂鸟	麻雀	金雕	鸽子	鹪鹩
蛋的重量	180 g	350 g	450 g	0.5 g	3 g	150 g	20 g	1.5 g

和统计图：

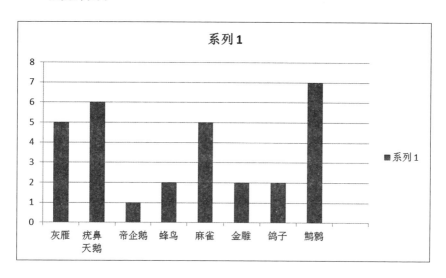

苏西现在想知道：

a）一只鸽子蛋有多重？

　　1.5 g　　　　　2 g　　　　　20 g　　　　　40 g

b）哪种鸟在巢里放七个蛋？

　　鸽子　　　　疣鼻天鹅　　　　蜂鸟　　　　鹪鹩

c）哪种鸟放的蛋最少？

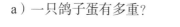

d）哪种鸟放的蛋最轻？

_____

e）所有蛋在一个鸟巢里叫作一窝蛋。哪种鸟的一窝蛋最重？

_____

2. 能力范畴尺寸与测量题目

这是多少秒？

a）10 min =_____ s

b）3 min 51 s=_____ s

c）$2\frac{1}{2}$ min=_____ s

这是多少小时多少分钟？

d）320 min=_____ h_____ min

e）$2\frac{1}{4}$ h=_____ h_____ min

需要指出的是，这次评价除了测试学生的能力，还有针对学生、校领导、被选中的教师和儿童的家长的问卷，以考察德国小学中教和学的条件，研究在多大范围内和在哪些条件下学生能够得到一种较理想的提升。

四、测验结果报告的结构

测验结果报告是为了给各州提供落实国家教育标准方面的反馈。研究结果将在各州学校系统层面进行评估，以探讨是否应该进行相应的改变或变革。但是，这个结果不能推论至学校层面或单个课堂教学和个体学生。

位于汉堡的数据处理和研究中心按照IQB给出的标准对学生答案进行汇编整理和数据处理，IQB对数据进行分析利用，以确定各州学生所达到的能力水平，数据分析结果总结为2012年秋发布的报告《德国小学生在四年级结束时的德语和数学能力：IQB各州比较的结果》。报告发布之后，所有参试学校会被告知各自的测试结果。这份与学校相关的结果不会转给第三方或公布。

例如，2012年报告是IQB在国家教育标准实施之后第二份关于检验教育标准实施情况的报告，也是第一份关于初等教育阶段结束时学生专业能力获得情况的报告（2009年，IQB做了一份关于中等教育初级阶段学生语言能力的报告）。与PISA、PIRLS/IGLU等国际测试不同，IQB的州际比较更贴近联邦州学校的教学安排实际情况。整个报告分为十三章，按照内容的逻辑顺序进行编排，包括德国现行教育标准、德语和数学两个科目要求的能力、初等教育阶段的能力级别模式、州际比较的方式方法和手段工具、各州德语和数学两科能力达成情况比较、各州和自由市的情况、与性别相关的差异、社会性差异、与移民背景相关的差异、总结与讨论、语言和阅读支持、州际比较的测试设计与分析利用、比较的结论和归纳。

第四节

德国国家教育评价标准与政策的影响和争议

一、德国国家教育评价标准与政策的影响

对各州教育差异巨大的德国来说，国家教育标准及其评价是一个巨大的成就，作为一个平衡性的工具，它加强了德国各州教育的透明性与可比性。这种综合性的外在评价的作用体现在如下几方面。

（一）促进教育质量的提高，增加教育决策的经验证据

这里不从效度、信度、公平、反拨效应和可行性等角度探讨，而

从总体来看自《康斯坦茨协议》和《教育监控的总体战略》之后，德国教育质量发展的变化。

2007年11月公布的PIRLS/IGLU2006测试结果，体现了德国学生学业成就的改善。在对PISA2003和PISA2006测试结果的评论中，德国各州文化教育部长联席会议和联邦教研部强调，德国教育系统总体上取得了积极的进展。PISA2009的测试结果表明德国教育系统继续在积极发展，除了学生的阅读和数学能力得到提高，教育平等也取得了进展。自2000年以来，社会背景与阅读能力的相关性明显下降，有移民背景和没有移民背景的学生之间的学业差距也得到一定程度的缩小。[1]

就教育标准而言，在所有16个联邦州中，大部分十年级学生的德语预期水平在九年级期末时就达到了德国各州文化教育部长联席会议制定的教育标准。在所有联邦州的文理中学中，学生都有良好的表现，而在一些联邦州，50%以上的九年级学生已经超过了高中的普遍标准。在许多联邦州，有一定数量的非文理中学生，尤其是在德语阅读和英语中，并未达到德国各州文化教育部长联席会议制定的普遍标准。[2]

这些评价也具有诊断作用，从而为教育决策提供了经验性的证据。例如，这些评价结果也显示，有移民背景和没有移民背景的年轻人之间仍然存在能力发展的巨大差距，有必要进行进一步改革，以便有效地改变社会背景和学业成功之间的关系；2009年各州学业结果比较显示了具有牢固的相关学科基础和教学论基础的教师教育的重要性，这就要求联邦州加大努力改善教师培训。这进一步从经验的角度

---

[1][2] KMK. Das Bildungswesen in der Bundesrepublik Deutschland 2011/2012, 2013, S.222-223.

证明了PISA2000之后德国各州文化教育部长联席会议所着力的七个行动领域的持续有效性。

（二）促进教学发展及教学计划的能力导向

教育评价的结果不仅是为了确定教学质量，而且可以服务于教学的继续发展。2009年11月，德国各州文化教育部长联席会议提出了运用教育标准来发展教学的概念，以能力水平有益于进一步发展教学。这体现了教育标准的两个功能，即考查能力发展和进一步促进教学。这样一来，外在的教育评价最终不仅影响了教学发展，还进而影响教师培训，并使得教学计划适应于教育标准。也就是说，IQB的评价始于和基于落实国家教育标准的需要，进而建构考试大纲，开发任务习题，划分能力水平，进行评分者训练，对试题进行试验和修订，确立标准，进行测试，向相关者报告结果，进行教师培训，并最终进行课堂评价。

教学计划受到相应影响，更多地强调能力。这里以2006/2007年柏林高中资格阶段的《德语教学计划》为例来说明。《德语教学计划》把作为阅读者、写作者、言说者和鉴赏者的学习者置于德语教学的核心，指出德语教学的任务是对学生进行语言教育和审美教育。德语课程借助各种形式的文本，如文学文本和实用文本等，能够使学生自主地、富有能力地参与文化的审美生活、精神生活、政治生活和社会生活，通过文本的接受和生产来获得审美经验和社会认识。具体而言，德语课程的目的是发展四方面的能力：阅读、阐释和评价文学文本与实用文本；文本写作、建构与展示；言说、表达与倾听；对语言和语言使用的反思 —— 发展语言意识和语言能力。

（三）促进教育研究的经验转向

传统上，德国教育学和教学论与有关人性和社会的哲学话语关系密切。但是，能力导向的外部评价导致人们不太关注普通教学论，而是强调学习和教学过程的可测量性，从而使得教育研究偏离了强调解释学方法的抽象的、规范的研究传统。人们越来越关注教学过程实际发展的前提，关注教师和学生的真实经验，甚至强调试验和半试验的方法，以便为改善教学和学习提供经验证据。这样，德国教育学术话语就转向了更加经验性和实践取向的研究范式。

二、德国国家教育评价标准与政策的争议

（一）教育争议：能力取向的外在评价导致整个学校教育任务和目的的缩减

无论是PISA、TIMSS，还是德国国家教育标准的评价，都是集中于一个特定专业的核心领域，并不覆盖一个学习领域的整个范围，而是描述对进一步的学校教育和职业教育是非常重要的学科和跨学科的基本资质。其目的是确定该学科的核心关节，以保证在不同类型学校所获得的成绩和毕业证具有可比性。

但是，学校教育质量测量内容自然要远远多于借助国家教育标准对学校成就的测量，学校教育的任务也远远多于教育标准的功能要求。通过学校教育，学生应该被教育成为成熟的公民，能够负责任地、自我批判地建构自己的职业生涯的和私人生活，参与政治和社会生活。

尽管德国外部评价政策不断强调，国家教育标准其实是对学校教育目的的补充和一定程度上的保证，但它实际上造成了减损。它不仅

在一定程度上把学校教育的注意力引向了外在评价，导致了"为考而教"，减损了很多有意义的教育过程，而且，在某种程度上，能力导向的教育标准及其评价本身就存在问题。例如，在文学教育中，总有些有价值的极端个性化的学习过程难以监控，也难以被精确估价。就像斯宾纳（Kaspar H. Spinner）所指出的："我们很难测试出在文学文本理解过程中出现把主观卷入与精确的文本感知联系起来的能力，因为它涉及学生的个体性的内在世界。"[1]也就是说，能力模型很难对文学理解进行可信的描述。文学文本的理解是如此多样，以至于能力描述要么是没有意义的普遍和抽象，要么是如此具体以至于并不适用于所有文本。

这也体现了能力取向的教育标准及其外在评价与德国根深蒂固的教学论传统之间的张力。例如，在德国，文学教学论研究阅读教学过程、文学品位、学习要求与效果（投入导向），聚焦于探讨课堂教学的经验性和描述性视角，以及探讨文学教育目的的规范性和概念性视角。而能力取向的评价则只关注既定的学习目标是否已经实现（产出导向），只强调经验性的和描述性的视角。

能力和结果取向的教育评价与德国传统是不协调的。德国传统强调内容为基础的投入取向（如规定教学和学习的结构、过程和条件），而强调学生能力的国家教育标准及其评价把学习过程排挤到后面去了，这与狭隘的、行为主义的能力概念相关。

对能力的心理学的界定及其与学校知识传授的脱钩，优点在于在能力传递时，不再需要对学校获得详细知识的掌握加以控制，从而可

---

[1] Spinner, Kaspar H. (2008): Bildungsstandards und Literaturunterricht. In: Zeitschrift für Erziehungswissenschaft, 10. Jg., Sonderheft 9/2008, S.318.

以无须经过知识这条弯路，直接对运用知识和具有生活意义的任务的能力进行检测。但同时，与传递和习得解决应用任务的能力相关的教和学的视野被缩减了，更进一步的教育任务，如世界经验和人际交往的多方面的解释和深化被忽视了。

（二）政治争议：国家教育标准及其外在评价伤害了教育教学的自身逻辑

在德国教育系统中，一直以来主要强调知识的教学和习得，而相对忽视能力和技能。在"PISA震动"后，德国朝野几乎一致认为，改善学校成就的一个合适手段就是从教学的知识取向转向能力取向，引入能力取向的教育标准和学科的、跨学科的能力测验。这种测验可以给出学生和学校系统的能力状态的详细信息，所评价的不是容易忘记的知识，而是考察直至职业教育阶段和大学教育过程都起作用的持续的能力。

但是，这种转向的背后并不是一种教育的关注。《综合战略》指出，"教育体制对个体发展、个体的社会参与和职业发展，乃至一个国家的经济成就和社会团结，发挥着关键作用。过去10年的全球化发展再次以特别的方式向我们德国强调了教育的这种基础性的作用。因此，发展所有人的天赋和确保高质量的教育发展，是德国未来教育政策的核心任务。"[1]这里的逻辑与1964年皮希特（Georg Picht）的《德国教育的灾难》，也就是前述的第一次教育灾难的逻辑何其相似："高中毕业生的数字里显示了一个民族潜在的智力。在现代世界，经济竞

---

[1] KMK. Gesamtstrategie der Kultusministerkonferenz zum Bildungsmonitoring. [EB/OL]. [2020-4-13]. https://www.kmk.org/fileadmin/Dateien/pdf/PresseUndAktuelles/Beschluesse_Veroeffentlichungen/ Bildungsmonitoring_Broschuere_Endf.pdf.

争的能力、社会生产的水平和政治地位取决于这种潜在的智力。在20世纪残余的岁月里，国家在欧洲的地位关系将由它决定……"[1]

有学者认为，能力取向的产出控制是以国家、官僚和科学在旧的控制被证明是无效的情况下寻求更加有效的控制技术的尝试。这种转向试图使所有生活领域都隶属于经济关注，试图把教育政策变成经济政策和劳动力市场政策的一部分，成为企业和经济的工具。这是一种非教育的改革和关注，它忽视了人的普通教育和教育机会的改善，忽视了教育和教学的自身逻辑和规律。[2]

能力取向的评价政策既没有充分的科学依据，也不是政治上中立。这是一种非教育的政治关注。它日益要求机构化的学校教育和教学服从经济、道德、政治的需要。这样，学校教育和教学被赋予了这样的任务，即通过传授所谓的关键素养来解决那些在经济、道德、政治和宗教方面至今还没有找到解决办法，还需要进行争论的关键问题，而没有充分地考虑到这些目的是否属于学校教学过程的任务领域和作用范围。这种为了教育之外的目的而使青少年教育工具化的做法是一种怯懦的战略，因为年长一代试图通过对未成年的一代的教育来实现既定的更美好的未来，而不是对此进行争论来达到教育目的。这种教育评价政策体现了一种新自由主义的管理主义倾向。

德国具有悠久的文化教育自治传统，宪法也规定联邦各州拥有文化自主权，而国家教育标准及其评价则可能削弱这一传统和权利。"联邦结构有太多异质。国家教育标准是一种联系和平衡工具。但是

---

[1] 瞿葆奎（主编），李其龙，孙祖（复著）.联邦德国教育改革（教育学文集）[M].北京：人民教育出版社，1991：347.
[2] 本纳，彭正梅.超越知识取向的投入控制和能力取向的产出控制：论经验、学习和教学之间的关系[J].教育学报，2009（1）：33-48.

要创造可比性和透明性，就会削弱联邦性。"[1]确立以国家教育标准及其评价为核心的教育改革，没有触及德国教育体制和公平性问题，因为它忽视了德国教育质量更为根本的体制因素：德国教育不平等和由此产生的高不及格率是德国选择性学校体制的直接结果，而国家教育标准的引入，可能会进一步强化德国教育本来就十分明显的社会选择性。而这种管理主义的评价策略把德国教育的深层问题转化为技术问题，从而使得这种评价政策带有某种隐蔽的意识形态性。

德国引入国家教育标准及其评价体现了两方面的战略意图：对学校教育质量进行更加严格的国家控制，同时给予学校和教师更大的自由空间。国家教育标准一方面通过标准来规范教育体制，把学校的教育任务具体化，以保证和提高学校工作的质量；另一方面，它没有规定应该如何设计教学或探讨什么问题，而是规定了在特定时间点必须达到的要求，达到这些要求的途径主要由学校来把握。

国家教育标准及其评价的引入还可能把教育责任转嫁给学校和教师。据IQB的调查，教师对于教育标准很感兴趣，持开放态度，但对考试抱有怀疑，因为考试会不可避免地具有检验、诊断、发展、控制学校竞争力指标和学校选择等功能，从而引发教师和学生的不确定性或不安全感。在许多州，国家教育标准及其评价所许诺的学校自主性并没有取得进展，甚至引入国家考试反而限制了学校的自主性，因为这会导致所有学生阅读同一种读物。国家教育标准及其评价对于提高学校质量的潜力也远未发挥出来，因为标准在学校教学层面的落实

---

[1] Rolf Wernstedt, Marei John-Ohnesorg (Hrsg.) Bildungsstandards als Instrument schulischer Qualitätsentwicklung. bub Bonner Universitäts-Buchdruckerei, 2009, S.17.

不仅需要有关的技术支持，还需要教师和学生的角色和意识的相应转变。

教育质量的改善是一个系统工程。如果没有教师教育和教师培训、教学大纲开发、学校管理当局乃至教育体制作出相应的变革，那么，单纯依赖引入国家教育标准来提高教学和学习质量是难以达到目的的。这也是德国进行能力取向的教育质量控制改革下一步要解决的问题，这其中的关键问题是如何协调传统的教学计划与国家教育标准的关系。对此，《鉴定》指出，"教育标准的指导功能和课程的指向功能要联系起来，教育标准绝不会使课程成为多余，因为标准不同于课程，它只提供教学内容的指导、学校过程结构的指导和学习时间分配的指导"。[1]

---

[1] Zur Entwicklung nationaler Bildungsstandards Expertise, Bonn, Berlin 2007. 77f.

第八章

法国学业成就测验的评价
标准与政策

法国从20世纪70年代末开始开展学业成就评估，逐渐形成了包括学生成绩评估、学生能力手册、学校"增加值"评估等在内的基础教育质量监测与评估体系，并尝试构建评估文化。本章主要介绍法国基础教育质量评估的背景与进程，分析法国现行学业成就测验的评价标准与政策，并探讨其发展趋势。

第一节

法国基础教育评估的背景与进程

一、法国传统的基础教育质量评价

教育评估或教育评价自古有之，只是评估的概念出现较晚。自学校诞生之日起，教师就会用提问、作业、考试等各种方式考查学生的学习状况。在法国，教师评价学生的行为经常用"测评"（appréciation）、"监控"（contrôle）、"惩处"（sanction）、奖励（récompense）等术语表述。评价的结果为分数（notes）或排名（classements）。

以分数和排名为结果的传统评价主要有三种职能：（1）区分好的学生和差的学生，好的予以奖励，差的予以惩罚；（2）给所有学生排序，激发他们的竞争意识；（3）将每个学生的成绩与不足向家长与权威部门通报，并对升级、留级和一些奖励、荣誉榜、处罚等公共处置有所影响。评价的主体当然是教师，教师有绝对的权力评价和划分出好学生与差学生，一个期待成功的学生必须遵循教师的要求与指令，否则便无法获得成功。

这种以教师权威和奖惩刺激主导的评价方式，在20世纪20年代受到了一些心理学家的批评。法国著名心理学家亨利·皮埃隆（Henri Pièron）于1928年创建了法国第一个关于教育评价的学校——国家职业导向研究院（Institut national d'orientation professionnelle，简称INOP），1942年更名为"国家劳动研究与职业导向研究院"（Institut national d'étude du travail et d'orientation professionnelle，简称INETOP）。皮埃隆于1927年写道："心理技术学应当包括'考试学'，它是建立在对考试与竞考的传统筛选程序进行批判研究基础上的一个分支"[1]，并于1963年出版了《考试与考试学》，由此诞生了新的学科"考试学"。考试学首先质疑不同评判者给出分数的巨大差异，然后试图构建一种标准化考试，即严格限定学习目标并划分不同层级，"目标教学法"也由此产生。

法国于1944年开展了首次学龄儿童智力水平调查，结果发表于1950年。1968年又进行了第二次调查。

1969年1月，法国国民教育部取消了学校终结性的学期考试，代之以连续性的考查，分数由0分至20分划分为1—5级或A—E五个层级。

二、法国学业成就评估的产生

直至1974年6月，"评估"（évaluation）才首次出现在法国国民教育部的一份杂志上。1977年，法国总督学热米纳（Lucien Géminard）

---

[1] Norberto BOTTANI, Pierre VRIGNAUD, La France et les évaluations internationals, Rapport établi à la demande du Haut Conseil de l'évaluation de l'école, Janvier 2005. p.81.

组织召开了一次关于评估的研讨会，会后出版了一本《关于评估的基本知识》，发给每一位总督学。

1979年，法国在小学低年级开展了首次学习成绩评估，评估的目的是评价小学低年级教育目标在全国的实现状况，以及教师实施新教学法的整体状况，以便改善整个教育系统的运行。1980年，法国开展了初中一年级的学生成绩评估。1982年，学生成绩评估又延伸到初中二年级。

法国首次教育评估的特点之一是具有宏观性，即通过考查学生成绩来认识整个教育系统的运行状况，而不是评价学生，也不是评价教师，更不是评价学校。评价对象采取国家层面的抽样方式。在评价方法上，采取标准化考试，所有接受评价的学生面对的是一套相同的考题，考试时间和评判标准也都严格保持一致。依此目标和方法，评估范围扩展到从小学一年级至高中毕业年级的全部基础教育年级的主要学科，一直持续到1987年。随着1987年小学五年级评估的结束，人们认识到法语和数学成绩对未来初中学习具有决定意义，如果小学毕业生不能充分掌握读、写、算等基本知识，就不可能很好地继续未来学习，而全面对照考查学生成绩与教学大纲的目标已无必要。

三、法国大规模学业成就评估的发展

法国大规模的教育评估始于20世纪80年代。经历了世界性的经济危机之后，法国同西方国家一样面临经济和社会的重大变革。经济危机促使国家更重视效益和质量，消费主义思潮要求政府管理更加透明，人们要求参与行政管理的呼声高涨，分权和放权成为发展趋势。在教育领域，随着教育的普及，人们开始关注学校质量、学业失败和教育不平等问题，评价教育和学校开始成为一种社会诉求。

法国国民教育部于1987年建立的评估与预测司标志着法国大规

模教育评估的开始。1989年7月颁布的《教育指导法》明确规定了教育评估的范围与目标："评估适合于整个教育系统：中小学生、大学生、教职员工、教育机构、校外服务机构、中央行政机构。评估的目的远非使学校和教师处于竞争之中，而是通过检查国民教育目标的实施，通过使这些目标适应其面对的不同公众，通过对整个教育系统的经常性调整来改善教育系统。"[1][2]

从1989年开始，法国国民教育部对小学三年级、初中一年级全体学生的学习成绩进行评估，评估对象不再是抽取若干样本，而是包括所有公立学校与签约的私立学校的该年级的学生。从1992年起，整体评估扩展到普通高中和技术高中的一年级全体学生，涉及法语、数学、历史与地理、第一外语等四门学科，以及职业高中的一年级全体学生，涉及法语、数学、工业科技、经济管理四门学科。评估的目的在于帮助教师在学年开始时了解学生的知识掌握情况，以便针对每个学生特点改善教学。2002年9月，整体评估对象又增加了初中二年级。

2004年开始在小学二年级尝试一种新型的评估方式。首先在11月份通过第一部分测试，筛选出学习最困难的学生。然后通过第二部分测试，辨认这些学生问题的性质，以便在未来的教学中加以解决。与此同时，为了帮助教师开展诊断性评估，在网上开通了评估测试题资料库。

2009年开学起，法国开始编制"学生能力手册"，普遍实施初中学生成绩的评估。2011年6月，掌握共同基础便成为获得国家文凭的必要条件。

自2012年起，法国学生成绩评估调整为小学二年级与五年级。

---

[1][2] Loi d'orientation sur l'éducation (n°89-486 du 10 juillet 1989) https://www.education.gouv.fr/loi-d-orientation-sur-l-education-ndeg89-486-du-10-juillet-1989-3779.

第二节

法国现行学业成就测验的评价标准与政策

法国现行学业成就测验的评价标准与政策主要体现在学生成绩评估、学生能力手册、学校"增加值"评估等基础教育质量评估类型和手段中。

一、学生成绩评估

对学生成绩的评估，传统的形式就是考试，其历史几乎与现代学校同步。考试的直接目的是了解学生应当掌握的知识和能力，间接目的是服务于对学生的筛选或淘汰，也为颁发学校文凭或证书提供依据。由于考试经常是在阶段性学习结束或全部培训结束时，考试也被称作终结性评估。

与传统的考试不同，一种新的评估方式是对学习过程中学生的学习成绩进行评估，这种评估一般不对学生的升级、分流和毕业产生影响，而是着重分析教学与管理同学生成绩的关系，目的在于为学校和教师提供分析手段，以便改善教学质量。这种评估也被称为诊断性评估或形成性评估。

评估的第一步是开发评估工具。组建国家和学区相关学科或跨学科的专家组，根据课程大纲制定包括测试题、教师问卷、评分指令、代码系统等在内的评估工具。在评估工具确定之前，通常要在一些学区的学生中测试，并将包含全部测试题及其编码的最终评估文献汇编成册。

评估的第二步是测试。每个接受评估的学生都会得到一本划分了学科的测试题手册，教师也会得到一本关于测评的指令及编码的手册和一本答题记录手册。教师将学生答题结果的编码输入专门的处理软件，软件会自动生成错误类型、能力范畴、学生素质状况等信息。

评估的第三步是汇总分析。对每一次评估，法国教育部都会提取若干有代表性的样本，对全国的评估结果进行分析，其结论在网站公布，并发表在法国教育部出版的杂志《教育与培训文献》（Les Dossiers education et formations）中。另外一份杂志《信息摘录》（notes d'informations）则刊登其简介。

1989年的小学三年级评估涉及法语和数学，分8个测试单元，法语和数学各为4个单元。测试题目一般不重复课程教学的内容，但都是围绕测定某一具体教学目标而设计的。例如，在数学测试中，要求小学三年级学生用简单的四则运算解决具体问题，如看懂铁路时刻表，会用日历；在法语测试中，要求学生能够理解某词汇的不同意义，准确运用文章中提供的信息等。

经过十几年的评估工作，法国基础教育评估形成了完善的体系。评估工具由三个部分构成：学生测试手册，教师参考手册，评估专用软件。评估测试共计8个单元，法语和数学各4个单元，每个单元的测试时间为半天。要安排所有被评估的学生同时参加同一单元的测试，以避免同学之间的交流。

以2003年的评估为例，小学三年级学生的法语测试题分成"学会阅读"和"学会书写"两个部分，共计98道题。在"学会阅读"部分，包含考查"理解课文"和"掌握语言工具"能力的内容；在"学会书写"部分，包含考查"掌握语言工具"和"作文"能力的内容。

小学三年级学生的数学测试由26项大题之下的86个小题构成，主要考查几何、计量、计数、信息处理和解决问题等领域的26种能力，如：分析状况并组建步骤，搜集信息并解释和重组，回答问题并判断，应用一项技术，直接应用知识等。

对于这些需考查的能力，教师参考手册中均有详细列表，标明哪一道题是考查哪个领域的何种能力。

如法语测试卷中的第3题列出了雨伞、小鸡、茶壶、恐龙、蛇、狮子、金鱼、海鱼、正方体、火鸡、狗、鸭、足球等图案，要求学生分别标出哪些是动物，哪些是四足动物，那些是无足动物。此题是考查学生在学会阅读方面的理解能力。

再如第17题，要求模仿一段描述小丑的文字，写出描述巫婆的三句话。此题是考查学生学会书写方面的写作能力。

在数学测试中，第5题是考查搜集信息和解释信息方面应用空间词汇的能力。此题首先展示一张小区域地图，然后指示小雷欧离开学校，走上人民路，又右转上松树路，再左转过喷泉，过镇政府，进入左侧的一栋房屋。要求学生标出小雷欧所行路线和所进入房屋的名称。

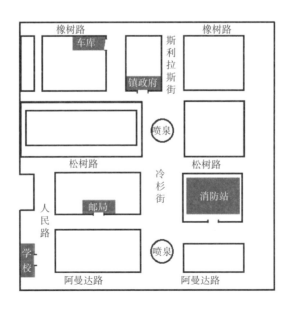

第10题是考查分析状况并组建步骤方面的长度排序能力。题中标示出五架飞机分别拖挂着长度不等的条形旗，要求学生按从最短至最长标出旗的名称。

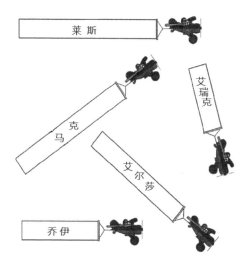

第12题列举了马蒂德钱包中各个纸币和硬币的图形，要求学生计算马蒂德钱包中的钱币总量，目的是考查应用一项技术来使用钱币的能力。

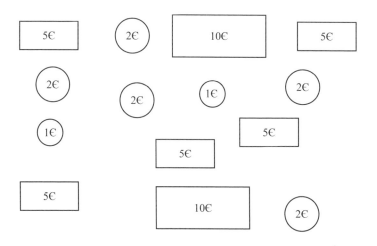

根据标准答案，每道题的评分都有10个等级，由1至9和0，分别依次表示由"表述清晰准确""基本可以""正确但不全面""不全面但无错误""错误"至"根本没有回答"等10种不同水平的回答。

每年的评估对象是公立学校和签约的私立学校的小学三年级和初中一年级全体学生。为了进一步分析，每年要在每个年级选取大约3 000名学生作为样本。2003年在全国不同地区共选取了3 208名学生样本，其中1 329名私立学校学生，961名非教育优先区[1]的公立学校学生，918名教育优先区内的公立学校学生。此外，样本的选取也考虑了不同家庭出身的分布，各社会阶层的子女在私立学校的比例约为14%，在非教育优先区公立学校的比例为72%，教育优先区内公立学校的比例为14%。[2]

如图8-1所示，从样本总体上看，小学三年级的法语平均成绩为65.8分。但是，33.6%的学生成绩低于60分，其中0.2%学生的成绩不到10分；66.4%的学生成绩在60分以上，其中只有4.2%的学生成绩在90分以上；成绩最差的10%的学生平均成绩为30.8分，成绩最优的10%学生平均成绩为90.3分。

从图8-2显示，小学三年级学生的数学平均成绩为65.4分，但是34.1%的学生成绩低于60分，其中2%的学生成绩为10—20分；65.9%的学生成绩在60分以上，其中仅2.9%的学生成绩在90分以上；成绩最差的10%的学生平均成绩为35.7分，成绩最优的10%的学生平

---

[1] "教育优先区"是法国提升教育薄弱地区教育质量的一种措施。1982年，法国把教育薄弱地区划定为"教育优先区"，在师资、经费、设备等方面给予特殊政策，帮助提高学生的学业成就和就业率。

[2] Ministère de l'éducation nationale, Note Évaluation, 04.05 MAI.

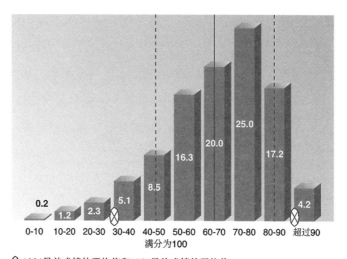

○ 10%最差成绩的平均值和10%最佳成绩的平均值
| 全体小学三年级学生成绩平均值
┆ 最差或最优的均方根偏差

图8-1　2003年法国小学三年级法语成绩分布

资料来源：Ministère de l'éducation nationale, Note Évaluation, 04.05 MAI. 2004.5.

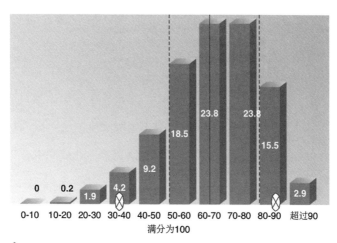

○ 10%最差成绩的平均值和10%最佳成绩的平均值
| 全体小学三年级学生成绩平均值
┆ 最差或最优的均方根偏差

图8-2　2003年法国小学三年级数学成绩分布

资料来源：Ministère de l'éducation nationale, Note Évaluation, 04.05 MAI. 2004.5.

均成绩为87.9分。

从评估的直接目的看，法国的官方文件认为是"借助标准测试，帮助教师把握进入小学三年级的学生的学习成果和困难，从而采取不同的教育方式适应学生的需求"[1]。但如果从宏观管理的角度看，学生的学习成绩评估是考查教育质量最直接的工具，是监控教育系统的基本方法。

历年实施的学生成绩评估清楚地反映了教育结果中的问题。1996年5月，法国国民教育部公布的全国评估结果显示：在小学三年级学生中，有15%的学生不能辨认常见词汇，不能理解简单课文，17%的学生不会加法运算，也不懂整数概念；在初中一年级学生中，9%的学生不会阅读，23.5%的学生不会计算，6%的学生在学习上存在极大困难。从2000年教育的评估中甚至可以看到，教育结果的问题似乎有加重的趋势：14.9%的学生在进入初中一年级时有阅读困难，9.6%的学生在初中毕业时仍有阅读困难。[2]

评估中还可以看到男女学生在学习成绩上的差异，调查选取了1996—2001年法国小学三年级和初中一年级女生与男生学习成绩的对比，从总体上看，小学三年级和初中一年级女生的法语成绩均高于男生。按百分计，女生领先男生4—7个百分点。但在数学上，男女生成绩无大差异。[3]

---

[1] Ministère de l'éducation nationale Bulletin Officiel, de l'Education Nationale, Spécial N°6 du 19 août, www.education.gouv.fr/bo/1999/special6/eval.htm.

[2] Ministère de l'éducation nationale. Cour des comptes, La gestion du système éducatif, Rapport au président de la république suivi des réponses des administrations intéressées, avril 2003.

[3] Ministère de l'éducation nationale, Note Évaluation, 04.05 MAI. 2004.5.

正是从全国学生成绩评估中看到了学校教育系统中的问题，法国政府采取了多项改革措施，以保证每个学生都能掌握基础知识和基本能力。

自2012年起，法国学生成绩评估调整为在小学二年级与五年级进行，评估的结果不再上报，而主要用于帮助教师改善教学，发现学生学习方面的不足，提高学生的能力水平，也用于与家长交流信息。

二、学生能力手册

《学生能力手册》是检测与认定学生在三个不同阶段掌握共同基础上的知识和能力的记录汇编。

2005年4月，法国颁布了《学校未来的导向与纲要法》，对"必不可少的共同基础"的内涵进行了界定："义务教育至少应当保证每个学生获得共同基础的必要途径，共同基础是知识和能力的整体构成，掌握共同基础对于学校成功、后续培训、构建个人和职业未来以及社会生活的成功都是必不可少的。这一共同基础包括：（1）掌握法语；（2）掌握数学基本知识；（3）具备自由行使公民责任的人文与科学文化；（4）至少会运用一门外语；（5）掌握信息与通信的常规技术。"[1]

该法指出，义务教育不能归结为共同基础，共同基础也不能替代课程大纲，但共同基础确是义务教育的基础，其特别意义是构建一种各学科和课程融会贯通的学校教育基础文化，它使学生在学校及以后

---

[1] LOI n° 2005–380 du 23 avril 2005 d'orientation et de programme pour l'avenir de l'école, J.O n° 96 du 24 avril 2005 page 7166.

的生活中得以面对复杂的实际情况，能够获得终身学习的能力，适应未来社会的变化。

共同基础包括七种能力，前五种分别与当前学科相关：掌握法语、实践一门外语、数学基础能力、科学与技术文化、掌握信息与通信的常规技术；后两种能力为社会与公民能力和自主与创新能力。

法国国民教育部关于《学生能力手册》的解释文件中是这样定义"能力"的："每一重要基础能力都可以看作是当代基础知识及其在各种情况下运用这些知识的能力的组合，同时还包括整个生命中不可或缺的态度，如襟怀开放、志在求真、尊重自我与尊重他人、好奇与创新等。"[1]

在《学生能力手册》中，首先划分出各种不同的"能力"（compétence），如能力1——掌握法语，能力4——掌握信息与交流的日常技术。然后，每种能力划分出"领域"（domaine），每个领域再划分为若干"项目"（item）。

共同基础能力的获得是渐进的。对这些能力的认定在三个学习阶段进行：（1）第一阶段在小学二年级结束时；（2）第二阶段在小学五年级结束时；（3）第三阶段在初中四年级结束时。

在第一阶段，"个人能力手册"上要记录学生成绩，并把结果向家长通报。在第二阶段，记录学生成绩的个人能力手册要转交行政主管部门和初中。第三阶段是在个人能力手册记录学生成绩的最后阶段，但学生成绩的认定由教学组的教师与班主任教师共同完成，并由

---

[1] Direction générale de l'enseignement scolaire. Fiches repères pour la mise en oeuvre du livret personnel de compétences au collège, Ministère de l'éducation nationale–26 mai 2010. p.5.

校长最终确定。

第一阶段的能力有三种：（1）掌握法语（见表8-1）；（2）数学基本原理；（3）社会与公民能力。

表8-1　第一阶段：能力1——掌握法语

言　　说	日　期
口头用合适语汇清楚表达	
在班级进行语言交流中能够遵守交流规则	
背诵若干散文片段或短诗	
阅　　读	**日　期**
独自朗读一段包含已知和未知词汇的文字	
独自阅读和听读一段适合其年龄段的少年文学经典著作的文字	
独自阅读并理解一份说明书、简单指令	
说出一段文字或短文的中心思想	
静读一段文字，辨认不认识的词汇，并在概述、重组和回答问题中表现出理解能力	
书　　写	**日　期**
准确、工整地抄写一段手写的短文	
运用知识写一段短文	
独自书写一段5—10行的文字	
语　汇　学　习	**日　期**
运用确切的词汇表达	
给出同义词	
找出反义词	
重组同类词	
开始应用字母顺序	

（续表）

语 法 学 习	日 期
辨认语句、动词、名词、冠词、形容词、人称代词	
标出句子中的动词和主语	
第一组动词"是"和"有"的现在时、未来时、过去复合时的变位	
辨别未来时和过去时	
正 字 学 习	日 期
正确书写，符合语音、语态等规则	
正确书写记忆的词汇	
正确拼写，符合主语和动词的匹配、性、数等语法形式	

资料来源：Direction générale de l'enseignement scolaire. Fiches repères pour la mise en oeuvre du livret personnel de competences au collège, Ministère de l'éducation nationale-26 mai 2010.

第二和第三阶段的能力各有八种（详见表8-2），每种能力又划分为若干领域。例如，第三阶段的人文文化能力的各领域及项目见表8-3。

表8-2　第二阶段和第三阶段能力列表

能　　　力	认 定 时 间
掌握法语	
外语应用	
数学基本原理	
科学与技术文化	
信息与日常交流技术的掌握	
人文文化	
社会与公民能力	
自主与主动	

资料来源：Direction générale de l'enseignement scolaire. Fiches repères pour la mise en oeuvre du livret personnel de competences au collège, Ministère de l'éducation nationale-26 mai 2010.

表8-3　第三阶段能力5：人文文化

标 志 性 知 识	日　期
关于空间：世界格局的主要类型和自然与人文分布，法国和欧洲地理的主要特点	
关于时间：人类历史的不同时期，法国和欧洲的主要（政治的、社会的、经济的、文学的、艺术的、文化的）历史特点	
关于文学：经典文学著作	
关于艺术：经典绘画、音乐、戏剧、建筑、电影作品	
关于公民文化：人权、欧盟的政治、经济和社会的组织形式、国家在法国的地位与作用、全球化、可持续发展	
在时间、空间与文明中的位置	**日　期**
确定重大事件、文学或艺术著作、科学或技术发现的地理位置	
识别各种文明、语言、社会和宗教	
找出文学和艺术著作的联系，以便深入理解	
运用知识理解当代社会	
阅读与运用不同语言	**日　期**
阅读与运用不同语言：文字、图、表、图像、音乐	
认识与应用不同的文学表达形式	
学会感知、批评精神、求知欲望	**日　期**
在文学篇章中感知美学和人文	
在艺术作品中感知美学和人文	
能够对事物、文献、著作持有批评看法	
对当前事物，对文化或艺术活动具有求知欲望	

资料来源：Direction générale de l'enseignement scolaire. Fiches repères pour la mise en oeuvre du livret personnel de competences au collège, Ministère de l'éducation nationale-26 mai 2010.

　　为了准确公正地评估学生的能力及成绩，法国国民教育部编制了"共同基础的能力评估与认定参考表"。参考表为教师提供了评估学生成绩的参照指示，解释了个人能力手册中每个阶段和每个项目的认定要求（见表8-4）。

评估的时间须在学生经过学习时间和必要的练习时间之后，并尽可能地接近学生学习和练习的状况，还应当等待学生做好准备时进行。

教师在评估之前，应当具备解释评估各项目的能力。学生能力的评估可以通过对班级学习状态的学生进行直接观察来获得，或通过对学生作品，例如学生书写的作品的观察获得。评估的方式依据测试题的要求可以是口述、书写和操作形式。

表8-4　第一阶段能力1评估参考表（部分）

言说

项　目	解　释	评　估　指　示
口头用合适语汇清楚表达	准确表达，以便能在学校生活中理解； 分享词语的意义，以便在更大的范围进行口语交流； 口头讲述一段小故事（因果关系、确切的时间与空间状况），以便不知此事件的第三者得以知晓	评估须在常规班级状态中进行，通过计划或特别活动引导，接受评估。 　评估依赖于各个领域的活动，在交流与回忆的状况下要求使用口语。 　评估涉及的能力为： 　提及某事实（事件、经历、出行）； 　描述一件由学生或教师听到或看到的故事； 　描述一个地方（近处的空间、学校、家庭、体育馆、街道），一个经历，一个人物，一件物体。 　观察内容为： 　表述的清晰度； 　言语的恰当性； 　运用的语汇； 　描述标志因果关系和时空状况联结语言的应用； 　在两人、小组或班级的状况中表达的能力。 　当儿童能够构建连续的讲话，即使是简短的，只要能适应对话者并被理解，并能运用合适的语汇，此项目便可评估为合格。 　当学生不能在大组状态实现口语表达，教师可提出相同类型的口语表达在小组中进行，必要时在两人的状态中进行。

（续表）

项　目	解　　释	评　估　指　示
在班级进行语言交流中能够遵守交流规则	参与交流：提问、回答、倾听、谈看法，同时遵守交流规则	评估在各教学领域的班级交流的状态中进行。评估依赖于交流活动、辩论、小组顺畅对话。 观察内容为： 尊重倾听、讲话、交流的规则； 讲话的准确与清晰； 提问、要求解释、为问题提供答案的能力； 运用适当的语言记录的能力； 对讲话人反应的能力； 重视对话者与使之理解的能力； 表达同意或不同意与坚持自己观点的能力。 当学生能够用可以理解的语言参与交流，并能在此主题中提出自己的观点和倾听他人的意见，本项目便可作肯定性评估。
背诵若干散文片段或短诗	背诵（10余条）散文片段或短诗，并能以良好语调表演	评估可以在背诵或朗诵散文或诗歌的特定活动中进行，或在特别计划中进行： 背诵教师选定的文字：儿歌、散文、诗歌； 诗歌会：背诵自选一首诗歌或散文，背诵一首抽签选出的诗歌； 班级或学校的计划：演出、为其他班级表演； 文化活动：诗歌之春等。 观察的能力为： 文字记忆； 清楚表达（听得见的声音、发音的质量、韵律）； 口语表演：语调，韵律，讲话的音质（读音、重音、强度）； 非口语表演：呼吸、姿态、架势。

阅读

项　目	解　　释	评　估　指　示
独自朗读一段包含已知和未知词汇的文字	参与对话式阅读：发音正确，语调流畅，遵守音标，声调适当	此评估在朗读传奇故事和文献等短文章的活动中进行，可以是法语课或其他领域的教学课，以及为评估特别安排的活动。 评估依赖以下各种状况： 朗读一段文学作品或一场戏剧中的对话； （文献资料或信息资料等）信息交流；

（续表）

项　目	解　　释	评　估　指　示
		分享阅读的喜悦（朗读人们喜爱书籍的片段）。 观察目标为： 规则的掌握； 发音； 阅读的流畅与注意标点符号； 运用适当的语调，以突出文章的重点意义； 使听众明白。 当以大声朗读文章时不犹豫，采取尊重标点的阅读节律，本项目可作肯定性评估。轻微的犹豫可以原谅。
独自阅读和听读一段适合其年龄段的少年文学经典著作的文字	听和读一篇较短的完整著作，长篇著作中的一大段节选；朗读或听读完整著作，特别是适合朗读的儿童文学著作；了解并应用文章阅读的特殊语汇：书、封面、页、行、作者、题目、正文、句子、词、开始、结尾、人物、历史	从听著作朗读、在班级口头复述和在学校与在家中独自朗读中，评估独自朗读和听读完整的少年文学经典著作的能力。 评估依赖于以下状况： 朗读的进程（根据某一主题或计划的若干著作的朗读）； 著作的介绍和朗读的交流； 高声朗读某一著作片段； 文章主要元素的问题表； 某一著作的介绍（封面页、题目、作者、人物、事件、历史年表）。 观察的方面为学生对教师已读故事的兴趣，以及以下方面的能力： 选择某一著作的片段用于高声朗读； 叙述已经阅读或听过的故事（人物、行为、时间与空间场景）； 对一故事提出合理的推导； 发表个人观点； 尝试文学作品的比较。
独自阅读并理解一份说明书、简单指令	默读一份说明书、指令，理解其含义	评估依赖于所有班级状况下的各种经常性活动，或为评估组织的专门活动。 评估的能力为： 完成一件任务或练习； 解决问题； 复述课文。

（续表）

项 目	解 释	评 估 指 示
		观察的方面有： 执行任务认真； 学生执行任务的流程：为了更好理解，对指令、说明书、练习、课文的提问；在执行任务中表示尊重，而重新提到课文；在流程中的自动性。 当学生能够恰当执行书写的简单指令、数据，本项目便可作肯定性评估。
说出一段文字或短文的中心思想	说出所读文章涉及的人或事； 说出一段文字或段落的中心思想	此评估在朗读传奇故事和文献等短文章的活动中进行，可以是法语课或其他领域的教学课，以及为评估特别安排的活动。 评估涉及学生的口语和书写方面的以下能力： 辨认文章涉及的内容（主要问题是什么，故事的结构，人物的关系等）； 观察主要涉及： 对所读文章中心思想的提炼选择（词、词组、题目、概述） 重新回到文章以确认其主张。 当学生能够辨认短文或段落的整体意义，此项目的评估便可是肯定的。
默读一段文字，辨认不认识的词汇，并在概述、重组和回答问题中表现出理解能力	辨认阅读故事中的人物、事件、时间与空间的场景； 把听或读到的新文章同过去知道的文章作比较（主题、人物、事件、结局）	此评估在朗读活动中进行，可以是法语课或其他领域的教学课，以及为评估特别安排的活动。 评估涉及以下能力： 辨认人们所说的人物、地点、历史年代表等； 考虑文章中的简单语法（代词、复指代词等）； 建立文章中事件的联系（因果关系、时间次序等）。 观察涉及： 口头或书写的适当回答； 已阅故事重组的质量； 良好概述的选择； 口头简短概述的质量； 已阅文章片段的口头重组。 当学生被证明能够理解要求他重组的文章，本项目的评估可以是肯定的。

（续表）

书写

项 目	解 释	评 估 指 示
准确、工整地抄写一段手写的短文	抄写一段短文（完整词汇或词组），能够符合拼写、标点、大写规则，并书写工整；认真抄写一段散文或一首诗歌，并符合页面格式	评估可以在平常书写活动中的抄写（课文、诗歌短文）练习中进行，并可运用各种支持方式（黑板、课本、卡片、书籍等），以及通过不同形式的活动（个人工作、小组工作等）进行。评估同样可以通过为评估特别安排的活动进行。 　观察的目的在于： 　抄写完整词汇或词组的能力，不必回到文章中复读； 　手写的质量：姿势正确，书写的质量（字母的结构与大小适当、字母之间的联结、大写），抄写的认真度，书写的速度； 　与范文的一致性（间隔、换行、题目的显著位置、边缘的预留、标点正确、拼写正确）。 　当学生在一定的时间完成一份有若干行文章的完整、清晰、正确的抄写，本项目的评估可以是肯定的。
运用知识写一段短文	重读其短文并修改：根据提供的指示修改，自主地复制和修改一篇文章；运用其拼写或语法知识，无错误地听写若干语句或（5行）短文	评估可以在学校平常书写活动中进行，包括为丰富和改善文章的改错活动，也可以在专门组织的评估活动中进行。还可以在听写若干语句或（5行）短文的状态中进行。 　运用班级的常规工具的能力会受到鼓励。 　评估的能力为： 　学生运用其知识在不同状况下书写一段文字（重写、编写、听写）； 　就其书写的文字提问，以便改善； 　依靠其语言知识标示出书写错误：读音规则（字母与读音、字母重音），词的分节，不变词汇和最常见词汇的拼写，合乎语法的拼写，语句标志的应用（大写、句号以及列目录中的逗号）； 　标出动词组（主语在动词之前）和名词组的关联； 　拼写符合适当的变位形式； 　根据教师的指示自主修改文字的错误。 　当学生恰当应用书写功能的知识与工具改善撰写的文字，使之得以理解，当在听写中完成的5行文字完整、清晰、正确，此项目的评估便可以是肯定的。

（续表）

项　目	解　　释	评　估　指　示
独自书写一段5—10行的文字	独自构思与书写一段5—10行叙事性或解释性的文字；学生学习自主编写短文：找出和组织思想，选择词语，构建语句并使之相互关联，注意拼写规则	评估可以在学校平常编写活动中进行，也可以在专门组织的评估活动中进行。 　评估的能力为： 　书写一段5—10行的故事； 　续写一段读过或听过的故事； 　书写任何教学领域的小结。 　观察内容为： 　叙述的连贯性（故事的事件或阶段联结清晰、遵守时间的次序）； 　书写文章的结构与类型相匹配（描写、叙述、文字、结语）； 　恰当地使用词典，特别是在班级学习中； 　句法修正（可辨别的语句，运用关联词语并使语句连贯，遵守基础的标点规则）； 　句态修正（词语的分节、最常见的变位形式）； 　拼写修正（常用词、不变词）和语法修正（名词组中的基本对应、主语和动词的匹配）。 　当学生完成连贯的（叙事性或解释性短文）文字书写并遵守书写规则。

资料来源：Direction générale de l'enseignement scolaire, Ministère de l'éducation nationale, de la jeunesse et de la vie associative, Grilles de références pour l'évaluation et la validation des compétences du socle commun au palier 1, eduscol.education.fr/soclecommun.

　　《学生能力手册》的设计可以称得上完美。循序渐进的评估阶段，划分清晰的不同能力、领域和项目，每一项目的具体解释，评估和观察的条件，认定的标准等，都规定得十分清楚。在评估条件上，既有常规的教学活动，也允许特别组织的评估活动。在活动方式上，既有笔试，又有口试，还有操作试。在认定标准上，既有严格界限，又体现一定宽容。

　　《学生能力手册》作为一种新的评价方式，既可能提高评估的效率，又可降低评估成本。但真实效果如何，要待未来实践检验。

三、学校"增加值"评估

评价一所学校的教学水平如何，人们往往关注的是教学结果，如升学率的高低、考取名牌大学的比例等，而由于学生来源的差异，难以准确把握教学过程中的实际情况。如果将一所生源较差的中学与生源极佳的中学相比，不仅不科学，从某种程度上说，也是不公平的。一所生源较好的学校，无论是历史形成的还是政策支持的，都会比较容易获得更好的教育结果。它们可以更有条件获得更多的资源，不断改善教育环境，进而争取更好的生源。而生源较差的学校，可能是地理位置所致，也可能是缺乏政策支持，通常无法摆脱"生源差→质量低→升学率低→社会声望不佳→生源差"的恶性循环。如何建立公正的评价体系，正确评价各个学校的真实情况，激励各个学校自身的动力机制，促进学校之间的合理竞争，是教育宏观管理的一个难题。

法国在此方面进行了卓有成效的探索，其标志是设置了学校"增加值"的概念。所谓学校"增加值"，即测定某些特定指标，再参照全国这些指标的平均值，如果一所学校的指标高于全国平均值，那么其"增加值"便是正值，否则就是负值。设置学校"增加值"的目的是尽可能排除社会环境因素带来的教育质量差异。例如，一所高中的新生来自不同的家庭背景，并有从小学至初中的不同学习经历，其学习成绩也会存在差异。只有承认这些差异，并在这些差异基础上建立新的出发点，衡量学生毕业时所获得的成绩，才是这所高中教学工作的实际结果。

首先，法国教育管理部门制定了评估高中的三项指标，分别是：（1）高中毕业会考成功率，即参加会考的人数与会考合格人数的比例；（2）高中毕业会考达及率，即高中一年级学生人数与会考合格人数的比例;(3)获得高中毕业会考文凭占离校生的比率。

高中毕业会考成功率是最重要的指标,但它忽略了高中三年期间的情况,高中毕业会考达及率便是一个重要补充。实际上,一些高中一年级学生在完成一年学业之后,可能因感到通过高中毕业会考的机会渺茫,或因选择的学习方向错误而放弃学业,或转入其他学校与专业。如果某一高中采取淘汰差生的政策,其高中毕业会考成功率会很高,但其高中毕业会考达及率会因此而降低。关于第三项指标中的离校生,包含所有毕业和未毕业而离开高中学校的学生,不论其因何种原因离校。离校生中未获高中毕业会考文凭学生的比例越大,越反映此高中教学质量存在问题。

以上三项指标仅仅是高中基本情况的直接反映,只有排除影响学校成功的外部因素,才有可能体现高中的客观现实,即"增加值"。可测量的外部因素主要是学生年龄和家庭出身。

表8-5 法国1997年根据家庭出身和学生年龄分布的
普通高中和技术高中毕业会考成功率

学生家长的社会职业分类	18岁及以下	19岁	20岁及以上
最有利地位	90.7%	76.6%	70.7%
有利地位	86.2%	73.8%	69.1%
中间地位	84.7%	73.6%	68.7%
不利地位	81.8%	71.2%	65.1%
总体合格率	86.8%	73.9%	68.0%

注:最有利地位职业,主要包括自由职业者、高级公职人员、教授、艺术家、高级企业管理人员;有利地位职业,主要包括卫生与社会工作中级职业者、中级公职人员、企业管理人员;中间地位职业,主要包括农业生产主、手工艺者、警察和军人等公职人员、企业职员;不利地位职业,主要包括技术和非技术工人、农业工人、失业者和无业者。
学生年龄的计算时间为1997年12月31日。

资料来源:Ministère de l'éducation nationale. Note d'information 98-07. 1998.07.

根据表8-5的数据，法国1997年全国普通高中和技术高中毕业会考的平均成功率为76.9%。这一平均数值便是当年全国高中的"预期值"（valeurs attendues），而每所高中实际测算的指标值为"原始值"（valeur brute），只要将原始值同预期值相比较，便可以得到"增加值"（valeur ajoutée）。若原始值同预期值的差是正值，则说明该学校可以使本校学生比全国平均水平的学生获得更多的成功机遇。

图8-3的横坐标表示预期值，纵坐标表示原始值，每个星号表示一所高中。在斜线之上为获得增加值正值的学校，如A，在斜线之下为获得增加值负值的学校，如B。根据专家分析，法国约1/3的高中获得了增加值的正值，1/3的高中获得了增加值的平均值，1/3的高中

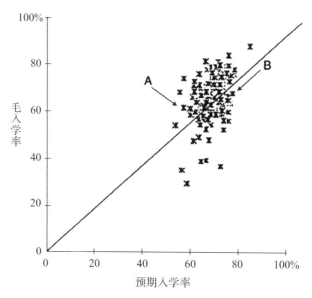

图8-3　学校增加值的坐标图示

资料来源：Direction de l'évaluation, trois indicateurs de performance, lycée par lycée,http://www.education.gouv.fr/Indicateurs/MEN00/brochure.htm.

获得了增加值的负值。[1][2]

表8-6　法国1998—1999年普通高中和技术高中毕业会考成功率和达及率

项　目	成　功　率		达　及　率	
	1998年	1999年	1998年	1999年
公立高中数量	1 433	1 445	1 433	1 445
平均预期值	79.3%	78.4%	67.7%	66.7%
原始值差	8.9	8.9	10.9	10.8
预期值差	3.0	3.1	5.6	5.5

资料来源：Direction de l'évaluation, trois indicateurs de performance, lycée par lycée, http://www.education.gouv.fr/Indicateurs/MEN00/brochure.htm

从表8-6中可见，法国1999年普通高中和技术高中毕业会考平均成功率为78.4%，但原始值差为8.9，因此可以估计，约2/3的高中成功率的原始值为69.5%—87.3%。

在法国国民教育部2009年的一份评估报告中，2007年的高中毕业会考成功率的数据中加入了学生的年龄、性别、家庭出身和初中毕业考试成绩等因素，为分析高中毕业会考成功的原因提供了更多的参考。一般来说，正常年龄学生成功的概率更大，而曾经留级的学生的成功概率会差些。如图8-4所示，18岁即参加高中毕业会考的标准年龄学生成功的比例高出20岁学生20多个百分点。在初中毕业考试成绩方面，14—20分[3]的学生比例大大高于10分以下的学生。至于学生家庭出身，出身高层管理人员和教师家庭的学生比例明显大于出身工人家庭的学生，而在中层管理人员和职员、小商业主、农民出身的学生之间的差距并不显著。

---

[1]　Direction de l'évaluation, trois indicateurs de performance, lycée par lycée, http://www.education.gouv.fr/Indicateurs/MEN00/brochure.htm.

[2]　Ministère de l'éducation nationale. Note d'information 98–07。1998.07.

[3]　法国常规考试实行20分制，10分为及格，14分相当于良，18分以上为优。

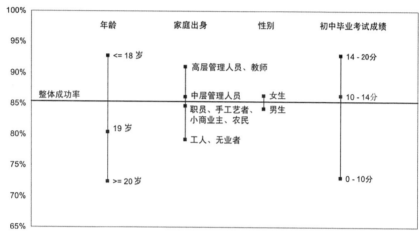

图8-4　2007年高中毕业会考成功率

资料来源：Ministère de l'éducation nationale, Direction de l'évaluation, de la prospective et de la performance, trois indicateurs des résultats des lycées. Mars 2009.

最后，男女学生之间的差距也不显著，但女生成功的比例高于男生。

　　为了加强中学教育评估的质量管理，法国于1998年底制定了中学管理指标（见表8-7），细化了中学常规管理的各种数据。指标分为两个层级，涉及学生状况、教师与课程状况、学生成绩状况、学校运行状况和校外环境等方面。这些指标是对评估学校增加值的延伸。

表8-7　法国中学管理指标

一级指标	二　级　指　标
人口指标	入学时学生的整体特点
	入学时学生班级分布的特点
	入学时学生的特点
	入学时各学科学生的学校来源
	高中一年级学生的知识水平
资源指标	平均课时
	教师特点
	选修课学生的人数

（续表）

一级指标	二 级 指 标
成绩指标	高中毕业会考成功率
	高中毕业会考达及率
	获得高中毕业会考文凭占离校生的比率
	高中毕业后学生去向
	离校生状况
运行指标	高中一年级结束时的学生变动
	个别教学的课时比例
	班级或分组的学生数额
	教学服务的比例
	学生生活服务的比例
	教师调动情况
	学校事故
	学校地位
环境指标	学校与经济环境的关系
	就业环境数据

资料来源：Ministère de l'éducation nationalep. Note d'information 98-07. 1998.07.

第三节

法国学业成就测验评价标准与政策的发展趋势

自20世纪80年代以来，法国不断完善基础教育阶段的学业成就测验，努力构建评估文化。

一、教育评估理念的确立

由于国际经济竞争愈加激烈，全球化步伐愈加迅速，人力资本的作用愈加明显，法国同其他发达国家一样，对教育发展特别是对学校教育质量尤为关注。一方面，随着国家对教育投入的不断增加，政府的财政能力逐渐显得不堪重负，迫切需要了解教育投资的效率和效益；另一方面，学校内部对公众来说犹如"黑匣子"，公众越来越希望知晓教育目标的实现状况，以期做到合理使用和"消费"。

来自美国的新自由主义思潮认为，公布每所学校获得的成绩构成是改善学校的重要因素[1]，其实质是通过市场机制促进学校之间的竞争。

但法国对教育评估有独到的理解。法国前评估与预测司司长德洛（Claude Thélot）指出："学校不是以市场为调控力的领域。非市场的调控方法即是评估，特别是结果的评估。"[2]

二、教育评估系统的形成

随着教育评估需求的不断提高，法国的教育评估系统逐渐形成。这一系统既有全新设置的评估机构，也有被赋予评估职能的传统行政部门。

评估与预测司是国民教育部的一个重要司局，1987年建立时即为此名，曾经更名为规划与发展司。评估与预测司的基本职能是制定教育系统评估政策并负责实施。该司还负责教育信息系统的设计与管理，

---

[1] Chubb, J. et Moe, T. (1990), *Politics, Markets and America's Schools*, Washington, The Brookings Institute. in Administration et éducation, numéro 98, 2ème trimestre 2003.

[2] Claude Thélot, Pourquoi faut-il évaluer l'école? in Administration et éducation, numéro 98, 2003.

负责对教育系统的中、短期变化进行预测，负责教育评估、管理与决策手段的研究与实施。

国民教育督导总局最初的使命是督查新建立的国立高中，后来扩展到对全部小学、初中和高中教学与人员的督察，1989年以来，其基本使命是对教育系统进行评估。

国民教育与研究行政督导总局负责全国从初等教育到高等教育的行政与财政的督察。该局按区域划分为7个组，目前有100名国民教育行政督导员。

学校评估高级委员会创建于2000年11月，其职能不是实施教育评估，而是对教育评估状况进行评估。其工作领域涉及从基础教育到高等教育甚至继续教育的各个层次，涉及学生成绩评估和学校教学等各个方面的评估。该委员会的任务主要是：对法国整体教育评估状况作出综合评价，并公开发布年度报告；审查所有提交给教育部的教育评估报告并提出意见；对一些空白领域的公共或私立机构进行特别评估。2005年4月，新的国家评估机构"教育高级委员会"成立，基本替代了学校评估高级委员会的职能。

三、推动整个教育系统的评估

教育评估最重要的是对整个教育系统的评估。系统的评估一方面要考查已确定的教育目标是否合理与可行，另一方面要分析各目标之间是否协调，要考查获得的结果是否达到目标的要求。而一个教育系统的评估也应当符合四个目标：知识传授、职业准备、公民培养、社会公正[1]。

---

[1] P. Joutard et C. Thélot, Réussir l'école, Paris, Le Seuil, 1999.

在知识传授方面，不仅应当考查每个学生在各个学习阶段的成绩，还应了解各个学科的成绩，而不是当前的个别学科。对职业准备、公民培养、社会公正等方面的评估几乎还处于空白，如何评估教育与职业相关的全部要素，包括特定的职业能力和资格、职业道德，如何评估公民的基本素养，评估公民是否具备民主精神与宽容精神，如何评估教育系统的公正，这些都是未来教育评估需要认真考虑的问题。

目前法国教育评估的费用已经成为教育经费的重要组成部分，2000年法国用于教育评估的费用达到7亿法郎。[1]如果继续扩大教育评估的内涵，且不说方法论的问题难以解决，仅经费本身也是法国社会难以承受的。

从最初的中央集权国家到战后的福利国家，法国今天正在向评估型国家转变。2007年11月，法国总统要求建立大型公共审计机构，负责全部公共政策的评估[2]。法国教育督导的打分、评审、监控等传统模式已经向教育系统评估模式转变，但如何促进教育的平等与公正，使全体学生都能获得成功，将面临极大的困难与挑战。

---

[1] Sénat, Rapport d'information, n° 392, L'évaluation des politiques publiques en France, Annexe au procès-verbal de la séance du 30 juin 2004. P.292.

[2] Christian Merlin, Réforme de l'état et mutation de l'inspection générale de l'éducation nationale, La revue de l'inspection générale n°5–décembre 2008.

第九章

加拿大学业成就评价标准与
政策

加拿大是典型的分权制国家，联盟政府不设教育部，各省教育部全权负责本省基础教育和高等教育。在基础教育质量评价和监测方面，各省有自己的标准和做法，联邦层面也有面向全国的国家评价项目，两者并行不悖。本章介绍加拿大学生学业成就评价标准与政策的历史发展，并着重分析安大略省现行学生学业成就评价标准与政策，以及国家评价项目的学业成就评价标准与政策。

第一节

加拿大学业成就评价标准与政策的产生和发展

一、加拿大教育制度和传统教育评价制度

加拿大法律规定，联邦政府不设教育部，教育是省政府和地方政府的职责。加拿大各省设有教育部（Ministry of Education），负责制定本省教育法律法规（有的地方称《学校法》，有的地方称《教育法》），管理全省各级各类教育。1967年，各省教育部长成立教育部长联合会（Council of Ministers of Education Canada，简称CMEC），负责定期与联邦政府国务部和财政部协调全国的教育计划，参与全国性评价项目以及若干国际性评价项目，出台一系列共识文件来影响全国的教育改革，出具跨省/地区转学的相关文件

等。1999年CMEC通过了《维多利亚宣言》，再次确定了CMEC在全国性教育问题解决中的指导作用和在各省/地区教育事务中的协调作用。

尽管加拿大借助CMEC建立了省际合作，但真正具有强制性作用的标准仍是各省自己的标准。加拿大的10个省和3个地区有各自的学制、课程标准，各省教育部负责解释说明学校的课程设置和内容，相关教育部门负责颁布课程指南。

加拿大中小学学制各省不一，一般儿童6岁入学，小学6—8年；中学4—6年。阿尔伯塔省采用"六三三"学制，小学教育6年，初中教育3年（七至九年级），高中教育3年（十至十二年级）。魁北克省小学教育6年，中等教育5年（七至十一年级）。卑诗省小学教育7年（学前班至七年级），中等教育5年（八至十二年级）。安大略省小学教育6年，中等教育6年（初中阶段七至八年级，高中阶段九至十二年级）。根据加拿大统计局2019年公布的数据，在2017—2018学年，全国普通公立中小学在校生人数486万，其中安大略省学生人数有202万人。加拿大全国中小学共有教师408 810人，其中公立学校教师约占96%。[1]

加拿大中小学的办学宗旨是，把开发学生潜能放在第一位，学校教育体现"一切为了学生发展"的理念。加拿大对学生的评价以学生的学业提升为依据，并采取教师记录学生平日表现和学习成绩，邀请同伴、家长参与，自我评价等多种方式对学生的学习过程和结果进行评价。

---

[1] Statistics Canada. Students in elementary and secondary schools, Canada [R/OL]. [2020-03-28]. https://www150.statcan.gc.ca/n1/en/type/data?subject_levels=37%2C3714%2C371403.

二、各省学业成就评价的产生与发展

20世纪80年代起，加拿大基础教育课程开展了自"二战"以来最为关键的改革，这些改革举措无论是在政策还是在实践层面，都呈现出了注重统一课程标准，强调共同核心课程，紧密联系社会实践的特点，比如通过设置融合课程培养学生应对复杂社会情况的综合能力。各省陆续出台了自己的评估框架、标准和实践，组织省内的教育评估。同时，为反映课程改革的新变化，考查学生对共同核心课程的掌握，衡量当前加拿大教育制度是否满足学生和社会的需求，从2003开始，CMEC开始酝酿一个新的泛加拿大学生评价项目（Pan-Canada Assessment Program，简称PCAP），并取代了之前的评价项目。除此之外，加拿大还参与了多个国际评价项目，比如联邦和各省参与了PISA项目。

安大略省是加拿大的政治和经济中心，同时也是加拿大教育最发达的地区之一。1978年省政府颁发了新的小学科学课程大纲，成为课程改革的先声。90年代初省政府确立了针对13—19岁学生的学校学业成就指标项目（School Achievement Indicators Program），主要测试学生的写作、科学和数学水平，并在1993—1994学年和1994—1995学年举行了九年级学生阅读和写作水平测试。此后，由于家长和公众要求建立更有效的成绩责任机制，并呼吁成立测量学生学习情况和学业成就的独立机构，安大略省于1996年成立教育质量与责任办公室（Education Quality and Accountability Office，简称EQAO），针对全省实施省级学业测试，监测公立教育体系中所有三、六、九年级学生的阅读、写作和数学的学业成就。1999年，安大略省教育部公布了全新的九、十年级课程文件，标志着安大略省进入了基于标准的教育模式。到2000年，安大略省已为省内所有中小学提供了详细的课程标准，并且在课标中列出了4级学业成就水平，通过明确具体的课程期望和学业成就水平评价表，促进全省学生学业成就评价内容和标准的一致性。教育质量与责任办公室的学业成就水平评价成为今天安大略省基础课程标准的重要评价体系。

三、联邦层面学业成就评价的产生与发展

泛加拿大学生评价项目是CMEC组织和实施的联邦层面的学生学业成就评价项目，旨在评价加拿大的教育系统与学生和社会发展需求之间的融合度，同时通过项目收集的数据为各省和地区改进课堂教育提供依据。该评价项目主要面向加拿大八年级（在魁北克省是初中二年级）学生，以考查不同地区同一年级学生在数学、科学和阅读领域的知识和技能掌握情况。

泛加拿大学生评价项目首次实施是在2007年。在这之前，从1993年开始，为加强对国家基础教育质量的管理，CMEC曾开发并实施了首个全国性的学生成就评价项目——"学生成就指标项目"（Student Achievement Indicators Program，简称SAIP）。该项目主要考查13岁、16岁两个年龄组中学生的数学、阅读和写作、科学三方面素养，每年单独测试一项，三年后再开始新一轮循环。由于英语和法语均是加拿大官方语言，加拿大实施双语政策，因此所有考试都可用法语或英语作答。1993—2004年期间，SAIP评估共实施了9次，每门核心科目分别测试3次。学生的学业表现按5分制评定，1分为最低成绩，5分为最高成绩，最终CMEC以单科评估报告的形式公布学生学业评价结

果。除了应对课程改革的需求，大规模国际评估项目的产生也对泛加拿大学生评价项目的兴起产生了直接影响。2000年，经济合作与发展组织开展了第一次国际学生评估项目（PISA），对参与国家15岁学生的数学、阅读、科学素养进行测试。加拿大10个省大约1 000所学校2万名学生参加了首次PISA测试并取得了优异的成绩，在阅读、数学、科学三个领域分别获得了第二、三、四名。首战告捷后，加拿大日益重视和强调国际学生学业成就评估。为了与国际评估做比较，泛加拿大学生评价项目在测验框架和问卷设计两部分都参考了PISA测试。

2003年8月，CMEC专门成立了泛加拿大学生评价项目工作小组，成员包括各省经验丰富、知识渊博的教育专家和教师代表，以及在测量理论、大规模评估、教育政策方面的权威外部评估专家。工作小组最终就泛加拿大学生评价项目的结构、发展计划、运行实施、结果报告形成了一个初步框架。工作小组认为，泛加拿大学生评价项目作为一个测试项目，应该：（1）在每学年初对13岁学生进行定期测试；（2）基于加拿大各省目前广泛使用的课程标准确定学生学业成就的相对表现；（3）评估数学、科学和阅读三个领域；（4）每次对其中一个领域进行重点评估，对其他两个领域简单评估。2007年的首次评估以阅读素养为主，2010年是数学素养，2013年是科学素养，2016年起再轮回到重点评估阅读素养。2019年，全国有近3.2万名八年级学生参加了泛加拿大学生评价目测试，并第一次使用了计算机测试。

第二节

安大略省现行学业成就评价标准与政策

一、学业成就评价目标

教育质量与责任办公室（EQAO）是安大略省一个独立的政府机构，其主要职能是准确、客观地提供与省内学生学业成就和公立教育质量相关的信息。为履行这一职能，EQAO每年都会举行省级学生学业成就评价测试，分别为：三年级阅读、写作和数学测试，六年级阅读、写作和数学测试，九年级数学（理论/应用）测试，中学读写测试（Ontario Secondary School Literacy Test，简称OSSLT）。四种学业评价测试每年举行一次，省内所有公立学校学生都必须参加，使用安大略课程标准（The Ontario Curriculum）的私立学校学生也可以参加，因为如果私立学校的学生希望获得安大略省中学文凭（Ontario Secondary School Diploma，简称OSSD），那么按照毕业要求，学生必须参加中学读写测试。

EQAO开展这项原创性研究的初衷是探究能产生高质量数据的统计和心理过程，并研究影响教育质量和学生成绩的因素。通过开展全省学生学业成绩评价，EQAO致力于支持学生的进步。EQAO利用广泛且可靠的数据信息确定应对哪些领域进行干预，确保所有学生都能获得实现最高学业成就水平的机会。为了实现这个目标，EQAO收集并提交直接有助于指导学生和提高学生成绩的信息。实施全省学生学业成就评价的另一个目标是促进整个教育系统的能力建设。EQAO致力于将评价获得的数据用于提升省级教育水平。事实也多次证明，有效利用EQAO数据库以及其他资源作为决策依据的学校，在提高学生学习成绩方面取得了非常显著的进步。EQAO每年会举行多种活动，以助益教育利益相关者利用省级测试结果指导政策制定和专业实践。

二、学业成就评价标准和评价内容

安大略省学生学业成就评价的目标和内容以安大略省统一的课程标准为基础。安大略省在设计学生学业成就评价时注重教育性的要求和测量学的要求，清晰反映评价目的以及评价与课程标准的关系[1]。无论是省内各校单独开展的考试，还是由EQAO针对全省所有三年级、六年级和九年级学生实施的统一学业成就评价考试，都与省教育部发布的课程标准严格呼应，考试成绩也按照课标给出的学业评价表划分等级。统一学业成就评价主要考查三、六、九年级学生是否达到课标规定的阅读、写作、数学的课程期望。

三年级和六年级的阅读、写作和数学评价测试主要是为了测量小学生达到《安大略课程标准，一至八年级：语言》和《安大略课程标准，一至八年级：数学》课程期望的程度。阅读部分对学生理解显性信息和隐性信息的能力以及理解不同文本中心思想的能力进行评估。阅读部分还要求学生在文本和个人知识及体验间建立联系。写作部分主要考查学生发展和组织内容，并运用正确的拼写、语法和标点进行

---

[1] 汪贤泽.基于课程标准的学业成就评价的比较研究［M］.北京：教育科学出版社，2010：67.

多种形式的书面沟通的能力。数学部分则按照课标，从数感和运算、测量、几何和空间的认识、数学模型和代数、数据处理和概率这五个方面对学生进行评估。

九年级数学评价测试主要是为了测量学生达到《安大略课程标准，九至十年级：数学》课程期望的程度。为适应中学学期安排，每年进行两次九年级数学评估测试。EQAO针对学习理论数学和应用数学的九年级学生开发了不同版本的评价测试。针对学习理论数学的学生，主要考查在数感和代数、线性关系、解析几何、测量和几何形状四个方面的知识和技能；对于学习应用数学的学生，主要考查在数感和代数、线性关系、测量和几何形状三个方面的知识和技能。理论数学学业评价在第一学期结束时进行，应用数学学业评价在第二学期结束时进行。

中学读写测试基于所有阅读和写作科目（至九年级）的课程标准，评估学生的读写技能。成功通过中学读写测试是获得安大略省中学文凭的32项要求之一。

对于上述测试考查的内容，安大略省的课程标准针对各年级各学科做了非常详细的说明。课标主要包括学科概念、课程期望和学业评价表三个部分。可以说，课标中的课程期望就是EQAO学业评价内容的所在，课标中的学业评价表就是EQAO评价等级的划分标准。

课程期望分为总体期望和具体期望，总体期望描述的是学生最终需要展示的原则性的目标。具体期望描述的是与具体主题相结合后比较具体的和技能方面的目标。具体期望与相关的总体期望相关联，形成整体。这种关系可以六年级"数感和运算"领域的总体期望和具体期望为例予以说明（详见表9-1）。

表9-1　六年级"数感和运算"领域的总体目标和具体目标

总体期望	具 体 期 望		
	数量关系	运 算 关 系	比 例 关 系
• 读、写、比较 0到1 000 000 的所有整数、十位小数到千位小数、真分数和假分数以及带分数，并能进行排序； • 解决整数的乘法和除法，千位分数的加减法，采用多种策略解决问题； • 能够演示对分数、比率、和单位比例关系的理解。	• 书写，比较从0.001至1 000 000的所有整数和小数，并进行排序，使用各种数学工具； • 能演示对0.001到1 000 000的所有整数和小数的位值的理解（如使用10个物品演示1、0.1、0.01和0.001的关系）； • 能在一定的上下文（如互联网，参考书）中读写从0到1 000 000的所有整数； • 书写、比较异分母的分数，并进行排序，包括真分数、假分数和带分数，使用多种工具（如圆分数嵌板、奎泽内瓦色棒、图纸、数轴、计算器等），并掌握标准分数表示方法； • 使用10%、25%、50%、75%和100%来估计数量； • 解决现实生活中出现的问题，以及涉及1 000 000以内整数的问题； • 确定合数和素数，并说明它们之间的关系。	• 使用心算法来解决整数的加减乘除问题； • 两位整数的乘除法，使用各种工具（如图纸、计算器）和策略（如估算）来解决问题； • 千位分数以内的加减法，使用估计、算法和计算器； • 小数和整数的乘除法，使用估算、算法和计算器等； • 心算整数与0.1、0.01或0.001的乘法； • 心算小数与10、100、1 000、10 000的乘积（如将0.6平方米转换为平方厘米，即用0.6×10 000，得到6 000平方厘米）； • 使用估算解决整数和小数的加减法问题，判断一个解决方案的合理性； • 通过探索操作过程中改变顺序的影响，解释按照标准顺序执行操作的原因。	• 在现实生活中发现比例关系，使用有形材料、图纸和标准分数表示法； • 通过采用有形材料、图纸、计算器的探索，确定和解释分数（如以2、4、5、10、20、25、50、100为分母的分数），小数和百分数之间的关系； • 使用单位比例解释关系。

资料来源：Ministry of Education. The Ontario Curriculum Grades 1–8: Mathematics (2005 revised) [EB/OL]. [2020–03–28] http://www.edu.gov.on.ca/eng/curriculum/elementary/math18curr.pdf.

学业成就测验结果报告的是学生的学业成就水平。课程期望中所要求掌握的知识和技能分为四类，分别是"知识和理解""思维和探究""交流""应用"。每一个类别分为几个子类，每一个子类所指的技能又分为四个等级水平。其中L3（Level 3）是省级学业成就标准，L1（Level 1）表示远低于省级标准，L2（Level 1）表示学业成就水平接近省级标准，L1和L2都表示未达到标准，L4（Level 4）表示超过省级标准。这四种水平分别用四个限定词——有限（limited）、一些（some）、相当（considerable）和高水平（high degree）或完全（thorough）来表述。EQAO以上述四个水平为基准对学生的学业成绩进行评价（详见表9-2）。

表9-2　课标中六年级数学学业成就水平量表

类　　别	L1（50—59）	L2（60—69）	L3（70—79）	L4（80—100）
知识和理解				
数学知识内容（如事实、术语、程序性技能、工具的使用）	表达有限的知识内容	表述一些知识内容	表述相当的知识内容	表述所有知识内容
理解数学概念	表述有限的概念理解	表述一些概念理解	表述相当的概念理解	表述所有的概念理解
思维和探究：批判和创造性技能的使用				
计划技能的使用：1. 理解题目（如阐明、解释问题、推测、假设题目）；2. 制定解题计划	效度有限地使用计划技能	一定效度地使用计划技能	相当有效地使用计划技能	高效地使用计划技能
处理技能的使用：1. 执行计划（如收集数据、质疑、检验、修正、建模、解答、推断、得出结论）；2. 检查解决方案（如评价合理性，做出有说服力的论述、推论、证明、检验、反思）	效度有限地使用处理技能	一定效度地使用处理技能	相当有效地使用处理技能	高效地使用处理技能

（续表）

类　　别	L1（50—59）	L2（60—69）	L3（70—79）	L4（80—100）
批判性/创造性思维过程的使用（如解决问题、探究）	效度有限地使用批判性/创造性思维过程	一定效度地使用批判性/创造性思维过程	相当有效地使用批判性/创造性思维过程	高效地使用批判性/创造性思维过程
交流：多种方式表达意思				
使用口头，图形，书写的形式（如绘画、图表、动作、数字、代数公式），表达和组织观点和数学思想（如澄清表述、逻辑组织）	效度有限地表达和组织数学思想	一定有效地表达和组织数学思想	相当有效地表达和组织数学思想	高效地表达和组织数学思想
以口头、图形、书面的形式与不同人群（如同学、老师）进行不同目的的交流（呈现数据、证明解题方案、表达数学观点）	效度有限地与不同人进行不同目的的交流	一定有效地与不同人进行不同目的的交流	相当有效地与不同人进行不同目的的交流	高效地与不同人进行不同目的的交流
以口头、图形、书面的形式使用学科的原理、词汇、术语（如专业术语和符号）	效度有限地使用学科的原理、词汇、术语	一定有效地使用学科的原理、词汇、术语	相当有效地使用学科的原理、词汇、术语	高效地使用学科的原理、词汇、术语
应　　用				
在相似情境中应用知识和技能	效度有限地在相似情境中应用知识和技能	一定有效地在相似情境中应用知识和技能	相当有效地在相似情境中应用知识和技能	高效地在相似情境中应用知识和技能
迁移知识和技能到新的环境	效度有限地迁移知识和技能到新的环境	一定有效地迁移知识和技能到新的环境	相当有效地迁移知识和技能到新的环境	高效地迁移知识和技能到新的环境

（续表）

类 别	L1（50—59）	L2（60—69）	L3（70—79）	L4（80—100）
建立不同情境间的联系（如数学中概念、陈述和形式之间的联系，先前知识和经验的联系，数学和其他学科以及现实生活的联系）	效度有限地建立不同情境间的联系	一定有效地建立不同情境间的联系	相当有效地建立不同情境间的联系	高效地建立不同情境间的联系

资料来源：Ministry of Education. The Ontario Curriculum Grades 1–8: Mathematics (2005 revised) [EB/OL]. [2020–03–28]. http://www.edu.gov.on.ca/eng/curriculum/elementary/math18curr.pdf.

三、测验的编制

EQAO的评价测验是由省教育部组织的各个专门委员会负责开发的，主要包括：课程专家和学科领域专家组成的试题编写委员会（item-writing committees），负责编制试题，并在一定范围内进行测试；评价开发委员会（Assessment Development Committee），负责审核试题，以确保试题与学生年龄和年级、被测量的课程目标以及测验目的的匹配性；敏感性审查委员会（Sensitivity Review Committee），关注安大略省广大学生在考试中的公平及可获得性问题，基于对教育公平的考量（比如涉及性别及多元文化的问题、影响英语学习者的问题、有特殊教育需要学生的问题），委员会将确保测试中没有任何题目会使得任何学生处于优势或者劣势地位；心理测量专家小组（Psychometric Expert Panel），主要负责测验编制的效度问题。

EQAO编制的试卷题型大体分为两类：一是多项选择题，二是开放型问题。编制学生学业成就测验的试卷是一项复杂的工作，根据

EQAO《2010—2011年度评价技术报告》的分析，主要分为以下几个阶段[1]。

（一）确定评价蓝图

制定评价蓝图是为了使测验的试题取样能够较好地反映课程内容和课程期望，能覆盖教材的全部内容，又能反映各个部分内容和各个层次的相对比重。EQAO的评价蓝图被用于开发试卷中多项选择和开放型的题目，以此确保每年的测试都能够保持相同的特质。评价设计的一致性保证了每年的试题数量和类型、与安大略省的课程期望的关系以及评估的难度都具有可比性。应指出的是，并不是所有的课程期望都能通过大型评价得到测量。可测量的期望按照主题分类，对应的试题则"映射"至该类别。单次测试无法测量一个类别中所有期望的实现水平，但随着时间的推进，最终所有可测量的期望都会被测量。

（二）挑选试题开发者

EQAO招募并培训了许多英语和法语（阅读及写作）及数学的教育专家参与到试题编写委员会的工作中。每个学业成就评价的试题编写委员会都有10—20名任职1—5年的教育专家。委员会成员每年举行两次会议，编写、修订试题，讨论试题检验结果，并审阅将用于来年可操作评价的试题。

试题开发者需编写阅读和写作或数学测试中的多项选择题、阅读

---

[1] Education Quality and Accountability Office. EQAO's Technical Report for the 2010–2011Assessments [R/OL]. [2020–03–26]. https://www.eqao.com/en/assessments/DMA-docs/technical-report–2010–2011. pdf.

和数学的开放题、小作文和大作文的题目。所有题目都需参照安大略省课程标准列出的课程期望，并与每个评价的纲要相契合。试题开发者配备一份《EQAO评价开发标准指南》（Development Specifications Guide for EQAO Assessments），以更好地完成本职工作。挑选试题开发者的条件为：具有专业知识和近来在阅读、写作和数学的课堂教学经验（英语和法语）；熟悉安大略省小学或中学课程的知识（尤其是语文或数学）；熟悉安大略省中小学教育对跨学科读写的要求（尤其是OSSLT）；具有熟练运用基于安大略省课程标准中学业成就表的中小学读写和数学评估标准的经验；优秀的书面沟通技巧；熟练使用计算机软件；编写针对学生的教学材料或评估材料的经验；有与他人协同工作、接受指令并反馈的良好记录；能在不同年级进行试题检验或者能实施不同科目的试题检测。

（三）试题开发

每年都需要开发新试题，而且这些试题在成为未来评价中可使用的试题前，必须接受现场验证。来自全省的教育者多方位支持EQAO开发新试题，包括：（1）寻找或开发适用于各年级水平的阅读类试题;（2）开发阅读、写作和数学的多项选择和开放性试题以及与开放问题相关的得分点;（3）在开发试题的过程中进行试验;（4）审查阅读部分、试题、指定试题的得分点，可能存在的对某些群体的偏好或偏见，如针对有特殊教育需要的学生、（母语为非英语的）英语学习者、某一性别或民族或种族背景的学生的偏好或偏见。

（四）现场验证

评价试题的现场验证能确保为将来可操作评价所挑选的试题对所

有学生而言都具备心理可接受性和公平性。现场测试还使得每年的评价数据具有可比性。同比数据的质量取决于这种等化作用。只有通过现场检验的试题才有机会被EQAO的评价采用。

EQAO采用矩阵样例设计，将新开发的试题作为待检验试题纳入测试。需测试条目的分数不会用于评价学生、学校、学校董事会或者省级的教育结果。待检验试题依据心理学原理安排到试卷中，以确保每个待检验试题都能获得有效且可靠的数据。由于需测试的试题与可操作试题的形式相同，学生并不清楚到底是在对何类试题做出反馈，这规避了在真实测验情境外进行检验而导致学生缺乏动机的倾向。在一次测试中，需检验的试题不会超过所有试题的五分之一。

除了三年级、六年级学业评价以及中学读写测试中的大作文，其他所有试题都以这种方式进行现场检验。由于完成大作文所需的时间较长，待检验试题不会嵌入可操作试题中。大作文题目的编写需经过委员会严格的审查程序。大作文不是等化的目标试题。

总之，在一个新试题被考虑纳入评价前，需要经过严格的标准"门槛"、试题试验、内容和敏感性审查、修改和编辑等环节。对于多选题的选项，会有专门团队审查题干的清晰和完整性、答案的准确性以及其他三个非正确选项的合理性。EQAO每年都会开发新试题，通过现场试验，这些新试题会被纳入来年的测验中。

（五）试卷编写：挑选可使用的试题

可使用的试题是从通过了评价检验的试题中挑选出来的。选出的可使用试题构成了测试的"可操作形式"（或"可操作评价""可操作测试"）。可操作形式包括列入学生成绩报告、被计分的试题。而"现场测试试题"（field-test item）不会纳入学生的最终成绩。将某个试题选为"可操作形式"时，需要考虑多项重要因素，包括：（1）数据。独立试题、试题组、测试特性曲线（基于所选试题）的数据应标明，与之前的评价相比，评价试题应确保公平，并且在难度上具有可比性。（2）教育者视角。审查用于评价的试题是为了确保试题如实反映了评价纲要，并且保持学科内容、性别和省级人口分布（如城市与农村、南方与北方）的平衡。（3）课程覆盖。可测量的期望按照主题分类，对应的试题则"映射"至该类别。单次测试无法测量一个类别中所有期望的实现水平，但随着时间的推进，最终所有可测量的期望都会被测量。

（六）编制调查问卷

EQAO 开发了针对学生、教师和校长的调查问卷，收集课堂内外会影响学生学业成就因素的有关信息。基于此，可以利用 EQAO 公布的评价结果提出提高学生成绩的意见和建议。

三年级和六年级的阅读、写作和数学评价包括针对学生、教师和校长的问卷。

学生问卷的内容包括：学生参与阅读、写作和数学学习的情况（态度、自信/对成绩的看法、学习策略、校外阅读和写作）；在课堂使用教学资源的情况（如使用计算器、计算机、互联网、字典）；家庭环境（如课外活动的时间，看电视、电脑等的"屏幕时间"，学生或他人在家使用的语言）；家长参与情况（家庭讨论、参与孩子的教育）以及就读过的学校。

教师问卷内容包括：学校的学习环境（如教职员工的合作、改善学校的规划）；使用 EQAO 资源和数据的情况；课堂使用的资源

（如学生使用计算器、计算机和互联网的情况，教师使用不同教学设备的情况）；家长参与学生学习的情况（如学生与家长沟通的频率和目的）；教师的信息（如背景、经验、专业发展）和教室情况（如年级）。

校长问卷内容包括：个人信息（如性别、经验和教学分配）；学校的学习环境（如教职员工协作、学校改进规划）；使用EQAO数据的情况；家长参与学生学习的情况（如学生与家长的沟通和家长的参与度）；和学校相关的统计数据（如年级、注册情况、每天缺勤学生的百分比）。

九年级的数学评价包括学生问卷和教师问卷。

九年级学生问卷内容包括：学生参与数学学习的情况（态度、自信/对成绩的看法、学习策略、学习目标，如何归因在数学上取得的成功）；课堂使用教学资源的情况（如使用计算器、计算机、互联网）；做数学作业花费的时间；数学课的考勤记录；家庭环境（如课外活动的时间，看电视、电脑等的"屏幕时间"，学生或他人在家使用的语言）；家长参与情况（家庭讨论、参与孩子的教育）；未来的期望（父母希望子女能达到学历水平，子女期望达到的学历水平），学生就读过几所小学。

九年级教师问卷内容包括：学校的学习环境（如教职员工协作、改善学校的规划）；使用EQAO资源和数据的情况；课堂上可用资源的使用情况（如学生使用计算器、计算机和互联网）；课堂中的教学实践情况；家长参与学生学习的情况（如学生与家长沟通的频率和目的）；教师的个人信息（如背景、经验、专业发展）。

2010年和2011年，学生问卷和教师的问卷增加了新的问题，即是否将EQAO发布的九年级数学成绩作为学生学科分数的一部分及其原因等。

中学读写测试则包含一份学生问卷，内容包括：学生在家使用电脑的情况，校外阅读英语和法语材料所花费的时间及阅读材料的种类，学生在家阅读书目的情况和使用的语种，校外用于英语或法语写作的时间以及写作的形式和文体等。

四、测验的组织和实施

安大略省把阅读、写作和数学作为所有学习的基础，规定三年级、六年级、九年级所有学生都必须接受由 EQAO 实施的学业成就评价测试。通常在每年的一月举行九年级第一学期的数学学业成就评价，三月份进行中学读写测试，五月或六月进行三年级和六年级的阅读、写作、数学学业成就评价和九年级第二学期的数学学业成就评价。为了确保在全省开展的学业评价测试的一致性和公平性，EQAO 每年会针对不同测试发布一份管理指南、方便设施指南以及英语学习者的特别规定。落实指导性文件的要求是顺利组织测验的前提，其他质量保障措施进一步保证测验的成功实施。

（一）落实管理指南

针对 EQAO 每一门学科学业成就评价测试的管理指南详细说明了校长和教师必须遵守的行政程序，以确保测试在全省范围内的一致性和公平性。EQAO 给安大略省所有公立学校都寄送了英语或法语版的测试管理指南，用以培训教师如何实施评价测试。指南详细列举了对参与管理教师的要求，包括应遵循的程序（如准备好应发放给学生的材料，在评价期间应该做的和不该做的事情），如何向学生介绍（如对评价的说明），参与评价的学校工作人员的专业职责等。在评估期间，学生回答多项选择题和开放型问题时，必须在安静的环境中独立完成测试，必须有相关人员全程监考。

此外，对有特殊教育需要的学生和英语学习者，还有专门的指导文件，即《方便设施和特别供应品指南》（The Guides for Accommodations and Special Provisions）。其中提供的信息和指示有助于校长和教师为有特殊需要的学生提供方便设施，针对英语学习者做特别准备，确定考试豁免（三年级、六年级和中学读写测试）或延期（仅中学读写测试）。所有在毕业时应获得安大略省中学文凭的缓考学生必须通过中学读写测试。如果学生已经尝试多次但仍无法通过中学读写测试，学校校长可以考虑让学生参加安大略省中学读写课程。

（二）保证测验实施质量

EQAO建立的质量保证程序有助于确保全省测试的一致性和公平性，以及测试获得数据的信度和效度。通过遵循设计严谨的步骤，EQAO使家长、教育工作者和公众对报告结果的有效性和可靠性更具信心。

首先，设立质量保证监督员。与EQAO签订合约的质量保证监督员将走访并监测随机选中学校的学业评价测试执行情况，以确定该校是否遵循EQAO准则。

其次，分析答卷数据库。EQAO对学生作答数据采用两种统计分析。第一种分析方法尝试确定学生在选择题上的反应模式，判断两个或两个以上学生之间相互串通的可能性。如果确实存在异常，EQAO会要求学校提供额外信息。依照第二种分析方法，EQAO会审查一段时间内所有学校的测试结果，找出学生学业成就在哪一方面出现了较大变化（尤其是达到省级标准的学生比例的变化）。学校管理者需对上述变化作出解释。

再次，审核测试材料。每次评价之后，EQAO会寻找学校在实施测试时可能存在的违规行为的证据。在评分前，审查随机抽取学校的测试材料。

（三）获得测验结果

在学业成就评价测试结束后，EQAO从教师中严格筛选评分员，并进行培训。通过密集的培训，每位评卷人都应对评分材料形成清晰、完整的认识。每一位评卷负责人、评卷监督和评卷人都必须依照相同的方式解释和使用评分材料。

1. 关于评分

选择题由机器判分。开放型问题则由专门评卷人（大多是安大略省的教育者）细致、系统地判分。对各种开放式回答的注释描述了不同成绩水平的原因并保持逐年的、试题间的一致性。每门课程的每个开放式回答都配有一个基于一般评分规则的具体得分点说明。

2. 关于测距

评分过程中的第一步是定义和说明评分细则代码中的成绩间距。寻距工作主要由评分专家组成的委员会和安大略省教育部门专门人员共同完成。委员会成员对可以构成得分点的作答方式和作答内容达成共识。对学生答案的编码被用于确认得分点，并可以锻炼阅卷人的评分能力。

3. 确保评分过程的一致性和准确性

在监测评卷正确率的准备过程中，评卷专家会先于评卷阶段收到若干学生答卷并进行评分。在正式评卷阶段，评卷人对给定学生答卷的评分将与专家评分进行对比，以确定得分是否一致，情况分为：相差一个得分点（接近）、超过一个得分点（非接近）。没有达到协议规定的准确率的评卷人将接受额外培训。EQAO几乎所有测试的所有问题评分达到了95%以上的"准确&接近"协议要求。

其他保障措施和质量控制程序包括：针对评卷人、评卷负责人和评卷监督的资格检查，针对评卷负责人和评卷监督的绩效标准，评卷负责人和评卷监督对评卷人的审查，每日审查和校准，对中学读写测试所有答卷进行双盲评分，对有危险行为的学生、不适宜内容和教师干预的报告程序，为防止评分偏差而对得分高的答卷的日常检查，监测评卷人的准确率，制定阅卷量的标准，查核得分不一致问题[1]。上述措施力争确保无论是谁评卷，任何学生答卷上的任一回答都能得到相同的分数。

4. 学生成绩的等化与分析

EQAO采用多种数据模型、设计和分析方法，以确保测试结果的可比性。"等化"（equating）是指将连续两个学年的学生成绩置于同一度量标尺的过程，以使不同年份的学业成就结果具有可比性。EQAO运用项目反应理论，进行试题校准、评分和等化。该理论定义了学生能力与一个给定的结构之间的关系，以及拥有某项能力的学生正确回答用于测量结构的指定试题的可能性。在中学读写测试、中小学和九年级的测验中，会使用不同的项目反应理论模型，这些模型的目标是确定潜在心理特征是否可以通过测试题反映出来，以及测试题和被测试者之间的互动

---

[1] Education Quality and Accountability Office. EQAO's Technical Report for the 2010−2011 Assessments [R/OL]. [2020−03−26]. https://www.eqao.com/en/assessments/DMA-docs/technical-report−2010−2011.pdf.

关系。

评卷结束后，经过经典测验理论（classical test theory）和项目反应理论的统计和心理分析，提供有关单个测试题目的技术质量和学生成绩整体可靠性的数据。

五、测验结果的报告与使用

自从EQAO对安大略省关键年级的学生实施测试以来，安大略省的教育系统在16年间变得越来越有活力，越来越多的学生达到了省级标准。根据EQAO对安大略省家长的调查，88%的家长认为省级测试项目很重要，74%的家长认为EQAO的评价结果提高了教育质量，69%的家长相信EQAO实施的省级测试对家长和纳税人更加负责[1]。由于EQAO实施了全面普查式的学业成就评价项目，教育管理者、教师、家长和公众有机会获得关于当地学校及教育辖区学生成绩的详细信息，并利用EQAO的评价数据有的放矢地提高学生的成绩。由于每位学生在参加EQAO的学业测试后都能收到一份详细的成绩单，省级测试数据已成为帮助学校、校区和省提升教育水平的关键因素。评价结果不仅展示了学生的能力强项，也明确了哪些领域需要更多关注和资源。

在学业成就评价的评分结束后，EQAO会及时发布学业成就评价报告。报告分为学生、学校和省级结果。报告对每一个关键教育阶段的学生学业成就进行分析。对中小学和九年级的测评，使用4级水平量表对学生的阅读、写作和数学成绩进行报告。对于中学读写测

---

[1] Education Quality and Accountability Office. The Power of Ontario's Provincial Testing Program [R/OL]. [2020-03-28]. https://www.eqao.com/en/assessments/communication-docs/power-provincial-testing-program.PDF.

试，使用二分水平量表（成功和不成功）进行报告。在撰写报告时，EQAO非常关注准确性、清晰性和有效性。报告内容包括成绩表、结果图表以及用于解释结果的指南。相关的数据处理结果及反馈信息以文档形式放在EQAO官方网站上方便用户访问。EQAO会针对学生、家长、学校、教育者和公众提供多种学业成就报告，其中包括面向公众的综合性省级报告（含学业评价结果）、不同学生群体测试结果、学生的人口学信息、学业评价总结、提高学业水平的策略以及成功学校的案例分析等。

EQAO的省级学生学业成就评价测试的结果报告主要分为趋势报告、概述性报告、给教师的建议和成功学校案例四个部分。除此之外，EQAO还会给每位学生提供一份详细的成绩单。下面以2012—2013学年安大略省省级学生学业成就评级结果予以说明。

（一）学生成绩单

在学业成就测验结束后，EQAO会为每位学生提供一份详细的个人成绩单。成绩单里不仅包括学生各科目的成绩（但不提供具体分数），还附以必要的解释和说明，并且为家长提供相关建议。此外，基于所有学生的评价结果，成绩单还列出了不同科目不同成绩水平的学生所掌握的知识技能特点，供学生、家长和学校参考。除了学生的个人成绩信息，成绩单还介绍了学生所在学校的整体测评情况，通常用图表的形式进行说明。另外，成绩单还附上了问卷的调查结果。总之，EQAO提供的学生成绩单体现了安大略省学业评价工作的细致和对每一位学生的关注，能使家长更好地与学生、教师和学校管理层交流。

以一名六年级学生参加2012年学业成就测验的成绩单为例。在成绩单第一页，首先列出学生的成绩（见表9-3）。

表9-3 学生成绩表

学生成绩	1级以下	1级	2级	3级	4级
回答问题数		远低于省级标准	接近省级标准	达到省级标准	远超省级标准
阅读：36/36				----■---	
写作：14/14				---■----	
数学：33/36				-■------	

注：■符号及其位置代表在本次评估中学生达到的成绩水平
"回答问题数"指学生在所有测验问题中回答了多少题目
未解答的问题在您孩子的成绩计算中视为不正确

学生参加三年级学业成就评价的成绩（2009年）

阅读：L3（达到省级标准）

写作：L2（接近省级标准）

数学：L3（达到省级标准）

资料来源：Education Quality and Accountability Office. Sample Individual Student Reports [R/OL]. [2020−03−28]. http://www.eqao.com/pdf_e/12/6e_ISR_sample_0912.pdf.

随后，EQAO针对该生的成绩给家长提出指导学生学习的建议（以数学为例）（见表9-4）。

表9-4 给家长提出指导学生学习数学的建议

支持您孩子的学习
数学
• 让孩子帮你解决日常生活中遇到的问题，并告诉您的孩子如何使用在数学课上学到的知识 • 设计需要各种推理能力的游戏（例如，确定数字之间的关系，分组和分类信息，估算，比较问题的答案） • 让您的孩子以不同的方式解决问题，并谈谈各种方式的优缺点 • 在日常活动中谈论数学的重要性

资料来源：Education Quality and Accountability Office. Sample Individual Student Reports [R/OL]. [2020−03−28]. http://www.eqao.com/pdf_e/12/6e_ISR_sample_0912.pdf.

成绩单的第二页是不同科目不同成绩水平的学生所掌握的知识技能特点，供家长参考（以数学为例）（见表9-5）。

表9-5　不同数学水平的学生需掌握的知识技能

水平	数　　学
L4	L4的学生通常： • 认识数学问题和现实生活情境之间的关系 • 运用各种推理能力（如确定数字之间的关系，对信息分组归类，估算，比较问题的答案）准确地解决较为复杂的问题 • 通过表格、图形、几何图形、形状、数量、公式和表达式清楚地表明数学思维过程 • 评估自己的答案，并解释为什么他们的解决方案是合理的
L3	L3的学生通常： • 正确选择并使用操作和公式，以解决多步骤问题，并能清楚地解释结果 • 意识到解决问题需要比已知条件更多的信息，能够填补缺口，找到解决方案 • 检查解决方案的合理性
L2	L2的学生通常： • 遇到熟悉的问题时，能正确地使用计算技能（加减乘除）和解题步骤 • 使用题目给出的信息解决问题，但不考虑方案的合理性 • 用几句话和简单的图案演示自己的数学思路
L1	L1的学生通常： • 仅依靠加减法和熟悉的步骤回答问题 • 使用简单的单步规则和策略解决大部分问题 • 利用所有题目给出的信息和步骤解决问题 • 使用有限的数学词汇（术语、符号、图像）来解释答案

资料来源：Education Quality and Accountability Office. Sample Individual Student Reports [R/OL]. [2020-03-28]. http://www.eqao.com/pdf_e/12/6e_ISR_sample_0912.pdf.

成绩单第三页是介绍成绩单所包含的内容，指导家长更清晰地了解成绩单提供的信息。成绩单的第四页是对学校整体评价情况的介绍（主要包括：整合三年来学校、学校董事会辖区和省级学生人数以及达到或超过省级标准的学生比例；学校各科目各成绩水平的学生人数比例）和问卷调查结果。如图9-1所示。

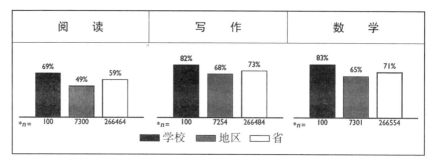

图9-1　2010—2012年综合结果——学校、地区和省达到或超过省级标准的学生比例

资料来源：Education Quality and Accountability Office. Sample Individual Student Reports [R/OL]. [2020-03-28]. http://www.eqao.com/pdf_e/12/6e_ISR_sample_0912.pdf.

表9-6　2012年学校各科目各成绩水平的学生人数比例

阅　　读					写　　作					数　　学				
其他	L1	L2	L3	L4	其他	L1	L2	L3	L4	其他	L1	L2	L3	L4
5%	2%	23%	52%	18%	5%	10%	18%	57%	10%	5%	10%	20%	52%	13%

资料来源：Education Quality and Accountability Office. Sample Individual Student Reports [R/OL]. [2020-03-28]. http://www.eqao.com/pdf_e/12/6e_ISR_sample_0912.pdf.

表9-7　2012年学生调查问卷结果

问卷中回答"有时候"或者"经常"的学生比例			
调查项目	学校	教育局	省教育部
我喜欢数学	91%	92%	93%
我喜欢阅读	93%	96%	96%
我喜欢写作	85%	90%	91%
学生回答为"每周1—3次"或者"几乎每天"的比例			
我自主阅读	74%	73%	73%

资料来源：Education Quality and Accountability Office. Sample Individual Student Reports [R/OL]. [2020-03-28]. http://www.eqao.com/pdf_e/12/6e_ISR_sample_0912.pdf.

（二）趋势报告

主要针对学校董事会，用图表方式展示各年级各科目的考试结果。首先呈现背景信息分析，包括参加学业成就评价的学生人数、男女比例、在加拿大生活的时间（针对移民）、是否换过3所及以上学校等基本信息；然后分析各个水平阶段学生的百分比，并与历史数据进行比较。该部分还呈现历年男女生达到省级标准的比例及相应说明[1]。

（三）概述性报告

用文字加形象的图形展示最新学业评价情况与五年前评价的比较结果。图形简单但突出地展示了比较后的发现，同时在图形下方配以相应的文字描述，包括该学年的结果以及五年前的数据。以2012—2013学年的学业成就评价结果为例[2]，该学年EQAO学业成就评价结果所揭示的安大略省学生学习情况如下。

其一，安大略省小学在帮助提高学生阅读能力上有进步。2013年，68%的三年级学生达到了省级阅读标准（B−至B+），相比5年前提高了7%；77%的六年级学生达到省级阅读标准，比5年前提高了8%；5年前，39%的学生在三年级没有达到阅读标准，通过帮助，在六年级成功达标，本年度该比例上升至51%；第一语言为非英语的学生成绩有了明显提升。61%的三年级英语学生达到阅读标准，与之相比，三年级的整体达标率为68%。

其二，安大略省小学帮助越来越多的学生提升了写作水平。三年

---

[1] 汪贤泽.基于课程标准的学业成就评价的比较研究［M］.北京：教育科学出版社，2010：73.

[2] Education Quality and Accountability Office. 5 things this year's EQAO results reveal about student learning in Ontario [EB/OL]. [2020-03-20]. http://www.eqao.com/pdf_e/13/InfoGraphic_2013Release_en.pdf.

级（77%）和六年级（76%）的学生在写作中能够清楚地表达，并能按照预期水平正确使用语法、拼写和标点符号。相比五年前的省级达标率，皆提高了9%。

其三，在帮助学生数学取得成功方面，小学的数学项目处于不利境地，尤其是对四至六年级学生而言。2013年，67%的三年级学生达到省级标准，相比5年前减少3%；57%的六年级学生达到省级标准，比5年前减少6%。在过去5年中，越来越多在三年级达到省级标准的学生却在六年级无法达标，如今该数值已经逼近20%。

其四，中学生学业水平保持稳定。84%选择理论数学的学生达到省级标准，比5年前增加7%（71%的九年级学生选择理论数学），44%选择应用数学的学生达到省级标准，比5年前增加6%（29%的九年级生选择应用数学）；82%进入十年级的学生在中学读写测试中一次性取得成功，5年前则为85%。

其五，早期学业成就通常可用于预测中学时的表现，如果早期出现学习困难，若没有加以矫正，会呈现逐年退步的趋势。许多没有达到省级数学标准的六年级学生在九年级选择了应用数学。2013年未达标的九年级应用数学学生中，70%在三年级和六年级也未达到省级标准；在文学素养测试上同样存在此问题。在首次参与中学读写测试未成功的学生中，76%也曾在六年级阅读测试中失利。

（四）给教师的建议

EQAO基于学业成就评价的数据和对数据的具体分析，发现了学生在考试中遇到的问题，并向教师提供指导意见，帮助教师提高学生成绩，如三年级学生在数学"测量"方面存在的问题和EQAO为教师提供的对策（见表9-8）。

表9-8　三年级学生数学"测量"方面存在的问题和EQAO为教师提供的对策

测　　量	策　　略
学生在解决三角形的面积问题上存在困难。开放问题要求学生在指定的网格区域内画两个图形，评卷人发现学生对周长存有疑惑。尽管大多数学生成功地计算了平行四边形的面积，但是一些学生忘记计算三角形面积时应再除以2。	与学生一起探究三角形和平行四边形的面积公式是如何形成的。要求学生解决涉及面积、周长、体积的问题。加强学生对面积、周长、体积测量关系的认识。

资料来源：Education Quality and Accountability Office. Summary of Results and Strategies for Teachers, 2011−2012. [EB/OL]. [2020−03−28]. http://www.eqao.com/pdf_e/12/PJe_Summary_ResultsStrategies_0912.pdf.

（五）成功学校案例

成功学校案例展示了能促进学生学业成就的因素，如读写和计算的小组学习、高质量的教学、家长的参与等。

第三节

加拿大联邦现行学业成就评价标准与政策

一、评价目标

泛加拿大学生评价项目（PCAP）是加拿大目前最新的全国性学业成就评价项目，其主要目标有二：一是根据评估结果获得的信息，为教育决策提供依据；二是测试加拿大各省八年级学生所掌握的知识、技能是否达到课程标准，是否做好进入下一阶段学习的准备。2003年，教育部长联合会在开发PCAP评估体系时，确定这一评估工具要实现五个目标：（1）为制定相关教育政策提供依据，改善学生学业表现；（2）重点放在测试数学、阅读和科学三方面，不排斥增加其他需要测试的领域；（3）通过简化评价实施过程来减少学校的测验负担；（4）通过向学生、教师、学校管理人员发放问卷获得有效的背景信息；（5）各省可根据国家以及国际层面两种学生学业成就评估结果来衡量本省的评价项目结果，从而加以改进。

作为全国范围内大规模的学生学业评价项目，PCAP评估的目的不同于各种学校、班级层面的测评目的，甚至与各省内部自行开发的学生学业评价测验的目标取向也有差异。首先，通过PCAP学科测验结果和背景信息，教育决策者和专家掌握了大量信息和数据，这为教育政策、课程、班级实践的创新和改革提供了依据。PCAP全国性评价报告包括学科测试成绩报告和学生背景调查报告，评估完成后，最终的结果按照学生的性别、第一语言、移民身份、所在地区等背景信息变量等类别进行报告。因此，通过PCAP评估报告结果，加拿大政府能够考察国家教育系统是否满足学生和社会的需求，并据此制定教育政策或进行教育改革，从而改进学生学业表现。其次，与各省自行实施的学生学业成就评价相比，全国学业评价采取统一标准，便于各省与全国平均教育水平进行比较，从而反思和改善本省学生学业评价体系、课程标准或课程设置的不足。最后，国家层面长期、连续的学业成就评估，可以对国家层面基础教育质量进行监测。由于PCAP是依据一定的课程标准对学生某一科目的学业表现进行评价，因此根据全国统一的学业评价测验结果，加拿大教育部长联合会可以进行各省课程评价，并加强联邦政府对地方教育的问责。

二、评价标准和评价内容

PCAP的评估内容是数学、阅读、科学素养。数学、阅读、科学是加拿大基础教育课程的三门核心科目，掌握这些学科的基础知识和基本技能是加拿大公民应对未来社会挑战的基本要求。教育部长联合会指出，同一年级不同省的学生在核心课程领域的学习表现应该达到近似水平。由于没有国家统一的课程标准，加拿大各省和各地区的课程标准、课程设置差异很大，因此PCAP的评估标准参考了各省广泛使用的学科标准，以此确定学生学业成就的相对表现。

（一）数学素养

在PCAP开发中，数学被定义为"学生可以提高计算、描述、解决问题能力的一个概念性工具"。教育部长联合会数学科目开发小组将加拿大国家数学教师委员会（National Council of Teachers of Mathematics，简称NCTM）颁布的《学校数学原则和标准》（Principles and Standards for School Mathematics）作为制定PCAP数学评估框架的重要依据。PCAP将数学评估内容分为四个子域（如图9-2所示）。

（1）数学和运算：性质、等价形式、数量级;（2）几何和测量：二维图形和三维形状的性质、相对位置、变形和测量;（3）模型和关系：数与图形、线性关系、方程式;（4）数据管理和概率：数据收集和分析、实验和理论概率。

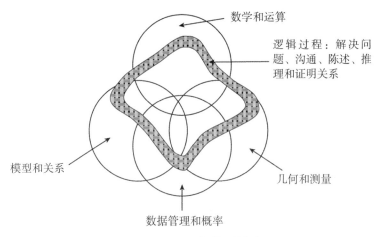

图9-2 PCAP数学评估框架

资料来源：CMEC. The Pan-Canadian Assessment Program. Mathematics Assessment Framework [R/OL]. [2020-03-28]. https://www.eqao.com/en/assessments/DMA-docs/technical-report-2010-2011.pdf.

    PCAP将八年级学生在数学认知方面所应达到的水平划分为三个等级：一级、二级和三级。根据这一标准，PCAP评估的测验内容有20%相当于一级认知水平，60%相当于二级认知水平，20%是三级认知水平。PCAP数学科目认知水平的具体内容见表9-9。

表9-9 PCAP数学科目认知水平

一级（低级水平）	二级（中等水平）	三级（高级水平）
信息再认（事实、步骤、定义）	根据数的性质进行估价、测量运算或解决一个问题	分析数的性质
识别数的性质	用两种及以上的数学语言描述一个实际情景	解决一个不熟悉的问题
了解等价式	用两种及以上的数学概念或程序解决一个实际问题	用代数描述图形关系

（续表）

一级（低级水平）	二级（中等水平）	三级（高级水平）
进行特定的运算或规则运算	通过从图、表、几何图形中提取信息，解决一个多步骤运算	分析一个推论假设
解决一步式问题	扩大一个数或几何图形	一题多解
从图或表中检索信息	根据已有条件列出解决公式	分析步骤和概念之间的异同
能够画并测量简单的几何图形	比较几何图形或判断陈述	描述、比较、对比不同的问题解决方法
能够就一个概念举例	比较两组数据的平均数	从一系列数据中找出规律
计算加减乘除	对一组数据进行恰当的排列	为解决复杂问题制定一个数学模型
掌握数的不同形式之间的互换（小数、分数、百分数）	解释一个简单的自变量	用数学模型分析一个假设

资料来源：CMEC. The Pan-Canadian Assessment Program. Mathematics Assessment Framework [R/OL]. [2020-03-28]. https://www.eqao.com/en/assessments/DMA-docs/technical-report-2010-2011.pdf.

（二）阅读素养

2007年首次PCAP评估的重点科目是阅读。PCAP将"阅读"定义为读者、文本、目的、背景等因素之间相互作用的过程，认为阅读应该强调读者积极参与到文本中并作出回应，因此，项目评估强调三个子域：（1）理解。指学生能够掌握文本明确给出的或者隐含的信息，能够知道文中词汇、短语和事件的含义。（2）解释。指学生通过对文章中的短语、段落、事件等信息进行分析综合，对文章有更深的认识，通过细节、隐喻、象征等信息把握文章主旨。（3）对文本作出回应，包括回应和反思。有许多方式，比如结合自身实际，根据已有的知识、经验和价值观诠释文本；对文章中心思想或其他部分产生强烈共鸣；从社会、文化视角对文本的质量或隐含的价值观进行反思，甚至批判。

　　PCAP阅读评估工作小组将学生的阅读表现分为三个等级。二级被认为是八年级学生阅读素养的可接受水平（预期水平），一级被认为是低于同一年龄组的预期水平，三级表示高于年龄组的预期水平（见表9-10）。

表9-10　PCAP阅读评估内容和标准

一级分数：≤379	例 题 描 述
理解：学生对部分小说和非小说作品有一定理解，通过简单的词汇、具体的描述、详细的介绍能够了解文章大意。 解释：学生能够根据文章中某些部分之间的关系，给出一般的、简单的解释。 对文本的回应：无论是从个人视角还是从批判的视角，学生的观点模糊，不够明确。	为了考查学生的理解力，试题如下： 学生需要将一幅包含有两座小岛的地图图像与文章内容联系起来。文章的内容就是关于这些岛屿。
二级分数：380—575	例 题 描 述
学生能够清楚、合理地理解、解释文章，并对文章作出回应。能够掌握文章直接信息和间接信息，可以联系上下文得出文章主旨和深义，根据含有象征和推理意义的语词，对某些部分作出恰当的解释。了解作者谋篇布局的作用。能够有个人见解，以及批判性思考。	为了考查学生的理解力，试题如下： 学生需要从文化的视角理解文本中某个角色的行为动机。
三级分数：≥576	例 题 描 述
学生对文章的理解和解释以及回应非常有深度，且深谙文章的风格和基调，能够掌握作者精妙的思想。对文章中各部分的关系分析透彻，对作者行文思路和布局有清晰的认识，并能结合文章背景把握作者观点。能够提出自己的见解，进行批判性思考。	为了考查学生的理解力，试题如下： 学生需要根据两个不同的媒体（个人陈述、电视报道）针对某一特定事件提出的两种不同的、有偏见的观点，还原事情的真相。

资料来源：CMEC. PCAP-2010 Report on the Pan-Canadian Assessment of Mathematics Science, and, Reading [R/OL]. [2020-03-29]. http://cmec.ca/Publications/Lists/Publications/Attachments/274/pcap2010.pdf.

（三）科学素养

PCAP将"科学素养"定义为"学生为了理解有关科学问题，作出科学决策，通过运用科学的知识、技能、态度进行科学调查、科学思考以及解决问题，从而理解科学本质的不断发展的能力"。使用"科学素养"（scientific literacy）而不是"科学"（science），表明PCAP强调评估学生理解科学本质，以及在社会环境背景下运用科学知识和技能的能力。此外，科学素养不是指学生具备的静态的、不变的能力，而是随着学生年级、年龄的变化不断发展和提高的。科学素养是一个终身学习者必备的素养。

为了实现PCAP评估的目的，PCAP科学课程开发小组在参照1997年加拿大教育部长委员会制定的《泛加拿大科学学习成果共同框架》，以及目前加拿大各省科学课程标准的基础上，形成了PCAP科学框架，这也是测验试题编纂的重要依据。具体包括能力、子域及态度三部分（见图9-3）。

1. 能力

相对于考查学生掌握有关科学素养的知识，PCAP科学评估框架将科学能力作为考查重点。科学能力包括科学调查、问题解决和科学思维能力。

科学调查是指理解如何运用科学的方式进行调查，以此获得事实依据，对自然现象进行解释。PCAP科学评估框架规定学生应该掌握以下能力：（1）形成假设；（2）进行观察；（3）设计并实施调查；（4）组织、交流信息；（5）分析和解释数据，比如运用图表；（6）运用科学调查结果；（7）在已有证据的基础上得出可选的结论；（8）解释结论；（9）验明假设结论。

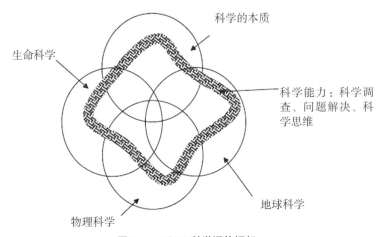

图9-3　PCAP科学评估框架

资料来源：CMEC. PCAP-2010 Report on the Pan-Canadian Assessment of Mathematics Science, and, Reading [R/OL]. [2020-03-29]. http://cmec.ca/Publications/Lists/Publications/Attachments/274/pcap2010.pdf.

　　问题解决是指学生在社会环境中运用科学知识和技能解决问题。学生应该掌握的能力包括：（1）定义问题；（2）形成若干子问题；（3）针对问题制定目标；（4）有意识地运用科学观念解决问题；（5）针对明确的问题选择合适的方案；（6）证明和解释结果（通过交流和反思）；（7）形成解决方案（根据实际情况运用科学）；（8）解释该方案如何能够满足解决问题的准则；（9）在解决问题中验明假设；（10）在处理问题时有可持续发展和管理的意识。

　　科学思维是指学生能够运用科学知识和技能作出决策，以科学的方式看待和思考问题，解决与科学、技术、社会和环境有关的问题。学生应该掌握的能力包括：（1）识别模式；（2）形成有说服力的论据；（3）验证结论；（4）判断论据的可靠性；（5）从证据出发给出有力的论据和解释；（6）为理解科学问题进行推理；（7）开发和使用模型；（8）对科学有关事务表现出兴趣等。

2. 子域

子域相当于内容框架，根据泛加拿大地区科学课程以及《泛加拿大科学学习成果共同框架》，PCAP科学素养评估的知识内容包括科学本质、生物科学、物理科学、地球科学。

科学本质被定义为理解科学知识以及科学知识发展过程的本质。科学是在观察、实验、证据的基础上为人们了解生物和物理世界提供一种思考和认识的方式。学生应该掌握的知识和能力包括：理解各种资料、证据之间的关系，在科学知识的发展过程能发现联系，提出解释；能够分辨科学的和非科学的过程和术语；能够描述循证决策中的科学调查以及问题解决的过程；能够区分定性资料和定量资料；能够辨别测量特征（如测量工具和程序的可重复性、精确性）；能够区分科学解释的不同类型（如假说、理论、模型、法则）；举例说明科学原理在技术开发中的运用；举例对有关科学本质问题的解释和研究，证明自己的科学素养。

生物科学要求的能力包含：解释和比较维持一个有机物生命必需的过程；描述生物的特征和需要；区别细胞和细胞成分；描述与生物系统有关的能量、营养物质、废物输入和输出的功能以及相互依存情况；举例对有关生物科学问题的解释和研究，证明自己的科学素养。

物理科学要求的能力包括：能够描述物质的性质和组成部分，解释各部分的相互作用（如物质的形态：固态、液态、气态；物质的性质及其变化；粒子理论；数量和体积）；举例对有关物理科学问题的解释和研究，证明自己的科学素养。

地球科学素养包含：能够说明水是社会资源；解释变化模式以及它们对地球上水资源的影响（如水资源分配、气候、风化和侵蚀、水对地区气候的影响）；举例对有关地球科学问题的解释和研究，证明自己的科学素养。

3. 态度

对科学的态度决定了学生是否以从事科学事业为志业。当今社会，科学知识对经济发展起着至关重要的作用，学生对科学的态度也成为国家、社会关注和讨论的话题。为了考查学生对科学的态度，PCAP 主要从以下几个方面进行评估：（1）对科学相关领域事物感兴趣并敏感;（2）尊重和拥护循证知识;（3）具有可持续发展和管理的意识。

三、测验的编制

PCAP 的评估测试由两方面组成：一是数学、阅读、科学素养学业水平测试，是评估学生核心知识和技能的掌握；二是一份关于学生学习背景和态度的调查问卷。

（一）学科测验的编制

1. 试卷开发

PCAP 评估由教育部长联合会负责开发与实施，其中包括设计评估框架编制、具体试题、现场测验等。

（1）设计评估框架

教育部长联合会成立了双语框架开发工作小组，分别负责数学、阅读、科学三门学科的试卷编制。小组成员都是特定学科领域课程或评价方面的专家。此外，每个工作小组还有一名该领域著名的外部专家，为测验框架的开发设计提供建议和协助。PCAP 测验框架严格按照已经确定的评估内容和标准制定，并参考和借鉴了 PISA、TIMSS

等国际大规模学生学业评估项目框架。每个学科框架设计小组需要勾画出一幅试卷"蓝图",包括:各门学科考察内容的详细说明;试卷和问题的类型、长度、难度;课程评估维度(例如能力、子域、态度)的题目分布等。最终评估框架需要得到所有将参加 PCAP 评估测验的省份的审查和认可,然后才能在此框架的基础上编制具体的试题。

(2)编制具体试题

教育部长联合会还设立了专门的试题开发双语小组。小组成员分别来自加拿大各省数学、阅读、科学三门学科领域的教育人员组成,此外还有一名学科评估专家监督整个试题开发过程。教育部长联合会规定,测验题目的难度要适合八年级学生的水平,而且试题的内容表述要反映加拿大的文化、价值观和内涵。所有测验题目都有英语和法语两个版本,两种语言交叉编译的试题在意义和难度上要保证是相当的。为了保证测验的有效性和公正性,各省会派出代表对法语和英语两个版本的试卷文本进行审查,所有的题目都会受到外部校验者的严格审查以及试题编制专门团队的进一步修订。试题编制完成以及修订过后,还要将修订后的试题递交到框架开发工作小组接受检查,最终形成一本完整的试题册。

(3)现场测验

现场测验也即模拟测验。在试题编制完后,为了确保 PCAP 测验能够顺利开展,教育部长联合会会在评估进行的前一年春季组织一次现场测验。比如为举办 2010 年的 PCAP 评估,在 2009 年春季,来自全国部分省份 100 所学校 2 000 名学生参加了 PCAP 的模拟测验,英语版测验和法语版测验都有被试。随后,各省对测验结果进行评分。根据对模拟测验结果的数据分析,测验框架开发工作小组将对所有的测验题目再一次进行修订，最终选取那些被认为在内容和统计上都是最佳的题目，编制成四本需要90分钟完成的试题册。

2. 试题类型与设计

PCAP的题型一般由选择题和建构反应题组成。选择题的形式有多选、复选框、循环测试、判断正误、是非题、连线题等，建构反应题则主要是开放性的问答或论述题。针对每个科目的特点，每科两种题型所占比例有很大差异。科学素养测试中有70%的题目是选择题，30%的题目是建构反应题；而数学素养测试中有30%的题目是选择题，70%的题目是建构反应题。

以2013年PCAP科学评估测验为例。PCAP科学评估试卷以五个"评估单元"的形式呈现。每个评估单元包含一个开放的情境，这些情境既要是八年级学生感兴趣的，又要与科学、技术、社会、环境密切相关。每个情境下设有3—6个问题，既考查学生对某个子域（科学本质、生物科学、物理科学、地球科学）科学知识的掌握，又考查应具备的科学能力。态度题也是在具体语境中考查，大约只占评估内容的5%，不计入分数（见表9-11）。

表9-11　2013年PCAP科学评估试卷分值设计

能　　力	分数比例%	子　　域	分数比例%
科学调查 问题解决 科学思维	30—45 15—30 35—50	科学本质 生物科学 物理科学 地球科学	25—35 20—30 15—25 25—35
共　　计	100	共　　计	100

资料来源：CMEC. PCAP 2013 Report on the Pan-Canadian Assessment of Science, Reading, and Mathematics [R/OL]. [2020-03-29]. http://cmec.ca/Publications/Lists/Publications/Attachments/337/PCAP-2013-Public-Report-EN.pdf.

例题：瓶装水

情境：许多人都在喝瓶装水，塑料瓶在学校、家里、办公室到处可见，然而一个简易的几分钟内就能喝完其内装饮料的塑料瓶，却需要1 000多年才能被降解。

问题一：你正在所在社区为减少瓶装水的使用发表演讲。说出两个可以支持你观点的论据。

这道题是考查学生对科学本质知识的理解，以及对科学推理能力的掌握。学生能够正确写出2个论据得满分，写出1个只能得一部分分数。

问题二：你所在社区正在考虑如何减少瓶装水的使用。以下是关于减少瓶装水使用的建议，请选择"是"或"不是"。

建　　议		
A. 提高瓶装水价格	是	不是
B. 在公共区域设置饮水装置	是	不是
C. 为瓶装水灌水装置提供专项资金，以降低生产成本	是	不是
D. 加大宣传提高人们饮用自来水的意识	是	不是

这道题是考查学生对地球科学知识的理解和科学推理能力。

（二）问卷的设计与开发

问卷有学生问卷、教师问卷、学校问卷三种类型。教育部长联合会专门成立了问卷开发小组，由教师和教育研究专家组成。在研究学生成就指标项目（SAIP）、TIMSS和PISA三个大规模评估项目问卷设计模型的基础上，PCAP问卷开发小组制定了问卷编制框架，确保问卷可以真正反映研究的问题，达到研究的目的。由于项目评估内容每次都有侧重，因此每次问卷试题的编制会与科目测验重点相适应，这在三种问卷中都会有所体现。如2010年数学是评估重点，学生问卷的大部分内容是调查学生课内外数学学习情况及对数学的态度。对这些背景信息的调查有助于教育研究者、政策决策者和教育工作者对PCAP评估测出的学业表现结果进行解释，发现影响学习结果的因素。

1. 学生问卷

除完成一份科目的纸笔测验外，参加PCAP评估的学生还需完成一份关于他们的背景和态度的调查表，共约45道题。问卷共分五个部分，第一部分是背景信息的调查，如：所在学校主要以哪种语言作为教学语言；母亲的最高教育水平；未来最想从事的工作等，其他部分是对学生测验科目学习情况的调查，以数学为例，如每周花在数学作业上的时间；平时数学课程的考核方式；早期数学学习是如何开始的。

2. 教师问卷

由于PCAP测评的学生抽样一般以整个班级为样本，因此教师问卷的发放对象是参与某一科目PCAP评估测验的班级任课教师，共约45道题。问卷第一部分调查教师的背景信息，包括教龄、所获学历、所教班级的学生类型等。第二部分是教师的专业发展情况，比如过去五年所参加的课程专业培训类型、时间，以及培训对课程教学是否产生影响。第三部分是时间分配问题。比如各种类型作业布置的时间安排，希望学生每周花在这一科目上的时间等。另外还有对教师平时测验情况、教师教学策略的调查。

3. 学校问卷

学校问卷的发放对象一般是校长，问题主要是关于学校的类型、教职工、设施、所在社区情况等，共约30道题。第一部分是背景信息，比如学校的规模、加拿大少数民族学生的比例等。第二部分是时间管理，比如某一科目（数学）一学期的平均课时数、学生缺席情况等。第三部分是评估，如教师评估的内容、手段，学生参加班级评估、省评估、国际评估或国际评估的频次等。此外，还有对学校教学氛围的调查。

四、测验的组织和实施

PCAP评估的内容有数学素养、阅读素养、科学素养三项，每三年组织一次评估。PCAP评估的产生直接受到PISA的影响，其测验框架及内容结构，甚至时间安排也都是参照PISA的测试框架确立的，以便可以对这两种大规模学业评估结果进行对比。PISA测试从2000年开始，2000年、2003年、2006年的主要考查科目依次是阅读、数学、科学，2009年开始第二个循环。为了能够与PISA测试的评估结果进行对照，PCAP评估开发小组也将考查科目的次序列为阅读、数学、科学。加拿大学生一般6岁上学，因此八年级学生一般是13岁左右，PISA的测试对象是15岁学生，所以参加2016年PCAP评估的一大部分八年级学生在15岁时将正好参加2018年的PISA测试，而且参加过2016年PCAP阅读评估的学生会在2018年参加PISA的阅读评估，其他两项科目的评估时间也恰好能与PISA测试时间相匹配。

PCAP评估的具体步骤包括抽样、测试、回收和评阅。

（一）抽样

抽样过程是指学生被选择参与评估的方式，即如何从加拿大10省3区所有的初中学校中选择参与PCAP评估的学校和学生。抽样采取的方法是分层抽样，具体过程如下：从每个省提供的完整的公立初中学校列表中随机抽取学校；从每一所学校符合资格的八年级班级列表中随机抽取班级；将被抽取的八年级班级的所有学生作为样本；如果班级不能整群抽样，则随机抽取八年级学生作为样本。

选择一个足够大的样本对于代表和反映某一地区或某类学生十分必要。为了防止最终参与测验的学生人数少于预期的测验规模，确保有足够数量的学校和学生参加测验，以完成学生学业成就评估报告，教育部长联合会评估工作小组将加拿大各省所有符合标准的学校以及八年级班级组成样本总体。以2016年的测试为例，当年来自加拿大10个省大约1 500所学校的近3万名学生参加了这次以阅读为重点测验科目的PCAP评估（见表9-12）。[1]

表9-12　2016年PCAP测验参与者样本和规模

英语区（E）/法语区（F）	学 生 样 本	学 校 样 本
不列颠哥伦比亚（E）	2 927	134
不列颠哥伦比亚（F）	264	11
阿尔伯塔省（E）	2 904	125
阿尔伯塔省（F）	274	18
萨斯喀彻温省（E）	3 385	182
萨斯喀彻温省（F）	79	5
曼尼托巴省（E）	2 749	145
曼尼托巴省（F）	270	18
安大略省（E）	2 767	132

---

[1] CMEC. Overview of PCAP 2016 [EB/OL]. [2020-03-28]. https://www.cmec.ca/718/Technical_Report. html.

（续表）

英语区（E）/法语区（F）	学 生 样 本	学 校 样 本
安大略省（F）	2 128	112
魁北克省（E）	1 538	75
魁北克省（F）	3 479	126
新不伦瑞克省（E）	1 671	83
新不伦瑞克省（F）	1 198	61
新斯科舍省（E）	2 634	116
新斯科舍省（F）	183	11
爱德华王子岛省（E）	428	22
爱德华王子岛省（F）	59	3
纽芬兰省（E）	1 969	110
加拿大（总计）	30 906	1 489

资料来源：CMEC. PCAP 2016, Report on the Pan-Canadian Assessment of Reading, Mathematics, and Science [R/OL]. [2020−03−28]. https://www.cmec.ca/700/Public_Report.html.

（二）测试

在学校开展测试前，教育部长联合会会给每所被抽取参与评估的学校发放一本《学校指南》，指导学校具体落实评估工作。手册中阐述了PCAP项目的目的、组织和实施要求以及尽可能吸引参与者的建议，比如：建议各省各地区统一组织实施测验，确保测验公正公平；为有特殊需要的学生提供帮助。为了对加拿大八年级学生的学业成就表现进行全面、广泛的了解，PCAP测验旨在尽可能地涵盖所有学生。不过为了统计的需要，由于身体、心理障碍而免于测验的学生也被另外记录，这些学生包括功能性障碍学生、智力障碍学生、社会情绪障碍学生和言语障碍学生。

测试前，首先熟悉所有评估材料。核实《学生跟踪表》对于测验实施非常重要，学校协调员要将每名学生的参与编号以及对应教师的ID号码标明在《学生跟踪表》上。这张表格将同每个学生的评估测验试题及问卷放在一起回收。然后是，提前通知参加评估的学生及其家长/监护人；召开评估会议并安排布置合适的考场；提前通知学生测验日期和场地；校长完成学校问卷；发放教师问卷，在《学生跟踪表》上标明正确的ID号码。

实施测验时，监考教师要确保所有必备材料齐全；将该科目教师的名字以及对应的教师问卷ID号码登记在《学生跟踪表》上；考前按规定宣读考试须知；发放评估试题册，确保每个学生拿到的试卷与《学生跟踪表》的记录一致；要求学生将自己的参与-状态代码和教师的ID号码写在试题册上；完成《学生跟踪表》的内容，检查学生填写的代码是否正确，将所有的学生材料整理完好。

（三）回收

测验结束后，回收填写完毕的学校问卷和教师问卷；如果需要的话组织一次补考；完成《学校协调员报告》；按照《学校指南》的要求，将所有材料按顺序排列；将所有评估材料打包完好尽快提交。

PCAP测验规定的答题时间为90分钟，如果有学生要求更多的时间完成试题，监考人员会延长30分钟的答题时间。在整场考试期间，监考人员可以决定休息的时间和次数，以及是以个人、小组还是集体的形式休息，前提是保证考场秩序。

（四）评阅

试卷评阅大约需要三个星期，来自各省的学生试卷被放在一处统一批改。为保证阅卷结果的公平公正，阅卷工作管理小组、阅卷领导小组组长、阅卷教师来自几个省。整个阅卷过程包括：对阅卷领导小组组长和所有科目阅卷教师进行集中培训；由双语委员会负责检查所有的评分标准细则；抽查阅卷教师两次为同一个学生的试卷打分，进行信度检验，实施双盲评卷，两位教师同评一份试卷，如果误差超过阈值，会重新判卷，以给出一个总体上的评判间信度分数。

五、测验结果的报告与使用

（一）PCAP评估报告

PCAP评估测验结果出来之后，CMEC会在一年后发布年度泛加拿大学生学业成就评估测验报告和重点评估科目的《学生成就背景报告》（Contextual Report on Student Achievement）。学业成就测验报告最终按科目、学生性别、第一语言、所在地区，在省层面公布结果数据。PCAP评估学生成就背景信息包括学生在校和校外背景信息，分析背景信息问卷是为了研究学校、家庭、社会环境与学生学业成就表现之间的关系，因此《学生成就背景报告》主要呈现问卷调查结果以及对与学业成就相关的变量进行研究的结论。

1. 学业成就评估测验报告

学生学业表现结果主要以两种方式呈现：一是以每门科目的平均分来描述学生的整体表现；二是以达到学业成就表现四个等级的学生比例进一步了解学生学习结果。学业表现等级有L1、L2、L3、L4四级评定，每一等级由一个特定分值范围区别开来，L2被认为是八年级学生可接受的表现水平。以数学科目为例：L1是总分在357分及357

分以下；L2是总分为358—513分；L3是总分为514—668分；L4是总分为669分及669分以上。学生成绩测验报告会按省份、第一语言、性别公布数学科目总平均分和每个子域的平均分，以及每个分数等级学生所占的比例。

例如，《2010年泛加拿大数学、科学、阅读评估报告》的结论如下：

（1）根据2010年PCAP评估报告，加拿大全国91%的学生的数学成绩达到预期水平，即L2，几乎一半的学生高于预期水平。

（2）总体而言，女生在科学和阅读方面的表现优于男生，两者的数学成绩没有显著性差异。

（3）在大多数地区，英语为第一语言的学校在阅读方面表现较好，法语为第一语言的学校在数学方面表现较好，但在科学素养方面，两者没有明显的差异。

（4）评估的结果显示，加拿大大多数学生知道如何在日常活动中运用数学知识和技能。

……[1]

由于每次评估都是以一科为主要评估科目，其他两科为次要评估科目，因此在评估报告中，对于次要评估科目成绩表现只是简单描述总体平均分，并与前一次的测评结果做一个对比。

2. 学生成就背景报告

《学生成就背景报告》主要在对分析问卷结果的基础上形成。报告根据先前的研究和理论，考查主要变量集群可能对学生学业成就

---

[1] CMEC. PCAP-2010, Report on the Pan-Cannadian Assessment of Mathematics, Science, and Reading [R/OL]. [2020-03-26]. http://cmec.ca/Publications/Lists/Publications/Attachments/274/pcap2010.pdf.

产生的影响，这些变量包括人群（学生、教师、学校）特征、态度、学生课外活动和行为、时间的分配和利用、教学策略、评估实践。在报告中，问卷结果首先按照省份和语言分别呈现，如按照省份和第一语言呈现母亲的受教育水平、家庭图书拥有量等统计结果；然后是两个阶段的分析过程：一是每个变量类别下的学生学业成绩表现等级以及平均分的比较，如根据家庭图书拥有量或母亲的受教育水平（高中以下学历、高中毕业、高中后部分教育、学院教育、部分大学教育、获得大学学位）比较学生阅读平均分，平均分的比较用于确定哪个变量与学业成就表现显著相关；二是通过设计一个多层次的回归建模过程得出的问卷变量和成就表现之间的关系，在控制模型中其他变量的基础上，考查单一变量对学业成绩表现的影响。

（二）PCAP评估报告的使用

PCAP评估旨在获取泛加拿大以及各省层面的关于学生学业成就表现的数据，从而了解学生是否具备未来生活应有的知识和技能。为了保密，教育部长联合会在准备分析数据形成报告时，所有涉及学生身份、学校、学区/学区委员会等的信息都被隐匿，因此报告不提供任何关于学校、学区、个人的学业测验结果。PCAP以及结构化情境问卷为教育部门和相关关键决策领域提供了大量可利用的信息，并为各省提供了一个可以相互比较学生学业表现的方式。此外，教育部长联合会鼓励政策相关领域研究者对PCAP评估报告结果继续进行研究，以为教育决策者和实践者提供理论支持。研究者可以方便地获取各种PCAP评估结果数据，但不允许利用数据进行学校和学区排名。

第四节

加拿大学业成就评价标准与政策的特点和启示

加拿大学业成就评价经过20多年的发展，形成了独有的特点，这种多层次、多元化的基于课程标准的评价，以促进学生发展为出发点，顺应了当今世界基础教育质量评价和监测的发展潮流，为加拿大各省及国家教育政策的制定提供了有力的依据。

一、各省与国家学业成就评价互为补充

加拿大是典型的教育分权国家，各省执行不同的课程标准，20世纪80年代，加拿大各省纷纷推行课程改革，为了推动学校教学回归到省的课程标准，同时更好地履行公立学校的教育责任，加拿大各省在90年代左右确立了基于课程标准的学业成就评价体系。学业成就评价标准的制定、测试的开发实施以及评价结果的公布都由各省自己执行。PCAP由联邦政府开发，采用统一课程标准，旨在掌握加拿大各省的教育水平，从国家层面检测基础教育的发展，从而制定符合国家教育发展需求的政策。如前所述，PCAP的内容、标准在很大程度上受到PISA的影响，甚至在被试群体方面也选择了即将参加PISA测试的年龄段，反映了加拿大政府对于国际学业评估的重视。省内的教育检测和评估数据支持了国家层面的教育举措，比如教师专业发展的政策制定，PCAP的内容和标准以各省的教育标准为参考，其结果也促进了各省对本省教育发展水平进行定位。总之，省和国家两个层面的

评估目的、内容不同，被测试群体不同，结果指向不同，在一定程度上互为补充。

二、评价的多元与测试的发展性功能

加拿大省内评价的作用体现了多元和发展性的特点，测试不单纯为了选拔和分级，而且是生成性、鼓励性的评价。比如安大略省EQAO的全面普查测试是在教育的关键阶段对学生的课程成绩进行跟踪，给每个学生建立一份"成绩数据库"。如果学生在任何一个阶段的测试结果都低于省级标准，那么家长和教育工作者就应引起重视并积极采取行动。评价的结果不仅有益于学生个人，同时也通过问卷调研和成绩结果的研究为教师、校长提出建议，成功学校的案例也起到了很好的启示作用。事实上，如何正确使用评价结果恰是学业评价的关键一环。国家层面的评估更多的是作为教育发展战略的依据，尤其是评估报告不能用于学校排名。

三、科学严谨的开发与客观有效的结果

健全的制度和管理机制是实施学业成就评价的重要保障。加拿大的各级学业成就评估都确立了严谨的开发过程，工作历经几个周期，很多学科专业、专业研究人员参与其中，包括英语和法语双语试题编写专家。试题内容都经过严格把关，从学科、心理学、文本编辑等多个环节设立标准。安大略省审计长在2009年对EQAO的资金效益审查结果确认了EQAO测试公正、准确地反映了省级课程期望，保持了每年试卷难度的稳定性，在组织和评分时能够确保其结果的信度、效度和一致性，是可信赖的学生成绩指标。另外，学业成就评价的效果也取得了多方认可。2010—2011学年，EQAO组织并实施省级学生学

业成就测试的经费总额约为3 200万美元，生均经费仅为17美元，占教育部拟定的生均经费的0.15%。这是使用公立教育体制中纳税人缴纳的税款开展一项独立测试的最小且合理的成本 [1]。

---

[1] Education Quality and Accountability Office. The Power of Ontario's Provincial Testing Program [R/OL]. [2020–03–28]. https://www.eqao.com/en/assessments/communication-docs/power-provincial-testing-program.PDF.

第十章

澳大利亚学业成就评价
标准与政策

澳大利亚是一个地方分权的联邦制国家，各州或领地的教育部对基础教育负有管理权。20世纪90年代，澳大利亚开始尝试建立国家教育目标和国家标准框架，并在此基础上于2008年建立了基础教育质量监测的国家评价项目。除了国家评价项目以外，澳大利亚还有全国性的抽样测评以及各州自己的基础教育质量测评。本章在介绍澳大利亚基础教育质量评价标准与政策的发展历程的基础上，重点分析国家评价项目，并以新南威尔士州为例，分析州级基础教育学业成就评价标准与政策。

第一节

澳大利亚基础教育质量评价标准与政策的形成和发展

澳大利亚为联邦制国家，有6个州及2个领地。6个州分别为新南威尔士州（NSW）、昆士兰（QLD）、南澳大利亚（SA）、塔斯马尼亚（TAS）、维多利亚（VIC）、西澳大利亚（WA）。2个领地是澳大利亚首都领地（ACT）和北领地（NT）。各州有州政府，设有州长，负责州内事务；另设有州总督。领地的最高行政负责人是行政长官。

在澳大利亚，中小学和技术与继续教育学院由各州或领地的教育部负责管理，联邦政府拨款资助，大学则由联邦政府统一管理。因此，各州教育体制呈现出一些差异。澳大利亚各州实行5岁到15岁或16岁的中小学义务教育。中小学学制12年，其中小学6—7年，初中3—4年，高中2年。在新南威尔士州、维多利亚州、澳大利亚首都领地和塔斯马尼亚州，小学为一年级至六年级，初级中学年限是从七年级到十年级；而在西澳大利亚州、南澳大利亚州、昆士兰州和北领地，小学为一年级至七年级，初中年限则为八年级至十年级。十一年级和十二年级为高中阶段教育，以面向大学升学为主，也进行一定的职业训练。技术与继续教育学院学制2—3年，提供高等职业技术教育；大学本科学制3年，提供学术性高等教育。

一、澳大利亚国家教育目标和课程标准的建立

自20世纪八九十年代以来，澳大利亚长期致力于以标准化为核心的基础教育课程改革。早在1983年，澳大利亚就颁布了《澳大利亚学校核心课程》(Core Curriculum for Australia Schools)，以期促进全国教学工作的标准化。1986年澳大利亚颁布《改进澳大利亚学校》(Strengthening Australia's Schools)，进一步促成了全国性课程框架和评价基准的建立。1989年，联邦政府公布《霍巴特宣言：学校教育国家目标》(The Hobart Declaration on National Goals for Schooling)，正式确立了全国统一的教育目标，并颁布了学校办学质量指标。

1993年，澳大利亚颁布《国家成绩指标》(National Outcomes Statements) 和《课程标准框架》(Curriculum and Standards Framework)，制定了澳大利亚基础教育阶段涵盖艺术、英语、健康与体育、外语、数学、科学、社会与环境研究、科技8个学习领域的课程框架和学业

成就评价指标。[1]

世纪之交，澳大利亚又出台了《阿德莱德宣言：21世纪学校教育国家目标》(The Adelaide Declaration on National Goals for Schooling in the Twenty-First Century)，将提高学生学业成绩作为澳大利亚21世纪的重要奋斗目标，并明确指出要"通过在基础教育阶段开设涵盖课程框架中的8个学习领域的综合性均衡课程，让学生获得高标准的知识、技能与理解力"[2]。

二、澳大利亚国家评价项目的建立

随着标准化的课程框架的建立，澳大利亚开始发展标准化考试以监测基础教育质量，并建立了"国家评价项目"(National Assessment Program，简称NAP)，旨在"收集、分析和报告澳大利亚中小学学生在读写、计算、科学、信息与通信技术、公民素养等领域学业成就方面具有全国可比性的数据"。[3]

1999年，澳大利亚成立了国家教育成果监测工作组(National Education Performance Monitoring Taskforce，简称NEPMT)，负责监测和汇报全国教育的发展情况。同年，澳大利亚首次举行国家基准测试，目的在于测评各州和地区三、五年级学生的读写能力。[4]尽管当时各州和地区的测试内容并不统一，但各州和地区的测试结果都向全国公布。

2000年，国家教育成果监测工作组开展了一项制定评价小学生科

[1] 钟启泉，张华.世界课程改革趋势研究 [M].北京：北京师范大学出版社，2002：444-472.

[2] The Adelaide Declaration on National Goals for Schooling in the Twenty-First Century [EB/OL]. [2013-09-04]. http://www.mceecdya.edu.au/mceecdya/adelaide_declaration_1999_text,28298.html.

[3] NAP history [EB/OL]. [2013-09-04]. http://www.nap.edu.au/about/why-nap.html.

[4] Klenowski, Valentina. Assessment for learning in the accountability era: Queensland, Australia. *Studies in Educational Evaluation*, 2011, 37(1), pp.78-83.

学学业成就选择方案的项目，并采用了PISA中关于科学素养的定义，对澳大利亚中小学学生的科学素养进行了评估。

2003年，"教育、就业、培训和青少年事务部"（Ministerial Council on Education, Employment, Training and Youth Affairs，简称MCEETYA）首次通过抽样测评评估了全国部分六年级学生的科学素养水平，2004年开展了对六、十年级学生公民素养的抽测，2005年对六、十年级学生的信息与通信技术素养进行了抽样测评。此后，这种测评每三年举行一次。

2003年7月，MCEETYA[1]部长委员会决定将全国读写与算术能力测试发展为一般性的国家考试，以提高数据的可比性，发展测试潜在的诊断性功能。[2]

2007年，澳大利亚联邦理事会（The Council for the Australian Federation）发布了一份题为《澳大利亚学校教育的未来》（The Future of Schooling in Australia）的报告，提出对中小学核心科目实施全国统一考试。[3]

2008年，澳大利亚成立了临时国家课程委员会（National Curriculum Board），设定了从幼儿园到十二年级（K-12）的数学、科学、历史和英语四门学科的核心课程内容和成绩评定标准。

2008年，MCEETYA建立了国家评价项目"全国读写与算术能力评价计划"（National Assessment Program — Literacy and Numeracy，简

---

[1] 2012年1月，澳大利亚政府理事会宣布成立"学校教育与幼儿教育常务理事会"（Standing Council on School Education and Early Childhood，简称SCSEEC）以替代MCEETYA。

[2] 涂宣梅.浅析澳大利亚基础教育质量监测［C].中国教育学会比较教育分会第15届学术年会暨庆祝王承绪教授百岁华诞国际学术研讨会论文集，2010.

[3] The Council for the Australian Federation. Federalist paper 2: The Future of Schooling in Australia (Revised Edition) [EB/OL]. [2013-09-04]. http://planipolis.iiep.unesco.org/upload/Australia/Australia%20Future%20of%20Schooling.pdf.

称NAPLAN），每年定期对三、五、七、九年级的学生在阅读、写作、拼写、语法和标点符号以及算术方面进行全国统一测试，并为三、五、七年级学生的读写、算术能力设定了最低标准。

至此，澳大利亚形成了每年举行国家评价项目、每三年举行一次抽样测评和各州学业成就评价相结合的基础教育质量评价和监测制度。

第二节

澳大利亚现行基础教育质量评价标准与政策

澳大利亚基础教育质量评价工作分为国家、系统（州、地区或非政府系统）、学校三个层面。在国家层面，最具代表性和全国影响力的莫过于由前"教育、就业、培训和青少年事务部"和现"学校教育与幼儿教育常务理事会"领导，"澳大利亚课程、评价和报告局"（Australian Curriculum，Assessment and Reporting Authority，简称ACARA）负责实施的国家评价项目。如前所述，澳大利亚的国家评价项目始于1991年举行的三、五年级学生读写能力国家基准测试，并在改革发展中逐步形成了一个由"全国读写与算术能力评价计划"（NAPLAN）、三年一次的科学素养、公民素养、信息与通信技术素养国家抽样测评，以及以PISA和TIMSS为代表的国际抽样测评联合构成的教育质量监测网络。在系统层面，许多州和地区政府建立了州级考试系统，如新南威尔士州组织了基本技能考试（Basic Skill Test，简称BST）、英语语言与读写能力评价（English Language and Literacy Assessment，简称ELLA）、中学数学评价项目（Secondary Numeracy Assessment Program，简称SNAP）及中学科学基础评价（Essential Secondary Science Assessment，简称ESSA）等基础教育质量评价项目[1]。在学校层面,教师组织的学生学业总结性评价和形成性评价是学校和教师了解学生学业情况的主要途径。

一、基础教育质量评价目标与评价功能

澳大利亚基础教育质量评价旨在评估和报告澳大利亚国家、系统（州、地区或非政府系统）、学校和学生的学业成绩及教育目标实现情况，从而寻找优点与不足，以便促进进一步的发展。评价结果将影响到财政预算、资源分配、课程规划、报告和绩效管理等。概括来讲，澳大利亚的各级各类基础教育评价工作（见表10-1）主要有四大功能：诊断、监控、选拔和资格认证。国家评价项目的评价结果可以为教师和家长提供学生学业成就方面的反馈信息，从而改进教师教学策略和学生的学习策略；各州、区可将所辖区学生的测试成绩与国家最低标准进行比较，从而明确本地学生的学业成绩在全国范围内所处的水平层次，从而改善本区的教育质量；此外，测试结果呈现了全国三、五、七和九年级学生在阅读、写作、语言规则和算术能力方面的总体水平，为国家课程改革和教学改进、制定教育教学政策与策略提供参考。

---

[1] 何珊云.基于标准的学生学业成就评价：澳大利亚的经验［J］.全球教育展望，2008（4）：66-71.

表10-1　基础教育质量评价目标（以新南威尔士州为例）

目　标	描　　　　述
诊断	支持教学，鉴别需要帮助的学生，改进课程和教学策略。 支持学校整体规划的制定。
监控	帮助部长监控全州所有学生在关键学习领域的学业成就水平。 帮助学校系统监控系统内所有学校在关键学习领域的学业成就水平。 帮助学校监控本校在关键学习领域的整体学业成就水平。
选拔	帮助学校和系统进行选拔学生。 帮助校外教育机构、技术与继续教育和其他高等教育部门进行选拔。
授证	颁发毕业证书的基础。

资料来源：何珊云.基于标准的学生学业成就评价：澳大利亚的经验［J］.全球教育展望，2008（4）：68.

二、国家层面基础教育质量评价的组织与实施

澳大利亚国家层面的基础教育质量评价主要是由国家评价项目承担，包括三部分：全国读写与算术能力评价计划（NAPLAN），国家抽样测评，以PISA和TIMSS为代表的国际抽样测评。

（一）全国读写与算术能力评价计划

NAPLAN是澳大利亚相对成熟的一项国家基础教育质量评价项目，"澳大利亚课程、评价和报告局"（ACARA）是其法定开发和管理机构；而每个州或地区设置的考试管理局（Test Administration Authority，简称TAA）具体负责所辖区域NAPLAN的组织和实施工作。具体来讲，ACARA负责考试命题，确保考试的便利性（如专门为残疾人印制特殊版本的试卷），对考试结果进行中央一级的分析，实施"等化考试"（equating tests），就国家评价项目的改革和完善开展研究，并提供基于证据的政策建议；各州、领地的考试管理局负责

所辖区内考试试卷的印制、考试的实施与管理、数据采集及NAPLAN 报告的传递 [1]（见表10-2）。

表10-2 澳大利亚各州、领地NAPLAN考试管理机构

管 辖 区	组 织 机 构
澳大利亚首都领地（ACT）	澳大利亚首都领地教育和培训局（ACT Education and Training Directorate）
新南威尔士州（NSW）	新南威尔士州董事会（Board of Studies，NSW）
北领地（NT）	北领地教育和儿童服务部（NT Department of Education and Children's Services）
昆士兰州（QLD）	昆士兰州研究局（Queensland Studies Authority）
南澳大利亚州（SA）	南澳大利亚州教育和儿童发展部（Department for Education and Child Development，SA）
塔斯马尼亚州（TAS）	塔斯马尼亚州教育部（Department of Education，TAS）
维多利亚州（VIC）	维多利亚州课程及评估局（Victorian Curriculum and Assessment Authority）
西澳大利亚州（WA）	西澳大利亚州学校课程和标准局（School Curriculum and Standards Authority，WA）

资料来源：Test Administration Authorities Contacts [EB/OL]. [2013-09-09]. http://www.nap.edu. au/contacts/contact-test-administration-authorities.html.

1. 考试信息沟通

在考试信息沟通方面，澳大利亚建立了一个ACARA、TAA和各学校分工负责的系统。

ACARA负责：（1）NAPLAN官方网站的维护，并及时更新有关国家考试的各方面信息;（2）维护NAPLAN的关键风险控制和沟通文

---

[1] 涂宜梅.浅析澳大利亚基础教育质量监测 [C].中国教育学会比较教育分会第15届学术年会暨庆祝王承绪教授百岁华诞国际学术研讨会论文集，2010.

件《国家考试管理协议》（National Protocols for Test Administration）等。

TAA负责：（1）协助将考试信息传递给家长或学区；（2）依照教育部长的指示，从学校收集学生的背景资料，从而使学生学业评价结果报告具有全国可比性；（3）在职权范围内收集以下信息：缺考，接受适应残疾人需要的考试的学生，免考（有家长或监护人的签名），退出（有家长或监护人签名），因疾病和损伤而弃考，担任孩子监护人的家长声明；（4）设立让学生到自己学校以外的其他学校进行考试的程序，包括：在校长手册中说明接受外校学生的学校应当将试卷寄给当地TAA，与签约者商议如何处理州际考试卷，向接受外校学生的学校提供空白试卷等。

各校校长负责：（1）确保三、五、七、九年级学生家长或监护人充分了解NAPLAN；（2）必要时，讨论和规划适应残疾学生特殊需要的考试（免考）；（3）确保所有相关工作人员充分了解他们的角色和责任，并达到考试管理的要求；（4）确保NAPLAN学生报告在学校收到后被及时送达到学生家长或监护人手中等。[1]

2. 试卷编制

尽管ACARA是NAPLAN的法定联邦管理机构，但ACARA并不直接参与考试命题，而是将命题工作外包给在考试题目开发领域具有杰出经验和能力的专家机构与组织，以此保证试题质量。《澳大利亚国家背景报告》（Australian Country Background Report，2010）指出，澳大利亚各级教育评价框架均要以产出为导向，并将学生置于评价体系的中心。[2]而NAPLAN考试的命题工作便以澳大利亚课程公司研发的"英语

[1] ACARA. National Protocols for Test Administration 2013 [EB/OL]. [2013-09-04]. http://www.nap.edu.au/verve/_resources/National_Protocols_for_Test_Administration_2013.pdf.

[2] Paulo Santiago, Graham Donaldson, Joan Herman & Claire Shewbridge. OECD Reviews of Evaluation and Assessment in Education: Australia. OECD publication, 2011, 8, p.26.

学习指标"和"数学学习指标"为依据。NAPLAN的试卷起草工作完成后，各州、区的NAPLAN考试负责人和来自非政府机构的代表要对试卷草稿进行初次审查并提出审查意见，以确保考试题目能够满足本地的课程要求。州、区审题工作完成后，ACARA从各州、区抽取学生代表参加试题预测，并对预测结果进行数据分析，在此基础上择取符合考试规范要求的题目组建试卷。最后，来自ACARA的5名测量和评价专家组成专家咨询小组，对经预测、修订的试卷进行二次审查、修改，最后形成正式的考试题。一般来讲，整个命题工作历时18个月左右。[1]

3. 考试材料安全性和完整性保障

考试管理局从收到ACARA提供的考试材料开始，便要对考试材料的安全性和完整性负责，直至考试材料被学校接收，其间出现任何问题要立即联系ACARA。考试管理局要确保是校长或者合适的校长代表亲自接收考试材料，否则不得将考试材料随意送交学校（或其他地点），对于暂时无法交付或接收的考试材料，考试管理局要安排相关的管理工作。电子版的考试材料副本须用密码保护，并尽可能让具有访问权的工作人员达到最少。考试材料的电子传输要在加密后通过安全的文件传输协议传送而不能通过电子邮件。所有有机会在考试前接触到考试材料的官员和工作人员必须签署保密协议。

从考试材料安全送交校方后到考试结束前，校长要对考试材料的安全性负全部责任，出现任何问题都要及时向考试管理局汇报。校长（或校长代表）在签收考试材料后要及时确认考试材料的内容和数量是否正确无误，并检查包装是否完好。如果出现任何问题，都要立即通

---

[1] ACARA. National Protocols for Test Administration 2013 [EB/OL]. [2013-09-04]. http://www.nap.edu.au/ verve/_resources/National_Protocols_for_Test_Administration_2013.pdf.

知考试管理局，并启动相应的司法程序，考试管理局要及时补送考试材料。[1]

4. 考试时间安排

澳大利亚一般在每年的5月中旬选取三天举行NAPLAN考试，如2013年的考试定于5月14—16日（详见表10-3）。值得注意的是，澳大利亚允许学校或班级因不可抗因素（如官方考试时间为当地公假日），在官方考试时间结束后一周内，经考试管理局批准可延期举行NAPLAN考试，但不允许个人申请延期补考。因此，NAPLAN考试的保密工作一直要延续到延期考试周结束。[2]

表10-3　2013年NAPLAN考试时间安排

官方考试日			延期考试周
5月14日 （星期二）	5月15日 （星期三）	5月16日 （星期四）	5月17—24日
语言规则	阅读	计算能力	因特殊情况而无法按照官方安排举行NAPLAN考试的学校、班级，经考试管理局批准可在此期间延期开考
三年级：40分钟 五年级：40分钟 七年级：45分钟 九年级：45分钟	三年级：45分钟 五年级：50分钟 七年级：65分钟 九年级：65分钟	三年级：45分钟 五年级：50分钟 七年级（计算器）：40分钟 九年级（计算器）：40分钟 七年级（无计算器）：40分钟 九年级（无计算器）：40分钟	
写作			
三年级：40分钟 五年级：40分钟 七年级：40分钟 九年级：40分钟			

资料来源：ACARA. National Protocols for Test Administration 2013 [EB/OL]. [2013-09-04]. http//www.nap.edu.au/verve/_resources/National_Protocols_for_Test_Administration_2013.pdf.

---

[1][2] ACARA. National Protocols for Test Administration 2013 [EB/OL]. [2013-09-04]. http://www.nap.edu.au/verve/_resources/National_Protocols_for_Test_Administration_2013.pdf.

5. 为满足残疾学生特殊需要的相关调整工作

为了保障残疾学生能够平等地参加 NAPLAN 考试，考试管理局和学校有责任为残疾学生平等参加 NAPLAN 考试作出相关的调整，其依据是《残疾区别对待法（1992）》（Disability Discrimination Act 1992）和《教育残疾标准（2005）》（The Disability Standards for Education 2005）。[1]

表10-4　为保障残疾学生平等参加 NAPLAN 考试的调整举措（举例）

调整举措	说　　明
超额时间	一般情况下，每半小时的考试可批准一些残疾学生（如视力障碍）5分钟以内的超额时间，特殊情况下最多可提供15分钟超额时间。
休息时间	一般情况下，每半小时的考试可批准一些残疾学生不超过5分钟的休息时间，特殊情况下最多可提供15分钟休息时间，并且可以将额外时间留作学生休息之用以避免疲劳。
口语/手语支持	耳聋或有听力障碍的学生可申请口语或手语交流。提供口语或手语支持的工作人员必须训练有素且能熟练地运用口语或手语与考生进行交流。
书写员	有永久残疾的考生可以在写作考试中求助书写员，但只是暂时性残疾的考生不得在写作考试中求助书写员。
支助员	在阅读、语言规则和计算能力考试中，残疾学生可以求助学校或教师正式聘任的有关支助员按照自己的指示，在问卷上涂黑圆圈、书写少量答题内容或答案以协助自己进行考试。
协助技术/计算机	允许在日常班级考试中经常使用计算机作为调整的残疾学生（或临时受伤，如手臂受伤）在所有考试中使用计算机，但学校必须在考试前向考试管理局征求建议并得到批准。必要时，允许残疾学生使用文字—语言互换输出软件协助输入答题内容。但不允许考生在以下情况下使用计算机：猜词、拼写和语法检查、访问互联网，不允许使用计算器的计算能力考试。此外，不得在语言规则和阅读考试中使用文字-语言互换输出软件。

---

[1]　ACARA. National Protocols for Test Administration 2013 [EB/OL]. [2013-09-04]. http://www.nap.edu.au/verve/_resources/National_Protocols_for_Test_Administration_2013.pdf.

（续表）

调整举措	说　　明
黑白印刷格式	平时在班级考试中使用黑白印刷试卷的考生可以在NAPLAN考试中申请使用黑白印刷试卷。黑白试卷可以印刷在彩色纸张上或者在它上面盖一层彩色层。学校有责任把试卷印刷在彩色纸上或提供彩色层，并通过考试管理局预定黑白印刷考试材料。
大字印刷格式	平时在班级考试中使用大字印刷格式的视力障碍学生可以在NAPLAN考试中申请使用大字印刷格式的考试卷，学校必须通过考试管理局预定大字印刷考试材料。
盲文格式	平时在班级考试中使用盲文的学生可以在NAPLAN考试中申请使用盲文格式的考试卷，学校必须通过考试管理局预定盲文格式的考试材料。
电子考试格式	当通过以上调整后仍然无法正常参加NAPLAN考试时，考生可以申请使用电子版的试卷，学校必须通过考试管理局预定电子版考试材料。

资料来源：ACARA. National Protocols for Test Administration 2013 [EB/OL]. [2013-09-04]. http//www.nap.edu.au/verve/_resources/National_Protocols_for_Test_Administration_2013.pdf.

6. 考生管理

原则上，澳大利亚各州、区的所有三、五、七、九年级学生，无论来自公立学校还是私立学校，都有义务参加相应的NAPLAN考试。由于考生数量将影响考试结果的分析与解释，考生的统计与管理工作很重要。[1]

（1）免考生管理

学生可以免于参加一项或多项NAPLAN考试的情况有：学生

---

[1] ACARA. National Protocols for Test Administration 2013 [EB/OL]. [2013-09-04]. http://www.nap.edu.au/verve/_resources/National_Protocols_for_Test_Administration_2013.pdf.

家长或监护人签字同意学生免考，在这种情况下，校长必须在考试前获得学生家长或监护人同意学生免考的签字声明；来自海外且在考试前到澳大利亚学校学习时间不足一年的非英语语言背景的学生有资格参与NAPLAN，但也可免考；因明显的智力障碍而严重限制了参与考试能力的学生可免于参加NALAN考试。经校长、学生及其家长/监护人协商后，确定学生无法参与经调整的考试。

免考学生的成绩处理与报告：出于全国和系统（州、区等）总结数据报告的需要，免考生将计入被评学生范围，且成绩计为"低于最低标准"，但在计算学校成绩时则不将免考生计入；获得免考资格的学生如果参加了考试，成绩将按正常考生计入所有成绩报告，免考学生的个人成绩报告将显示：您免于参加此项考试，但被视为没有达到全国最低标准。如果学生被免除了所有考试，推荐不提供学生个人成绩报告。

（2）缺考生管理

缺考生是指没有获得免考资格却没有如期参加考试的学生，包括因意外事故而缺考的学生，其成绩不计入评价报告；但参与考试而没有提交试卷的考生不算缺考，其成绩将被计入评价报告。

（3）退考生管理

退考一般是指学生经家长或监护人同意，因宗教信仰等问题要求不参加某项或某几项NAPLAN考试。退考生成绩不计入评价报告，其个人成绩报告将显示：您退出了此项考试。

（4）弃考生管理

弃考是指因疾病或受伤（需经考试管理局证实认可）而无法参加或完成考试。弃考生成绩不计入评价报告，其个人成绩报告将显示：

您放弃了此项考试。

（5）拒考生管理

拒考是指没有获得免考、退考或弃考资格却无故不参与考试。这类学生不算缺考生，其成绩将按零分计入评价报告，个人成绩报告上将显示：您的孩子参加了此次考试，但没有完成任何一项考试。

（6）国际付费学生管理

依据《海外学生教育服务条例》，澳大利亚鼓励持有学生签证的海外学生参加NAPLAN考试，以促进学生学业和学校办学水平的提高，其考试成绩不计入该州或区考生成绩，但这些学生会收到个人成绩报告。没有参加考试的国际付费学生的个人成绩报告将显示：您参加了此次考试，但没有完成任一部分的考试。

（7）异地考生管理

学生因某些原因离开常住地而进入其他州或区时，暂住地（学校）要为其安排相应的NAPLAN考试并提供便利。接受异地考生的学校校长要通过挂号邮寄的方式将该学生的考卷寄回学生常住地的考试管理局，其成绩将被计入常住地评价报告，个人成绩报告也由原学校提供。

7. 成绩评定与评价结果报告

NAPLAN将每门考试的成绩划分为10级，覆盖了四个年级的所有成绩等级，但每个年级的测试结果只使用其中连续的6级。如表10-5所示，三年级学生的测试成绩分布在1—6级，五年级学生的测试成绩分布在3—8级，七年级学生的测试成绩分布在4—9级，九年级学生的测试成绩分布在5—10级。这种等级划分体系既能体现不同年级学生的群体间差异，又能表征同年级学生的群体内差异。为了监测学生在一段时期内的成绩变化趋势，NAPLAN评分等级的设计在一段时间内是相对稳定的，以此保证不同年份的相同分数能够代表相似的学业成就水平。

表10-5　NAPLAN成绩评定等级与标准

等级	三 年 级	五 年 级	七 年 级	九 年 级
等级10				高于国家最低标准
等级9			高于国家最低标准	高于国家最低标准
等级8		高于国家最低标准	高于国家最低标准	高于国家最低标准
等级7		高于国家最低标准	高于国家最低标准	高于国家最低标准
等级6	高于国家最低标准	高于国家最低标准	高于国家最低标准	国家最低标准
等级5	高于国家最低标准	高于国家最低标准	国家最低标准	低于国家最低标准
等级4	高于国家最低标准	国家最低标准	低于国家最低标准	
等级3	高于国家最低标准	低于国家最低标准		
等级2	国家最低标准			
等级1	低于国家最低标准			

资料来源：NAPLAN Scale [EB/OL]. [2013−09−07]. http://www.nap.edu.au/results-and-reports/how-to-interpret/how-to-interpret.html. 2013−09−07.

除此以外，NAPLAN还为每门考试设定了"全国最低标准"（见表10-6），并将学生成绩划分为A—E等：A表示远高于全国最低标准；B表示高于全国最低标准；C表示达到全国最低标准；D表示低于全国最低标准；E表示远低于全国最低标准。ACARA

将NAPLAN测试数据进行汇总、统计、分析和比较，并形成两类评价结果报告：学生报告和国家报告。ACARA将报告交给各州、区的教育管理部门，再由考试管理局转交学生家长及学生所在学校。

表10-6　NALAN设定的全国最低标准（以"阅读"和
"语言规则"两项考试为例）

	阅　　读	语　言　规　则
三年级	<ul><li>阅读简单的想象类文本时时能够：</li><li>✓ 直接找出指定信息</li><li>✓ 跨句子和跨段落联系观点</li><li>✓ 解释观点，包括复杂句子中表述的观点</li><li>✓ 识别一系列事件</li><li>✓ 推断作者感受</li><li>阅读简单的信息类文本时能够：</li><li>✓ 直接找出指定信息</li><li>✓ 将插图与文本观点联系起来</li><li>✓ 在文本中定义细节</li><li>✓ 识别文本某一个单词的意义</li><li>✓ 在一个句子中和跨文章联系观点</li><li>✓ 识别文本目的</li><li>✓ 识别诸如列表这样的规则以及信件中使用的惯例</li></ul>	<ul><li>语法方面能够：</li><li>✓ 识别完成一个句子所需要的正确介词</li><li>✓ 识别完成一个句子所需要的正确代词</li><li>✓ 识别完成一个句子所需要的正确的时间副词</li><li>✓ 识别完成一个句子所需要的正确的分词形式</li><li>标点符号方面能够：</li><li>✓ 识别正确的停顿位置</li><li>✓ 识别需要大写的恰当名词</li></ul>
五年级	<ul><li>阅读一篇短小的记叙文时能够：</li><li>✓ 直接找出指定信息</li><li>✓ 联系和解释观点</li><li>✓ 识别文本与插图之间的关系</li><li>✓ 解释人物本性、行为和动机</li><li>✓ 识别因果关系</li><li>阅读信息类文本时能够：</li><li>✓ 直接找出指定信息</li><li>✓ 联系观点以识别因果关系</li><li>✓ 根据特定信息、图表和插图识别主要目的</li><li>✓ 根据上下文识别某一短语的含义</li><li>✓ 推断某个段落的段落大意</li></ul>	<ul><li>语法方面能够：</li><li>✓ 识别连接两个简单句所需的恰当连词</li><li>✓ 识别完成一个句子所需的正确的动词形式</li><li>✓ 识别句子中哪一个副词描述了一个行为如何发生</li><li>✓ 识别完成一个句子所需的恰当的复数代词</li><li>标点符号方面能够：</li><li>✓ 识别使用了大写字母、问号、引号的直接引语</li></ul>

（续表）

	阅　　读	语　言　规　则
五年级	• 阅读传记或自传时能够： ✓ 联系观点 ✓ 识别文本的主要目的 ✓ 推断某一事件对叙述者的影响 ✓ 解释熟语或一个简单的比喻性表达的含义 • 阅读劝说性文本（如广告）时能够： ✓ 直接找出指定信息 ✓ 识别文本中心思想或某一段的段落大意	
七年级	• 阅读一篇记叙文时能够： ✓ 推断叙述者或某一人物的动机或意图 ✓ 归纳观点以识别人物态度 ✓ 解释句子以描述人物 ✓ 联系观点以推断人物意图、谬见或人物行为意义 ✓ 解释某一事件对核心人物的意义 • 阅读诗歌时能够： ✓ 识别叙述者意图 • 阅读信息类文本时能够： ✓ 识别某一段的段落大意和文本的主要目的 ✓ 横跨整个文本联系和解释信息 ✓ 识别某人最可能的观点 ✓ 运用文本规则寻找某一细节 • 阅读说服性文本（如论证）时能够： ✓ 直接找出和解释指定信息，包括特定文字和表达的含义 ✓ 识别文本的中心思想 ✓ 识别文本某部分的意图 ✓ 解释某段的段落大意 ✓ 推断作者观点 ✓ 识别表达不同观点的论证中的共识 ✓ 识别和解释文本中使用的语言规则，如列表、为取得效果而使用标点 ✓ 在作者的各种观点中识别出共同主题	• 语法方面能够： ✓ 识别完成一个句子所需的正确的动词形式 ✓ 识别完成一个句子所需的恰当的人称代词 ✓ 识别一个句子正确的主谓一致 ✓ 识别完成一个句子所需的短语 • 标点符号方面能够： ✓ 在列表中安插逗号以起到分隔符作用

（续表）

	阅　　　读	语　言　规　则
九年级	• 阅读一篇复杂的记叙文时能够： ✓ 直接找出指定细节 ✓ 横跨文本或某个段落联系观点 ✓ 解释某一描述和人物动机 ✓ 推断中心思想 ✓ 解释和评价人物行为和态度 ✓ 解释对话以描述人物 ✓ 解释人物反应的原因 ✓ 联系观点以解释比喻 ✓ 解释某一短句的效果 • 阅读诗歌时能够： ✓ 识别诗歌的中心思想 • 阅读复杂自传文本时能够： ✓ 在文章中寻找指定观点 • 阅读复杂信息类文本时能够： ✓ 直接找出指定信息 ✓ 在文章的引言、主体和解释部分联系观点 ✓ 识别文本或文本某一要素的主要意图 ✓ 识别某一段的段落大意 ✓ 识别图表目的 ✓ 识别文本的预期读者 ✓ 识别文中使用的惯例，如缩写 • 阅读说服性文本（如论证）时能够： ✓ 横跨全文或两种论证联系观点 ✓ 识别论证的语气	• 语法方面能够： ✓ 识别一小段话的时态 ✓ 在一个句子中识别恰当的比较级形容词 ✓ 识别在句子中担任动词的单词 • 标点符号方面能够： ✓ 识别句子中斜体的意图 ✓ 在句子中安插逗号以强调某个从句 ✓ 识别介绍列表时用到的冒号

资料来源：Minimum Standards−Reading [EB/OL]. [2013−09−07]. http://www.nap.edu.au/naplan/about-each-domain/reading/minimum-standards — reading.html；Minimum standards−Grammar and Punctuation [EB/PL]. [2013−09−07]. http://www.nap.edu.au/naplan/about-each-domain/minimum-standards — grammar-and-punctuation/minimum-standards — grammar-and-punctuation.html.

　　NAPLAN学生报告会在每年的9月份提交给学生家长（或监护人）及学生所在学校。报告将描述测试内容及学生在NAPLAN中的阅读、写作、语言规则和算术能力测试成绩，并与国家平均水平和最低标准进行比较,在此基础上为学生的学习提供有针对性的建议。2010年起,各学校把本校学生的学生报告公开发布在"我学校的网站"上。NAPLAN国家报告分两个阶段向公众发布:第一个阶段,在9月中旬发布摘要性的国家报告,呈现各州、区以及国家层面各年级和各学习领域的学生测试成绩及学业表现;第二个阶段,在年底发布完整的国家报告,此报告中包含受测学生的详细背景信息,包括性别、是否原住民、是否背景语言为英语、父母职业、父母受教育程度以及居住的地理位置(中心城市、州级城市、偏远地区及非常偏远地区)等,并对学生的测试成绩按年级、测试科目、学生背景信息进行分类统计、分析和比较。

(二)国家抽样测评

除了每年定期对全国所有三、五、七、九年级学生开展读写与算术能力测评外,澳大利亚每三年还举行一次抽样测评,对六、十年级部分学生进行抽样评估,测试内容是NAPLAN未涉及的学科领域,包括科学素养、公民素养以及信息与通信技术素养。因此,国家抽样测评可以看作是对NAPLAN的一种补充。

1999年,澳大利亚成立国家教育成果监测工作组(NEPMT),负责监测和汇报全国教育发展情况。2000年,工作组开展了一项制定评价小学生科学学业成就选择方案的项目,并采用了PISA关于科学素养的定义,对澳大利亚中小学学生科学素养进行评估。2001年7月,MCEETYA成立了成果测量与汇报工作组(Performance Measurement and Reporting Taskforce,简称PMRT),以取代国家教育成果监测工作组。2003年,MCEETYA首次通过抽样测评评估全国部分六年级学生的科学素养水平,次年开展了对六、十年级学生公民素养的抽测，2005年又对六、十年级学生信息与通信技术素养进行了抽样测评。此后，这种测评每三年举行一次，用以弥补NAPLAN的局限。[1]

国家抽样测评的目的是考查学生在科学、公民素养以及信息与通信技术素养方面的整体水平，为国家的课程设置与课程内容调整提供参考。此评估的对象是对特定学生群体进行抽样所组成的样本，科学素养测试人数大约是全澳大利亚六年级学生总数的5%，公民素养与信息与通信技术素养测试人数是全部六、十年级学生总数的4%。科学素养抽样测评的评价形式包括60分钟的纸笔测验和45分钟的实践任务；公民素养抽样测评是为了评估学生的公民知识以及作为合格公民应具备的知识、技能和价值观念的掌握情况，要求学生完成10—15分钟的背景调查问卷，六年级学生要完成60分钟的纸笔测验，十年级学生要完成90分钟的纸笔测验；信息与通信技术素养抽样测评是为了考查学生查找信息、管理信息、评价信息、整合和理解信息、与他人交流以及恰当地运用信息技术的能力。整个测试在计算机上完成。[2]

澳大利亚课程、评价和报告局（ACARA）负责整个评估项目的实施与管理，对测试数据进行汇总、统计、分析与比较，最后形成结果报告，并用"精通水平"（proficiency levels）表征学生的测试成绩（见表10-7）。与NAPLAN不同，国家抽样测评的评价报告是全国总体性的，而没有考生个人的报告，报告中呈现的是国家总体的测试水平，以及各州、区学生在国家抽样测评中的水平，并对各州、区学生

[1] The Tests [EB/OL]. http://www.nap.edu.au/nap-sample-assessments/napsa-the-tests.html.2013-9-4.
[2] 涂宜梅.浅析澳大利亚基础教育质量监测 [C].中国教育学会比较教育分会第15届学术年会暨庆祝王承绪教授百岁华诞国际学术研讨会论文集，2010.

的测试成绩进行横纵向比较。横向比较是指州、区之间进行比较，纵向比较是与上一次的测试进行比较。

表10-7 NAP抽样测评"精通水平"划分

科目	精通水平	水平描述
科学素养	2级及以下	根据真实的一手经验作出针对情境的选择，需要调用有限的知识
		识别简单的数据模式，或理解包含交互元素的数据系统
		在相似的情境下，能针对信息或刺激找到方法或进行对比
	3.1级	能对与个人经历相关的观察报告作出合理的解释
		能对涉及比较元素的数据系统作出解释
		能按照描述正确地找到标准方法和记录数据
	3.2级	通过运用相关的科学知识，对一篇背景性的报告作出解释
		解释数据并识别其中或与之相关的要素模式
		能校对和对比所收集的数据信息
		合理控制单一变量
	3.3级	运用相关知识，对一种报道的现象作出解释
		根据观察到的模式来推断和描述可能出现的结果和事件
		能描述对引导实验和控制变量相关原则的意识
	4级及以上	能够根据抽象的科学概念来解释观察到的交互反应
		规范、客观地总结结论，并解释数据模式
		在面对多变量的实验设计时，能够辨别所要研究的问题
信息与通信技术素养	6级	6级水平的学生能够利用有用的信息来证明自己的技能的娴熟度、周全的规划以及回审；他们使用软件来组织信息并把它们整合为完整的信息产品来呈现原始数据；他们依据特定的传媒规则和观众来设计信息产品，并用可操作的软件来扩大其工作的交流效益

（续表）

科目	精通水平	水　平　描　述
信息与通信技术素养	5级	5级水平的学生能够评价电子信息的可信度，并且选择与自己的交流目的关联最紧密的信息；他们通过开发信息产品来证明自己的规划及技能水平；他们通过软件来生动地重塑和呈现信息；他们设计包含不同元素的信息产品，并准确地呈现源信息；他们使用可得的软件来提升自身信息产品的表现
	4级	4级水平的学生能开展指向明确的电子信息检索并选择满足特定目的的相关信息；他们会开创具有线性结构的信息产品，并使用软件指令，根据观众需求和传媒目来进行编辑和修改；他们能辨别信息与通信技术误用带来的后果，并清楚如何使用电子协议来避免这样的情况发生
	3级	3级水平的学生能生成简单的普通检索问题，并选择最好的信息源来满足特定的目标；他们能从给定的信息源中进行检索，以解答特定具体的问题；他们将信息整合成简单的线性模型以创作信息产品，并使用普遍认可的软件指令来进行编辑和修改；他们能辨别误用信息与通信技术会带来的后果，并清楚如何避免发生这样的情况
	2级	2级水平的学生能从给定的电子信息中定位简单明确的信息；接受教育后，他们就能对现有的信息产品增加内容并做一定修改；他们编辑的信息产品连贯性还有所欠缺；他们能识别和辨认基本的信息与通信技术电子安全问题和健康问题，能进行安全的使用和操作
	1级	1级水平的学生能进行基本的电脑和软件操作；他们在接受教育时懂得最常用的文件管理和软件指令，并掌握最常用的信息与通信技术术语和功能
公民素养	5级	5级水平的学生能准确地阐释NAP-CC框架下第一方面内容中所有的公共知识概念；使用特定的学术语言，权衡不同的观点，并给出精准详细的解释性回应，包括那些极其复杂的公共和公民概念，同时能做到按原则和规定行事
	4级	4级水平的学生在面对各种类别的复杂公共概念和公民核心概念时，能连贯准确地作出回应；能给出解释性的精准而详细的回应，使用合适的概念化语言，提出有建设性的观点

（续表）

科目	精通水平	水 平 描 述
公民素养	3级	3级水平的学生在面对复杂的公共概念和公民核心概念时，能准确地阐释相关的详细事实；在开放性问题的解答中，能使用自身领域的特定用语，有一定流利性，并能对信息作出解释
	2级	2级水平的学生能准确阐释反映公共和公民概念的事实和反映多元选择的问题，对开放问题的解答能力有限，对NAP-CC评估框架第一方面的跨界概念认知也有限
	1级	1级水平的学生对基本公共概念和公民知识有大致的了解；他们对多选题的认知选择能反映公共环境和程序；在开放式的问题中，他们不能准确运用学术用语，不能对学术词汇作出解释
	1级以下	1级水平以下的学生能够在一多项选择测评中定位和识别公共知识的基本要素

资料来源：Proficiency Levels−Science Literacy [EB/OL]. http://www.nap.edu.au/nap-sample-assessments/about-each-domain/science-literacy/napsa-proficiency-levels — science-literacy.html. 2013−09−12; Proficiency Levels−ICT Literacy [EB/OL]. http://www.nap.edu.au/nap-sample-assessments/about-each-domain/ict-literacy/napsa-proficiency-levels — ict-literacy.html. 2013−09−12; Proficiency Levels−Civics and Citizenship [EB/OL]. http://www.nap.edu.au/nap-sample-assessments/about-each-domain/civics-and-citizenship/napsa-proficiency-levels — civics-and-citizenship.html. 2013−09−12.

三、系统（州、领地及其他非政府系统）层面基础教育质量评价的组织与实施

在系统层面，素有"经济第一州"美称的新南威尔士州拥有澳大利亚规模最大的学校教育系统，其基础教育评价系统也比较具有代表性。

新南威尔士州的州级基础教育质量评价工作主要由教育

测量与学校责任理事会（Educational Measurement and School Accountability Direcotrate，简称EMSAD）和新南威尔士课程委员会（Board of Studies，NSW）负责组织和实施。其中，教育测量与学校责任理事会主持的测评项目有测评三年级和五年级学生阅读、听说、写作和数学水平的基本技能考试，测评七年级和八年级学生英语听说、读写水平的英语听说与语言评价，测评七年级学生数学水平的中学数学评价，测评八年级学生科学水平的中学科学基础评价。课程委员会主持的评价包括初中毕业证书考试和高中毕业证书考试两项：初中毕业证书考试对九至十年级学生的英语、数学、科学、历史和政治、地理及计算机技术等学科进行学业成就测评，并对达标学生授予初中毕业证书；高中毕业证书考试对十一至十二年级学生的各门课程进行学业测评（见表10-8）。

表10-8　新南威尔士州的州级基础教育质量评价项目

管理机构	评价项目	概　　　况
教育测量与学校责任理事会	基本技能考试	这一考试考查三、五年级学生在数学和语文上的学业成就，获得学生在语文阅读、听说、写作和数学数字、测量和空间方面详细的诊断性信息。从1996年起，这一考试开始使用垂直等值和水平等值方法，即将三、五年级的测试结果等值放置到同一个量尺上，将不同年份的成绩等值到同一个量尺上。每年采用拉希模式（Rasch Model）对学生能力和题目难度进行评估。这些数据分析方法使学生整体成绩可以进行不同年度的比较，也可以确定学生个人和学生整体从三年级到五年级成绩的进展情况。报告学生成绩的量尺包括6个等级：三年级为1—5级，五年级为1—6级。学生报告单呈现学生已达到的标准时，通常包括两个因素，即学生在该等级中的排名位置以及达到该等级学生占学生总数的百分比

（续表）

管理机构	评价项目	概　　　况
教育测量与学校责任理事会	英语语言与读写能力评价	对七、八年级学生的英语语言和读写知识及能力进行评价，评价学生在阅读、写作、听说方面是否已具备一定的能力，达到学校课程中所有学科需要的读写要求。这一考试是1997年新南威尔士州语文战略计划的一部分，于1998年开始正式实行。和基本技能考试的报告一样，评价报告也包含了相同的两个因素，即学生在等级中的排名位置和该等级学生所占的百分比，这可以帮助学生知道自己已经达到的标准，并对自己在群体中的相对位置有一定的认识。有所不同的是，评价的考试成绩不是分为6个等级，而是分为差、合格、良好、优秀4个等级
	中学数学评价项目	针对七年级学生的数学学业成就进行评价，八年级的学生也可以参加。其报告的方式与基本技能考试相同
	中学科学基础评价	针对八年级学生的科学学业成就水平进行测试。不同于其他考试，这一考试有两个作用。第一个作用是提供学生在第4阶段一年（七至八年级）科学学业成就的全面报告。第二个作用是加强教师和学生对科学考试的关注度，为参与国际科学考试（PISA和TIMSS）做好准备
新南威尔士课程委员会	初中毕业证书考试	是对学生的多个学科领域进行评价，记录了学生在第5阶段（九至十年级）的学习成就，并对达到标准的学生授予初中毕业证书。澳大利亚已有不少州取消了初中毕业证书，但新南威尔士州依旧保持这一证书制度。初中毕业证书从1965年开始在新南威尔士州实行，考试形式随着澳大利亚教育变革的取向几经变化，从完全的纸笔考试，到学校范围内的校本评价，再到目前的形式，即校本评价和外部评价相结合。其中，外部考试的主要范围是英语、数学、科学、澳大利亚历史和政治、澳大利亚地理和计算机技术。学生的学业成就将基于这些学科标准进行报告
	高中毕业证书考试	考试测评了学生在第6阶段（十一至十二年级）的学业成就。其评价科目完全根据教学大纲的规定，学生根据自己的选课参加考试。在2005年，高中毕业证书有116门考试科目。学生的学业成就将基于教学大纲中的标准进行报告，分为校本评价和高中毕业证书考试成绩两部分，呈现出学生在所选学科中的学业成就情况。校本评价占总成绩的50%，包括学生完成课程模块的学习，完成指定的校本评价作业，并符合规定的出勤要求，另外的50%则取决于考试成绩

资料来源：何珊云.基于标准的学生学业成就评价：澳大利亚的经验［J］.全球教育展望，2008（4）：67-68.

（一）实施程序

新南威尔士州的所有基础教育质量评价项目在实施和管理过程中大致都依循三个阶段：（1）制定计划，澄清考试目的，获取支持和资源；（2）获取数据，考试实施和评分；（3）使用数据分析，向学校与家长提供信息，评价学校和学校系统的有效性（见图10-1）。

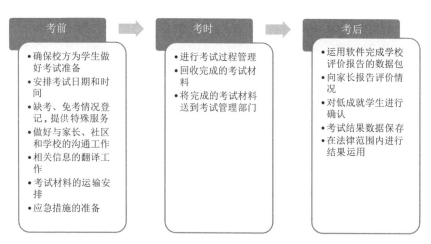

图10-1 新南威尔士州基础教育质量评价项目实施程序

资料来源：王贤泽.基于课程标准的学业成就评价程序研究［D］.上海：华东师范大学，2008.

（二）成绩评定与评价结果报告

与国家评价项目类似，新南威尔士州的州级测试系统也建立了透明、完整的成绩报告机制。考试主管部门对测试结果进行多角度的深入分析，既进行全州范围内的横向比较，又与历年成绩进行纵向比较，从而为学校、教师和学生及其家长提供详尽的反馈信息，将质量问责与质量改进紧密联系在一起。

第三节

澳大利亚基础教育质量评价标准与政策的特点和启示

一、基础教育质量评价标准与政策的特点

（一）形成系统的教育质量评价网络

从国家层面到系统（州、区或其他非政府系统）层面再到学校层面，澳大利亚建立了一个完整的基础教育质量评价网络，且各个层面内部也相应建立了配套的基础教育质量评价制度。这一系列评价考试构成了一个连贯的学业成就评价系统，对澳大利亚学生的学业成绩及教育发展状况进行跟踪式的监测，并将质量问责与制定政策、改善课堂教学结合起来。例如，维多利亚州注册和资格局（The Victorian Registration and Qualifications Authority，简称VRQA）公布所有公立学校的学生学业成绩，包括学生的A-E考试成绩、NAPLAN考试成绩以及其他有关学校环境和满意度等指标的报告，为学校改进办学、教师优化教学和学生改善学习提供信息依据。

（二）管理程序严密，权责划分明晰

从准备、实施到结果分析与报告，澳大利亚的基础教育质量评价项目建立了严密的考试管理程序，对各个环节的权责划分极其明晰。以NAPLAN为例，联邦ACARA每年与地方考试管理局签订《国家考试管理协议》，从考试信息沟通、考试命题、试卷保密、考试时间安排，到考生管理及评价结果处理与报告等各个方面，对NAPLAN的组织、实

施工工作作出严密部署。

（三）建立了完善的评价结果反馈机制

澳大利亚的各种基础教育质量测评项目均建立了完善的评价结果反馈机制，使得国家、系统（州、区或其他非政府系统）、学校、师生以及家长能够及时了解测试结果。以NAPLAN为例，评价结果报告分为国家报告和考生个人报告两类。个人报告详细描述了考试内容、考试成绩等级以及学生成绩与国家平均水平和全国最低标准之间的相对关系，为学生及其家长提供了丰富的反馈信息；国家报告既呈现了全国学生的整体考试成绩，又分别对各州、区进行统计，以形成州级比较。此外，国家报告还根据学生的背景信息对各项成绩进行分类统计分析，为国家以及系统的教育决策提供了完备的信息数据来源。

（四）评价制度充分体现以人为本

澳大利亚的基础教育质量评价制度处处体现了以人为本。首先，国家评价项目极其强调为残障学生提供特殊支持服务，以便他们能够与其他考生一样平等地参与考试。这既体现了对弱势群体的特殊关怀，也使得考试结果更具有可比性。其次，国家统一考试充分考虑地方差异和地方需要，不仅考试题目要经过各州、区的专家及各方代表共同审核，考试时间也可根据地方特殊需要作适当调整，甚至可以因公休日而申请延考。

二、基础教育质量评价标准与政策存在的问题和争议
（一）国家评价项目与学生学习目标匹配不良

澳大利亚的国家评价项目先于国家课程建立，这使得两者之间

的匹配性受到质疑。既然国家评价项目的初衷是为了提供学生学业
成就方面的信息，以持续促进学生学业的进步，那么如果国家评价
项目不能与学生所学课程接轨，其所提供的反馈信息的价值便令人
怀疑。在这个问题上，国家评价项目的设计和开发方表示，当前的
国家评价项目强调的是各州、区的共同需求，测试的是学生在读写、
计算、科学、信息与通信技术以及公民素养方面的基本知识、技能
掌握情况，因此对所有州、区的教育质量监测均有一定的价值。但
正因为国家评价项目是一种"共识性"考试，侧重的只是基本知识
和技能的评估，NAPLAN 的测试内容"相对于学生家长、教师、校
长、企业代表所期望的学习目标而言显得过于狭隘"[1]，严重限制了
国家评价项目的评价诊断功能。以 NAPLAN 为例，除了写作测试
以外，其他科目的考试题型只有选择题和简答题；相比之下，国家
评价项目产生之前，各州、区自行举办的考试中包括了一些需要运
用复杂思维和进行深度思考的题型。因此，有些州、区的利益相关
者指出，全国性的国家评价项目不如本州、区自己举行的考试项目
有效。[2]

（二）国家评价项目的公平性受到质疑

尽管澳大利亚国家评价项目尽可能地考虑地方需求，给予残障
学生等弱势群体以特殊照顾，但适用于所有学生的标准考试和需要
敏感对待地方特殊性和个体特殊性之间的矛盾依旧存在。对 2008 年
NAPLAN 考试结果的技术分析表明，这种矛盾并没有得到充分的

---

[1][2] Paulo Santiago, Graham Donaldson, Joan Herman & Claire Shewbridge. OECD Reviews of Evaluation and Assessment in Education: Australia. OECD publication, 2011, 8, p.59.

平衡。此外，保罗·圣地亚哥（Paulo Santiago）等学者的调查结果也表明，尽管澳大利亚在国家评价项目的公平性和地方适应性方面付出了相当大的努力，尤其在试题开发过程中注重咨询各州、区专家的意见，试题预测也以各州、区的当地学生为样本，但澳大利亚各州、区的本地居民代表仍然对国家评价项目考试的公平性表示关注，且没有完全意识到国家评价项目在消除文化偏见方面所作出的努力。[1]

（三）严格划分等级的成绩报告形式存在一定的负面影响

澳大利亚重视对评价结果进行等级划分和横纵向比较，在某种意义上，这的确可以激发国家、系统（州、区或其他非政府系统）、学校以及师生、家长各个层面在改进教育质量方面作出努力，但过分注重等级划分和排名比较会对受测对象造成一定的负面影响。以NAPLAN的"A-E等级报告"为例，这种将学生成绩划分等级的做法主要是为了向学生家长通报学生的学习表现、学习潜力和努力程度，目的是提升学生的学习动机，但其潜在的负面作用也非常明显。首先，在早期学校教育阶段就对学生进行"贴标签"、分级管理，将"威胁"孩子积极地建立自我概念；其次，A-E等级报告过分强调评价的分级功能而弱化了促进学生发展的服务功能；再次，教师和家长对于正确理解评价结果存在障碍，比如"C"原本意味着达到全国最低标准，但人们更倾向于认为这是一种负面评价，对评估结果的误读势必影响到对评价结果的正确运用。

---

[1] Paulo Santiago, Graham Donaldson, Joan Herman & Claire Shewbridge. OECD Reviews of Evaluation and Assessment in Education: Australia. OECD publication, 2011, 8, p.60.

三、借鉴与启示

（一）强化评价的服务功能

澳大利亚的基础教育质量评价功能包括诊断、监控、选拔和资格认证等，根本目的在于提供信息服务。它一方面增强政府和公众对教育事业发展状况的了解，提供权威可靠的学生学业成就评价报告；另一方面为改善教育教学工作提供依据和反馈信息。尽管澳大利亚也对学生成绩分等并强调排名和比较，但其最终目的在于督促教育发展和学生的学业进步。相比之下，我国的各种教育评价过分强调甄别作用，且将评价视作"筛子"，不是为了"发展"而评价，而是为了"淘汰"而评价，从而异化了评价的功能。为了充分发挥评价的积极作用，尽可能减少其负面影响，应当学习澳大利亚的做法，尽可能强化基础教育质量评价工作的服务性，弱化其"管制"作用。

（二）明确评价中的权责关系

澳大利亚不仅建立了系统的基础教育质量评价网络，而且对于各个层级的负责部门和相关工作人员的权责范围及相互关系进行了明确的划分，使得各级教育评价工作得以有条不紊地进行。我国可以借鉴澳大利亚建立从中央到地方以及学校各个层面的"基础教育质量评价协议"体系，对各环节的评价工作作出明确的分工和部署，建立明晰的责权体系，从而提高基础教育质量评价管理工作的效能与效率。

（三）兼顾评价标准化与标准多元化

评价标准化是为了使评价结果更具可比性，但标准化并不代表绝对的统一化。事实上，由于不同群体、个体之间存在差异，绝对的

统一评价标准反而会使得评价结果缺乏真正的可比性。诚然，完全化
解评价标准化与标准多元化、横向公平和纵向公平之间的矛盾，无论
在理论上还是实践中都是不可能的，澳大利亚也不例外。但澳大利亚
在这方面做出的努力非常值得借鉴和学习，尤其是为保障残障学生平
等参加考试而制定的一系列照顾性政策，充分体现了以人为本。如何
使评价更为客观、公平是改革完善我国基础教育评价标准和政策的
关键。

（四）建立系统的反馈机制

澳大利亚的各级评价均建立了系统的反馈机制，对评价结果进
行深入分析和详尽报告，为改进教育教学质量提供了丰富的信息。而
我国的各种教育质量评价基本都不向受测群体提供结果报告，或不对
公众公开，即便提供反馈，也只是一个简单的分数或等级，缺乏足够
深入的分析与解释。为了充分发挥评价的信息服务功能和反馈调节功
能，应尽早建立健全各级评价反馈机制，并对结果数据进行深入的分
析和解释。

下篇　比较借鉴篇

比较借鉴是开展比较教育研究的目的之一。比较借鉴篇主要对国际组织和发达国家基础教育质量评价标准与政策的发展历程和背景进行比较分析，总结国际组织和发达国家基础教育质量评价标准与政策的基本经验，并结合我国义务教育质量监测的实施情况特别是存在的问题，提出进一步改进我国义务教育质量监测的政策建议。

第十一章

基础教育质量评价标准与
政策的国际比较和启示

自从现代教育体制确立以来，学校教育成为大规模传播知识，培养各种人才的必由之路。要充分发挥学校教育的价值，就必须关注教育质量问题。基础教育涵盖小学、初中和高中三个重要学段，是学校教育和人才培养的重要环节，基础教育质量直接决定一个国家的教育水平。20世纪末以来，在世界性的教育改革中，提高基础教育质量，提升中小学办学水平，成为世界各国教育改革的基本追求，基础教育质量评价和监测成为世界各国提升基础教育质量的重要措施。通观世界各国基础教育评价的标准和政策，既有许多相似之处，又体现出一定的差异，从一个侧面反映了教育的普遍规律和各国的特殊性。

第一节

国际组织和发达国家基础教育质量评价的发展历程与背景

推进基础教育质量评价是为了客观反映基础教育阶段学生学业质量、身心健康及其变化情况，深入分析影响基础教育质量的主要原因，为转变教育管理方式和改进学校教育教学提供参考，引导社会树立正确的教育质量观，推动基础教育质量和学生健康水平不断提升。为此，弄清基础教育质量的相关概念，梳理基础教育质量的发展历程与背景，是十分必要的。

一、基础教育质量评价的相关概念

（一）教育质量

《教育大辞典》对"教育质量"的界定是，"教育水平的高低和效果的优劣程度"[1]。辛涛等人对"教育质量"这一术语进行了观点梳理，认为有三种主要的观点：第一种观点把以学生学业成绩为主的教育结果、个体与家庭等因素和学校教育过程视为教育质量的组成部分，进而讨论个体和家庭因素、学校教育过程与教育结果之间的因果联系；第二种观点从学校教育的立场出发，不考虑个体因素，假设学校教育的各个因素都对教育质量有实质性的影响，列出了包括教育结果和学校教育过程的质量指标，进而考察教育在这些指标上的表现；第三种观点只保留核心的教育结果，即对学生学业水平（也就是教育质量的现状）进行描述，而不做解释。[2]可见，"教育质量"的概念可以从不同的角度来定义，有的仅把学生的学业水平看作教育质量的标志，有的在学生学业水平之外增加了教育过程的因素（如课程安排、教学方式、学校环境设置等），还有的则仅仅关注教育过程的因素。

不同看法的背后最根本的是评价教育质量的定位问题：是通过评价教育的结果来确定教育质量，还是通过评价教育的过程来确定教育质量。国际上相关的观点和做法有上述三种，我国的教育质量评价实践中，基本上倾向于从教育结果来界定教育质量。如辛涛等人认为，"我国的教育质量标准的核心应确定为学生的学业质量标准……，能

---

[1] 顾明远.教育大辞典［M］.上海：上海教育出版社，1998：798.
[2] 辛涛，姜宇.在国际视域下定义教育质量标准［J］.人民教育，2012（12）：2.

够代表教育质量最核心的内容就是教育结果，也就是看学生经过一定的教育经历后能够达到何种能力水平，是否能够满足国家和社会的教育目标和期望"。[1]理由是教育系统过于庞大，涉及的要素众多，如果将教育过程也考虑进去，那么在评价中势必要关注学生、教师、家庭、教育投入、教育过程、教育产出等因素，这样就很难建立教育质量标准，而且难以实施。如果从工作"便利性"的角度考虑，这种定义无可厚非，但是在实际操作中也会出现一些问题。例如，目前各地都有一些"掐尖招生"的"豪华中学"，这些中学聚集了地方上教育领域的优质资源——最拔尖的学生、最好的教师、最好的装备设施、最大的经费支持，当然这些学校的升学率也肯定是一流的；而普通校就没有这么幸运了，升学率肯定没法比。如果教育质量仅仅是根据学生的考试成绩，那么对普通校来说，其绩效评价就处于劣势，这显然是有失公平。这也是法国在高中质量评价中引入增加值评估的一个重要原因。

对教育质量的界定要有一个基本的出发点，即：通过教育质量的评价，引导学校走内涵发展的路径，进而引导国家教育发展从注重数量到注重质量。因此，科学的教育质量观不仅要注重学生学业成绩的提高，还要注重通过教育质量评价来合理配置教育资源，给予教育机构和教育工作者以公平合理的绩效认定。对教育质量的理解不仅涉及教育结果，还涉及教育过程；不仅涉及教育效率，还涉及教育公平。

（二）教育评价与教育质量评价

教育质量评价是对学校教育的质量进行测量和评估，是一种具体

---

[1] 辛涛，姜宇.在国际视域下定义教育质量标准［J］.人民教育，2012（12）：3.

的教育行为。由于对教育质量本身的理解存在差异，对教育质量评价的理解也是众说纷纭。评价什么？如何评价？评价的目的是什么？诸如此类的问题并没有统一的答案。

首先要明确什么是教育评价。从评价活动的本质来看，评价是一种价值判断的过程，是对接受评价者满足相关需要程度的判断。教育评价是在教育领域展开的评价，是对教育活动满足社会与个体需要的程度作出判断的活动，是对教育活动现实的或潜在的价值作出判断，以期达到教育价值增值的过程。目前学术界比较认同的定义是，教育评价"在系统地、科学地和全面地搜集、整理、处理和分析教育信息的基础上，对教育的价值作出判断的过程，目的在于促进教育改革，提高教育质量"。[1]从教育评价的具体程序来看，教育评价首先要以既定的教育价值或教育目标为依据，要系统地收集并分析相关的信息资料，对教育活动的过程和结果进行价值判断，最终为教育决策和教育改革提供依据。从这个界定来看，教育评价是依据一定的教育目标或一定的教育价值观，运用一定的评价技术、方法和手段，对普通教育领域的各种教育现象进行价值判断的过程。

教育质量评价是否等同于教育评价？我们认为，这是两个有交集的独立概念。如果说教育评价是一个具有高度统摄性的概念，那么，教育质量评价可以看作是教育评价的下位概念，或者从实践活动的角度来说，教育质量评价活动是教育评价活动的一个具体方面或领域。因为教育评价的对象是"全面的教育信息"，这些教育信息包括教育质量的信息，也包括其他教育信息（如教育的规模、学校的层次，甚

---

[1] 金娣，王刚.教育评价与测量［M］.北京：教育科学出版社，2002：6.

至教师和学生的状况等）。如此说来，教育质量评价就是对有关教育质量的信息进行搜集、整理、处理和分析，并据此作出价值判断。尽管有一些差别，但在实践中，教育评价的核心和目的都指向教育质量，是为了质量的改进与提升，因此教育评价主要是对教育质量进行评价。

（三）学业成就评价

所谓学业成就，指的是学生学习的结果，也就是通过测验和评价予以报告的学生取得的学习成就。学业成就评价是与教育质量评价密切相关的一个概念，因为学生的学业成就显然是教育质量信息的重要构成部分。根据《教育大辞典》，所谓"学业成就评价"。就是"按一定标准对学生的学习成绩进行测定。是对教学效果作出判断的手段，也是提供教学活动反馈信息的途径。通过评定，可以判断教学的质量水平，发现问题并采取措施改进教学，激发学生学习积极性。"[1]可见，学生学业成就评价是一个更加具体的概念，它直接针对学生的学习结果（也是教育的结果之一）进行评价，这恰恰是教育质量的核心。正是这个原因，长期以来人们往往用学生的学业成就评价来代替教育质量评价，认同这样一个基本的判断，即一个学校的学生学业成就水平高，它的教育质量就高。

当然，这个判断在一般意义和不精确的意义上来说是成立的，但如果要更精确地对教育质量进行测量和评价，就应该对影响教育质量的其他因素进行考察，这样才能更全面地对教育质量进行描述。

---

[1] 顾明远.教育大辞典［M］.上海：上海教育出版社，1998：165.

（四）教育质量监控与教育质量监测

教育质量监控与教育质量监测是相近的概念，都是在提升教育质量的背景下作为教育质量保障体系的一个环节或者举措提出来的。相比教育评价、教育质量评价、学业成就评价，教育质量监控或教育质量监测的内涵更窄一些，指向也更具体一些。

王毓珣等这样定义教育质量监控："所谓教育质量监控系统，是指监控专业组织在政府的资助与要求下，通过对本国学校关键年级教育质量的定期监督，收集有关教育产品质量与教育工作质量方面的信息，科学分析本国教育质量是否存在问题，是否达到了预定的标准，以便政府有关部门进行及时纠正与调控，发布教育质量公告等，从而稳定与提高本国教育质量。"[1]其研究是在21世纪初进行的，随着时代的发展特别是全球化和信息化的发展，虽然现在的教育质量监控主要还是在一个国家或者一个地区中完成的，但是也有一些教育质量监控已经超越了国家或地区，属于国际性的或者区域性的。

教育质量监测是在近十年才比较多地使用的一个概念。虽然有关教育质量监测的意义、价值、目的、特征、技术、方法等的研究不少，但是对教育质量监测概念的界定并不多。吴秀玲把教育质量监测界定为"教育行政部门、业务部门或者学校管理者为了准确掌握学校教育是否达到了各学科课程标准所规定的要求，以及学生的真实素质状况，周期性地对上述内容进行监视，掌握其发展变化情况所进行的

---

[1] 王毓，吴仁英.教育质量监控系统构建申论 [J].河北师范大学学报（教育科学版），2005（5）：5-8.

测量行为"。[1]虽然从理论上来讲，教育行政部门、业务部门或者学校管理者都能对教育质量进行监测，但通常讲的教育质量监测一般指国际层面特别是国家和地区层面的教育质量监测。

在有关研究中，学者们在运用"教育质量监控"与"教育质量监测"这两个概念时，并没有严格的区分，只是现在大家更多地使用"教育质量监测"这一概念。本研究主要针对的是国际组织和主要国家的基础教育质量评价，实际上主要指大规模的基础教育质量监测。

二、国际组织和发达国家基础教育质量评价的发展历程

广义上讲，有了教育特别是学校教育活动，就有对基于结果进行评价的教育评价活动。古代各种各样的考试制度以及基于学校教育的人才选拔制度，都是古典意义上的教育评价。教育评价作为一个科学概念，则产生于20世纪。

（一）教育测验运动

19世纪后期，一些心理学家开始借鉴自然科学研究领域的统计方法，开展对人的心理发展的研究。比较有影响的是1879年德国心理学家冯特（Wilhelm Wundt）在莱比锡建立了世界上第一个心理实验室，运用实验内省法、反应时法等研究方法，对人的感知觉、反应速度、注意分配、感情以及字词联想分析等进行了研究。1904年，美国心理学家桑代克（Edward Lee Thorndike）出版了《精神与社会测验学导论》这部划时代的巨著，标志着教育测验运动的开

---

[1] 吴秀玲.教育质量"监测"与"检测"之别——以国家义务教育质量监测为例 [J].内蒙古教育，2018（2）：16-18.

端。他提出了一个著名信条：凡是存在的东西都有数量，凡有数量的都可测量。他与学生陆续编制了各科标准测验和标准测量表。1905年，法国实验心理学家阿尔弗雷德（Binet Alfred）与西蒙（T. Simon）基于对小学正常与异常儿童的智力水平的诊断和研究，编制了《比奈-西蒙量表》。1908年，美国教育家斯通（C. Y. Stone）提出了客观化测试算术的方法。美国有30—40所大学校系统采用新的客观测验方法对一些教育活动进行综合测量，测量内容为算术、拼字、书法和英语作文，以评价教学质量。[1]在随后的二三十年间，教育测验运动蓬勃发展，学力测验、智力测验和人格测验等各种类型的教育测验广泛应用于基础教育，为后来教育评价的产生奠定了基础。

（二）现代教育评价的发展

1933年至1940年，在"现代评价之父"拉尔夫·泰勒（Ralph Tyler）的领导下，美国开展了为期八年的课程改革研究活动。以泰勒为首的评价委员会不满足于以教科书为中心的教育测验，主张以教育目标为基础开展有效的评价活动，"泰勒评价模式"（Tyler Evaluation Model）应运而生。泰勒的目标评价模式集中体现在他1949年出版的《课程与教学的基本原理》这部经典著作中。他提出了课程开发需要解答的四个问题，这就是后人所称的"泰勒原理"。这四个问题是：（1）学校应试图达到什么样的教育目的；（2）提供什么样的教育经验才能达到这些教育目的；（3）如何有效组织这些教育经验；（4）如何确定教育目的正在得以实现。"泰勒原理"所关心的四个基本要素是目标、内容、组织和评价。"目标"指学生通过课程实施所要获得的

---

[1] 吴钢.西方教育评价发展历史的探讨 [J].外国教育研究，1992（4）：10-14.

学习结果，通常是一些明确的、可测量的行为目标；"内容"指学生学习知识、增长经验所依赖的课程内容和载体，它既包括严密的知识体系，也包括一些学生的体验和活动；"组织"是指按照学生学习需求和身心发展规律而对课程内容进行的组织和编排；"评价"则指通过课程实施，为确定课程目标的实现程度而进行的一些活动。在这一课程与教学的基本原理基础上发展而来的评价模式关注对教育结果与课程目标的一致程度的描述，而不仅仅是测验和报告学生的成绩。因此，泰勒评价模式是一种目标达成模式，是围绕课程目标开展评价活动。它具体分为七个步骤：（1）建立目的和目标；（2）把目标分成较细的类目；（3）以行为名词表述目标；（4）确定能表现目标达成程度的具体场景；（5）选择和发展评价所使用的测量技术；（6）搜集有关学生表现的资料；（7）对搜集到的资料与行为目标进行比较。[1]泰勒评价模式所关心的是通过课程实施，学生学习达到既定课程目标的程度。它具有两个特点：一是预定的课程目标构成了成功进行评价的必要标准；二是评价过程被认为是教育过程的组成部分而不是与之分开的独立部分。因此，课程评价和课程开发是结合在一起的。这种评价模式具有很大的可操作性，能够较为明确地判断目标达成的程度。正因为这样，长期以来，该模式成为课程评价领域主导的课程评价模式，对后来课程评价的发展产生了重大影响。在泰勒评价模式的基础上，布鲁姆（Benjamin Bloom）的教育目标分类理论、斯塔弗尔比姆（D. L. Stufflebeam）的CIPP模式、斯克里芬（M. Scriven）的目标游离模式等都在一定程度上发展了泰勒倡导的现代教育评价理论，或弥补了泰勒评价模式的不足。

---

[1] 黄政杰.课程设计［M］.台北：东华书局，1991：368.

（三）大规模基础教育质量评价的兴起

1958年，国际教育成就评价协会成立，其职责主要是组织全球性的跨国家、跨地区的教育研究合作，对教育成就及教育的其他方面进行大规模的比较研究，以求深入理解教育政策和教育实践的影响。国际教育成就评价协会在1960年组织进行了名为"十二国试点研究"的第一次教育成就研究；1964年对12个国家进行了第一次国际数学研究；1970—1971年对19个国家进行了第一次国际科学研究，开大规模基础教育质量评价的先河。1956年，日本文部省开始对中小学进行抽样学力调查；1961年，文部省又开始实施全国中学学力评价，在世界主要国家中较早开启了全国性的基础教育质量评价。1969年，美国启动了国家教育进步评价（NAEP），对全国基础教育质量实施了第一次全国性评价，成为基础教育质量评价的先行者，并产生了世界性的影响。法国在1979年在小学低年级开展了首次学习成绩评估，1980年和1982年又分别开展了初中一年级和初中二年级的学生成绩评估。

大规模监测性的基础教育质量评价的大发展是在20世纪末和21世纪初，在以提升质量为主旋律的基础教育改革、全球化、信息化等因素的推动下，国际组织、主要国家和地区纷纷开展名称各异的基础教育评价。1988年，英国颁布了《1988年教育改革法》，决定从1989年起全国所有公立中小学实行统一的国家课程和全国统一的考试制度，对4个关键阶段结束时各学科的成绩目标进行评价。1993年，加拿大实施全国性的学生成就评价项目——"学生成就指标项目"，对13岁、16岁两个年龄组的中学生数学、阅读和写作、科学这三方面素养进行考察。1999年，澳大利亚成立了国家教育成果监测工作组，并首次举行了国家基准测试，测评各州和地区三、五年级学生的读写能力。2000年，韩国正式拉开学业水平测试的序幕，抽选全国0.5%的小学六年级、初中三年级、高中一年级学生进行国语、数学、社会、科学、英语科目的学业水平测试。与此同时，国际组织跨国性的基础教育评价得到发展。2000年，OECD开始了第一轮PISA测试，以后每三年举行一次，测评阅读素养、数学素养和科学素养等。2001年，国际教育成就评价协会首次正式实施PIRLS项目，以后每五年举行一次，对不同国家或地区的阅读素养进行测评。此外，还有一些区域性的基础教育质量评价项目，如1995年非洲法语国家教育部长联盟开始实施非洲法语国家联盟教育系统分析项目，对西非和北非法语国家二年级和五年级学生的学业成就和影响因素进行调查和比较。同年，南非东非教育质量监控联盟启动了南非东非教育质量监控项目。

三、国际组织和发达国家基础教育质量评价的发展背景

在20世纪末21世纪初，国际组织（包括区域性组织）、主要国家和地区相继开始实施和完善基础教育质量评价，主要基于以下几方面的原因和背景。

（一）以提升质量为核心的基础教育改革

教育质量提升是近年来世界各国普遍关注的话题。如何培养高端人才并进而提升人力资源的国际竞争力，成为世界各国在推进教育改革的过程中面临的重大课题。为了提升基础教育办学质量，世界主要国家在世纪之交开展了持续的、大规模的教育改革。例如，美国在1983年发表研究报告《国家处在危险之中：教育改革势在必行》，指出美国基础教育领域的各种问题和危机，开启了全国性的基础教育改革。1984年，日本成立临时教育审议会，在其存在的三年时间里，临

时教育审议会提交了四份研究报告，提出了培养面向21世纪的日本人的培养目标，倡导以国际化、终身化、信息化和个性化为原则的教育改革。1988年，英国颁布《1988教育改革法》，开始实施全国统一的国家课程和课程标准。1989年，法国颁布了《教育方向指导法》，开启了新一轮的教育改革。至此，世界性的教育改革运动兴起，这场改革运动一直持续到今天，对全世界的学校教育产生了重大影响。改革的范围非常广泛，涉及课程改革、课堂教学改革、管理与评价改革等方方面面，涉及很多深层次的教育问题，包括人才培养的规格和素养标准、教学技术手段的革新，甚至师生关系、家校关系等。正是在这样的背景下，一些国际组织和许多国家和地区相继开启了国际性的、区域性的、全国性的或者地区性的基础教育评价项目，以有效评价和监控基础教育质量，为改进教育政策和实践提供证据，从而提升基础教育质量。

（二）问责运动的兴起

教育问责运动的兴起源于发达国家对基础教育质量的重视。基础教育是学校教育的最基本阶段，涵盖小学、初中和高中，基础教育阶段的学生在学年龄主要是6—18岁。这个阶段是人生成长和发展的关键时期，该阶段的良好发展可以为学生未来的学业成就和人生发展奠定坚实的基础，甚至在一定程度上决定了一个人的最终发展水平。从这个意义上来说，基础教育阶段的学校质量是一个国家整体教育质量的基本表现，也是关涉整体教育质量的关键因素。为确保基础教育阶段的教育质量，对中小学校的教育监控和问责成为不少国家重点关注的问题。从20世纪七八十年代开始，西方发达国家兴起教育问责运动，对今天的基础教育发展产生了深刻的影响。

　　教育问责就是教育工作者以培养高素质的学生为目的，以履行对公众的教育承诺为己任，以追求效能为要求，最终接受责任追究的一种奖惩机制。教育问责的对象很广泛，包括政府机构、学区和学校、教师和家长。也就是说，根据既定的评价标准来衡量上述问责对象的表现，从而作出奖惩。例如，教育问责制在美国有比较长的历史，目前已经成为美国教育改革运动中的一项重要举措。从20世纪80年代开始，美国政府为了提升基础教育质量，不断加强教育评价标准体系的建设，完善评价制度，并依据评价结果对相关教育机构进行问责。由此，教育问责逐渐得到强化。2002年《不让一个孩子掉队法案》的颁布将教育问责推向了教育改革的新顶峰。该法案通过要求各州设置学业标准并评估其达成情况，从而对州、学区及学校进行问责。教育问责制不仅对普通教育的发展提出了要求，同时也为特殊教育质量的提升提供了明确的规定与制度支持。教育问责运动催生了各种教育评价、排名、绩效考核，基础教育质量评价就是其中之一。

（三）信息化手段的发展

　　21世纪，人类全面进入信息化时代，信息化的浪潮冲击着人们生活的方方面面，在很多领域引发了深刻的变革，包括课堂教学和教育评价领域。以计算机为核心的信息技术主要指多媒体计算机、教室网络、校园网和因特网，以及借助这些技术开发的信息收集、加工、处理的技术等。随着信息技术的高速发展，网络规模高速扩大，信息技术深刻影响了现代人的生活和工作，多媒体教学手段引入课堂教学已从理论走向实践，为学校的教育教学活动带来了便利，教育评价也由此获得了更多的支持条件。

传统教育评价依赖纸笔测验，注重评价结果而忽视评价过程，信息化手段的应用则在很大程度上弥补了传统教育评价的不足，可以体现评价的过程性和真实性，更有助于对学校教育、课堂教学和学生的学业水平作出科学、准确的评价。运用电脑、网络以及相关软件等信息工具，可以对教育评价所需的信息资源进行有效的收集、组织、运用和处理，从而更好地服务于教育评价。运用电脑和网络，评价机构可以更便利地进行样本选取并开展大规模测试，同样也使得回收和统计评价结果等后续工作非常便利。信息技术的发展及其在教育评价上的广泛使用，为大规模的基础教育质量评价提供了技术支持。

（四）大数据的发展

随着信息技术的发展，人类已经进入大数据时代。特别是进入2012年之后，"大数据"（big data）一词被越来越多地提及，人们用它来描述和定义信息爆炸时代所产生的海量数据，并命名与之相关的技术发展与创新。大数据指的是无法在一定时间范围内用常规软件工具进行捕捉、管理和处理的数据集合，它具有数据量大、速度快、类型多等特征。就现今的发展趋势而言，大数据技术的发展如火如荼。在大数据时代，数据分析成为大数据技术的核心，人们广泛采用实时性的数据处理方式。基于云的数据分析平台更加完善，在各个领域得到了广泛应用，而且就目前的发展来看，大数据技术具有十分良好的发展前景。

大数据给教育行业带来了重大影响。基于大数据的精确学情诊断、个性化学习分析和智能决策支持，大大提升了教育品质，对促进教育公平、提高教育质量、优化教育治理都具有重要作用，已成为实现教育现代化必不可少的重要支撑。在基础教育质量监测和教育评价领域，教育大数据的作用非常突出：基于大数据，通过对学习者学习背景和学习过程的各种数据的测量、收集和分析，从海量学生相关的数据中归纳分析学生的学习风格和学习行为，进而提供个性化的学习支持，实现差异化教学。大数据可以根据社会各方面的综合数据来源，实现实时精确的观察和分析，可推进教育管理和评价从经验型、粗放型、封闭型向精细化、智能化、可视化转变；对教育大数据进行全面收集、准确分析、合理利用，用数据说话，用数据决策，用数据管理，有利于利用数据开展精准服务；通过采集和分析管理者、家长、教师、学生的各方面行为记录，全面提升服务质量。可以说，大数据为大规模基础教育质量评价的实施，特别是为评价结果的全局性和个性化分析和使用提供了保障。

（五）全球化的发展

20世纪90年代后，随着一些全球性问题对人类社会影响层面的扩张，全球化逐渐引起各国政治、教育、社会及文化等学科领域的重视，并最终成为一种重要的发展趋势。"全球化"（globalization）是人类社会发展过程中出现的特定现象，通常指全球联系不断增强，人类社会在全球规模的基础上发展并产生全球意识。国与国之间在政治、经济贸易上互相依存，不同民族和国家在政治、经济等方面的差异被跨越，世界被视为一个联系密切的整体。全球化描述了当代各国在经济、文化、教育和社会发展的多个领域出现的一些新的现象，如国与国之间相互依赖，相同行业的发展深度交融，国际联系和交往日益密切，等等。这些现象在教育领域越来越凸显，由此带来了近年来备受关注的教育国际化问题。

全球化是当代社会发展的重要特征，也是学校教育发展的基本趋势，是各国推动教育改革的重要主题。随着经济全球化的推进，各国在经济、文化和社会交往等方面的联系越来越密切，与教育相关的就业市场、国际学生流动、学历和学位认可等方面也日益国际化，各国的教育政策与实践模式相互影响、相互借鉴、相互学习。与此同时，现代信息技术突飞猛进的发展也为教育国际化提供了条件，使得跨境教育、大规模在线开放课程（MOOC）等成为现实，这些都使得跨境的国际性的教育质量评价成为可能。正是在全球化的背景下，借助信息技术发展及其应用，国际教育成就评价协会的国际数学与科学趋势研究项目（TIMSS）和国际阅读素养进步研究项目（PIRLS），经济合作与发展组织开展的国际学生评估项目（PISA）项目才得以产生和发展，并在全球教育治理中发挥着越来越大的作用。同时，各个国家和地区的基础教育评价也不断从国际组织和其他国家和地区的基础教育质量评价的政策、标准、方法技术中汲取经验，不断完善自己的政策和方案，并形成了一场世界范围的基础教育质量评价和监测运动。

第二节

国际组织和发达国家基础教育质量评价标准与政策的基本经验

梳理国际组织和发达国家基础教育质量评价标准与政策，可以归纳出如下一些基本做法。

一、由中央政府主导，统一进行基础教育质量评价

很多发达国家在教育领域实施分权管理，中央政府并不直接管理教育事务，而是将权力下放给地方教育部门。但鉴于基础教育阶段在人才培养和国民素质提升方面的重要作用，发达国家经过多年的探索，最终选择由中央政府主导在国家层面统一进行基础教育质量评价。中央政府主导实施评价的最大优势在于，能够获得用于跨地区进行比较和分析的全国性的数据，从而发现基础教育的问题并提出针对性的对策。这说明，无论是否拥有全国统一的课程和课程标准，基础教育的质量都应该是在全国范围内得到提升的，这是保证一个国家的基础教育质量达到相应水平的基本举措。

美国在教育领域实施分权管理，各州拥有教育方面的自主权。近年来，美国联邦教育部通过立法、财政等手段，试图加强中央政府对地方教育的掌控，强化了对地方教育的干预。这一点在教育评价领域更为突出。美国民众一直对基础教育阶段的教育质量不满，联邦政府借助全国性的教育评价加强对教育质量的监控，其中最重要的一个措施就是实施国家教育进展评价项目。该项目从20世纪60年代末开始实施。80年代末，国会批准成立了独立的专门机构国家评价管理委员会，全面负责国家教育进展评价的政策制定、评价设计和实施。到20世纪90年代，该项目已成为美国基础教育评价领域最基本的评价体系。特别是2002年《不让一个孩子掉队法案》规定，所有接受《初等与中等教育法》第一条资助的州必须参加两年一次针对四年级和八年级学生的数学和阅读科目的国家教育进展评价的州评估，国家教育进展评价的州评估由原来的自愿参加变成了强制性参加。

英国《1944年教育法》确立了中央、地方教育当局和教师的合作伙伴关系，因此，在课程和考试方面，英国地方教育当局拥有很大的自主权，造成各地之间的教育水平存在差异，而且缺乏有效沟通，导致全国的课程、考试、教学无序，一定程度上阻碍了英国基础教育质量的提高，使得英国基础教育在欧盟学业成就测试中的排名逐年下降。为了改变这种局面，英国在基础教育领域确立了统一的学业成就评价体系，其特点是聚焦于"四个关键阶段"，开展全国统一的教育质量评价。英国在全国性的学业成就评价中将基础教育划分为四个"关键年龄阶段"：第一阶段（KS1）为5—7岁，第二阶段（KS2）为7—11岁，第三阶段（KS3）为11—14岁，第四阶段（KS4）为14—16岁，并在每一阶段结束时进行考试。其中最重要的是16岁考试，它代表中学教育的结束，并单独列出予以重视。英国实施了统一的国家课程标准，在该标准下，与其对应的是由课程与资格局（后改为资格与考试管理办公室标准和测验机构）负责的学业成就评价，这种统一的校外评价是英国义务教育阶段全国统一考试的基本形式，目的在于反映学生学业成就水平，检查基础教育质量，为国家课程的实施提供反馈。

加拿大是典型的地方分权制的国家，按照宪法规定，教育权属于省权，各省教育部负责管理和监督中小学的教学活动和教育质量，确立评估框架、标准和实践，组织省内的教育评估，各省也可以独立参加OECD的PISA项目。为了考查学生对共同核心课程的掌握，全面把握加拿大基础教育质量，加拿大教育部长联合会（CMEC）从1993年开始实施首个全国性的学生成就评价项目——"学生成就指标项目"（SAIP），1993—2004年共实施了9次SAIP评估。2003开始酝酿新的泛加拿大学生评价项目，2007年正式实施，基于加拿大各省目前广泛使用的课程标准，每学年初对13岁学生进行定期测试，与PISA类似，每次评估数学、科学和阅读三个领域，并对其中一个领域进行重点评估。

澳大利亚各州或领地的教育部对基础教育负有管理权。为了全面了解澳大利亚学生的学业成就和学业发展，澳大利亚政府委托澳大利亚教育研究委员会在1975年实施读写和计算能力国民测试项目，1979年澳大利亚教育部又启动了澳大利亚学业成就研究项目（Australian Studies in Student Performance，简称ASSP），后因政策调整，于1983年终止。2008年，经过多年的研究和准备，澳大利亚教育、就业、培训和青少年事务部建立了"国家评价项目：全国读写与算术能力评价计划"（NAPLA），每年定期对三、五、七、九年级的学生在阅读、写作、拼写、语法和标点符号以及算术方面进行全国统一测试。澳大利亚形成了每年一次的国家评价项目、每三年举行一次的国家抽样测评和各州学业成就评价相结合的基础教育质量评价与监测制度。

二、基于特定的统一标准实施测评

"标准化运动"是20世纪八九十年代以来西方国家在教育领域推进的大规模改革运动。实施地方分权的国家首先进行课程标准统一化，有的国家甚至开始实施国家课程（如英国）；然后基于统一的课程开发评价标准。基于标准的评价最重要的特征，就是将评价建立在统一的标准基础上，评价的目标、内容和判断评价结果的标准都源于课程标准，而评价的方法同样取决于课程标准规定的评价目标和评价内容。在基于标准的评价中，统一的课程标准是前提，因为课程标准是对学生的学习结果进行界定，课程标准为学业成就评价提供了基本的参照。为此，不少发达国家致力于建立全国统一的教育标准和评价标准，以为基于标准的教育评价奠定基础。

例如，2004年，德国各州文化教育部长联席会议决定，在柏林洪堡大学成立国家教育质量发展研究院（IQB），负责德国基础教育阶段各学科的国家水平标准、国家考试题目的开发以及实施工作。最初，德国国家教育发展研究院及其相关研究开发机构主要开发小学和初中阶段的德语、数学、英语/法语、生物、物理、化学等学科的国家教育标准，明确了不同年级不同学科教学的要求和学业成就考试的依据。2007年，德国文化教育部长联席会议决定开发高中阶段结束时德语、数学、英语/法语、生物、物理、化学等学科的国家教育标准，并且要求全国16个联邦州必须执行。德国制定的小学、初中和高中阶段的国家教育标准用精确的可理解的和聚焦性的术语将教育工作的根本目标表述为对学生的学习所要求的结果，以及对学校教学具有约束力的要求，从而为学业成就测试奠定了基础，成为保证和提高学校工作质量的核心连接点。

再如，澳大利亚于1983年颁布了《澳大利亚学校核心课程》，以促进全国教学工作的标准化；1986年颁布的《改进澳大利亚学校》进一步促成了全国性课程框架和评价基准的建立；1989年，联邦政府颁布《霍巴特宣言：学校教育国家目标》，正式确立了全国统一的教育目标，并颁布了学校办学质量指标；1993年的《国家成绩指标》和《课程标准框架》确定了澳大利亚基础教育阶段涵盖艺术、英语、健康与体育、外语、数学、科学、社会与环境研究、科技8个学习领域的课程框架和学业成就评价指标。随着标准化课程框架的建立，澳大利亚开始举行标准化考试以监测基础教育质量，建立了"国家评价项目"，收集、分析和报告澳大利亚中小学学生在读写、计算、科学、信息与通信技术、公民素养等领域学业成就方面的具有全国可比性的数据。

三、清晰定义评价对象和测评框架

在国际组织和主要国家的基础教育质量评价中，一般把评价聚焦在几个领域，明确界定评价对象是一项基础性的工作。例如，国际教育成就评价协会举办的PIRLS项目，每次测评都会发布测评框架，清楚地界定阅读素养，把对阅读素养的界定作为统领和指导整个评价项目、选择评价工具、确定评分标准和分析评价结果的根本依据。第三次PIRLS测试，即PIRLS 2011，将"阅读素养"的定义修改为：理解和运用社会需要的或个人认为有价值的书面语言形式的能力，阅读者能够从各种文章中建构意义，通过阅读进行学习，加入学校中和日常生活中的阅读者群体，并享受阅读的乐趣。[1]OECD的PISA测试一直以来有阅读素养、数学素养和科学素养三个核心测评领域，另外还有问题解决能力、财经素养和全球胜任力等领域。PISA将"素养"界定为：学生在核心学科领域运用所学知识和技能的能力，以及在各种情境中有效进行分析、推理、交流，解决和解释问题的能力。[2]PISA对数学素养的界定是：个体在各种情景中形成、使用、解释数学的能力，包括数学推理、数学概念的应用、数学程序、事实和工具的描述，以及现象的解释与预测。数学素养帮助个体认识数学在世界中的作用，并能作出建设型、参与型、反思型公民所需要的合理判断和决策。[3]加拿大的PCAP测试也明确界定了测试的各个领域，例如将

[1] IEA. PIRLS 2016 Assessment Framework, 2nd Edition [EB/OL] [2020-03-08]. https://timss.bc.edu/pirls2016/framework.html.

[2] OECD. Learning for Tomorrow's World First Results from PISA 2003. Paris: OECD, 2004, p.20.

[3] OECD. PISA2015 Draft Mathematics Framework. Paris: OECD, 2013, p.5.

"科学素养"定义为学生为了理解有关科学问题、做出科学决策，通过运用科学的知识、技能、态度进行科学调查、科学思考以及解决问题，从而理解科学本质的不断发展的能力。

在国际组织和主要国家的基础教育质量评价中，不但明确界定评价领域或对象，而且明确每个领域的测试框架。例如PIRLS依据"阅读素养"的定义提出了三个具有操作性的评价维度，用于指导测试工具的编制和评分标准的划定。这三个评价维度是：理解的过程；阅读的目的；阅读行为和态度。PIRLS还对每个维度进行了具体描述，例如"理解的过程"包括四个层次：关注并提取明确的信息，作出直接推论，解释和整合观点与信息，检视并评价内容、语言和文本要素；"阅读的目的"具体分为两个层次：为了获得文学体验，为了获取和使用信息。在TIMSS 2011中，科学测评框架包含内容维度、认知维度和科学探究维度三个部分。[1]其中，内容维度是对测评内容的界定，详细说明了科学测评中涉及的内容领域和主题，即科学测评考查了什么；认知维度描述学生在科学测评中思维过程应达到的水平，以及期望学生在学习科学内容时表现出的一系列行为，即考查的难度；科学探究维度主要是对学生在进行科学探究时所需具备的理论知识和实践能力的界定。PISA为每个评价领域制定了评估框架，每个领域的框架分为三个测评维度：知识内容或结构、过程和情境。例如数学素养领域的测试框架包括数学过程、数学内容和数学情境。加拿大PCAP把数学定义为学生可以提高计算、描述、解决问题能力的一个概念性

---

[1]　本小节资料源于：Ina V.S. Mullis, Michael O. Martin, Graham J. Ruddock, Christine Y. O'Sullivan, et al. *TIMSS 2011 Assessment Frameworks*. Chestnut Hill, MA: TIMSS & PIRLS International Study Center, Boston College, 2009, pp.117-134.参考：岳宗慧，张军朋.TIMSS 2011科学评测框架概况、变化及启示［J］.教育测量与评价：理论版，2012（12）：51-56+66.

工具，在此基础上将数学评估内容分为四个子域：数字和运算；几何和测量；模型和关系；数据管理和概率。

四、注重评价的专业性和权威性

教育质量评价是一项专业性、权威性很强的工作，专业性和权威性是做好教育质量评价的基本条件和保障。在国际组织和主要国家的基础教育质量评价中，专业性和权威性主要表现在如下方面。

一是评价标准研制的专业性和权威性。为了体现这一点，发达国家往往在中央政府层面组建特定的评价机构，全权负责全国统一的教育评价。例如，美国在20世纪80年代末成立了国家评价管理委员会，全面负责"国家教育进展评价"项目的政策制定、评价设计和实施。该委员会的职责是："选择要评价的学科；为每个年龄阶段和年级要评价的学科领域确定成绩目标；设定评价目标；开发评价细则；设计评价方法；发布评价结果；设计州与州、地区与国家之间进行比较的标准和程序;改进评价和利用评价结果等。"[1]由于这种专业性和权威性，"国家教育进展评估"结果被视为美国教育质量的"晴雨表"，在基础教育领域有着深远的影响。又如，为配合国家课程的实施，1997年英国成立了课程与资格局，负责管理与调试公共测验体系，负责开发、实施与管理高质量的全国考试，评价学生的学业成就，检查学校的教学质量，检查国家课程的实施情况。该机构后由资格与考试管理办公室和由教育部的执行机构"标准和测验机构"代替，后者承担从早期教育到关键阶段2的所有国家测试的开发和实施工作。资格与考试管

[1] 汪贤泽.基础课程标准的学业成就评价的比较研究［M］.北京：教育科学出版社，2010：19.

理办公室负责其他阶段的考试。

二是评价工具的科学性。如何设计科学的评价工具（如试卷、问卷、量表等）是一个严肃的科学性问题。发达国家的做法一般是委托专门机构来负责评价工具的设计与研发，评价工具必须由教育学、心理学和学科教学论的专业人士共同制定。例如，英国在20世纪90年代设立学校课程与评估局，对国家课程和全国统一考试进行调整，协调并统一课程设置与评价问题。1997年，英国将学校课程与评估局与国家职业资格委员会合并，组建更具有权威性的课程与资格局，其工作主要是三个方面：一是开发与管理教育测验体系，开发并实施全国考试；二是开发与审查国家课程，规定学生需要掌握的知识、技能等；三是资格认证，资助职业标准的研制，支持在职学习。课程与资格局推行的全国统一考试具有很高的权威性，其信度、效度、科学性和严肃性等方面具有公信力。课程与资格局的评价有严格的程序，包括设定评价目标和内容、编制测验题目、组织实施测验和报告测验结果等。课程与资格局（后为标准和测验机构）的执行机构国家评价局具体负责开发每个关键阶段的每个核心科目国家课程的评价材料，解释编制体系，保证测验材料的描述与测验目标相适合，避免得出错误、不全面的结果。这种专业性和权威性是高质量实施教育评价的基础。

三是施测与报告结果的专业性与合理性。发达国家一方面强调评价工具的科学性，另一方面也强调施测与报告结果的科学性。例如，美国"国家教育进展评价"项目首先由国家评价管理委员会选择评价的学科，研制学业成就水平，确定评价目标，根据评价的技术指标确保题目的科学性，并建立各州之间相互比较的标准和程序。然后由专业机构负责实施评价，这些机构必须具备相关资质，是独

立的中介或考试承包商（如教育考试服务中心等）。这些专业机构
负责开发评价的题目，设计考试工具并进行数据分析评价。再如英
国，在课程与资格局编制出初步的试题之后，还必须对包括试题在
内的测验材料进行使用、试测、检查和审核，然后才能正式在学校
中推行。泛加拿大学生评价项目的具体步骤包括抽样、测试、回收
和评阅。抽样过程是指学生被选择参与评估的方式，即如何从加拿
大10省3区所有初中学校中选择参与该项目的学校和学生，抽样采
取分层抽样，具体过程：从每个省提供的完整的公立初中学校列表
中随机抽取学校；从每一所学校符合资格的八年级班级列表中随机
抽取班级；将被抽取的八年级班级的所有学生作为样本；如果班级
不能整群抽样，则随机抽取八年级学生作为样本。选择一个足够大
的样本对于代表和反映某一地区或某类学生的表现十分重要。为了
防止最终参与测验的学生人数少于预期的测验规模，确保有足够数
量的学校和学生参加测验，以完成学生学业成就评估报告，评估工
作小组将加拿大各省所有符合要求的学校以及八年级班级组成样本
总体。

发达国家也非常注重对测试结果的报告，如何报告和使用评价结
果意义重大。如日本文部省指出，对调查结果的应用采取审慎态度，
避免形成教育上的恶性竞争。如果不注重对测试结果进行汇报的科学
性，则可能带来一些负面的影响。例如，澳大利亚的国家测评项目过
分注重等级划分和排名比较，由此对受测对象造成一定的负面影响。
其等级报告将学生成绩划分等级的做法主要是为了向学生家长通报学
生的学习表现、学习潜力和努力程度，提升学生的学习动机，但在早
期学校教育阶段就对学生进行"贴标签"和分级管理，显然影响了学
生积极的自我概念的建立。

五、关注重点领域的评价

基础教育阶段是奠定知识和能力基础、培养终身学习能力的阶段。发达国家在推进基础教育质量评价中，往往并不是对学生所有方面的发展状况进行评价，而是倾向于选取重点学习领域进行评价。鉴于人的发展最需要"读、写、算"这三种最基本的素养，国际组织和发达国家的基础教育评价往往选择与"读、写、算"和科学素养密切相关的学习领域进行测评。

国际教育成就评价协会的国际数学与科学趋势研究项目（TIMSS）每四年举行一次，主要比较研究四年级和八年级学生的数学和科学两个学科的学业成就；国际阅读素养进步研究项目（PIRLS）每五年开展一次，以四年级学生（9—10岁）为主要调查对象，对学生的阅读素养进行国际比较研究。这两项研究涵盖基础教育领域最重要的数学、阅读和科学三个学科领域。OECD的PISA测试包括阅读素养、数学素养和科学素养这三个核心领域，每次在三个核心领域中选择一个作为重点领域，其他两个素养则作为辅助评价。除了阅读素养、数学素养和科学素养这三个核心领域之外，PISA还在不同轮次的测试中对财经素养、问题解决能力和全球胜任力这些重要领域进行测评，但它们的重要性低于阅读素养、数学素养和科学素养。

日本2007年的全国学力调查选择对小学五年级和初中二年级学习完结后学生的实际学习水平进行考查，调查学科首选国语和数学，因为这两个学科是与"读、写、算"最密切相关的基础学科。加拿大的泛加拿大学生评价项目的评价内容是数学素养、阅读素养和科学素养，认为科学、数学、阅读是基础教育课程的三门核心科目，对这些基本知识和技能的掌握是加拿大公民应对未来社会挑战的基本要求。

韩国的全国学业水平测试评价项目包括国语、数学、社会科、科学、英语五个学习领域。澳大利亚国家层面的学业成绩评估主要包括"全国读写与算术能力评价计划"（NAPLAN）以及三年一次的科学素养、公民素养、信息与通信技术素养国家抽样测评，其核心也是读写、数学和科学三个核心领域。美国"国家教育进展评价"项目的测试范围要宽泛一些，2002年，美国颁布《不让一个孩子掉队法案》，规定至少每隔两年在全国范围内针对四年级和八年级的数学与阅读实施一次"国家教育进展评价"；定期对十二年级学生的数学与阅读进行学业成就评价；定期对写作、科学、历史、地理、公民、外语和艺术等学科进行学业成就评价。尽管内容宽泛，但重点突出的还是数学与阅读，其次是对科学、历史、地理、外语、艺术等进行定期测评。

六、通过评价反馈指导学校教育教学改革和学生的学习

基础教育质量评价的功能不是选拔，而是诊断和改进，因此国际组织和主要国家不但评价学业成就本身，而且会对学生、教师、学校管理者等进行问卷调查，了解与学生学习和发展相关的背景因素，而且都特别强调把评价的结果反馈给学校、教师、家长和学生，由此指导和改进学校教育教学改革和学生的学习。这涉及评价的组成部分，也包括对评价结果的报告和使用，是各国在评价过程中非常关注的一个方面。

例如，PISA2015主要测试学生在科学、数学、阅读、协作式问题解决等领域基础素养的表现，此外还包括一系列背景因素问卷，包括学校问卷、学生问卷、教育生涯问卷、信息与通信技术精熟度问卷、家长问卷、科学教师问卷、一般教师（非科学课程教师）问卷，主要目的是从与学业相关的学校生活、与社交相关的学校生活、校外

生活、学校管理、学生分层、各种教育资源等方面分析学生基础素养培育的影响因素。TIMSS除了数学与科学测评外，其背景调查问卷包括课程、学校、教师、课堂和学生五个领域，用于分析各种背景因素对学生数学和科学素养的影响。PIRLS评价也以问卷调查的方式收集有关阅读素养发展的背景信息，一般包括学生问卷、家庭问卷、教师问卷、学校问卷、课程问卷，面向参加测试的学生及其父母、教师、校长和参与国或地区的政府官员。加拿大教育质量与责任办公室也开发了针对学生、教师和校长的调查问卷，收集课堂内外影响学生学业成就因素的有关信息。基于此，可以利用教育质量与责任办公室公布的评价结果作为提高学生成绩的意见和建议。

在背景问卷调查的基础上，基础教育评价结果的报告和使用也是指向指导和改进学校教育教学改革和学生学习的。例如，PISA、TIMSS、PIRLS在每一轮测试之后，都会对各个国家和地区的学业成就表现进行排名，并且基于背景问卷调查分析各种背景因素与学生学业成就之间的关系，给每个参与测试的国家和地区提出政策建议。美国国家教育进展评价在推进教育评价时注重构建更完善的反馈机制，不仅包括全面的报告制度，还包括数据的开发和使用，从而更好地为教育决策服务。教育统计服务协会专门负责对国家教育进展评价的使用情况进行实证调查，在调查完成后，以用户需求为出发改进报告，目的是更好地改善国家教育进展评价的报告制度，帮助公众进一步理解报告。英国则提出了"评价学生的进步"这一策略，通过评价来发现学生学业水平提升了多少，也就是"增值评价"。这是一种帮助教师判断学生进步情况的新的结构性评价方法，它将学生置于评估过程的中心，不仅提供一个全国标准，而且建立一个较为完备的学习者个人档案，这个档案反映了学生的强项和待改进的方面。它提供的信息能帮助教师适时调整教学，并且支持教师、学生和父母之间进行富有成效的讨论。澳大利亚的测评报告不但体现不同年级学生的群体间差异，还能表征同年级学生的群体内差异，同时监测学生在一段时期内的成绩变化趋势。测评报告不但会提供给州和学校，而且会提供给学生家长（或监护人），反馈每一个学生在不同学科达到的水平，并在此基础上为学生的学习提供有针对性的建议。

第三节

我国基础教育质量评价标准与政策取得的进展与未来改革走向

在新时代，我国社会在教育领域的主要矛盾体现为人民群众日益增长的对高质量教育的需要和高质量教育发展不平衡不充分之间的矛盾。加快教育现代化，办好人民满意的教育，关键在于切实提高教育质量。完善基础教育质量评价标准和相关政策是提高基础教育质量的重要保障，国际组织和主要国家基础教育质量评价的相关做法值得借鉴。

一、我国基础教育质量评价领域面临的挑战和政策导向

我国在基础教育取得了举世瞩目的成绩，中国学生在国际性学

业成就测评中表现突出。但同时，我国基础教育阶段的应试教育问题仍较严重，过分强调分数和升学率的现象广泛存在。要克服"唯分数""唯升学率"的顽瘴痼疾，促进学生的全面发展，就需要建立起科学的以素质教育为导向的基础教育质量评价体系，从根本上解决教育"指挥棒"的问题。进入21世纪，随着新一轮基础教育课程改革的推进，我国在基础教育质量评价方面已经进行了诸多探索，如开展义务教育质量监测，组织学校办学质量评价，推动县域义务教育均衡发展督导评估等，但迄今为止，仍未形成权威的国家基础教育质量评价体系。

制定基础教育质量评价标准是建立健全基础教育质量评价体系的前提和基础。基础教育质量评价标准是依据基础教育的目的构建的一整套指标体系，以及权重分配、信息搜集、水平划分等的说明与方法，是评价基础教育质量的依据与尺度。也就是说，评价标准可以告诉我们：什么是好的基础教育，以及如何衡量当前的基础教育质量。确定基础教育评价标准的目的在于，通过对影响教育教学质量的各相关要素进行系统、科学、有效的监控与评价，为学校实施素质教育，落实立德树人根本任务，实施新课程标准，改进课堂教学，提高教育质量提供切实有效的服务，为教育行政部门作出教育教学改革与发展决策提供依据。但总体而言，我国在基础教育质量标准的研制方面还存在一些问题和困难，教育质量标准研制的基础薄弱，在如何更好地体现学生全面发展的要求方面没有提出系统的设计和论证，更没有形成相关的配套方案，这些方面需要有新的突破。

为弥补这方面的不足，我国积极研制相关政策，在传统的教育评价方式的基础上，不断深化评价改革，探索新的评价形式，促进教育评价的合理性和科学化水平。2010年7月，《国家中长期教育改革和发展规划纲要（2010—2020年）》颁布，要求"建立国家义务教育质量基本标准和监测制度"。2013年6月，教育部推出《中小学教育质量综合评价指标框架（试行）》，通过"品德发展水平""学业发展水平""身心发展水平""兴趣特长养成""学业负担状况"等五个方面20个关键性指标，建立一套全新的"绿色评价"体系，希望切实扭转"评学生看分数，评学校看升学率"的倾向，从而逐步扭转我国基础教育单纯以分数和升学率来评价学校教育质量的做法。2019年6月印发的《中共中央国务院关于深化教育教学改革全面提高义务教育质量的意见》明确提出，建立以发展素质教育为导向的科学评价体系，国家制定县域义务教育质量、学校办学质量和学生发展质量评价标准。

二、我国在基础教育质量监测和评价标准研制领域的相关探索

近年来，我国在基础教育质量评价方面的一个重要探索是进行基础教育质量监测，特别是义务教育质量监测。2007年11月，教育部基础教育质量监测中心在北京师范大学正式成立。该中心在全面实施全国基础教育质量监测工作的同时，指导各地开展基础教育质量监测工作，推动全国基础教育质量监测网络的逐步建立。其主要的工作和职能在于：拟定基础教育质量监测标准；研究开发基础教育质量监测工具；受教育部委托具体实施全国基础教育质量监测工作；为各地开展基础教育质量监测工作提供技术支持和业务指导。该中心成立以来积极开展相关工作，提出了学业质量监测的六项监测指标，分别是：学生的思想品德和公民素养、学生的身体和心理健康水平、学生的学业水平和学习素养、学生的艺术素养、学生的实践能力和创新意识、

影响学生发展的教育环境与社会环境。这为开展学业质量监测工作提供了重要的参照。

2015年，国务院教育督导委员会办公室印发《国家义务教育质量监测方案》（国教督办〔2015〕4号），标志着我国义务教育质量监测制度的正式建立。该方案确定了国家义务教育质量监测周期及测试学科和领域，研制了义务教育阶段数学、语文、心理、科学、英语、德育六大领域的监测标准，研发了多形态、标准化的测查工具，拟定了国家义务教育质量监测的分级报告框架，构建了中国特色的数据采集模式与系统和整套标准化的数据信息化管理模式，建立了国家义务教育质量监测十年的数据库。该方案要求首轮监测周期为三年（2015—2017年）。根据这一方案，教育部基础教育质量监测中心在全国范围内进行抽查，于2017年完成了第一轮基础教育质量监测。在这期间，中心提交了国家首份正式发布的义务教育质量监测报告、110份省域报告和1 666份县域报告以及类型不同的专题报告，对促进各级教育部门与学校端正办学目的，全面提高教育质量起到了积极作用，获得了来自基层的广泛好评。[1]2018年开始第二轮（2018—2020年）国家义务教育质量监测，首年监测学科是数学、体育与健康。此次监测在全国31个省（区、市）及新疆生产建设兵团抽取了331个样本县（市、区）和6 680所中小学，对近20万名四、八年级学生进行了现场测试，对6 000余名中小学校长和3万余名数学、体育教师开展了问卷调查。[2]监测工作在全面部署和周密准备的基础上进行科学抽样，按

[1] 2018年国家义务教育质量监测打响"发令枪"［EB/OL］.（2018-05-27）.［2020-3-28］.http://news.cyol.com/co/2018-05-27/content_17232303.htm.

[2] 2018年国家义务教育质量监测数学、体育与健康监测结果报告新鲜出炉［EB/OL］.（2019-11-21）.［2020-3-28］.https://www.thepaper.cn/newsDetail_forward_5019000.

照标准化流程制定监测指标与工具，规范实施采集数据，充分进行数据分析，成立高水平专家组精心研制报告，最终形成了2018年国家义务教育质量监测数学、体育与健康监测结果报告，并于2018年5月发布。该报告用数据客观揭示了我国义务教育阶段学生在数学、体育与健康方面的发展状况，第二轮监测增加了跨年比较分析，全面呈现教育质量变化情况。2018年7月，教育部基础教育质量监测中心发布《中国义务教育质量监测报告》，介绍了本次监测的基本情况、监测的主要结果以及提高义务教育质量的建议，对推动我国基础教育质量监测工作发挥了重要作用。

经过十几年的理论研究和实践探索，我国义务教育质量监测在较短的时间里取得了很好的成效，为我国基础教育改革与发展提供了值得信赖的证据基础。但是，从国际组织和主要国家的经验来看，我国的义务教育质量监测仍然存在一些问题。例如，我国未颁布全国统一的基础教育学业质量标准，不利于建立基于标准的义务教育质量监测制度；我国义务教育质量监测框架比较粗放，不利于义务教育监测工具的开发；我国义务教育质量监测背景调查问卷缺乏学生背景问卷，无法充分了解影响学生学业成就的背景因素；我国义务教育质量监测报告不够细致，影响监测报告在改进义务教育质量中发挥引导作用。

三、进一步改进我国基础教育质量评价的政策建议

基础教育质量评价是一个宏大的话题，涉及理念、目标、标准、方法、手段、组织、实施、报告等多个方面、多个环节。结合国际组织和主要国家的经验以及我国义务教育质量监测存在的问题，这里提出进一步改进我国义务教育质量监测的四条政策建议。

（一）建立义务教育质量标准，为义务教育质量监测提供依据

如前所述，在基础教育质量评价特别是基础教育质量监测方面，现在国际上通行的做法是实施基于标准的评价。为了有效开展评价，很多国际组织和发达国家制定了基础教育的质量标准。比较而言，我国只有义务教育课程标准，并没有义务教育质量标准。以《义务教育数学课程标准（2011年版）》为例，主要内容包括四部分：第一部分前言，第二部分课程目标，第三部分课程内容，第四部分实施建议。前言部分主要包括课程性质、课程基本理念、课程设计思路；课程目标部分包括总目标和学段目标；课程内容部分按照第一学段（一至三年级）、第二学段（四至六年级）和第三学段（七至九年级）说明各个学段的知识点；实施建议部分包括教学建议、评价建议、教材编写建议、课程资源开发与利用建议。课程标准是按照教学要求制定，并没有规定质量标准和评价标准，这就给义务教育质量监测乃至教学带来了困难。因此，制定全国统一的义务教育学业质量标准不仅是质量监测的需要，也是教学的需要。虽然我国还未颁布全国统一的义务教育学业质量标准，但是一些地区已经进行了有益的探索。上海以2011年颁布《上海市中小学生学业质量绿色指标（试行）》，该标准包含的指标内容有学生学业水平指数、学生学习动力指数、学生学业负担指数、师生关系指数、教师教学方式指数、校长课程领导力指数、学生社会经济背景对学业成绩的影响指数、学生品德行为指数、身心健康指数以及上述各项指标的跨年度进步指数共十个方面。广州2009年颁布试行《广州市义务教育阶段学科学业质量评价标准》，该标准的主要内容是各学科的学业质量评价。这些经济发达地区的基础教育学业

质量标准研制探索，对建立全国义务教育质量保证体系具有重要的借鉴意义。

（二）进一步明确义务教育质量监测框架，为义务教育监测工具开发提供依据

国际上进行的基础教育质量评价，一般都会开发非常详细的评价框架，说明评价目的、基本原则、相关概念、每个学科素养评价的内容维度、评价的要求、问卷的设计与评分等。这样做的目的是通过评价框架，使所有评价参与者，包括政策制定者、评价管理机构、试卷和问卷开发者、培训者、评分者、实施过程中的参与者、报告的撰写者和使用者等，都能对评价相关问题有尽可能一致的理解，为各项工作的开展奠定良好的基础。例如OECD的PISA测试，从2000年开始，每次测评要做的第一项工作就是开发测评框架手册。PISA 2000的手册为《学生知识与技能测评：一个新的评价框架》（Measuring Student Knowledge and Skills：A New Framework for Assessment），PISA2003的手册为《PISA2003评价框架：数学、阅读、科学和问题解决知识与技能》（PISA2003 Assessment Framework：Mathematics，Reading，Science and Problem Solving Knowledge and Skills），PISA2006的手册为《科学、阅读和数学素养评价：PISA2006框架》（Assessing Scientific，Reading and Mathematical Literacy：A Framework for PISA2006），PISA 2009的手册为《PISA2009评价框架：阅读、数学与科学核心素养》（PISA 2009 Assessment Framework-Key Competencies in Reading, Mathematics and Science），PISA2012的手册为《PISA2012评价与分析框架：数学、阅读、科学、问题解决与财经素养》（PISA 2012 Assessment and Analytical Framework：

Mathematics, Reading, Science, Problem Solving and Financial Literacy），此后两次PISA手册的主标题都称"评价与分析框架"。例如，PISA2018的手册《PISA2018评价与分析框架》（PISA 2018 Assessment and Analytical Framework）长达300多页，详细介绍了PISA测试、阅读框架、数学框架、科学框架、财经素养框架、全球胜任力框架、问卷框架、幸福感框架以及背景问卷和专家团队两个附录。相比较而言，我国颁布的《国家义务教育质量监测方案》则非常简单，虽然也包括监测目的、监测原则、监测学科、监测对象、监测周期、监测时间、监测内容、监测工具、监测样本、统一测试、水平划定、监测报告、组织实施等十几个部分，但是总共仅2 388字，很多内容都是一带而过。虽然在实施过程中印制了其他手册，对有些问题做了略微详细的规定，但是，开发一个更加翔实具体的义务教育质量监测框架，是亟待解决的问题。

（三）进一步完善义务教育质量监测背景调查问卷，充分了解影响学生学业成就的背景因素

我国《国家义务教育质量监测方案》规定，对义务教育阶段四年级和八年级学生的语文、数学、科学、体育、艺术、德育等六个学科的学业成就进行监测，每个监测周期为三年，每年监测两个学科领域。具体安排是：第一年度监测数学和体育，第二年度监测语文和艺术，第三年度监测科学和德育。另外，为全面掌握义务教育总体情况，为相关政策制定和改进管理提供依据，《国家义务教育质量监测方案》还规定在监测六个学科领域的同时，调查影响学业水平的相关因素，包括所监测学科领域的课程开设、条件保障、教师配备、学科教学以及学校管理等。在2015年开始的实际监测活动中，也的确对上

述相关因素进行了调查。例如，在2019年国家义务教育质量监测中，监测的学科为语文和艺术，使用的监测工具包括：（1）学生语文测试卷（纸笔测试，题卡分离）：四年级、八年级各6套题本，分别对应6套填答卡。（2）学生艺术纸笔测试卷（题卡分离）：四年级、八年级各2套题本，分别对应2套填答卡。（3）学生问卷（纸笔测试，题卡合一），包括：学生语文相关因素问卷，四年级、八年级各1套题本；学生艺术相关因素问卷，四年级、八年级各1套题本。（4）演唱测试设备：预装"国家义务教育质量监测演唱测试系统"的联网计算机、测试专用耳机。（5）校长与教师问卷（在线填答），包括校长问卷、班主任问卷、语文教师问卷和艺术（音乐、美术）教师问卷，四年级、八年级各1套。其中的问卷调查对了解所监测学科领域的课程开设、条件保障、教师配备、学科教学以及学校管理等情况非常有帮助。但是，与国际上的教育质量评价和监测相比，后者的问卷调查范围更广。例如，在PISA2015中，背景因素问卷包括学校问卷、学生问卷、教育生涯问卷、信息与通信技术精熟度问卷、家长问卷、科学教师问卷、一般教师（非科学课程教师）问卷等，从与学业相关的学校生活、与社交相关的学校生活、校外生活、学校管理、学生分层、各种教育资源等方面分析学生基础素养培育的影响因素。再如，日本的全国学力调查包括本体调查、长期变化分析调查、家长调查、教育委员会调查等。本体调查中的学科调查用于学生学业成就测评，生活习惯与学校环境调查是针对学生和学校进行的问卷调查，其中，学生问卷主要是关于学习意愿、学习方法、学习环境、生活各个方面的问题，学校问卷则主要是关于教育指导方法的实施体系以及人力、物力、教育条件的整备状况等。长期变化分析调查的目的是针对此前调查结果中发现的难题和存在的问题进行再度调查和比较，分析近几年教育施政的成效，以调整今后的教育政策、教育措施。家长调查的对象是接受学力调查学校学生的家长，调查内容包括分析家庭状况与学生学力之间的关系，询问家庭状况和家长受教育情况，包括家庭成员、孩子在家的表现，亲子关系、教育观、教育费、对学校的意见、是否参加社区活动、家长生活习惯（是否读书等）、家庭收入状况等。教育委员会调查是针对地方市町村教育委员会的问卷调查，主要询问教育政策措施的实施状况。通过比较可以发现，要全面了解我国义务教育质量特别是质量背景因素，我国应该进一步完善义务教育质量监测背景调查问卷，增加有关学生家庭背景和地方执行教育政策的调查，特别是关于学生家庭背景的调查，分析学生学业成就与家庭背景之间的关系，从而在政策上重点关注弱势群体，促进教育公平。

（四）进一步完善义务教育质量监测报告制度，充分发挥监测报告在改进义务教育质量中的引导作用

基础教育质量监测报告的撰写与使用是基础教育质量监测的重要组成部分，也是充分发挥监测报告在改进基础教育质量中的引导作用的重要途径，深受各国的重视。因此，我国《国家义务教育质量监测方案》对监测报告做了明确的规定：根据报告目的、内容和阅读对象的不同，主要形成基础数据报告、分省监测报告和国家监测报告共三类报告。其中，基础数据报告呈现以县为单位的原始数据汇总，供监测评价机构内部分析使用，不对外公开发布；分省监测报告分省（区、市）呈现学生在学科领域的表现水平、影响该省（区、市）学生学业水平的主要因素以及相关分析，供各地政府和教育部门参考，不对外公开发布；国家监测报告主要呈现全国学生学业水平总体状况、影响学生学业水平的主要因素以及相关分析，向社会公开发布。

这种做法与国际上通行的做法大致上是一致的。从教育部基础教育质量监测中心2018年7月向社会公开发布的《中国义务教育质量监测报告》、2019年11月发布的《2018年国家义务教育质量监测——数学学习质量监测结果报告》和《2018年国家义务教育质量监测——体育与健康监测结果报告》来看，报告都比较好地分析了我国义务教育阶段学生有关学科的学业成就状况以及学校教育教学状况，深入分析了影响教育质量的主要原因，其中《中国义务教育质量监测报告》还对提高义务教育质量提出了建议，发挥了很好的作用。但是与国际上的有关评价报告相比，这些报告的内容不够详细，影响了其引导作用的发挥。有些国家给参与评价的学校、家长、学生以反馈，分析他们测评值的位置、优势与不足，并给出改进建议，把测评报告的作用发挥得淋漓尽致。在未来的实践中，进一步完善我国义务教育质量监测报告制度，不但引导国家层面和省市自治区层面的教育改进，而且利用它使参与的地区、学校、家长和学生了解未来努力的方向，充分发挥监测报告在改进义务教育质量中的引导作用。

附录 主要名词和机构缩略语英汉对照

ACARA   Australian Curriculum, Assessment and Reporting Authority
           澳大利亚课程、评价和报告局

ACER   Australian Council for Educational Research
           澳大利亚教育研究委员会

CEF   Common European Framework of Reference for Languages:
           Learning, Teaching, Assessment
           《欧洲语言学习、教学、评价共同参考框架》

CERI   Centre for Educational Research and Innovation
           教育研究与改革中心

CMEC   Council of Ministers of Education Canada
           加拿大教育部长联合会

DEP   Direction de l'évaluation et de la prospective
           法国评估与预测司

DIPF   Deutsches Institut für Internationale Pädagogische Forschung
           德国国际教育研究所

EIF   education inspection framework
           英国教育督导框架

EMSAD   Educational Measurement and School Accountability

	Direcotrate
	澳大利亚教育测量与学校责任理事会
EQAO	Education Quality and Accountability Office
	加拿大教育质量与责任办公室
ETS	Educational Testing Service
	美国教育考试服务中心
EYFS	Early Years Foundation Stage
	早期基础阶段
EYFSP	Early Years Foundation Stage Profile
	早期基础阶段评价
FIMS	First International Mathematics Study
	第一次国际数学研究
FISS	First International Science Study
	第一次国际科学研究
GCSE	General Certificate of Secondary Education
	中等教育证书考试
IAEP	International Assessment of Educational Progress
	国际教育进展评价研究
ICT	Information and Communication Technology
	信息与通信技术
IEA	International Association for the Evaluation of Educational Achievement
	国际教育成就评价协会
IGAENR	inspection générale de l'administration de l'éducation nationale et de la recherche

法国国民教育与研究行政督导总局

INETOP   Institut national d'étude du travail et d'orientation professionnelle

法国国家劳动研究与职业导向研究院

INOP   Institut national d'orientation professionnelle（1928—1942年）

法国国家职业导向研究院

IQB   Institut zur Qualitätsentwicklung im Bildungswesen

德国国家教育质量发展研究所

IRT   item-response theory

项目反应理论

MCEETYA   Ministerial Council on Education, Employment, Training and Youth Affairs

澳大利亚教育、就业、培训和青少年事务部

MTC   multiplication tables check

乘法表检查

NAA   National Assessment Agency

英国国家评价局

NAEP   National Assessment of Educational Progress

国家教育进展评价

NAGB   The National Assessment Governing Board

国家评价管理委员会

NAP   National Assessment Program

澳大利亚国家评价项目

NAPLAN   National Assessment Program — Literacy and Numeracy

澳大利亚全国读写与算术能力评价计划

NCC   National Curriculum Council

英国国家课程委员会

NCES   the U. S. National Center Educational Statistics

美国国家教育统计中心

NCTM   National Council of Teachers of Mathematics

加拿大国家数学教师委员会

NCVQ   National Council for Vocational Qualification

英国国家职业资格委员会

NEPMT   National Education Performance Monitoring Taskforce

澳大利亚国家教育成果监测工作组

NRCs   National Research Coordinators

研究协调员

OECD   Organization for Economic Co-operation and Development

经济合作与发展组织

OEEC   Organization for European Economic Cooperation

欧洲经济合作组织

Ofqual   The Office of Qualifications and Examinations Regulation

英国资格与考试管理办公室

Ofsted   Office for Standards in Education, Children's Services and Skills

教育、儿童服务和技能标准办公室

OSSD   Ontario Secondary School Diploma

加拿大安大略省中学文凭

OSSLT   Ontario Secondary School Literacy Test

加拿大中学读写测试

PCAP   Pan-Canada Assessment Program

泛加拿大学生评价项目

PIRLS   Progress in International Reading Literacy Study
国际阅读素养进步研究项目

PISA   Programme for International Student Assessment
国际学生评估项目

PMRT   Performance Measurement and Reporting Taskforce
澳大利亚成果测量与汇报工作组

QCA   Qualifications and Curriculum Authority
英国课程与资格局

QCMs   Quality Control Monitor
质量控制监察员

SAIP   Student Achievement Indicators Program
加拿大学生成就指标项目

SATs   Standard Assessment Tasks
英国国家课程测验

SCAA   School Curriculum and Assessment Authority
英国学校课程与评估局

SEAC   School Examination and Assessment Council
英国学校考试与评价委员会

SIMS   Second International Mathematics Study
第二次国际数学研究

SISS   Second International Science Study
第二次国际科学研究

STA   Standards and Testing Agency
英国标准和测验机构

STEM   Science, Technology, Engineering, Mathematics

科学、技术、工程和数学

TAA   Test Administration Authority

澳大利亚考试管理局

TGAT   Task Group on Assessment and Testing

英国评价和考试任务小组

TIMSS   Third International Mathematics and Science Study（1994—

2003年）

第三次国际数学与科学研究

Trends in International Mathematics and Science Study（2003

年后）

国际数学与科学趋势研究项目

VRQA   The Victorian Registration and Qualifications Authority

维多利亚州注册和资格局

ZIB   Zentrum fur Internationale Bildungsvergleichsstudien

国际大规模评估中心

参考文献

中文文献

专著

1. 顾明远.教育大辞典［M］.上海：上海教育出版社，1998.
2. 黄政杰.课程设计［M］.台北：东华书局，1991.
3. 金娣，王刚.教育评价与测量［M］.北京：教育科学出版社，2002.
4. 瞿葆奎（主编），李其龙，孙祖（复著）.联邦德国教育改革（教育学文集）［M］.北京：人民教育出版社，1991.
5. 上海市教育科学研究院国际学生评估项目上海研究中心译.面向明日世界的学习——国际学生评估项目（PISA）2003报告［M］.上海：上海教育出版社，2008.
6. 汪贤泽.基于课程标准的学业成就评价的比较研究［M］.北京：教育科学出版社，2010.
7. 张军朋，许桂清.中学物理科学探究与学习评价与案例［M］.北京：北京大学出版社，2010.
8. 钟启泉，张华.世界课程改革趋势研究［M］.北京：北京师范大学出版社，2002.

期刊

1. 陈伟.国际阅读素养测评项目PIRLS和PISA的比较［J］.考试周刊，2012（69）：162-164.
2. 陈霞.英国1988年以来的国家课程评价政策述评［J］.外国中小学教育，2003（5）：1-5.
3. 底特利希·本纳，彭正梅.超越知识取向的投入控制和能力取向的产出控制：论经验、学习和教学之间的关系［J］.教育学报，2009，5（1）：33-48.

4. 段戴平，林长春，李新发.TIMSS2007科学测评：框架、工具与启示［J］.上海教育科研，2010（2）：54-57.

5. 高峡.试析日本学力调查的目的和导向［J］.全球教育展望，2008（5）：43-49+56.

6. 何珊云.基于标准的学生学业成就评价：澳大利亚的经验［J］.全球教育展望，2008（4）：66-71.

7. 计琳，徐晶晶.Andreas Schleicher：PISA是国际合作的典范［J］.上海教育，2010（24）：34-35.

8. 江雪萍，苏洪雨.TIMSS 2007数学评价中的认知领域述评及启示［J］.外国中小学教育，2008（2）：55-58.

9. 李国栋，夏惠贤.为学生毕业后生活做更好的准备——英国"2014国家课程"述评［J］.比较教育研究，2015，37（9）：85-90.

10. 李凌艳，辛涛，董奇.矩阵取样技术在大尺度教育测评中的运用［J］.北京师范大学学报（社会科学版），2007（6）：19-25.

11. 李伟涛.基于PISA测试结果的教育政策调整分析［J］.教育发展研究，2012，32（4）：44-47.

12. 林其雨.PIRLS选文特点及对教科书编写的启示［J］.语文建设，2014（13）：56-59.

13. 鲁毓婷.全球化背景下的学生学业成就比较研究——TIMSS和PISA［J］.考试研究，2007（3）：76-92.

14. 陆璟，占盛丽，朱小虎.PISA的命题、评分组织管理及其对上海市基础教育质量监测的启示［J］.教育测量与评价（理论版），2010（2）：10-14+19.

15. 慕君，宋一丹.PIRLS视域下的小学语文教材阅读练习系统分析［J］.贵州师范大学学报（社会科学版），2013（2）：146-150.

16. 齐若兰.哪国学生最会读书？［J］.编译参考，2003（3）：46.

17. 裘晓兰.日本全国学力测试在争议中前行［J］.上海教育，2013（17）：36-39.

18. 滕珺，杜晓燕.经合组织《PISA全球胜任力框架》述评［J］.外国教育研究，2018，45（12）：100-111.

19. 田中耕治，孙诚，高峡.学力调查若干问题探析［J］.教育研究，2006（7）：35-39.

20. 王毓珣，吴仁英.教育质量监控系统构建申论［J］.河北师范大学学报（教育科学版），2005（5）：5-8.

21. 吴钢.西方教育评价发展历史的探讨［J］.外国教育研究，1992（4）：10-14.

22. 吴秀玲.教育质量"监测"与"检测"之别——以国家义务教育质量监测为例［J］.内蒙古教育，2018（3）：16-18.

23. 项纯.日本最新全国学力调查及结果分析（小学部分）［J］.教育科学研究，2008（6）：56-60.

24. 辛涛，姜宇.在国际视域下定义教育质量标准［J］.人民教育，2012（12）：2-6.

25. 徐斌艳.来自国际性学生评价项目的反思——访德国教育专家本纳教授和蔡德勒教授［J］.全球教育展望，2002（2）：3-5.

26. 杨梅.从特色学校看英国"国家课程"改革的政策走向［J］.比较教育研究，2010，32（12）：18-21.

27. 杨希洁.PISA特点分析及其对我国基础教育评价制度改革的启示［J］.教育科学研究，2008（2）：22-25.

28. 余倩，俞可.PIRLS2011中国香港领跑，欧洲表现不佳［J］.上海教育，2013（2）：27-29.

29. 岳宗慧，张军朋.TIMSS 2011科学评测框架概况、变化及启示［J］.教育测量与评价：理论版，2012（12）：51-56+66.

30. 张华.国外中小学数学教育评价研究述评及其启示［J］.课程.教材.教法，2007（10）：83-87.

31. 张颖."国际阅读素养进展研究（PIRLS）"项目评介［J］.中学语文教学，2006（12）：3-9.

32. 朱伟，于凤姣.国际阅读评价研究对我国阅读教学的启示——以PIRLS2011和PISA2009为例［J］.上海教育科研，2012（4）：52-55.

其他

1. 陈玮.美国全国教育进步评估项目研究［D］.石家庄：河北大学，2008.

2. 职雪雯.从PIRLS项目看阅读素养的测评与培养［D］.上海：上海师范大学，2012.

3. 李协京.日本如何监控义务教育质量［N］.中国教育报，2008-11-25，4.

4. 俞可，余倩，陈丹.大规模评估为全球教育扬长揭短［N］.中国教育报，2013-02-03（003）.

5. 涂宜梅.浅析澳大利亚基础教育质量监测［C］.中国教育学会比较教育分会第15届学术年会暨庆祝王承绪教授百岁华诞国际学术研讨会论文集，2010年10月9日.

电子文献

1. 2018年国家义务教育质量监测打响"发令枪"［EB/OL］.（2018-05-27）.［2020-3-28］.http://news.cyol.com/co/2018-05/27/content_17232303.htm.

2. 2018年国家义务教育质量监测数学、体育与健康监测结果报告新鲜出炉［EB/OL］.（2019-11-21）.［2020-3-28］.https://www.thepaper.cn/newsDetail_

forward_5019000.

3. 安大列斯·施莱切尔.经合组织官员安大列斯·施莱切尔访谈：教育体制的"保健医生"［EB/OL］.［2013-8-28］.http://news.xinhuanet.com/newscenter/2002-06/13/content_439470.htm.

4. 国立教育政策研究所官方网站.［EB/OL］.［2013-08-29］.http://www.nier.go.jp/.

5. 教育部基础教育质量监测中心信息部.国际学生评估项目（PISA）［EB/OL］.［2013-08-28］.http://www.eachina.org.cn/eac/gjjc/ff8080812ba05459012bc23b3f280036.htm.

6. 教育部基础教育质量监测中心信息部.国际学生评估项目（PISA）［EB/OL］.［2013-08-28］.http://www.eachina.org.cn/eac/index.htm.

7. 教育部基础教育质量监测中心信息部.国际学生评估项目（PISA）［EB/OL］.［2013-08-31］.http://www.eachina.org.cn/eac/index.htm.

8. 李曙光.国际阅读素养进步研究［EB/OL］.（2010-11-04）［2020-01-14］.http://blog.sina.com.cn/s/blog_716f6720010194cb.html.

外文文献

专著

1. Avenarius, H. et al.: Bildungsbericht für Deutschland. Erste Befunde, Opladen, 2003.

2. Byram, M. From Foreign Language Education to Education for Intercultural Citizenship. Multilingual Matters, 2008.

3. Chubb, J. et Moe, T. (1990), Politics, Markets and America's Schools, Washington, The Brookings Institute. in Administration et éducation, numéro 98, 2ème trimestre 2003.

4. Husen, Torsten. International Study of Achievement in Mathematics: A Comparison of 12 Countries. Stockholm: Almqvist and Wiksell, 1967.

5. Joutard P. et Thélot C., Réussir l'école, Paris, Le Seuil, 1999.

6. Mullis, Ina V.S., Martin, Michael O.. TIMSS in Perspective: Lessons Learned from IEA's Four Decades of International Assessments. In T. Loveless (Ed.), Lessons Learned-What International Studies Tell Us about Math Achievement. Washington, DC: Brookings Institution Press, 2007.

7. Wernstedt, R. & Ohnesorg, M. J.(Hrsg.) Bildungsstandards als Instrument schulischer Qualitätsentwicklung. bub Bonner Universitäts-Buchdruckerei, 2009.

8. Zur Entwicklung nationaler Bildungsstandards Expertise, Bonn, Berlin, 2007.

期刊

1. Elisabeth A. Palmer, Zoe A. Barley. What States Can Learn about State Standards and Assessment Systems from No Child Left Behind Documents and Interviews with Central Region Assessment Directors. Issues & Answers. REL 2008–No. 036. Regional Educational Laboratory Central, 2008, 73(1–2): 89–107.

2. Fawcett, C., Hartwell, A., Israel, R. Out-of-School Youth in Developing Countries: What the Data Do (and Do Not) Tell Us. Policy Study and Issue Paper Series. Equip 3, 2010: 65.

3. Hombo, C. M.. NAEP and No Child Left Behind: Technical Challenge and Practical Solutions. Theory into Practice, 2003, 42(1), p.63–64.

4. Klenowski, V. Assessment for learning in the accountability era: Queensland, Australia. Studies in Educational Evaluation, 2011, 37(1), pp.78–83.

5. Merlin, C. Réforme de l'État et mutation de l'inspection générale de l'Éducation nationale, La revue de l'inspection générale n°5–décembre 2008.

6. Newton P.E. Clarifying the purposes of educational assessment. Assessment in Education, 2007, 14(2): 149–170.

7. Nuttall, D. The Functions and Limitations of International Education Indicators. International Journal of Educational Research, 1990, 14(4):327–333.

8. Spinner, K. H. (2008): Bildungsstandards und Literaturunterricht. In: Zeitschrift für Erziehungswissenschaft, 10. Jg., Sonderheft 9/2008, S. 318.

9. Swanson C. B., Barlage J.. A Study of the Factors Shaping Education Policy. Editorial Projects in Education, 2006: 120.

10. Thélot, C. Pourquoi faut-il évaluer l'école ? in Administration et éducation, numéro 98, 2003.

11. Topping, K. PISA/ PIRLS Data on Reading Achievement: Transfer into International Policy and Practice. The Reading Teacher, 2006 (3), p.589.

12. Turner, R., Adams, R. J. The Program for International Student Assessment: An Overview. Journal of Applied Measurement, 2007, 8(3), p.237.

13. Whetton, C. A brief history of a testing time: national curriculum assessment in England 1989–2008. Educational Research, 2009, 51(2), pp.137–159.

14. 植竹丘「義務教育標準法の成立と地方への影響」、『東京大学大学院教育学研究科紀要』第46巻、2006年、417頁。

报告

1. Baker, E. Measuring and Using Student Outcome Data: In Proceedings of the

Asia Pacific Economic Cooperation (APEC) Education Forum. Washington D.C.: Pelavin Associates/American Institute for Research, 1995.

2. Bottani, Norberto. Pierre Vrignaud, La France et les évaluations internationals, Rapport établi à la demande du Haut Conseil de l'évaluation de l'école, Janvier 2005.

3. Department for Education. Statutory Framework for the Early Years Foundation Stage. London: DfE, 2017.

4. Direction générale de l'enseignement scolaire. Fiches repères pour la mise en oeuvre du livret personnel de compétences au collège, Ministère de l'Éducation nationale—26 mai 2010.

5. Jakwerth, P. M. & Stancavage, F. B. An Investigation of Why Students Don't Respond to Questions. NAEP Validity Studies. National Centre for Education Statistics, Washington D.C. 2003.

6. KMK. Das Bildungswesen in der Bundesrepublik Deutschland 2011/2012, 2013.

7. LOI n° 2005—380 du 23 avril 2005 d'orientation et de programme pour l'avenir de l'école, J.O n° 96 du 24 avril 2005 page 7166.

8. Martin, Michael O.. Mullis, Ina V.S.. Minnich, Chad A.. Stanco, Gabrielle M.. et al. TIMSS 2011 Encyclopedia: Education Policy and Curriculum in Mathematics and Science. Chestnut Hill. MA: TIMSS & PIRLS International Study Center, Boston College.2012.

9. Ministère de l'éducation nationale. Cour des comptes, La gestion du système éducatif, Rapport au président de la république suivi des réponses des administrations intéressées, avril 2003.

10. Ministère de l'éducation nationale. Note Évaluation, 04.05 MAI. 2004.5.

11. Mullis, Ina V.S.. Martin, Michael O.. Foy, Pierre. Arora, Alka. TIMSS 2011 International Results in Mathematics. Chestnut Hill, MA: TIMSS & PIRLS International Study Center, Boston College, 2012.

12. Mullis, Ina V.S.. Martin, Michael O.. Ruddock, Graham J.. O'Sullivan, Christine Y. et al. TIMSS 2011 Assessment Frameworks. Chestnut Hill, MA: TIMSS & PIRLS International Study Center, Boston College, 2009.

13. Mullis, Ina V.S.. Martin, Michael O.. Ruddock, Graham J.. O'Sullivan, Christine Y. et al. TIMSS 2011 Assessment Frameworks. Chestnut Hill, MA: TIMSS & PIRLS International Study Center, Boston College, 2009. NCES. An introduction to NAEP. U.S. Department of Education, 2008.

14. MullisI. V. S.et al. PIRLS 2011 Assessment Framework. Boston: International Study Center, Lynch School of Education, Boston College, 2009.

15. OECD. Knowledge and Skills for Life: First Results from 2000. Paris: OECD,

2001.

16. OECD. Learning for Tomorrow's World First Results from PISA 2003. Paris: OECD, 2004

17. OECD. Learning for Tomorrow's World First Results from PISA 2003. Paris: OECD, 2004.

18. OECD. Longer Term Strategy of the Development of PISA — 20th Meeting of the PISA Governing Board. Reykjavik: OECD, 2005.

19. OECD. PISA 2009 Assessment and Analytical Framework. Paris: OECD, 2009.

20. OECD. PISA 2009 Technical Report. Paris: OECD, 2012.

21. OECD. PISA 2009: Assessment Framework-Key Competencies in Reading, Mathematics and Science. Paris: OECD, 2009.

22. OECD. PISA 2012 Assessment and Analytical Framework. Paris: OECD, 2013.

23. OECD. PISA 2012 Assessment and Analytical Framework. Paris: OECD, 2012.

24. OECD. PISA 2015 Draft Mathematics Framework. Paris: OECD, 2013.

25. OECD. PISA 2015 Draft Reading Framework. Paris: OECD, 2013.

26. OECD. PISA 2015 Draft Science Framework. Paris: OECD, 2013.

27. OECD. PISA 2015 Draft Science Framework. Paris: OECD, 2013.

28. OECD. PISA 2018 Assessment and Analytical Framework. Paris: OECD, 2019.

29. Ofqual. Regulatory Framework for National Assessments. Coventry: Ofqual, 2018.

30. Roberts, N. Assessment and Testing in Primary Education (England). House of Commons Library, 2020.

31. Santiago, Paulo. Donaldson, Graham. Herman, Joan. & Shewbridge, Claire. OECD Reviews of Evaluation and Assessment in Education: Australia. OECD publication, 2011.

32. Schleicher, A. Measuring Student Knowledge and Skills: A New Framework for Assessment. Paris: OECD,1999.

33. Sénat, Rapport. d'information, n° 392, L'évaluation des politiques publiques en France, Annexe au procès-verbal de la séance du 30 juin 2004.

34. Standards & Testing Agency. Early Years Foundation Stage Profile 2020 Handbook. Coventry: STA, 2019.

35. Standards & Testing Agency. Key Stage 1 Assessment and Reporting Arrangements. Coventry: STA, 2019.

36. Standards & Testing Agency. Key Stage 2 Assessment and Reporting Arrangements. Coventry: STA, 2019.

37. Standards & Testing Agency. Multiplication Tables Check Assessment Framework. Coventry: STA, 2018.

38. Standards & Testing Agency. National Curriculum Test Handbook: 2018. Coventry:

STA, 2018.

39. The National Assessment Governing Board. Guidelines for the Initial Release of the Nation's Report Card. Policy Statement, 2006.

40. 文部省『わが国の教育水準』，1959年，42—43頁。

41. 文部省『昭和31年全国学力調査報告書』，1957年，270—271頁。

42. 中央教育審議会『新しい時代の義務教育を創る』(答申)，2005年10月。

其他

Anna Corinna Preuschoff. Using TIMSS and PIRLS to Construct Global Indicators of Effective Environments for Learning. Ph. D. diss., Boston College, 2010.

图书在版编目（CIP）数据

国际基础教育质量评价标准与政策 / 刘宝存主编.
—上海：上海教育出版社，2020.12
（基础教育国际比较研究丛书 / 顾明远主编）
ISBN 978-7-5720-0467-4

Ⅰ.①国… Ⅱ.①刘… Ⅲ.①基础教育 – 教育质量
– 质量评价 – 研究 – 世界 Ⅳ.①G639.1

中国版本图书馆CIP数据核字(2021)第053818号

策　　划　袁　彬　董　洪
责任编辑　朱宇清
书籍设计　陆　弦　周　吉

基础教育国际比较研究丛书
顾明远　主编
Guoji Jichu Jiaoyu Zhiliang Pingjia Biaozhun Yu Zhengce
国际基础教育质量评价标准与政策
刘宝存　主编

出版发行　上海教育出版社有限公司
官　　网　www.seph.com.cn
地　　址　上海市永福路123号
邮　　编　200031
印　　刷　上海展强印刷有限公司
开　　本　640×965　1/16　印张 31.25　插页 3
字　　数　363 千字
版　　次　2020年12月第1版
印　　次　2021年3月第1次印刷
书　　号　ISBN 978-7-5720-0467-4/G·0339
定　　价　96.00 元

如发现质量问题，读者可向本社调换　电话：021-64377165